Strukturen internationalen Subventionsrechts

STUDIEN ZUM INTERNATIONALEN, EUROPÄISCHEN UND ÖFFENTLICHEN RECHT

Herausgegeben von Eibe Riedel

Band 19

PETER LANG
Frankfurt am Main · Berlin · Bern · Bruxelles · New York · Oxford · Wien

Fabian Böhm

Strukturen internationalen Subventionsrechts

EG Beihilfenrecht und WTO Subventionsrecht aus rechtsvergleichender Perspektive

PETER LANG
Internationaler Verlag der Wissenschaften

Bibliografische Information der Deutschen Nationalbibliothek
Die Deutsche Nationalbibliothek verzeichnet diese Publikation in der Deutschen Nationalbibliografie; detaillierte bibliografische Daten sind im Internet über <http://www.d-nb.de> abrufbar.

Zugl.: Mannheim, Univ., Diss., 2006

D 180
ISSN 1430-5380
ISBN 978-3-631-55754-9

www.peterlang.de

Vorwort

Die vorliegende Arbeit wurde im Sommersemester 2006 von der Fakultät für Rechtswissenschaft und Volkswirtschaftslehre der Universität Mannheim als Dissertation angenommen.

Mein besonderer Dank gilt meinem Doktorvater Prof. Dr. Eibe Riedel für die Betreuung dieser Arbeit und die fachlichen und persönlichen Anregungen während meiner Zeit als wissenschaftlicher Mitarbeiter an seinem Lehrstuhl. Herr Prof. Dr. Riedel hat mein Interesse an internationalen rechtlichen Zusammenhängen stets gefördert und ich blicke mit Dankbarkeit auf die Zeit an seinem Lehrstuhl zurück. Bedanken möchte ich mich auch bei Herrn Prof. Dr. Kristian Fischer, der die Zweitbegutachtung übernommen hat.

Den Kollegen am Lehrstuhl danke ich für den außergewöhnlichen Teamgeist und die gute Arbeitsatmosphäre, in der wir die Projekte des Lehrstuhls und unsere Arbeiten vorangetrieben haben.

Frankfurt am Main, im Februar 2007 — Fabian Böhm

Inhaltsübersicht

Inhaltsverzeichnis

Abkürzungsverzeichnis

a.A.	anderer Ansicht
ABl.	Amtsblatt
Abs.	Absatz
Alt.	Alternative
Am. U. Int'l L. Rev.	American University International Law Review
Art.	Artikel
AVR	Archiv des Völkerrechts
B.U. Int'l L.J.	Boston University International Law Journal
Bd.	Band
BDGVR	Berichte der Deutschen Gesellschaft für Völkerrecht
Berkeley J. Int'l L.	Berkeley Journal of International Law
BGBl.	Bundesgesetzblatt
Brooklyn J. Int'l L.	Brooklyn Journal of International Law
BT-Drucks.	Bundestagsdrucksache
bzw.	beziehungsweise
CML Rev.	Common Market Law Review
Col. J. Eur. L.	Columbia Journal of European Law
Col. L. Rev.	Columbia Law Review
Cornell Int'l L. J.	Cornell International Law Journal
Cornell L. Rev.	Cornell Law Review
d.h.	daß heißt
ders.	derselbe
dies.	dieselbe
Dok.	Dokument
DÖV	Die Öffentliche Verwaltung
DSB	Dispute Settlement Body
DSU	Dispute Settlement Understanding
ECLR	European Competition Law Review
EG	Europäische Gemeinschaft
EJIL	European Journal of International Law
ELJ	European Law Journal
ELRev.	European Law Review
EPIL	Encyclopedia of Public International Law
EStAL	European State Aid Law Quarterly
EuG	Europäisches Gericht erster Instanz
EuGH	Europäischer Gerichtshof
EuR	Europarecht
EuZW	Europäische Zeitschrift für Wirtschaftsrecht

EWS	Europäische Zeitschrift für Wirtschafts- und Steuerrecht
f., ff.	folgende(r)
Fn	Fußnote
FS	Festschrift
GATS	General Agreement on Trade in Services
GATT	General Agreement on Tariffs and Trade
Ggf.	gegebenenfalls
GYIL	German Yearbook of International Law
Harv. Int'l L.J.	Harvard International Law Journal
HbStR	Handbuch des Staatsrechts des Bundesrepublik Deutschland
IGH	Internationaler Gerichtshof
Int'l TL & Reg.	International Trade Law & Regulation
iVm	in Verbindung mit
JIEL	Journal of International Economic Law
JWT	Journal of World Trade
JWTL	Journal of World Trade Law
Law & Pol. Int'l Bus.	Law & Policy in International Business
LIEI	Legal Issues of European Integration
m.w.N.	mit weiteren Nachweisen
Mich. J. Int'l L.	Michigan Journal of International Law
Mich. L. Rev.	Michigan Law Review
Minn. J. Global Trade	Minnesota Journal of Global Trade
N.C.J. Int'l L. & Com. Reg.	North Carolina Journal of International Law & Commercial Regulation
New Eng.L. Rev	New England Law Review
NJW	Neue Juristische Wochenschrift
Nr.	Nummer
NVwZ	Neue Zeitschrift für Verwaltungsrecht
NZER	Neue Zeitschrift für Energierecht
PLI/Corp	Practising Law Institute Corporate Law and Practice Course Handbook Series
RdE	Recht der Energie
RIW	Recht der internationalen Wirtschaft
Rnr.	Randnummer
S.	siehe/Seite
San Diego Int'l L.J.	San Diego International Law Journal
SCMA	Subsidies and Countervailing Measures Agreement
Slg.	Amtliche Sammlung der Entscheidungen des Europäischen Gerichtshofs und des Gerichts erster Instanz

STI Rev.	STI review: science technology industry
Swiss Rev. Int'l Econ. Rel.	Swiss Review of International Economic Relations
SZIER	Schweizerische Zeitschrift für internationales und europäisches Recht
Temp. Int'l & Comp. L.J.	Temple International and Comparative Law Journal
TRIPS	Agreement on Trade-Related Aspects of Intellectual Property Rights
U.C. Davis L. Rev.	University of California Davis Law Review
UCLA Pac. Basin L.J.	UCLA Pacific Basin Law Journal
UNYB	Max Planck Yearbook of United Nations Law
Vand. J. Transnat'l L.	Vanderbuilt Journal of Transnational Law
vgl.	Vergleiche
WComp	World Competition
WTO	World Trade Organization
YEL	Yearbook of European Law
z.B.	zum Beispiel
ZaöRV	Zeitschrift für ausländisches öffentliches Recht und Völkerrecht
ZHR	Zeitschrift für das gesamte Handelsrecht und Wirtschaftsrecht
ZWeR	Zeitschrift für Wettbewerbsrecht

Einleitung

Gegenstand und Zielsetzung der Untersuchung

Die Liberalisierung des grenzüberschreitenden Handels gehört zu den Leitmotiven internationaler Wirtschaftspolitik. Dabei meint Liberalisierung die Begrenzung staatlicher Souveränität beim Aufrechterhalten oder Errichten von Barrieren gegen den freien Handel. Staaten errichten diese Barrieren zum Schutz der heimischen Wirtschaftszweige, indem unliebsame ausländische Konkurrenz von heimischen Märkten ferngehalten wird. Neben dieser protektionistischen Motivation können unilaterale Handelsschranken dazu dienen, andere staatliche Eingriffe in den Wettbewerb, z.B. in Form von Subventionen zu kompensieren. Durch Subventionen erlangte Vorteile sollen durch die Belastung mit Zöllen ausgeglichen werden.

Die Liberalisierung des internationalen Handels verrechtlicht die Auferlegung dieser tarifären Handelshemmnisse mit dem Ziel ihrer Reduzierung bis hin zur völligen Abschaffung. Dies hat zweierlei Folgen für die Subventionspraxis: Können die Staaten ihre Märkte durch Handelsschranken nur noch in begrenztem Umfang abschotten, werden sie zunehmend andere Instrumente der Wirtschaftspolitik zur Einflußnahme auf Marktprozesse, insbesondere Subventionen, ausschöpfen. Zugleich können die Staaten durch die Pflicht zur Reduzierung von Handelsbarrieren diese nur noch eingeschränkt zur Kompensation der Wettbewerbsverzerrung durch Subventionen verwenden. Vereinbarte Liberalisierungsvorteile drohen durch vermehrte Subventionen wieder aufgezehrt zu werden. Die Liberalisierung des internationalen Handels setzt damit zwingend die Reglementierung der Subventionsvergabe voraus.

Dieser Zusammenhang wird auf europäischer Ebene deutlich. Mit der Abschaffung der Zölle, mengenmäßigen Beschränkungen und Maßnahmen gleicher Wirkung konnten sich die Mitgliedstaaten nicht mehr dieses traditionellen Instruments gegen wettbewerbsverzerrende Eingriffe durch Subventionen bedienen. Das grundsätzliche Verbot von Subventionen ist daher notwendiges Pendant zur Festschreibung eines freien Warenverkehrs. So wird das Beihilfenrecht von der Zielsetzung der Errichtung eines Systems unverfälschten Wettbewerbs umfaßt[1] und stellt einen wesentlichen Bestandteil der rechtlichen Verfassung des gemeinsamen Marktes dar.[2]

Mit dem im Rahmen der Errichtung der WTO abgeschlossenen Übereinkommen entstand auf globaler Ebene ein Rechtsystem, das die Liberalisierung des internationalen Warenhandels insbesondere durch ein verbessertes System der Streitbeilegung effektivierte. Das modifizierte Streitbeilegungsverfahren stellt eine

---

1 Groeben/Thiesing/Ehlermann - Zuleeg Art. 3 Rnr. 7.

2 Seidel, Grundfragen, in: Börner/Neundörfer, Beihilfen im Gemeinsamen Markt, S. 55 (58).

von politischen Einflüssen losgelöste Ausdifferenzierung und Fortbildung des WTO Rechts sicher,[3] da Berichte der Streitbeilegungsorgane nicht mehr im Konsens angenommen werden müssen. Damit ist die Rechtsanwendung nicht mehr vom Willen des einzelnen Staates und der Erzielung eines Kompromisses im Wege der Verhandlungsdiplomatie abhängig,[4] sondern durch ein adjudikatives Verfahren gekennzeichnet.[5] Die Reglementierung der Vergabe von Subventionen wird im Subsidies and Countervailing Measures Agreement (SCMA), eines der multilateralen Übereinkommen zum Warenhandel als Teile des Übereinkommens zur Errichtung der WTO, geregelt. Dieses sieht eine Verpflichtung zur Rücknahme der Subvention entweder bei Vorliegen bestimmter Auswirkungen oder bei bestimmten Subventionsformen vor. Trotz des Abbaus von Zöllen im Rahmen der WTO ist die Ermächtigung zur Einführung derartiger Handelshemmnisse nach wie vor Bestandteil der WTO Subventionsrechtsordnung.[6] Das WTO Recht enthält somit im Gegensatz zum europäischen Gemeinschaftsrecht gerade keine allgemeine Verbürgung der Freiheit des grenzüberschreitenden Warenverkehrs,[7] so daß nicht von einer Integrationsrechtsordnung gesprochen

---

3 Diese Entwicklung wird vielfach als Konstitutionalisierung des WTO Rechts bezeichnet, s. Prieß/Berrisch - Tietje A.II. Rnr. 24; Petersmann, 6 EJIL (1995), S. 161 (178ff.); kritisch dazu, Bogdandy, 5 UNYB (2001), S. 609 (647ff.); s. zum Begriff der Konstitutionalisierung, Delbrück, SZIER 2001, S. 1 (35); Frowein, Konstitutionalisierung, in: Dicke/Hummer/Girsberger, et al., 39 BDGVR (2000), S. 427ff.

4 Nunmehr gilt das negative Konsensprinzip, nach dem die Ablehnung (und nicht wie zuvor die Annahme) einer Entscheidung der Zustimmung aller Mitgiedstaaten, einschließlich der Streiparteien, bedarf, s. Art. 14 Abs. 6 DSU; s. dazu Prieß/Berrisch - Tietje A.II. Rnr. 24; Stoiber, Streitschlichtungsverfahren der WTO, S. 135 spricht von einem „*quasi-automatischen*“ Mechnismus der Annahme eines Berichts.

5 Den Paradigmenwechsel in der Streitbeilegung von einem auf Verhandlungen basierenden System hin zu einem gerichtsähnlichen Verfahren erfasst das Zitat des früheren Generaldirektors der WTO R. Ruggiero treffend zusammen: „*It is not clear that we yet fully understand how to be rule makers instead of tariff negotiators*“, Ruggiero, Trade System, in: Bhagwati/Hirsch, Uruguay Round and Beyond, S. 123 (136); s. auch Nettesheim, Ordnungsformen des internationalen Wirtschaftsrechts, in: Classen/Dittmann/Fechner, et al., FS Oppermann, S. 381 (396); Meng, Internationale Subventionsordnung, in: Stober/Vogel, Subventionsrecht und Subventionspolitik, S. 71 (88); Arup, 37 (5) JWT (2003), S. 897.

6 S. zum Umfang des Abbaus von Zöllen, Croome, Uruguay Round Agreements, S. 123ff., der sich dabei auf Daten der Integrated Database der WTO beruft.

7 Wolfrum, Internationales Recht, in: Schmidt, Öffentl. Wirtschaftsrecht BT 2, S. 535 (630f.).

werden kann.[8] Durch die Vereinbarungen zur Reduzierung von Schranken für grenzüberschreitenden Warenverkehr und die Reglementierung der Subventionsvergabe wird indes auch auf Ebene der WTO der ganzheitliche Ansatz des Abbaus von Handelshemnissen verfolgt.

Es bestehen damit erstmalig zwei Rechtssysteme, deren Zielsetzung in der Einschränkung der Subventionierung von Unternehmen und Wirtschaftszweigen als wesentlichen Teil der Wirtschaftspolitik ihrer Mitgliedstaaten besteht. Nationale Zielsetzungen von Subventionen und die damit verbundenen Auswirkungen werden nunmehr auf internationaler Ebene rechtlich bewertet. Neben dem nationalen Subventionsrecht der Staaten entsteht ein internationales Subventionsrecht. Zielsetzung dieser Arbeit ist es, anhand der beiden existierenden internationalen Subventionsrechtsordnungen Strukturen dieses im Entstehen begriffenen Rechtsgebiets herauszuarbeiten, die Beantwortung der daraus folgenden Fragestellungen darzustellen und zu bewerten und dabei Unterschiede und Gemeinsamkeiten der beiden Subventionsrechtsordnungen zu analysieren.

Ein solcher Vergleich zwischen dem Beihilfenrecht der EG als Teil einer supranationalen Integrationsrechtsordnung und dem Subventionsrecht der WTO als völkerrechtliche Rechtsordnung ist nur fruchtbar, wenn sich die Gegenüberstellung für beide Seiten als ertragreich erweist. Dieser Gewinn des Vergleichs kann aufgrund der folgenden Überlegungen sichergestellt werden.

Zunächst stehen beide Rechtsordnungen nicht isoliert nebeneinander. Die EG und ihre Mitgliedstaaten sind zugleich Mitglieder der WTO. Das Subventionsrecht der WTO enthält damit einen Rahmen, innerhalb dessen sich die Subventionsvergabe der Gemeinschaft selbst und das für die Subventionsvergabe von Seiten der Mitgliedstaaten innerhalb der EG geltende Beihilfenrecht zu bewegen hat. Daraus folgt die Frage, inwieweit sich die rechtliche Beurteilung staatlicher Leistungen in den beiden Rechtsordnungen deckt.

Darüberhinaus sind die Anwendungsbereiche nicht ohne Schnittstellen voneinander abzugrenzen. So können von einem EG Mitgliedstaat gewährte Subventionen auch Auswirkungen auf Märkte von nicht der EG angehörenden WTO Mitgliedstaaten zeitigen. Im Hinblick auf derartige Fallkonstellationen ist die Kongruenz der Subventionsregelungen von Interesse.

Wechselwirkungen zwischen beiden Subventionsrechtsordnungen ergeben sich ferner ohne eine parallele Anwendbarkeit daraus, daß beide Rechtsordnungen mit identischen Fragestellungen konfrontiert sind. Selbst wenn die zur Lösung dieser Probleme hervorgebrachten Argumentationen aufgrund des unterschiedlichen Entwicklungsstandes nicht direkt übertragbar sind, können sie Denkansätze für eine Weiterentwicklung der jeweils anderen Rechtsordnung beinhalten.

---

8 Krajewski, Verfassungsperspektiven der WTO, S. 51; a.A. Petersmann, Integrationsrecht, in: Classen/Dittmann/Fechner, et al., FS Oppermann, S. 367 (370); Petersmann, 6 EJIL (1995), S. 161 (189f.).

Gang der Untersuchung

Der erste Teil dient der Ermittlung der Parameter des Rechtsvergleichs (§ 1). Es werden die Funktionen und Entwicklungsstadien des internationalen Subventionsrechts analysiert. Dieses läßt die Strukturmerkmale einer internationalen Subventionsrechtsordnung erkennen, auf die die Untersuchung konzentriert wird. Der zweite Teil ist dem Vergleich der gewonnenen Strukturmerkmale gewidmet (§§ 2-7). In einem dritten Teil werden die sich aus dem Rechtsvergleich ergebenen Schnittstellen der beiden Rechtsordnungen vertieft (§ 8).

§ 1 Internationales Subventionsrecht als entstehende Rechtsordnung

A. Funktionen eines internationalen Subventionsrechts

Das internationale Subventionsrecht hat wirtschaftliche und politische Wurzeln. Eine Skizzierung der wirtschaftswissenschaftlichen Einordnung und wirtschaftspolitischen Bewertung von Subventionen erläutert seine Funktionen auf Ebene der EG und der WTO. Als Grundkonflikt tritt hierbei die Funktion der Wohlfahrtssteigerung durch Freihandel auf der einen, und die der Berücksichtigung von Gemeinwohlinteressen auf der anderen Seite zu Tage. Diesen haben die Subventionsrechtsordnungen zu entscheiden.

I. Wohlfahrtssteigerung durch Freihandel

Die Funktion einer Subventionsrechtsordnung läßt sich durch das Modell der klassischen liberalen Theorie des freien Handels zwischen den Staaten veranschaulichen.[9] Der innerhalb eines Staates unter den Bedingungen der vollkommenen Konkurrenz funktionierende Markt führt zu einer optimalen Produktionsleistung. Die erzeugten Güter werden durch den freien Handel gegen Produkte anderer Länder ausgetauscht. Dieser Austausch führt zu komparativen Vorteilen, da sich jedes Land auf die Produktion derjenigen Güter spezialisiert, die es vergleichsweise günstiger herstellen kann. Dadurch wird eine internationale Arbeitsteilung geschaffen. Diese stellt sich als ein natürlicher Vorgang dar, denn sie folgt aus der Nachfrage auf internationaler Ebene und den jeweils vorhandenen Produktionsmöglichkeiten.[10] Sie führt zu einer Maximierung der realen Einnahmen und des Wohlstandes in den beteiligten Staaten.[11] Voraussetzung für eine derartige Arbeitsteilung und daraus folgende Wohlstandsmaximierung ist, daß sich die Produkte tatsächlich frei über die Grenzen hinweg bewegen können, d. h. ein international freier Handel besteht.[12] Werden aber Produkte durch Subventionen künstlich verbilligt oder durch Zölle verteuert, spiegelt ihr Preis nicht mehr die Kosten der Bereitstellung wieder, ihre Marktposition läßt sich nicht mehr auf die Ausnutzung komparativer Vorteile stützen. Diese Handelsbeschränkungen führen damit per se zu einer Fehlallokation von Ressourcen und in der Folge zu Wohlfahrtsverlusten. Die Forderung nach dem Abbau von Handelshemmnissen orientiert sich demnach am Leitbild der Maximierung des Wohlstands durch internationale Arbeitsteilung, der Freihandelstheorie.[13] Diese

---

[9] Zurückgehend auf Ricardo, Principles of Political Economy, S. 107ff.

[10] Adamantopoulos, Subventionsrecht des GATT, S. 12.

[11] Ricardo, Principles of Political Economy, S. 110f.; Barceló, 9 Law & Pol. Int'l Bus. (1977), S. 779 (786ff.); Adamantopoulos, Subventionsrecht des GATT, S. 12.

[12] Zippel, Beihilfenpraxis der EG-Kommission, in: Börner/Neundörfer, Beihilfen im Gemeinsamen Markt, S. 1.

[13] Ricardo, Principles of Political Economy, S. 107ff.

positiven Allokations- und Wohlfahrtswirkungen, die ein Abbau von Handelshemmnissen mit sich bringt, sind unbestritten.[14] Daher gehen sowohl EG als auch WTO von einer Wohlfahrtssteigerung durch die Beseitigung von Handelshemmnissen aus. So verweist die Präambel des GATT darauf, *„zum gemeinsamen Nutzen auf einen wesentlichen Abbau der Zölle und anderer Handelsschranken sowie der Beseitigung der Diskriminierung im internationalen Handel“* hinzuarbeiten. Auch Art. 2 EG sieht die Errichtung eines gemeinsamen Marktes als Mittel zur nachhaltigen Entwicklung des Wirtschaftslebens und zur Hebung der Lebenshaltung und – qualität. Basierend auf der Idee des Freihandels, veranschaulicht durch das Modell der vollkommenen Konkurrenz, ist die Funktion beider Subventionsrechtsordnung damit zunächst die Wohlfahrtssteigerung durch Reduzierung von Subventionen.

II. Verfolgung staatlicher Interessen durch nationale Wirtschaftpolitik

Die ökonomische und vor allem politische Bewertung von Subventionen und damit die weitere Funktion einer Subventionsrechtsordnung ist indes weitaus vielschichtiger als es im Freihandelsgedanken mit seiner ausnahmslosen Ablehnung von Subventionen zum Ausdruck kommt. Dies liegt daran, daß die Prämissen dieser klassisch liberalen Theorie in Form eines vollkommenen Marktes in der Praxis zum Teil nicht vorliegen. Zunächst besteht keine reine Konkurrenz. Die Machtmacht ist nicht gleichmäßig verteilt, es bestehen zahlreiche Monopole und Oligopole.[15] Des Weiteren ist den Wirtschaftssubjekten effiziente Allokation nicht immer möglich, da sie vielfach keine vollständige Markttransparenz herstellen können. Neben privaten existieren auch öffentliche Güter, bei denen die Nachfrage nicht zur Verknappung und damit steigenden Preisen führt. Wirtschaftliche Betätigung führt zu externen Effekten in Form von externen Kosten z. B. durch Beeinträchtigungen der Umwelt[16] oder externen Nutzen z.B. durch Forschung und Entwicklung.[17] Auch die Existenz staatlicher Eingriffe in den

---

14 Zippel, Beihilfenpraxis der EG-Kommission, in: Börner/Neundörfer, Beihilfen im Gemeinsamen Markt, S. 1.

15 Bleckmann, Subventionsrecht, S. 21f.; Alessandrini, Subsidies, Strategic Trade Policies and GATT, in: Bourgeois, Subsidies and Int'l Trade, S. 5 (6); Schwartz/Harper, 70 Mich. L. Rev. (1972), S. 831 (839ff.).

16 Wird nämlich die Umweltbeeinträchtigung durch die wirtschaftliche Betätigung ausgelöst, deren Beseitigung indes durch den Staat vorgenommen, ist ein Teil der Kosten der wirtschaftlichen Betätigung auf den Staat transferiert worden, s. dazu Behboodi, Industrial Subsidies, S. 16; Low, Treatment of Subsidies, in: Ehlermann/Everson, Selected Issues, S. 103 (105).

17 Die Kosten für die Entwicklung eines Produktes entstehen bei dem jeweils entwickelnden Unternehmen. Von dem Ergebnis können auch andere Unternehmen profitieren, solange dieses nicht (mehr) rechtlich geschützt ist, s. Behboodi, Industrial Subsidies, S. 17.

Wirtschaftsverkehr ist ein Faktum, das nur unter Lehrbuch Bedingungen negiert werden kann.[18] Die komparativen Wettbewerbsvorteile einzelner Staaten sind daher als nicht ausschließlich naturgegeben zu betrachten, sondern können auf aktiver Gestaltung durch nationale Wirtschaftspolitik beruhen.[19] Staatliche Wirtschaftspolitik kann zur Korrektur der beschriebenen Unzulänglichkeiten des Modells in der Praxis eingesetzt werden, um dadurch Wettbewerbsprozesse wieder zu ermöglichen.[20]

Nun dient das Aufzeigen dieser praktischen Unzulänglichkeiten des Modells nicht dazu, es als Leitbild einer Subventionsrechtsordnung generell in Frage zu stellen. Jedoch machen die faktischen Gegebenheiten eine Korrektur seiner Annahmen erforderlich. Fehlen die Voraussetzungen dieses Modells partiell, führt dies dazu, daß das Marktergebnis nicht immer die effektivste Allokation von Ressourcen darstellt. Subventionen treffen also nicht auf eine ansonsten intakte Modellwelt, die den Annahmen der vollkommenen Konkurrenz entspricht. Diese Erkenntnis ist der Ansatzpunkt für Subventionen als Mittel der staatlichen Wirtschaftspolitik.

Dem Bekenntnis zum Freihandel seitens der EG und der WTO steht somit das Wissen um den unvollkommenen Markt gegenüber, der Subventionen bisweilen nicht nur rechtfertigt, sondern sogar erfordert.[21] Bei der Schaffung einer internationalen Subventionsrechtsordnung sind staatliche Eingriffe in den (internationalen) Wirtschaftsverkehr auf Grund einer bestimmten politischen Zielsetzung als Faktum anzuerkennen.[22] Ein Versuch, Subventionen pauschal als Verzerrung optimaler Allokation von Ressourcen per se anzugreifen, muß zum Scheitern verurteilt sein,[23] da sich die jeweiligen Mitgliedstaaten nie völlig der Subvention

---

[18] Vgl. Alessandrini, Subsidies, Strategic Trade Policies and GATT, in: Bourgeois, Subsidies and Int'l Trade, S. 5 (6): „*textbook competitive conditions*"; Stewart, The Uruguay Round Vol. I, S. 810.

[19] Dieses kann z.B. anhand der Subventionierung des Flugzeugbaus in Europa und den USA verdeutlicht werden, der als strategische Schlüsselindustrie gilt. Boing verdankt seine starke Marktposition u.a. seiner engen Verbindung zum U.S. Verteidigungsministerium. Airbus hätte seinerseits ohne staatliche Unterstützung die marktbeherrschende Stellung von Boing nicht gefährden können. Hier ist auf keiner Seite ein „*naturgegebener*" komparativer Vorteil auszumachen, s. dazu auch Behboodi, Industrial Subsidies, S. 18ff., 30ff.; Curzon-Price, 41 Aussenwirtschaft (1986), S. 201 (208ff.).

[20] Rodi, Subventionsrechtsordnung, S. 99.

[21] Low, Treatment of Subsidies, in: Ehlermann/Everson, Selected Issues, S. 103 (106ff.).

[22] Pappalardo, Public Untertakings, in: Bourgeois, Subsidies and Int'l Trade, S. 123 (124).

[23] Pappalardo, Public Untertakings, in: Bourgeois, Subsidies and Int'l Trade, S. 123 (124); Behboodi, Industrial Subsidies, S. 42.

als zentrales Element nationaler Wirtschaftspolitik begeben würden.[24] Es kann bei der Schaffung einer Subventionsrechtsordnung daher nur darum gehen, auf der einen Seite international akzeptable Subventionstypen zu definieren und auf der anderen Seite die übrigen Subventionsformen möglichst effektiv zu unterbinden.[25] Die Definition international akzeptabler Subventionen hat dabei anhand eines Abwägungsvorgangs zwischen den staatlichen Zielen, die mit der Subventionsvergabe verfolgt werden und den Auswirkungen, d.h. den durch die Subventionierung hervorgerufenen Gefahren, zu erfolgen.[26] Die Funktion einer internationalen Subventionsrechtsordnung ist es demnach, den sich in den einzelnen Mitgliedstaaten vollziehenden Abwägungsvorgang zwischen politischen Zielsetzungen und ökonomischen Folgeerscheinungen von Subventionen zu einem Ergebnis zu führen, um so eine Vereinheitlichung der Bewertung von Subventionen zu erzielen.

B. Entwicklungsstadien eines internationalen Subventionsrechts

Vor dem Hintergrund dieses Abwägungsvorgangs haben sich bestimmte Stadien der Entwicklung des Subventionsrechts herauskristallisiert, die von einer internationalen Kooperation bei Strafzöllen (unten I.), über die Definition verbotener Subventionen (unten II., III.) bis hin zum grundsätzlichen Subventionsverbot mit präventiver Kontrolle im Rahmen einer Marktintegration (unten IV.) reichen.[27] Trotz ihrer jeweiligen institutionellen sowie materiell- und verfahrensrechtlichen Charakteristika sind diese Phasen des Subventionsrechts keineswegs als feststehende Kategorisierung zu verstehen. Vielmehr können einzelne Stufen durch Vermengung von Elementen mehrerer Stadien ineinander verschwimmen, was insbesondere bei sich rasch entwickelnden Rechtsordnungen der Fall sein kann.[28] Bei den aufeinander folgenden Stufen muß es sich nicht zwangsläufig um Phasen innerhalb eines Entwicklungsprozesses handeln. Denn das Subventionsrecht der WTO strebt keine Entwicklung hin zu einem gemeinsamen Markt an. Die Phasenbildung soll lediglich die z. T. aufeinander aufbauenden Elemente des internationalen Subventionsrechts holzschnittartig herausschärfen, die einen Prozeß hin zu einer schrittweisen Einengung mitgliedstaatlicher Autonomie bei

---

[24] Seidel, Grundfragen, in: Börner/Neundörfer, Beihilfen im Gemeinsamen Markt, S. 55 (66); Huber, Europäische Integration, § 17 Rnr. 100.

[25] Langer, Internationale Wirtschaftsverfassung, S. 255.

[26] Rodi, Subventionsrechtsordnung, S. 100; Langer, Internationale Wirtschaftsverfassung, S. 251.

[27] Aufbauend auf der Abstufung zwischen Kooperation und Integration in der ökonomischen und rechtlichen Integrationstheorie, s. grundlegend, Krämer, Internationale wirtschaftliche Integration, S. 22ff.; Bleckmann, Staats- und Völkerrechtslehre, S. 737ff.

[28] Krämer, Internationale wirtschaftliche Integration, S. 27.

der Subventionsvergabe abbilden. Die Analyse dieses Prozesses fördert Strukturelemente der Entwicklungsstadien des Subventionsrechts zu Tage, auf die der Rechtsvergleich sodann konzentriert werden kann.

I. Antisubventionsrecht

Zunächst kann das Subventionsrecht in einer Kooperationsordnung bestehen, die einen Rahmen für gegenseitige Verhandlungen und Zusammenarbeit bildet. Dabei wird nicht im Wege der Verhandlung unmittelbarer Einfluß auf die nationale Wirtschaftspolitik genommen, indem die eigentliche Vergabe von Subventionen zum Verhandlungsgegenstand gemacht wird. Vielmehr hat die Zusammenarbeit zum Ziel, die als Reaktion auf die Subventionierung erfolgten Gegenmaßnahmen zu egalisieren und soweit möglich zu reduzieren.[29] Der Ansatzpunkt dieses Stadiums des Subventionsrechts sind Gegenmaßnahmen in Form von Zöllen, die subventionierten Gütern auferlegt werden, um den durch die Subvention hervorgerufenen Vorteil auszugleichen und die marktverzerrende Wirkung der Subvention zu kompensieren.[30] Die Subvention als solche wird folglich nicht beseitigt, sondern unwirksam gemacht.[31] Kennzeichnend für dieses Entwicklungsstadium des Subventionsrechts ist der Grundsatz der Reziprozität, wonach der Abbau staatlicher Lenkung durch Gegenmaßnahmen von dem jeweiligen Staat als politische Konzession gegenüber den anderen Verhandlungsteilnehmern betrachtet wird. Ein solcher Abbau erscheint dem einzelnen Staat nur gerechtfertigt, wenn ihn die übrigen Verhandlungsteilnehmer durch gleichwertige Konzessionen kompensieren.[32] Daraus folgt das Erfordernis des Konsenses unter den Teilnehmern.[33] Dieses gilt nicht nur bei der Definition des gemeinsamen Ziels, z.B. der Festlegung von Zollobergrenzen, sondern auch für dessen Durchsetzung im Einzelfall. Soll der Mitgliedstaat zur Einhaltung der vereinbarten Regelungen angehalten werden, erfordert dies die Zustimmung aller Staaten und damit den politischen Kompromiß zwischen den Streitparteien. Da Streitgegenstand staatliche Strafzölle sind, kommen Private als Adressaten der Beschlüsse nicht in Betracht.[34]

---

29 Behrens, 45 RabelsZ (1981), S. 8 (28).

30 Anderson/Husisian, Subsidies Agreement, in: Stewart, Multinational Trade Framework, S. 299 (321); Prieß/Berrisch - Pitschas, B. I.12. Rnr. 47.

31 Vgl. dazu Fn 36 zu Art. 10 SCMA.

32 Wolfrum, Internationales Recht, in: Schmidt, Öffentl. Wirtschaftsrecht BT 2, S. 535 (570); Behrens, 45 RabelsZ (1981), S. 8 (27).

33 Behrens, 45 RabelsZ (1981), S. 8 (39); Krämer, Internationale wirtschaftliche Integration, S. 26f.

34 Eine Involvierung Privater ist jedoch denkbar, wenn rechtswidrige Strafzölle auf ausländische Ware an die heimische Wirtschaft ausgeschüttet werden. Hier kann sich die Frage der Rückforderung der ausgezahlten Beträge von Privaten stellen, s. Panel Report *Norway* –

Den schädlichen Auswirkungen von Subventionen auf den Wettbewerb wird also ein weiterer Eingriff in den Wettbewerb entgegengesetzt, indem die Mitglieder der Kooperationsordnung in bestimmten Fällen zu Gegenmaßnahmen ermächtigt werden. Der Zweck dieses Entwicklungsstadiums des Subventionsrechts kann daher nicht als Schaffung einer Subventionsdisziplin bezeichnet werden, sondern erschöpft sich im Antisubventionsrecht, d.h. der Kompensierung ihrer schädlichen Auswirkungen auf den internationalen Handel durch Gegenmaßnahmen.[35] Es wird nicht die Subvention als solche als Verzerrung der optimalen Allokation von Ressourcen angegriffen, sondern erreichte Liberalisierungsvorteile sollen vor Verzerrungen bewahrt werden.[36] Das Antisubventionsrecht tritt mithin neben die nationalen Subventionsrechtsordnungen, d.h. es berührt diese nicht, sondern nimmt mit dem Abbau von Handelshemmnissen, zu denen auch Subventionen zählen, eine übergeordnete Aufgabe wahr, die einzelne Staaten so nicht wahrnehmen könnten.[37]

II. Subventionsdisziplin gegenüber Staaten

Werden Gegenmaßnahmen durch das Antisubventionsrecht egalisiert und reduziert, werden diese als Instrument zur Verschaffung von Wettbewerbsvorteilen für Staaten tendenziell weniger Erfolg versprechend, so daß so genannte Zollsubstitute immer größere Bedeutung erlangen. Staaten weichen daher stärker auf Subventionen als nichttarifäres Handelshemmnis aus.[38] Auf eine Reduzierung der Zölle folgt auf einer weiteren Stufe des Spektrums internationalen Subventionsrechts eine Beschränkung der Subventionsvergabe selbst, will man nicht die bereits erreichten Liberalisierungsgewinne wieder gefährden. Subventionen und tarifäre Handelshemmnisse sind im Bezug auf ihre schädlichen Wirkungen auf bereits erreichte Liberalisierungen austauschbar.[39] Während tarifäre Handelshemmnisse nur zu einer Besserstellung der heimischen Industrie auf dem Inlandsmarkt führen, bewirken Subventionen zugleich eine Wettbewerbsverzer-

---

Procurement of Toll Collection Equipment for the City of Trondheim, GPR/DS2/R, dazu Goh/Ziegler, 6 (3) JIEL (2003), S. 545 (552f.).

35 Vgl. zum Begriff des Antisubventionsrechts in diesem Zusammenhang, Langer, Internationale Wirtschaftsverfassung, S. 251ff.; Rodi, Subventionsrechtsordnung, S. 106f.

36 Anderson/Husisian, Subsidies Agreement, in: Stewart, Multinational Trade Framework, S. 299 (321); Meng, Internationale Subventionsordnung, in: Stober/Vogel, Subventionsrecht und Subventionspolitik, S. 71 (72).

37 Vgl. die Charakteristika einer Kooperationsrechtsordnung bei Krajewski, Verfassungsperspektiven der WTO, S. 50.

38 Bleckmann, 48 RabelsZ (1984), S. 419 (426).

39 Zur Austauschbarkeit tarifärer und nichttarifärer Handelshemmnisse, Rodi, Subventionsrechtsordnung, S. 99; Möschel, Subventionspolitik, in: Classen/Dittmann/Fechner, et al., FS Oppermann, S. 583 (590).

rung auf Auslandsmärkten.[40] Nachhaltige Liberalisierung kann daher nur durch ein ganzheitliches Vorgehen gegen alle Formen von Handelshemmnissen gewährleistet werden. Auf das Subventionsrecht bezogen bedeutet dies, daß Ziel des Subventionsrechts nicht der Ausgleich der Auswirkungen einer Subvention durch neue Handelshemmnisse, sondern die Reglementierung der Gewährung von Subventionen sein muß. Mit der Systematik des Antisubventionsrechts allein kann dieses Ziel indes nicht erreicht werden.[41] Vielmehr ist im materiell- und im verfahrensrechtlichen Bereich eine Systemfortentwicklung erforderlich. Soll die Gewährung von Subventionen selbst eingeschränkt werden, muß zunächst Einigkeit darüber erzielt werden, welche staatlichen Maßnahmen als Subvention verstanden werden sollen. Erforderlich ist also, den Begriff der Subvention zu definieren.[42] Anschließend muß festgelegt werden, ob die den Staaten auferlegte Disziplin bei der Subventionsvergabe an die Verfolgung eines bestimmten Zwecks oder an bestimmte Auswirkungen der Subvention geknüpft werden soll. In verfahrensrechtlicher Hinsicht macht die Durchsetzung einer solchen Disziplinierung der staatlichen Subventionen bei der Beilegung der aus der Vereinbarung folgenden Streitigkeiten ein Abrücken vom Konsensprinzip erforderlich. Denn nur wenn der jeweilige Beschwerdegegner überstimmt werden kann, ist eine effektive Durchsetzung der (im Konsens getroffenen) Subventionsregelungen praktisch möglich. Damit wird das Subventionsrecht in diesem Zusammenhang frei von politischer Einflußnahme. Zwar bestehen keine unabhängigen Organe mit Gesetzgebungsbefugnissen zur Fortentwicklung des Subventionsrechts, aber die bestehenden Normen können durch unabhängige Streitbeilegungsorgane ausgelegt werden.
Gegenüber dem Antisubventionsrecht läßt sich durch die Schaffung einer Subventionsdisziplin insoweit eine Systemfortbildung des Subventionsrechts konstatieren, als daß über die Symptombekämpfung von Subventionen durch Autorisierung zu Ausgleichsmaßnahmen hinaus, bei den Ursachen der internationalen Wettbewerbsverzerrung angesetzt wird, indem der Subventionspraxis in den einzelnen Mitgliedstaaten Grenzen gesetzt werden.[43]

---

[40] Grave, Begriff der Subvention, S. 121; Cownie, 11 ELRev. (1986), S. 247 (248).

[41] Vgl. Behrens, 45 RabelsZ (1981), S. 8 (28) zu den Grenzen von Kooperationsrechtsordnungen.

[42] Depayre/Petriccione, Definition of a Subsidy, in: Bourgeois, Subsidies and Int'l Trade, S. 67.

[43] Vgl. dazu Koopmann, Liberalisierung, in: Kantzenbach/Mayer, Internationale Wettbewerbsordnung, S.11 (30).

III. Subventionsdisziplin gegenüber Staaten und Privaten

Die subventionsrechtlichen Bestimmungen und Beschlüsse zu deren Durchsetzung binden lediglich die Vertragsparteien, berechtigen und verpflichten indes nicht unmittelbar Individuen und Unternehmen. Gleichwohl kann eine internationale Subventionsrechtsordnung, die die Subventionsvergabe einschränkt, Rechte Privater berühren, so wenn Subventionen zugesagt wurden, die sich als unvereinbar mit den auf internationaler Ebene getroffenen Regelungen erweisen. Zur Durchsetzung stehen aber nur Druckmittel gegenüber dem die Subvention gewährenden Staat zur Verfügung, indem der Beschwerde führende Mitgliedstaat zur Selbsthilfe durch Zölle ermächtigt wird, d.h. zur Rücknahme bereits erzielter Liberalisierungsvorteile. Dies schädigt wiederum private Wirtschaftssubjekte. Die Durchsetzung der Subventionsdisziplin erfolgt demnach noch mit den Mitteln des Antisubventionsrechts. Die Subventionsdisziplin kann folglich gegenüber privaten Wirtschaftsteilnehmern nicht durchgesetzt werden, da diese aus der Subventionsdisziplin weder berechtigt noch verpflichtet sind. Soll die Subventionsdisziplin auch ihnen gegenüber effektiviert werden, muß sie auch ihnen gegenüber Rechtswirkungen entfalten. Dies ist der Fall, wenn das Recht der internationalen Subventionsdisziplin unmittelbar anwendbar ist, d. h. die durch die Subventionsdisziplin direkt betroffenen privaten Wirtschaftssubjekte in die Lage versetzt werden, ihre rechtlich geschützten Interessen unmittelbar vor nationalen oder internationalen Instanzen geltend zu machen und dabei ggf. entgegenstehendes nationales Recht zu verdrängen.[44]

Der Logik eines auf fortschreitender Effektivierung der Subventionsdisziplin ausgerichteten Spektrums internationalen Subventionsrechts folgend, besteht der nächste Schritt darin, der Subventionsrechtsordnung den Vorrang gegenüber den mitgliedstaatlichen Rechtsordnungen einzuräumen und ihre unmittelbare Anwendbarkeit in diesen zu gewährleisten. So können Private das internationale Subventionsrecht zum Rechtmäßigkeitsmaßstab nationaler Wirtschaftspolitik vor nationalen Gerichten machen. Um eine kohärente Auslegung und Anwendung des Subventionsrechts in den einzelnen Mitgliedstaaten zu gewährleisten, ist der mitgliedstaatliche Rechtsweg mit einer internationalen Streitbeilegungsinstanz zu verknüpfen.[45]

Zeichnete sich die vorangegangene Entwicklungsstufe durch eine Fortentwicklung des materiellen Rechts durch Beschränkung der Subventionsvergabe aus, findet nunmehr eine Veränderung des Status des internationalen Subventionsrechts statt. Durch Vorrang vor und unmittelbarer Anwendbarkeit gegenüber

---

[44] Im Bezug auf den Prozess der Konstitutionalisierung der WTO, Nettesheim, Ordnungsformen des internationalen Wirtschaftsrechts, in: Classen/Dittmann/Fechner, et al., FS Oppermann, S. 381 (405).

[45] Siehe dazu ausführlich unten S. 52; Hilf, 18 Mich. J. Int'l L. (1997), S. 321 (335); McDonald, ZEuS 1998, S. 249 (267).

nationalem Recht zeichnet sich in diesem Stadium eine Entwicklung hin zu einer supranationalen Rechtsordnung ab.[46]

IV. Subventionskontrolle in einer Integrationsrechtsordnung

Besteht bereits ein internationales Streitschlichtungsorgan, das die einheitliche Anwendung des Subventionsrechts sicherstellt, kann die lückenlose Durchsetzung des Subventionsrechts durch Schaffung eines unabhängigen Exekutivorgans zur Beobachtung des Subventionsrechts gestärkt werden. Dieses ist autonomes Kontrollorgan, das präventiv angemeldete Subventionen auf ihre Rechtmäßigkeit hin untersucht und ohne Anmeldung bei Rechtswidrigkeit die Rücknahme anordnen kann. Dazu besitzt es die Befugnis, die Subventionsregelungen ausfüllendes (Sekundär-) Recht zu erlassen.[47]

Funktionen, die die Staaten zuvor selbst wahrgenommen haben, werden somit auf eine internationale Organisation übertragen und diese beginnt insofern, zumindest teilweise die Staaten zu ersetzen.[48] Eine solche Kompetenzübertragung zum Zwecke der Erreichung eines gemeinsamen Ziels, der Subventionskontrolle, ist Ausdruck eines Integrationsprozesses der Mitgliedstaaten,[49] der auf Schaffung eines gemeinsamen Marktes angelegt ist.[50] Diese Integration hin zu einem gemeinsamen Markt ist ein dynamischer Prozeß, der von der Schaffung einer Freihandelszone über eine Zollunion zu einem Binnenmarkt und darüber hinaus zu einer Wirtschaftsunion führen kann.[51] In ökonomischer Hinsicht ist die Schwelle zu einem derartigen Integrationsprozeß überschritten, wenn Handelshemmnisse vollständig beseitigt sind, so daß die Freiheit des grenzüberschreitenden Handels zumindest in Teilbereichen wie z.B. dem Warenverkehr gewährleistet wird. Dazu ist es von Nöten, zwischen den Mitgliedstaaten der Integrationsrechtsordnung sämtliche Einfuhrhindernisse in Form von Zöllen, mengenmäßigen Beschränkungen und Maßnahmen gleicher Wirkung abzuschaffen. Diese stellen aber gerade das klassische staatliche Instrumentarium dar, mit dem sich die Mitgliedstaaten im Rahmen der Subventionsdisziplin gegen Wettbewerbsverfälschungen durch Subventionen wehren. Sind den Mitgliedstaaten durch ein Verbot dieser Instrumente in der Reaktion auf Wettbewerbsverfälschungen durch Subventionen die Hände gebunden, muß die Wettbewerbsver-

---

46 Krajewski, Verfassungsperspektiven der WTO, S.50.

47 Rodi, Subventionsrechtsordnung, S. 107 spricht von einer „*Inverwaltungnahme*“ des Subventionsrechts.

48 Krajewski, Verfassungsperspektiven der WTO, S.50.

49 Huber, Europäische Integration, § 1 Rnr. 2f.; s. dazu die Methoden institutioneller Integration bei Krämer, Internationale wirtschaftliche Integration, S. 26f.

50 Behrens, 45 RabelsZ (1981), S. 8 (30ff.).

51 Krajewski, Verfassungsperspektiven der WTO, S. 50; Behrens, 45 RabelsZ (1981), S. 8 (30).

fälschung selbst bekämpft werden.[52] Dieses folgt aus der sachlogischen Struktur des freien Warenverkehrs.[53] Ferner würden die Mitgliedstaaten ob der Einschränkung ihres wirtschaftspolitischen Arsenals durch das Verbot der Zölle und mengenmäßigen Beschränkungen sowie Maßnahmen gleicher Wirkung verstärkt auf Subventionen zur Durchsetzung ihrer Interessen zurückgreifen.[54] Subventionen führen in einem derartig liberalisierten Markt aufgrund ihrer Austauschbarkeit mit anderen Handelshemmnissen also zu einer Störung der Freiheit des Warenverkehrs. Für eine Subventionsrechtsordnung bedeutet dies, daß die Schwelle zu einer Integrationsrechtsordnung mit freiem Warenverkehr mit dem Erfordernis eines grundsätzlichen Subventionsverbots verknüpft ist.[55] Subventionen kommen nur noch bei Verfolgung eines als weniger wettbewerbsverzerrend eingestuften Subventionszwecks als Instrument nationaler Wirtschaftspolitik in Betracht und müssen stets Ausnahmecharakter besitzen.

Erreicht der Stand der Integration eine Wirtschaftsunion, verfolgt die Gemeinschaft der Mitgliedstaaten eine gemeinsame Wirtschafts- und Währungspolitik.[56] Im Rahmen des Subventionsrechts bilden sich bei dem geschaffenen Kontrollorgan im Rahmen der Ausgestaltung des Subventionsrechts und der Praxis der Subventionskontrolle eigene wirtschaftspolitische Ziele heraus, die mittels Subventionssteuerung verfolgt werden.

Die Entwicklungsstufe des Subventionsrechts innerhalb einer Integrationsrechtsordnung minimiert damit durch institutionelle und materiellrechtliche Weiterentwicklungen die mitgliedstaatliche Autonomie bei der Vergabe von Subventionen. Die Schaffung eines Binnenmarktes macht ein grundsätzliches Verbot von Subventionen erforderlich, über dessen Einhaltung ein Kontrollorgan wacht. Des weiteren führt der Integrationsgedanke bei der Anwendung des Subventionsrechts zu einer besonderen Art der dynamischen Interpretation der primärrechtlichen Normen, bei der nicht auf den gegenwärtigen Integrationsstand abzustellen ist, sondern auf eine Bedeutung der Norm, die einer weiteren Integration möglichst förderlich ist.[57]

---

52 Grabitz, Nationale Subventionen, in: Magiera, Entwicklungsperspektiven der EG, S. 95 (97).

53 Börner, Subventionen, in: Börner/Jahrreiß/Stern, FS Carstens, S. 63 (65).

54 Pappalardo, Public Untertakings, in: Bourgeois, Subsidies and Int'l Trade, S. 123 (124).

55 Cownie, 11 ELRev. (1986), S. 247 (248).

56 Borries, Fortentwicklung der EWG, in: Rengeling/Borries, Aktuelle Entwicklungen, S. 91(102f.).

57 Krajewski, Verfassungsperspektiven der WTO, S. 50.

C. Strukturelemente eines internationalen Subventionsrechts

Aus den skizzierten Phasen der Evolution des Subventionsrechts sind nunmehr diejenigen Teilbereiche herauszufiltern, in denen sich sein konkretes Entwicklungsstadium und die Funktion, d.h. das Ergebnis des Abwägungsprozesses zwischen Freihandel und staatlicher Einflußnahme widerspiegelt. Diese Konzentration des Vergleichs auf einige Teilbereiche erlaubt eine funktionelle Betrachtungsweise, bedeutet jedoch den Verzicht auf eine umfassende Darstellung beider Rechtsordnungen.[58]

I. Das Strukturmerkmal der Rechtsqualität des internationalen Subventionsrechts im mitgliedstaatlichen Recht

Der Entwicklungssprung von einem nur gegenüber Staaten wirkenden Subventionsrecht hin zu einer Subventionsdisziplin, die auch gegenüber Privaten durchgesetzt werden kann (auf die sich Private aber umgekehrt auch berufen können), setzt voraus, daß die Vertragsparteien das Subventionsrecht für unmittelbar anwendbar erklären und ihm gegenüber dem mitgliedstaatlichen Recht den Vorrang einräumen. Die Frage der unmittelbaren Anwendbarkeit erweist sich daher als zentrales Element im Rahmen einer fortschreitenden Subventionsdisziplin.
Zusätzlich besteht die Besonderheit, daß das Subventionsrecht der WTO und das der EG nicht unverbunden nebeneinander stehen und nicht voneinander isolierte Rechtssphären bilden. Die EG als regional begrenzter Zusammenschluß ist in die universelle Handelsordnung der WTO eingebettet.[59] Sie ist neben ihren Mitgliedstaaten selbständiges Mitglied der WTO.[60] Aufgrund dieser Verzahnung von universellem und regionalem Subventionsrecht ist die Frage der unmittelbaren Anwendbarkeit nicht nur im Hinblick auf die Effektivierung des Subventionsrechts gegenüber Privaten relevant, sondern auch wegen etwaiger Vorgaben des WTO Subventionsrechts auf das Subventionsrecht der EG als ihrem Mitglied.
Der rechtliche Status des WTO Rechts im Recht seines Mitglieds EG ist Voraussetzung dafür, die sich aus dem materiellen und verfahrensrechtlichen Vergleich sowie der Untersuchung der räumlichen Anwendungsbereiche ergebenden Erkenntnisse daraufhin zu analysieren, welche rechtlichen Vorgaben das WTO- für das EG Subventionsrecht enthält, ob es zu Konflikten der beiden Systeme kommen kann und wie diese zu lösen sind.

---

58 Vgl. zum Begriff der Strukturelemente in internationalen Subventionsrechtsordnung, Rodi, Subventionsrechtsordnung, S. 107ff.

59 Langer, Internationale Wirtschaftsverfassung, S. 85.

60 Art. XI Abs.1 WTO Übereinkommen.

II. Materiellrechtliche Strukturmerkmale

1. Begriff der Subvention

Das erste materiellrechtliche Strukturelement tritt im Rahmen des aufgezeigten Spektrums auf Ebene der Schaffung einer Subventionsdisziplin auf. Denn eine Subventionsrechtsordnung, die über das Stadium des Antisubventionsrechts hinaus die Vergabe von Subventionen einschränkt, muß definieren, welche Phänomene von dieser Disziplin erfaßt werden sollen. So offensichtlich diese Feststellung ist, so schwierig gestaltet sie sich in der Praxis. Denn auf der einen Seite ist die Begriffsbestimmung offen genug zu formulieren, um sicherzustellen, daß nicht zukünftige Spielarten staatlicher Finanzhilfen für Unternehmen ausgeklammert werden, die aufgrund ihrer guten Tarnung bisher noch nicht ins Blickfeld geraten sind, aber subventionsgleiche Wirkungen zeitigen.[61] Auf der anderen Seite ist zu bedenken, daß mit Hilfe eines abstrakt generellen Subventionsbegriffs auf Sachbereiche Einfluß ausgeübt werden kann, die als solche zu den ureigensten Kompetenzen der Mitgliedstaaten zählen, wie z.B. das Steuerrecht. Damit entfaltet das Subventionsrecht eine Querschnittswirkung durch die unterschiedlichsten mitgliedstaatlichen Politik- und Rechtsbereiche hindurch, die für sich genommen von den Mitgliedstaaten nicht einer internationalen Disziplin unterworfen wurden. Die abstrakt generelle Definition einer Subvention läßt demnach eine Dynamik des Subventionsrechts erwarten, die mit einem nicht auf einzelne Sachbereiche begrenzbaren und daher nur eingeschränkt vorhersehbaren mitgliedstaatlichen Souveränitätsverlust einhergeht. Diese Problemstellung erklärt die zentrale Rolle der Begriffsbestimmung einer Subvention, die sich auch in dem Ringen um deren Klärung auf Ebene der EG wie der WTO manifestiert.

2. Negative Subventionsformen

Bei der ökonomischen Bewertung von Subventionen ist zu differenzieren. Wird dabei einigen Subventionsformen, wie z. B. den Exportsubventionen eine besonders wettbewerbsschädliche Wirkung zugeschrieben, kann eine Subventionsrechtsordnung dieser Differenzierung Rechnung tragen, indem sie die Schwelle für eine Rechtswidrigkeit dieser Subventionsformen absenkt. Zusammen mit privilegierten Subventionsformen kann das Subventionsrecht den verschiedenen Subventionsformen gerecht werden. In einer Integrationsrechtsordnung ist dieses Strukturmerkmal nicht mehr relevant, da diese ein grundsätzliches Verbot von Subventionen beinhaltet, also Subventionen per se als negativ einstuft.[62]

---

61 Zippel, Beihilfenpraxis der EG-Kommission, in: Börner/Neundörfer, Beihilfen im Gemeinsamen Markt, S. 1 (13); Depayre/Petriccione, Definition of a Subsidy, in: Bourgeois, Subsidies and Int'l Trade, S. 67.

62 S. dazu oben S.32.

3. Privilegierte Subventionsformen

Die skizzierten Entwicklungsstufen haben gezeigt, daß die Mitgliedstaaten selbst in einer Integrationsrechtsordnung, die gemäß der hier entwickelten Stadien ihre wirtschaftspolitische Autonomie am weitestgehenden einschränkt, nicht vollständig auf Subventionen als Instrument staatlicher Markteingriffe verzichten. Daher werden in Subventionsrechtsordnungen jeglicher Entwicklungsstufen diejenigen Subventionsformen von der Subventionsdisziplin befreit, bei denen die Gefahr von Wettbewerbsverzerrungen zugunsten staatlicher Lenkungsinteressen zurückgestellt wird. Die Festlegung und Abgrenzung dieser privilegierten Subventionszwecke ist auf europäischer wie auf globaler Ebene äußerst umstritten. Je nach wirtschaftlicher Tradition wird eine konkrete staatliche Maßnahme als zum herkömmlichen Arsenal der Politik gehörend und daher nicht als Form eines unfairen Wettbewerbsvorteils identifiziert und der dahinter stehende öffentliche Zweck nicht von vornherein als nicht marktkonform angesehen.[63]

Beide Subventionsordnungen verfolgen diese Kategorisierung von Subventionsformen insoweit, als daß sie in Art. 87 Abs. 2 und 3 EG sowie in Art. 8 Abs. 2 SCM Abkommen[64] Zwecke vorgeben, die eine privilegierende Behandlung der eingesetzten staatlichen Maßnahmen begründen.

4. Auswirkungen einer Subvention

Ausgangspunkt für die Schaffung einer internationalen Subventionsrechtsordnung ist unabhängig vom jeweiligen Entwicklungsstadium die politische Umsetzung der Erkenntnis um die negativen Folgen von Subventionen auf den Allokationsprozeß. Die durch sie hervorgerufenen Wettbewerbsverzerrungen zwischen Marktteilnehmern aus verschiedenen Staaten sollen unterbunden werden.[65] Da Subventionen dennoch ein legitimes Mittel der Wirtschaftspolitik bleiben, ist zu definieren, welche Auswirkungen einer Subvention das Eingreifen des internationalen Subventionsrechts auslösen sollen. Diese Definition ist abhängig vom jeweiligen Entwicklungsstadium des Subventionsrechts. Denn je sensibler das Subventionsrecht auf Störungen der Marktmechanismen reagiert, desto mehr Subventionen werden von der Subventionsdisziplin erfaßt. So werden die Auswirkungen einer identischen Subvention eher in einem Binnenmarkt aufgrund der Abwesenheit von Zöllen und sonstigen Einfuhrbeschränkungen spürbar sein, als in einem nicht bzw. weniger liberalisierten Marktumfeld, da sich die konkreten Folgen in diesem Fall durch das Auftreten weiterer Handelshemmnisse nur

---

[63] Meng, Internationale Subventionsordnung, in: Stober/Vogel, Subventionsrecht und Subventionspolitik, S. 71 (73); Adamantopoulos, Subventionsrecht des GATT, S. 13.

[64] Art. 8 SCMA ist außer Kraft getreten, s. dazu unten S. 167.

[65] Lowenfeld, 13 (2) Cornell Int'l L. J. (1980), S. 205 (206); Meng, Internationale Subventionsordnung, in: Stober/Vogel, Subventionsrecht und Subventionspolitik, S. 71 (72).

schwer zuordnen lassen. Dementsprechend wird das Raster relevanter Auswirkungen unterschiedlich ausgeformt sein. Die Analyse der die Subventionsdisziplin auslösenden Auswirkungen einer Subvention ist also ein wesentlicher Indikator zur Einordnung des Entwicklungsstadiums und der Effektivität einer Subventionsrechtsordnung.
Da nicht der Zweck, sondern die Auswirkungen einer mitgliedstaatliche Subvention die in der jeweiligen Rechtsordnung vorgesehenen Rechtsfolgen auslösen, werden sowohl das EG als auch das WTO Subventionsrecht als auswirkungsbezogene Systeme charakterisiert.[66] Der Grad der Auswirkungen und die Anforderungen an deren Nachweis bilden demnach die Grenze zwischen staatlichen Maßnahmen, die zwar als Subventionen charakterisiert wurden, aber dennoch nicht angreifbar sind, und denen, die konkrete Rechtsfolgen herbeiführen können.

5. Rechtsfolgen einer rechtswidrigen Subvention

Die Rechtsfolgen einer rechtswidrigen Subvention stellen ein weiteres wesentliches Unterscheidungsmerkmal der verschiedenen Entwicklungsstufen des Subventionsrechts dar. Nur wenn die Rechtsordnung das Verbot einzelner Subventionstypen vorsieht, ist die Schwelle zur Subventionsdisziplin erreicht. Sieht die Subventionsrechtsordnung auch Eingriffe in das nach mitgliedstaatlichem Recht ausgestaltete Rechtsverhältnis zwischen Subventionsgeber und -nehmer als Rechtsfolge vor, z. B. durch Anordnung der Rücknahme der Subvention oder Einstellung der Subventionspraxis, ist dafür die Rechtsqualität des Subventionsrechts im mitgliedstaatlichen Recht entscheidend. Auf diese Weise interagieren materiellrechtliche Strukturelemente mit dem Strukturelement der Rechtsqualität des internationalen Subventionsrechts im mitgliedstaatlichen Recht.

III. Verfahrensrechtliche Strukturmerkmale

Der Entwicklungsstand einer Subventionsrechtsordnung manifestiert sich neben ihrer materiellrechtlichen Ausgestaltung in den Elementen des Verfahrens zur Durchsetzung der Subventionsdisziplin. So kann die Subventionsregulierung bereits mit der Erfassung potentiell relevanter staatlicher Leistungen beginnen, indem den Mitgliedstaaten eine Pflicht zur Notifikation ihrer Subventionen auferlegt wird. Besteht ein derartiges Erfordernis, weist dasjenige Subventionsrecht eine höhere Entwicklungsstufe auf, das an eine fehlende Anmeldung die formelle Rechtswidrigkeit der Subvention knüpft und daraus eine Rechtsfolge ablei-

---

[66] Vgl. für die WTO Depayre/Petriccione, Definition of a Subsidy, in: Bourgeois, Subsidies and Int'l Trade, S. 67 (74); für die EG s. Koenig/Kühling/Ritter, EG-Beihilfenrecht, S. 86ff.; EuGH, Rs. 173/73, *Italien/Kommission*, Slg. 1974, 709, Rnr. 27; EuGH, Rs. C-56/93, *Belgien/Kommission*, Slg. 1996, I-723, Rnr. 79; EuGH, Rs. 241/94, *Frankreich/Kommission*, Slg. 1996, I-4551; Rnr. 20.

tet.[67] In seiner höchsten Entwicklungsstufe in Form des Subventionskontrollrechts besteht ein unabhängiges Exekutivorgan, das im Anschluß an die Notifikation die angezeigten Maßnahmen überprüft und im Falle (materieller) Rechtswidrigkeit entsprechende Rechtsfolgen verhängt. Eine derartige Konzentration der Kompetenz ist durch entsprechenden Rechtsschutz für die betroffenen Wirtschaftsteilnehmer gegen die Entscheidungen der Kontrollinstanz zu kompensieren. Auf Ebene der bloßen Subventionsdisziplin ist zu differenzieren, ob die Einleitung eines Verfahrens lediglich durch die Mitgliedstaaten erfolgen kann, oder ob auch private Marktteilnehmer unmittelbar oder durch Verpflichtung des jeweiligen Mitgliedstaates zur Verfahrenseinleitung die Ahndung des Verstoßes herbeiführen können. Diese Frage ist in Zusammenhang mit dem Entwicklungsstand des materiellen Rechts, insbesondere der Rechtsfolgen, zu sehen. Denn besteht eine Subventionsdisziplin gegenüber Staaten und Privaten, d.h. kann die Rücknahme der Subvention angeordnet werden, muß dieser Beeinträchtigung in verfahrensrechtlicher Sicht zumindest die Möglichkeit privater Marktteilnehmer gegenüberstehen, mittelbar oder unmittelbar eine Überprüfung dieser Entscheidung auf ihre Rechtmäßigkeit herbeizuführen.[68]

---

67 Ehlermann, Selected issues in the field of state aids, S. 485.

68 Es würde den Rahmen dieser Arbeit sprengen, den Rechtsvergleich auch auf verfahrensrechtliche Aspekte zu erstrecken. Daher müssen verfahrensrechtliche Strukturmerkmale im Folgenden unberücksichtigt bleiben.

§ 2 Die Durchsetzbarkeit von Vorgaben des WTO Subventionsrechts für das europäische Subventionsrecht

Die EG hat sich als Mitglied der WTO zur Einhaltung des WTO Rechts verpflichtet. Es stellt sich daher die Frage, inwieweit diese Vorgaben des WTO Subventionsrechts innerhalb der EG durchsetzbar sind.

Bei den im Rahmen der Uruguay Runde abgeschlossenen Abkommen handelt es sich um so genannte gemischte Abkommen, bei denen die Kompetenzen zwischen der Gemeinschaft und den Mitgliedstaaten verteilt waren und die Mitgliedstaaten daher zusammen mit der Gemeinschaft der WTO beitraten.[1] Das SCM Abkommen unterfiel als Übereinkommen zum Warenhandel[2] der Kompetenz der Gemeinschaft nach Art. 133 EG.[3]

Zur Rechtswirkung der von der Gemeinschaft abgeschlossenen völkerrechtlichen Verträge ist festzustellen, daß sie nach der Rechtsprechung des EuGH einen „*integrierenden Bestandteil der Gemeinschaftsrechtsordnung*" darstellen.[4] Die Einführung in die Gemeinschaftsrechtsordnung bedarf keines Umsetzungsaktes, sondern die abgeschlossenen Verträge sind mit dem völkerrechtlichen Inkrafttreten automatisch Teil des in der Gemeinschaft geltenden Rechts.[5] Sind die Erfordernisse des Art. 300 EG beachtet worden, entfalten die von der Gemein-

---

1 EuGH, Gutachten 1/94, Slg, I-1994, 5267; Bourgeois, 32 CMLRev. (1995), S. 763; Pescatore, CMLRev. 1999, S. 387ff.; s. im einzelnen zur Thematik des gemischten Abkommens: Groeben/Thiesing/Ehlermann - Tomuschat, Art. 228 m.w.N.

2 S. Anhang 1A der Liste der Anhänge zum Übereinkommen zur Errichtung der WTO.

3 Abgesehen von einzelnen Vorschriften des GATS und des TRIPS waren alle Abkommen in den Anhängen zum Übereinkommen zur Errichtung der WTO von der gemeinsamen Handelspolitik nach Art. 133 EG erfaßt, EuGH, Gutachten 1/94, Slg, I-1994, 5267 Rnr. 22; die Bundesrepublik Deutschland hatte zuvor bereits diejenigen Abkommen ratifiziert, die zumindest teilweise ihrer (vermeintlichen) nationalen Gesetzgebungskompetenz unterlagen. Ratifiziert wurden das Marrakesch-Protokoll zum Allgemeinen Zoll- und Handelsabkommen 1994 und Anhang, das Allgemeine Übereinkommen über den Handel mit Dienstleistungen (GATS) und Anlagen, das Übereinkommen über handelsbezogene Aspekte der Rechte des geistigen Eigentums (TRIPS) sowie die Vereinbarung über Regeln und Verfahren zur Streitbeilegung (DSU). Bezüglich des SCM Abkommens weist das Vertragsgesetz explizit auf die fehlende Gesetzgebungskompetenz hin, BT-Drs. 12/7655 (neu) S. 348 (353), s. dazu Hilf, Negotiating and Implementing the Uruguay Round: The Role of EC Member States - The Case of Germany, in: Jackson/Sykes, S. 121.

4 EuGH, Rs. 181/73, *Haegeman*, Slg. 1974, 449, Rnr. 2/6; EuGH, Rs. 104/81, *Kupferberg*, Slg. 1982, 3641, Rnr. 13; EuGH Rs. 12/86, *Demirel*, Slg. 1987, 3747, Rnr. 7; EuGH, Rs. 87/75 *Bresciani*, Slg. 1976, 129, Rnr. 19ff.

5 Groeben/Thiesing/Ehlermann - Tomuschat, Art. 228, Rnr. 57; die Begrifflichkeit des integrierenden Bestandteils ist mißverständlich, besser erscheint es, von einem integrierten Bestandteil zu sprechen.

schaft geschlossenen völkerrechtlichen Verträge Bindungswirkung für die Organe der Gemeinschaft und die Mitgliedstaaten.[6] Auch ihr Rang innerhalb des Gemeinschaftsrechts läßt sich Art. 300 Abs. 7 EG entnehmen. Völkerrechtliche Verträge gehen dem EG- Sekundärrecht vor, sind aber am höherrangigen Primärrecht zu messen.[7]
Die Feststellung der Geltung der WTO Abkommen als integrierter Bestandteil des Gemeinschaftsrechts ist von der Frage zu unterscheiden, ob diese unmittelbar anwendbar sind.[8] Die durch Art. 300 EG angeordnete Geltung ist Voraussetzung dafür, daß die Normen eines völkerrechtlichen Vertrages angewendet werden können.[9] Die Begriffe der Geltung und die der unmittelbaren Anwendbarkeit einer völkerrechtlichen Norm sind demnach von einander abzugrenzen.[10] Eine völkerrechtliche Norm wird als unmittelbar anwendbar bezeichnet, wenn ein innerstaatliches Rechtsanwendungsorgan, wie ein Gericht oder eine Verwaltungsbehörde, aus der Norm eine Rechtsfolge für den Einzelfall ableiten kann, ohne daß sie durch innerstaatliche Rechtssetzung näher konkretisiert werden muß.[11] Aus der unmittelbaren Anwendbarkeit folgt, daß sich Privatpersonen in einem Gerichts- oder Verwaltungsverfahren auf diese Norm berufen und sie wie eine Norm des innerstaatlichen Rechts geltend machen können.[12] Im Rahmen der Frage von möglichen Vorgaben des WTO Subventionsrechts für das europäische Beihilfenrecht ist also zunächst auf die Frage der unmittelbaren Anwendbarkeit einzugehen. Eine unmittelbare Anwendbarkeit würde im Sinne der oben

---

6 Die völkerrechtliche Bindungswirkung der Organe der Gemeinschaft tritt bereits aufgrund des Vertragsschlusses ein. Die in Art. 300 Abs. 7 EG enthaltene Statuierung einer Bindung der Gemeinschaftsorgane hat daher lediglich klarstellende Wirkung, s. Groeben/Thiesing/Ehlermann - Tomuschat, Art. 228, Rnr. 56.

7 EuGH, verb. Rs. 21-24/71, *International Fruit Company*, Slg. 1972, 1219, Rnr. 14/18.

8 Grundsätzlich zur Thematik der unmittelbaren Anwendbarkeit völkerrechtlicher Verträge: Bleckmann, Innerstaatliche Anwendbarkeit völkerrechtlicher Verträge, S. 50ff.; Koller, Unmittelbare Anwendbarkeit völkerrechtlicher Verträge, S. 42ff.; Buchs, Anwendbarkeit völkerrechtlicher Vertragsbestimmungen, S. 27ff.

9 Kunig, Völkerrecht und staatliches Recht, in: Graf Vitzthum, 2. Abschn. Rnr. 41; Zuleeg, 35 ZaöRV (1975), S. 341 (347).

10 Kunig, Völkerrecht und staatliches Recht, in: Graf Vitzthum, 2. Abschn. Rnr. 41; Geiger, Grundgesetz und Völkerrecht, § 30 I. Bisweilen unterscheidet der EuGH darüber hinaus zwischen unmittelbarer Anwendbarkeit und unmittelbarer Wirkung (so in EuGH, Rs. C-192/89, *Sevince*, Slg. 1990, I-3461, Rnr. 15), hält diese Differenzierung aber nicht konsequent durch (EuGH, Rs. C-18/90, *Kziber*, Slg. 1991, I-199 Rnr. 14f.).

11 Geiger, Grundgesetz und Völkerrecht, § 30 I; Verdross/Simma, Universelles Völkerrecht, § 864; Zuleeg, 35 ZaöRV (1975), S. 341 (349); Cottier/Schefer, 1 (1) JIEL (1998), S. 83 (91ff.).

12 Geiger, Grundgesetz und Völkerrecht, § 30 I.

skizzierten Entwicklungsstadien internationalen Subventionsrechts einen wesentlichen Schritt des WTO Subventionsrechts hin zu einer Subventionsdisziplin gegenüber Staaten und Privaten bedeuten. Darüber hinaus würde das Subventionsrecht des SCM Abkommens damit zum Rechtmäßigkeitsmaßstab des gemeinschaftlichen Sekundärrechts. In diesem Fall wären die innerstaatlichen Normen zur Subventionsvergabe neben dem EG Beihilfenrecht einer zweiten internationalen Rechtsordnung anzupassen.[13] Das Problem der unmittelbaren Anwendbarkeit des WTO Rechts ist als Meilenstein der Entwicklung des internationalen Subventionsrechts zudem für die Frage der Interdependenz der beiden Rechtsordnungen von großer Relevanz.
Vorgaben für das europäische Beihilfenrecht durch das WTO Subventionsrecht können sich indes nicht nur aus dessen unmittelbarer Anwendbarkeit ergeben. Vielmehr können aus der Pflicht zur völkerrechtskonformen Auslegung Auswirkungen des WTO Subventionsrechts auf das europäische Beihilfenrecht hergeleitet werden, was im Anschluß an die Analyse der Frage der unmittelbaren Anwendbarkeit zu untersuchen sein wird.[14]

A. Die Frage der unmittelbaren Anwendbarkeit des WTO Subventionsrechts im Gemeinschaftsrecht – Der Grundsatz

Die Frage der unmittelbaren Anwendbarkeit des WTO Subventionsrechts kann zunächst explizit von den Vertragsparteien geregelt werden. Diese können die unmittelbare Wirkung im Vertragswerk ausdrücklich vereinbaren oder ausschließen.[15] In den WTO Übereinkommen selbst ist eine unmittelbare Wirkung nicht geregelt worden.[16]
Unabhängig von der (hier fehlenden) Intention der übrigen Vertragsstaaten kann der einzelne WTO-Mitgliedstaat im innerstaatlichen Recht die unmittelbare Anwendbarkeit explizit anordnen. Schließlich könnte er jeder Zeit eine der Völkerrechtsnorm identische innerstaatliche Rechtsnorm schaffen.[17] Eine derartige Erklärung ist im Rahmen der WTO Übereinkommen seitens der Europäischen

---

[13] S. dazu Tietje, Sicht des WTO Rechts, in: Ehlers/Wolffgang/Pünder, Ausfuhrförderung, S. 9 (32,37f.).

[14] S. dazu unten S. 70ff.

[15] Bleckmann, Self-Executing Treaty Provisions, in: Bernhardt, EPIL, S. 414 (415); Verdross/Simma, Universelles Völkerrecht, § 866.

[16] Demgegenüber hatte die Schweiz während der Verhandlungen vorgeschlagen, in die WTO Übereinkommen eine Verpflichtung zur Gewährung der unmittelbaren Anwendbarkeit durch die Parteien aufzunehmen, fand jedoch dafür keine Mehrheit, vgl. Krajewski, Verfassungsperspektiven der WTO, S. 68; Eeckhout, 34 CMLRev. (1997), S. 11 (34, 39); Kuijper, WTO Dispute Settlement System, in: Bourgeois/Berrod/Gippini-Fournier, S. 102 (106).

[17] Krajewski, Verfassungsperspektiven der WTO, S. 56.

Gemeinschaft nicht nur nicht abgegeben worden, sondern der Rat stellte in seinem Beschluß zur Zustimmung zu den WTO-Abkommen fest: *„Das Übereinkommen zur Errichtung der Welthandelsorganisation einschließlich seiner Anhänge ist nicht so angelegt, daß es unmittelbar vor den Rechtsprechungsorganen der Gemeinschaft und der Mitgliedstaaten angeführt werden kann."*[18] Es ist jedoch strittig, ob die Vertragsparteien bei fehlender Regelung der Frage einer unmittelbaren Anwendbarkeit im Vertragswerk diese im innerstaatlichen Recht explizit ausschließen können. Will man den Vertragsparteien die Möglichkeit eines solchen Ausschlusses gewähren, müßte ein entsprechender Ratsbeschluß konstitutive Wirkung im Hinblick auf die unmittelbare Wirkung haben.[19] Dagegen spricht der Normcharakter des Art. 300 Abs. 7 EG. Dieser läßt als genereller Vollzugsbefehl den Vertrag bereits bei Abschluß zum Bestandteil des Gemeinschaftsrechts werden.[20] Es ist folglich kein Umsetzungsakt erforderlich, der als konkreter Vollzugsakt eine Geltung des Vertrages nur unter Ausschluß der unmittelbaren Anwendbarkeit vorsehen könnte,[21] mit der Folge, daß Zustimmungsbeschlüsse des Rates keinen Umsetzungsakt darstellen. Ihnen kommt somit im Hinblick auf die Frage der unmittelbaren Anwendbarkeit einer Norm keine konstitutive Wirkung zu.[22] Ein Ausschluß der unmittelbaren Anwendbarkeit der WTO Übereinkünfte konnte nicht wirksam erfolgen.[23]

Mangels expliziter Anordnung und wirksamen Ausschlusses müssen die Bestimmungen der WTO Übereinkünfte nach den Auslegungsregeln der Wiener Vertragsrechts Konvention interpretiert werden, um ihre generelle Geeignetheit

---

[18] Beschluß des Rates vom 22.12.1994, ABl. 1994, Nr. L336/2; demgegenüber hat die Bundesrepublik Deutschland in Bezug auf Vorschriften des TRIPS Abkommens, die in ihren Kompetenzbereich fielen, die unmittelbare Anwendbarkeit ausdrücklich ausgesprochen, s. Gesetz zu dem Übereinkommen vom 15.April 1994 zur Errichtung der Welthandelsorganisation, BT-Drs. 12/7655 (neu) S. 5, 7.

[19] Bejahend, Groeben/Thiesing/Ehlermann - Tomuschat, Art. 228, Rnr. 71; verneinend, Krajewski, Verfassungsperspektiven der WTO, S. 69; Dauses - Arnold, K. I, Rnr. 66.

[20] Groeben/Thiesing/Ehlermann - Tomuschat, Art. 228, Rnr. 59.

[21] Geiger, Grundgesetz und Völkerrecht, § 32 II. 3. b); Meng, Unmittelbare Anwendbarkeit, in: Beyerlein, FS Bernhardt, S. 1063 (1070); demgegenüber ist in den USA ein Umsetzungsakt erforderlich. So haben die USA im Uruguay Round Agreements Act als konkretem Vollzugsbefehl die unmittelbare Wirksamkeit ausgeschlossen, 19 U.S. Code, Sec 3512 (a); S. ausführlich dazu, Leebron, Uruguay Round results in the USA, in: Jackson/Sykes, Implementing the Uruguay Round, S. 175 (187ff.).

[22] Sander, Wirkungen des Weltwirtschaftsrechts, in: Bauschke/Becker/Brauser-Jung/Eifert (et.alt.), Pluralität des Rechts, S. 95 (105).

[23] So auch, Meng, Unmittelbare Anwendbarkeit, in: Beyerlein, FS Bernhardt, S. 1063 (1070); Krajewski, Verfassungsperspektiven der WTO, S. 70.

zu einer unmittelbaren Anwendbarkeit zu ermitteln.[24] Bei dieser Auslegung beantwortet jedes Mitglied die Frage der unmittelbaren Anwendbarkeit anhand der in seinem Rechtskreis dafür aufgestellten Kriterien.[25] Unter welchen Voraussetzungen Artikel der Gemeinschaftsverträge unmittelbar anwendbar sind, ist in *Van Gend en Loos*[26] erstmals vom EuGH bestimmt worden. Auch die Voraussetzungen von Bestimmungen aus Verträgen der Gemeinschaft mit Drittländern orientieren sich an diesen Vorgaben, berücksichtigen aber zugleich, daß derartige Verträge dem Einfluß aller Vertragsparteien unterliegen und daher nicht ausschließlich aus gemeinschaftlicher Perspektive ausgelegt werden können.[27] Nach ständiger Rechtsprechung des EuGH sind Bestimmungen eines mit Drittstaaten geschlossenen Vertrages unmittelbar anwendbar, *„wenn sie unter Berücksichtigung ihres Wortlauts und im Hinblick auf den Sinn und Zweck des Abkommens eine klare und deutliche Verpflichtung enthalten, deren Erfüllung oder deren Wirksamkeit nicht vom Erlaß eines weiteren Aktes abhängen.“*[28] Die Bestimmungen des Vertrages müssen unter Berücksichtigung seines Gesamtcharakters so präzise sein, daß sie sich vollziehen lassen, ohne zuvor in Gemeinschaftsrecht umgesetzt worden zu sein.[29] Die Prüfung läßt sich in zwei Schritte unterteilen. Zunächst müssen Rechtsnatur und Systematik des Abkommens daraufhin untersucht werden, ob sie aufgrund des Gesamtcharakters des Vertrages eine unmittelbare Anwendbarkeit seiner einzelnen Vorschriften grundsätzlich zulassen. Die Rechtsnatur des Vertrages muß es sein, die Beziehungen von Privatpersonen zum Staat oder zueinander zu regeln, nicht jedoch lediglich die Beziehungen von Staaten untereinander.[30] Wird dieses bejaht, sind in einem weiteren Schritt die einzelnen Vorschriften daraufhin zu überprüfen, ob sie hinreichend klar und bestimmt formuliert sind, um eine unmittelbare Rechtsfolge aus ihnen herleiten zu können, so daß ihre Erfüllung nicht vom Erlaß eines weiteren Rechtsaktes

---

[24] Krajewski, Verfassungsperspektiven der WTO, S. 55; Bleckmann, Innerstaatliche Anwendbarkeit völkerrechtlicher Verträge, S. 158.

[25] Prieß/Berrisch - dies., C II, 1. Rnr. 20; Diese Sichtweise wird auch von den Streitbeilegungsorganen geteilt, s. Ranel Bericht, *United States – Sections 301-310 of the Trade Act of 1947*, WTO-Dok., WT/DS152/R, Fn 661 zu Rnr. 7.72: *"The fact that WTO institutions have not to date construed any obligation as producing direct effect does not necessarily preclude that in the legal system of any given Member, following internal constitutional principles, some obligations will be found to give rights to individuals. Our statement of fact does not prejudge any decisions by national courts on this issue."*

[26] EuGH, Rs. 26/62, *Van Gend en Loos*, Slg. 1963, 1.

[27] Groeben/Thiesing/Ehlermann - Tomuschat, Art. 228, Rnr. 62.

[28] EuGH, Rs. 12/86, *Demirel*, Slg. 1987, 3747 Rnr. 14.

[29] Groeben/Thiesing/Ehlermann - Tomuschat, Art. 228, Rnr. 62.

[30] Koller, Unmittelbare Anwendbarkeit völkerrechtlicher Verträge, S. 59.

abhängig ist.[31] Bei dieser Auslegung der einzelnen Vorschriften ist zu berücksichtigen, daß Sinn, Zweck und Zusammenhang des Abkommens die Auslegung beeinflussen.[32] Denn da der völkerrechtliche Vertrag nicht „*vergemeinschaftet*" wird, sondern innerhalb der Gemeinschaftsrechtsordnung seine ursprüngliche Rechtsnatur beibehält,[33] muß sich die Auslegung nach den allgemeinen völkerrechtlichen Regeln richten und nicht nach den vom EuGH für das Gemeinschaftsrecht entwickelten Auslegungsmethoden mit ihrer intensiveren Dynamik.[34] So kann es erforderlich sein, den gleichen Rechtsbegriff im gemeinschaftlichen Primärrecht anders auszulegen als in seitens der Gemeinschaft abgeschlossenen Verträgen.[35] Der teleologisch geprägten Auslegung des Gemeinschaftsrechts steht dabei in der Rechtsprechung des EuGH eine weitere Auslegung des völkervertraglichen Außenrechts gegenüber.[36]
Die Frage der Auslegung der WTO Übereinkommen im Hinblick auf eine unmittelbare Anwendbarkeit wird sowohl im Hinblick auf das Primärrecht als auch bezüglich der Entscheidungen der Streitbeilegungsorgane kontrovers diskutiert.[37]

---

[31] Cottier/Schefer, 1 (1) JIEL (1998), S. 83 (92); Bleckmann, Self-Executing Treaty Provisions, in: Bernhardt, EPIL, S. 414 (416).

[32] St. Rspr., vgl. EuGH, Rs. 17/81, *Pabst & Richarz*, Slg. 1982, 1331, Rnr. 27; EuGH, Rs. 104/81, *Kupferberg*, Slg. 1982, 3641, Rnr. 23; EuGH, Rs. 12/86, *Demirel*, Slg. 1987, 3747, Rnr. 14.

[33] Groeben/Thiesing/Ehlermann - Tomuschat, Art. 228, Rnr. 58.

[34] Auf die besondere Dynamik der Auslegung des Rechts in einer Integrationsrechtsordnung wie der EG wurde bereits im Rahmen der Schilderung der Entwicklungsstufen des Subventionsrechts auf S. 33 hingewiesen, s. auch Groeben/Thiesing/Ehlermann - Tomuschat, Art. 228, Rnr. 58.

[35] S. dazu EuGH, Rs. 270/80, *Polydor*, Slg. 1982, 329, Rnr. 15ff.: Hier sah es der EuGH als geboten an, den Rechtsbegriff der Maßnahmen gleicher Wirkung wie mengenmäßige Einfuhrbeschränkungen in Art. 28 EG weniger restriktiv auszulegen als in den Freihandelsabkommen mit den EFTA Ländern; s. auch EuGH Rs. 104/81, *Kupferberg*, Slg. 1982, 3641, Rnr. 28ff.

[36] Groeben/Thiesing/Ehlermann - Tomuschat, Art. 228, Rnr. 58 m.w.N.

[37] Siehe z.B.: Meng, Unmittelbare Anwendbarkeit, in: Beyerlein, FS Bernhardt, S. 1063ff.; Lee/Kennedy, 30 (1) JWT (1996), S. 67; Becker-Celik, EWS 1997, S. 12; Eeckhout, 34 CMLRev. (1997), S. 11; Berkey, 9 EJIL (1998), S. 627; Cottier/Schefer, 1 (1) JIEL (1998), S. 83 (91); Epiney, EuZW 1999, S. 5; Ott, GATT/WTO im Gemeinschaftsrecht, S.122; Ohlhoff/Schloemann, 5 UNYB (2001), S. 675(706); Prieß/Berrisch - Prieß/ Berrisch, C. II. 1. Rnr. 26; Berrisch/Kamann, EWS 2000, S. 89; Oppermann/Cascante, Dispute Settlement, in: Petersmann, International Trade Law, S. 469 (482ff.); Herrmann, ZEuS 2001, S. 453 (466ff.); Snyder, 40 CMLRev. (2003), S. 313 (325).

I. Das SCM Abkommen

1. Die Argumentation des EuGH

Der EuGH lehnt eine unmittelbare Anwendbarkeit der Vorschriften der WTO Übereinkommen ab.[38] Wie in seiner Rechtsprechung zum GATT 1947[39] wird auch der WTO aufgrund einer Gesamtwürdigung des Vertragswerks die Fähigkeit zur unmittelbaren Wirksamkeit abgesprochen. Zu einer Prüfung der hinreichenden Präzision der einzelnen Bestimmungen des WTO Rechts ist der EuGH in seinen einschlägigen Entscheidungen daher nicht vorgedrungen.[40] Die ablehnende Haltung des EuGH gründet sich auf die vermeintliche Verhandlungsorientiertheit der WTO Rechtsordnung. Auch wenn sich die WTO Übereinkünfte „*erheblich vom GATT 1947*" unterschieden, räume „*das mit diesem Übereinkommen geschaffene System der Verhandlung zwischen den Mitgliedern einen hohen Stellenwert ein.*"[41] Zur Untermauerung dieser These bildet der EuGH im wesentlichen zwei Argumentationsstränge. Zum einen gewährleiste Art. 22 DSU eine zu große Flexibilität bei der Umsetzung von Entscheidungen der Streitbeilegungsorgane. Zum anderen stütze sich das WTO Recht in besonderem Maße auf das Prinzip der Gegenseitigkeit, aufgrund dessen bei der Versagung der unmittelbaren Anwendbarkeit durch die wichtigsten Handelspartner eine solche auch im Gemeinschaftsrecht nicht angenommen werden könne.

a. Das Argument der Flexibilität der Streitbeilegung auf Grund von Art. 22.1 DSU

Die These der Verhandlungsorientiertheit der WTO Rechtordnung folgert der EuGH aus der Flexibilität der Streitbeilegung, die sich in der Vorschrift des Art. 22 DSU manifestiere. Art. 22 DSU ermöglicht es dem Beschwerdegegner, Entschädigung zu leisten und berechtigt den Beschwerdeführer, Zugeständnisse auszusetzen, sollte der Beschwerdegegner die Empfehlung des DSB nicht innerhalb eines angemessenen Zeitraums umsetzen können.[42] Dieses ist nach Auffassung des EuGH nicht mit einer unmittelbaren Anwendbarkeit des WTO Rechts in Einklang zu bringen. Denn wären die Vorschriften der WTO Übereinkommen

---

[38] EuGH, Rs. C-149/96, *Portugal/Rat*, Slg. 1999, I-8395, Rnr. 47; EuGH, verb. Rs. C-300/98 u. 392/98, *Dior*, Slg. 2000, I-11307, Rnr. 43f.; EuGH, Rs. C 307/99, *OGT Fruchthandelsgesellschaft*, Slg. 2001, I-3159, Rnr. 24f.

[39] S. EuGH, verb. Rs. 21-24/72, *International Fruit Company*, Slg. 1972, 1219 Rnr. 19/20ff.

[40] Für eine ausführliche Diskussion des Urteils Portugal/Rat s.: Eeckhout, 5 JIEL (2002), S. 91; Rosas, CMLRev. 2000, S. 797; Hilf/Schorkopf, EuR 2000, S. 74; Zonnekeyn, 25 EL-Rev. (2000), S. 293; Desmedt, 3 JIEL (2000), S. 191; Peers, WTO Law and the ECJ, in: de Burca/Scott, EU and WTO, S. 111; van den Broek, 4 JIEL (2001), S. 411.

[41] S. EuGH, Rs. C.-149/96, *Portugal/Rat*, Slg. 1999, I-8395, Rnr. 36.

[42] S. zur Vorschrift des Art. 22 DSU: Stoll/Steinmann, 3 UNYB (1999), S. 407 (419ff.).

unmittelbar anwendbar, dürften Gerichte mit den WTO Übereinkünften unvereinbare innerstaatliche Rechtsvorschriften nicht anwenden und den Legislativ- und Exekutivorganen würde so die in Art. 22 DSU eingeräumte Befugnis genommen, auf dem Verhandlungsweg Lösungen zu erreichen.[43]
Hinter dieser Argumentation steht ein Verständnis von Art. 22 DSU, das darin die Möglichkeit des Freikaufens von der Verpflichtung zur Umsetzung des DSB Entscheidung sieht.[44] Am Beispiel des Subventionsrechts läßt sich jedoch aufzeigen, daß Art. 22 DSU nicht zu Verhandlungsspielräumen führt, die bei einer unmittelbaren Anwendbarkeit ausgeschlossen wären. Zunächst ist festzustellen, daß Art. 22 Abs. 1 DSU und Art. 22 Abs. 9 DSU ausdrücklich bestimmen, daß die Entschädigung und Aussetzung keine der Umsetzung der Entscheidung gleichwertigen, sondern lediglich sekundäre und vorübergehende Maßnahmen darstellen.[45] Diese Möglichkeit beseitigt nicht den Rechtsverstoß und entbindet die schädigende Partei nicht von der Pflicht zur vollen Umsetzung der DSB Empfehlung.[46] Als Ziel des Streitbeilegungsmechanismus ist in Art. 3 Abs. 7 DSU die Rücknahme der mit den WTO Vorschriften unvereinbaren Maßnahme festgelegt. Soll Art. 22 DSU zu einem Verhandlungsspielraum führen, der eine unmittelbare Anwendbarkeit ausschließt, müssen sich seine Auswirkungen auf die Praxis der Umsetzung von DSB Empfehlungen im Vergleich zu denen einer unmittelbaren Anwendbarkeit unterscheiden. Empfiehlt ein Panel bzw. der Appellate Body die Rücknahme der Subvention, bestimmt Art. 3 Abs. 7 DSU, daß eine für die Streitparteien beiderseits akzeptable Lösung, die mit den Vorschriften des SCM Abkommens vereinbar ist, einer streitigen Entscheidung vorzuziehen ist. Art. 3 Abs. 7 DSU manifestiert so einen Grundsatz der Streitbeilegung im DSU,[47] der Lösungen auf dem Verhandlungswege ermöglicht. Diese Möglichkeit steht einer unmittelbaren Anwendbarkeit nicht entgegen, denn das Verhandlungsergebnis muß seinerseits mit den Vorschriften des SCM Abkommens vereinbar sein. Das Argument des Art. 22 DSU als Exempel der Verhandlungsorientiertheit der WTO Rechtordnung greift also nur, wenn Art. 22 DSU über diese Verhandlungslösungen hinaus Beilegungen des Konflikts ermöglicht, die nicht mit den Vorschriften der jeweils anwendbaren Abkommen, hier des SCM Abkommens, im Einklang stehen. Nur in diesem Fall würde eine unmittelbare Anwendbarkeit dieser Vorschriften zu dem seitens des EuGH postulierten Wi-

---

[43] EuGH, Rs. C.-149/96, *Portugal/Rat*, Slg. 1999, I-8395, Rnr. 40.

[44] Jackson, 98 AJIL (2004), S. 109 (115).

[45] Dieses räumt auch der EuGH ein, EuGH, Rs. C.-149/96, *Portugal/Rat*, Slg. 1999, I-8395, Rnr. 37.

[46] Jackson, 91 AJIL (1997), S. 60; ders., 98 AJIL (2004), S. 109 (115ff.); Eeckhout, 34 CMLRev. (1997), S. 11 (54); Berrisch/Kamann, EWS 2000, S. 89 (93); Cottier, Prinzipien und Beschlüsse der WTO, in: FIW, Bedeutung der WTO, S. 121 (126).

[47] Stoll/Steinmann, 3 UNYB (1999), S. 407 (420).

derspruch mit dem Verhandlungsergebnis führen. Die unmittelbare Anwendbarkeit würde dann den Vorschriften des SCM Abkommens gerade nicht zu einer möglichst effektiven Durchsetzung verhelfen, sondern diese durch davon abweichende Verhandlungslösungen sogar schwächen. Ob Art. 22 DSU zu (Verhandlungs-) Lösungen führt, die materiellem Subventionsrecht widersprechen, ist für die beiden in Art. 22 Abs. 1 DSU enthaltenen Institute der Entschädigung und der Berechtigung zur Aussetzung von Zugeständnissen getrennt zu analysieren.
Zu beginnen ist mit der Entschädigung. Derartige Leistungen an den Beschwerdeführer müssen ihrerseits mit den WTO Abkommen vereinbar sein. Dies ist der Grund, warum sich diese Art der Kompensation in der (subventionsrechtlichen) Praxis nicht als gangbarer Weg erwiesen hat. Denn als Ausgleich für die Beibehaltung von Subventionen kann der Beschwerdegegner dem Beschwerdeführer nur die Absenkung von Zöllen auf dessen Waren bei Einfuhr auf dem Markt des Beschwerdegegners anbieten. Dieses Vorgehen kompensiert die Subvention lediglich auf dem Inlandsmarkt des Beschwerdegegners, nicht jedoch auf dem des Beschwerdeführers oder einem Drittlandsmarkt. Das Erfordernis der Konformität dieser Entschädigung mit dem WTO Recht führt dazu, daß aufgrund des Meistbegünstigungsgrundsatzes der Beschwerdegegner diese Konditionen sämtlichen WTO Mitgliedern gleichermaßen gewähren müßte. Das macht ein solches Vorgehen äußerst unattraktiv.[48] Einen (zusätzlichen) Verhandlungsspielraum, den die Organe der Gemeinschaft bei unmittelbarer Anwendbarkeit entbehren müßten, läßt sich entgegen der Ansicht des EuGH aus der expliziten Einbeziehung der Möglichkeit von Entschädigungen nicht ableiten. Diese Option führt somit in der Praxis nicht zu von Normen des SCM Abkommens oder DSB Entscheidungen abweichenden Lösungen.
Als zweites Instrument bei Nichtumsetzung der DSB Empfehlung durch den Beschwerdegegner nennt Art. 22 Abs. 1 DSU die vorübergehende Aussetzung von Zugeständnissen. Für die Frage, ob diese Möglichkeit zur Nichtumsetzung von Entscheidungen führt, ist von Bedeutung, was unter *„vorübergehend"* zu verstehen ist. Nach Art. 22 Abs. 8 DSU sind Zugeständnisse nur so lange auszusetzen, bis die WTO rechtswidrige Maßnahme eingestellt worden ist oder eine andere Lösung *„für die Zunichtemachung oder Schmälerung der Vorteile"* gefunden worden ist.[49] Überträgt man dieses auf das Subventionsrecht, besteht nur die Möglichkeit, daß der Beschwerdegegner entweder die Subvention aufhebt oder zur Aussetzung von Zugeständnissen bereit ist. Darüber hinaus kommen weitere Lösungen, wie in Art. 22 Abs. 8 S. 1 DSU angesprochene, neben den

48 Vgl. Prieß/Berrisch - Ohlhoff, Teil C.I.2. Rnr. 118.

49 Dabei läßt Art. 22 Abs. 7 S. 1 DSU offen, was mit dieser (anderen) Lösung gemeint ist. Der systematische Zusammenhang mit S. 2 ergibt jedoch, daß sich S. 1 nicht auf Entschädigungen bezieht, s. Pitschas, EuZW 2003, S. 761 (762).

bereits im SCM Abkommen berücksichtigten nicht in Betracht.[50] Ein konkreter Zeitraum, nachdem nicht mehr „*vorübergehend*" von der Umsetzungspflicht abgewichen werden darf, läßt sich Art. 22 Abs. 8 DSU nicht entnehmen.[51] Solange die DSB Entscheidung also nicht umgesetzt ist, können Zugeständnisse ausgesetzt werden. Dauert dieser Zustand nun an, würde der Rechtsverstoß auf absehbare Zeit bestehen bleiben und ihm würde lediglich durch die Aussetzung von Zugeständnissen begegnet. Ein gegen das materielle Subventionsrecht verstoßender Sachverhalt würde auf diese Weise durch Art. 22 DSU legitimiert. Der vom EuGH angemahnte Widerspruch zwischen (unmittelbar anwendbarem) materiellen Recht und faktischer Lösung wäre vorhanden. Die subventionsrechtliche Praxis zeigt indes, daß die Annahme, der Beschwerdegegner könne die Gegenmaßnahmen dauernd hinnehmen, um einer Rücknahme der Subvention zu entgehen, unbegründet ist. Denn allein das Drohpotential der etwaigen Aussetzung von Zugeständnissen zeigt Wirkung. Dieses läßt sich am Fall der WTO Widrigkeit von Vorschriften der US amerikanischen Steuergesetzgebung die sog. *Foreign Sales Corporations* betreffend verdeutlichen. Ausgelöst durch die Festsetzung hoher Gegenmaßnahmen haben die USA die Steuergesetzgebung zu *Foreign Sales Corporations* sowie die ebenfalls WTO widrige Folgegesetzgebung ersetzt, um die WTO Widrigkeit der Rechtslage zu beheben.[52] Die Möglichkeit der Aussetzung von Zugeständnissen bietet demnach im *Foreign Sales Corporations* Fall eine effektive Drohkulisse, führt aber nicht zu materiellem Subventionsrecht des SCM Abkommens widersprechenden Lösungen. So führt die in Art. 22 Abs. 1 DSU vorgesehene Möglichkeit des Aussetzens von Zugeständnissen nicht zu Verhandlungsspielräumen, die über diejenigen im Falle unmittelbarer Anwendbarkeit vorhandenen hinausgingen. Vielmehr reflektiert diese Option die einzige Reaktion, die das Völkerrecht einem anhaltenden völkerrechtswidrigen Handeln entgegen zu setzen vermag. Auch wenn vielfach nicht explizit in die jeweiligen Verträge einbezogen, steht einer Vertragspartei regelmäßig kein anderes Mittel zur Verfügung, um den betreffenden Staat zur Aufgabe seiner völkerrechtwidrigen Praxis zu bewegen.[53] Es handelt sich also keineswegs um ein spezifisches Institut der WTO Rechtsordnung. Art. 22 DSU bestätigt lediglich eine völkerrechtlich zulässige Reaktion auf das Nichteinhalten

---

[50] Der im SCM Abkommen im Fall anfechtbarer Subventionen neben der Rücknahme von Subventionen vorgesehene Ausgleich der nachteiligen Auswirkungen in Art. 7 Abs. 8 SCMA stellt praktisch keine Alternative zur Rücknahme dar, s. dazu unten S. 232f.

[51] Vgl. Pitschas, EuZW 2003, S. 761 (762).

[52] Vgl. dazu Daly, WTO and Direct Taxation, S. 11.; zu den materiellrechtlichen Aspekten des *Foreign Sales Corporations* Falles, s unten S. 110ff.; zur Umsetzungspraxis der WTO Mitgliedstaaten allgemein Park/Panizzon, 5 (1) JIEL (2002), S. 221ff.

[53] Eeckhout, 34 CMLRev. (1997), S. 11 (55); Hahn, Suspension von GATT-Verpflichtungen, S. 47ff.

der WTO Übereinkommen, enthält jedoch kein Kriterium, daß zur Beurteilung der Geeignetheit zur unmittelbaren Anwendbarkeit herangezogen werden könnte. Somit ist das Argument des EuGH, die unmittelbare Anwendbarkeit der Vorschriften der WTO Übereinkünfte stünden im Widerspruch zu den Verhandlungsspielräumen des Art. 22 DSU, abzulehnen.

b. Das Argument des Prinzips der Gegenseitigkeit

Als zweites Argument führt der EuGH an, das WTO Abkommen stelle ebenso wie das GATT 1947 explizit in der Präambel fest, es baue „*auf der Grundlage der Gegenseitigkeit und zum gemeinsamen Nutzen*“ auf.[54] Diese Gegenseitigkeit sei bei der Durchführung der Abkommen auf Seiten der wichtigsten Handelspartner der Gemeinschaft nicht gewahrt. Denn diese WTO Mitgliedstaaten – insbesondere die USA – lehnten eine unmittelbare Anwendbarkeit des WTO Abkommens ab.[55] Dieser Mangel an Reziprozität führe zu einem Ungleichgewicht, denn eine unmittelbare Anwendbarkeit enge den Spielraum der Exekutiv- und Legislativorgane der Gemeinschaft ein, über den die entsprechenden Organe der Handelspartner weiterhin verfügten.[56] Die „*Grundlage der Gegenseitigkeit*“ sei deshalb von besonderer Bedeutung, da diese das WTO Abkommen von anderen Abkommen der Gemeinschaft mit einzelnen Drittstaaten, insbesondere Assoziierungs-, Freihandels- und Kooperationsabkommen unterscheide, deren Vorschriften in der Gemeinschaft für unmittelbar anwendbar erklärt worden seien.[57] Diese zeichneten sich durch ein bewußt eingegangenes Ungleichgewicht der übernommenen Verpflichtungen oder durch die Schaffung eines institutionellen Rahmens aus.[58] Das Differenzierungskriterium des bewußt eingegangenen Ungleichgewichts war erforderlich geworden, da der EuGH in der Rechtssache *Kupferberg* noch betont hatte, die Tatsache, daß eine Vertragspartei die unmittelbare Anwendbarkeit einiger Bestimmungen eines Abkommens ablehne, sei kein Grund, unter Gegenseitigkeitsgesichtspunkten in der Gemeinschaft eine

---

[54] EuGH, Rs. C.-149/96, *Portugal/Rat*, Slg. 1999, I-8395, Rnr. 42.

[55] S. zu den USA: Leebron, Uruguay Round results in the USA, in: Jackson/Sykes, Implementing the Uruguay Round, S. 175; Sander, Wirkungen des Weltwirtschaftsrechts, in: Bauschke/Becker/Brauser-Jung/Eifert (et.alt.), Pluralität des Rechts, S. 95 (114); s. zu Japan: Iwasawa, Uruguay Round in Japan, in: Jackson/Sykes, Implementing the Uruguay Round, S. 137.

[56] EuGH, Rs. C.-149/96, *Portugal/Rat*, Slg. 1999, I-8395, Rnr. 46; so auch Cottier/Schefer, 1 (1) JIEL (1998), S. 83 (99); Lee/Kennedy, 30 (1) JWT (1996), S. 67 (85).

[57] In diesem Zusammenhang verweist der EuGH ausdrücklich auf das der Rechtsache *Kupferberg* (EuGH, Rs. 104/81, *Kupferberg*, Slg. 1982, 3641) zu Grunde liegende Freihandelsabkommen zwischen der EWG und Portugal (ABl. Nr. L 301 vom 31.12.1972, S.165), EuGH, Rs. C.-149/96, *Portugal/Rat*, Slg. 1999, I-8395, Rnr. 42, 44.

[58] EuGH, Rs. C.-149/96, *Portugal/Rat*, Slg. 1999, I-8395, Rnr. 42.

unmittelbare Wirkung zu verweigern.[59] Die fehlende unmittelbare Wirksamkeit in der Rechtsordnung der Vertragspartner allein hätte die Ablehnung seitens der Gemeinschaft also nicht getragen. Deshalb führte der EuGH darüber hinaus an, das WTO Abkommen sei bewußt auf das Prinzip der Gegenseitigkeit gegründet, was es von dem in der Sache *Kupferberg* in Rede stehenden Abkommen unterscheide und daher auch eine unterschiedliche rechtliche Bewertung rechtfertige.

Auch diese Argumentation kann nicht überzeugen. Es ist nicht erkennbar, inwiefern sich die im Rahmen der WTO Übereinkünfte und die in Assoziierungs-, Freihandels- oder Kooperationsabkommen eingegangenen Verpflichtungen im Hinblick auf ihre (fehlende) Gegenseitigkeit unterscheiden sollen. Der hinter dieser Argumentation stehende Gedanke ist, daß Abkommen, die eine Liberalisierung der Märkte zum Ziel haben, dieses nur durch einen gegenseitigen verbindlichen Abbau von Handelshemmnissen erreichen können, wohingegen bei der Zielsetzung der Anbindung weniger entwickelter Handelspartner die einseitige Gewährung von Zugeständnissen im Vordergrund steht. Zwar ist dieser theoretischen Kategorisierung im Grundsatz zuzustimmen, indes vermag sie keine differenzierte Behandlung der WTO Übereinkünfte von anderen seitens der Gemeinschaft abgeschlossenen Abkommen zu begründen. Denn zum einen sehen die WTO Übereinkommen ebenso wie die genannten Abkommenskategorien die wirtschaftliche und soziale Förderung der weniger entwickelten Vertragsparteien vor, und zum anderen haben auch Assoziierungs-, Freihandels- oder Kooperationsabkommen wie die WTO Übereinkommen zum Ziel, Unternehmen aus der Gemeinschaft den Zugang zu den Märkten von Drittstaaten zu öffnen.[60] Diese beruhen daher in vergleichbarer Weise auf dem Prinzip der Gegenseitigkeit, wenn auch nicht in expliziter Form wie die WTO Rechtsordnung.[61] Die vom EuGH vorgenommene Unterscheidung der Übereinkommen anhand der Zielsetzung verschwimmt somit in der Praxis und stellt kein taugliches Abgrenzungskriterium dar.

Selbst wenn man dem EuGH in der Differenzierung zwischen den WTO Übereinkommen und sonstigen seitens der Gemeinschaft abgeschlossenen Assoziierungs-, Freihandels- und Kooperationsabkommen in Bezug auf die Gegenseitigkeit der enthaltenen Verpflichtungen folgen würde, kann der darauf aufbauenden

---

[59] EuGH, Rs. 104/81, *Kupferberg*, Slg. 1982, 3641, Rnr. 18.

[60] Vgl. zur differenzierten Sonderbehandlung von Entwicklungsländern in Art. 27 SCM Abkommen, Benitah, Law of Subsidies, Chapter 37-39; Adamantopoulos/Pereyra-Friedrichsen, EU Anti-Subsidy Law, S. 23-26; dieser Sonderbehandlung wird auch durch die Streitbeilegungsorgans Rechnung getragen, s. Appellate Body Bericht, *Brazil – Export Financing Programme for Aircraft*, WTO-Dok., WT/DS/46/ABR, Rnr. 55ff.; vgl. zu Gemeinschaftsabkommen, EuGH, Rs. 87/75, *Bresciani*, Slg. 1976, 129, Rnr. 22f.; EuGH, Rs. C-469/93, *Chiquita Italia*, Slg. 1995, I-4533, Rnr. 32.

[61] So auch Berrisch/Kamann, EWS 2000, S. 89 (93); Bebr, EuR 1983, S. 128 (158f.).

Argumentation nicht gefolgt werden. Nach dem EuGH nimmt die Gegenseitigkeit der Verpflichtungen in den WTO Übereinkommen eine herausragende Stellung ein. Die Auslegung der WTO Übereinkünfte habe sich an diesem Grundsatz zu orientieren. Die Bejahung einer unmittelbaren Anwendbarkeit des WTO Rechts seitens der Gemeinschaft bei gleichzeitiger Ablehnung einer solchen durch die Handelspartner der Gemeinschaft führe zu einem Ungleichgewicht.[62] Ein solches verbiete sich im Hinblick auf den Grundsatz der Gegenseitigkeit und eine unmittelbare Anwendbarkeit könne daher seitens der Gemeinschaft nicht angenommen werden. Diese Argumentation ist aus zwei Gründen abzulehnen.

Zum einen macht der EuGH seine Vertragsauslegung abhängig vom Auslegungsergebnis anderer Vertragsparteien. Lehnen andere Vertragsparteien eine unmittelbare Anwendbarkeit ab, muß auch der EuGH diese ablehnen. Konsequenterweise müßte das Gegenseitigkeitsprinzip zudem für den umgekehrten Fall gelten. Nehmen andere Vertragsparteien eine unmittelbare Anwendbarkeit an, müßte sich der EuGH dieser Position anschließen. Diese „*Fernsteuerung*" muß in Anbetracht der Auswirkungen der unmittelbaren Anwendbarkeit völkerrechtlicher Verträge auf das Recht der Vertragsstaaten (bzw. der Gemeinschaft) und der unterschiedlichen Voraussetzungen für deren Bejahung in den einzelnen Rechtsordnungen als nicht hinnehmbar erscheinen.

Zum anderen ist das seitens des EuGH postulierte Ungleichgewicht aufgrund der unterschiedlichen Handhabung der Frage der unmittelbaren Anwendbarkeit nicht zu erkennen. Ein solches Ungleichgewicht läge vor, wenn der die unmittelbare Anwendbarkeit bejahende Vertragsstaat keine völkerrechtlichen Mittel zur Verfügung hätte, um eine mangelnde Umsetzung der WTO Abkommen durch seine Handelspartner zu sanktionieren.[63] Ein solches Ungleichgewicht kann insbesondere in Anbetracht der bisherigen Praxis des WTO Subventionsrechts nicht angenommen werden. Gerade der *Foreign Sales Corporations* Fall zeigt, daß aufgrund der in Art. 22 Abs. 1 DSU grundsätzlich verankerten und für das Subventionsrecht im SCM Abkommen[64] ausgestalteten Möglichkeit, bei mangelnder Umsetzung Gegenmaßnahmen zu ergreifen, die Verneinung der unmittelbaren Anwendbarkeit nicht vor einer vollständigen Umsetzung der jeweiligen Entscheidung schützt. Die Verneinung der unmittelbaren Anwendbarkeit eröffnet im Subventionsrecht folglich keinen Spielraum gegenüber den Handelspartnern.[65] Der Frage der mangelnden Gegenseitigkeit kann im Rahmen der Diskussion einer der unmittelbaren Anwendbarkeit keinerlei rechtlicher Gehalt beigemessen werden. Das Prinzip der Gegenseitigkeit stellt damit kein

---

[62] EuGH, Rs. C.-149/96, *Portugal/Rat*, Slg. 1999, I-8395, Rnr. 45.

[63] So auch Berrisch/Kamann, EWS 2000, S. 89 (93).

[64] Art. 4 Abs. 10, Art. 7 Abs. 9 SCMA.

[65] So aber EuGH, Rs. C.-149/96, *Portugal/Rat*, Slg. 1999, I-8395, Rnr. 46.

rechtliches, sondern ein rein handelspolitisches Argument zur Verneinung der unmittelbaren Anwendbarkeit des WTO Rechts dar.[66]

2. Eigener Ansatz: Das ungeregelte Verhältnis von innerstaatlicher Anwendung des WTO Rechts und WTO Streitschlichtung

Der rechtlich nicht zwingenden, weil im Ergebnis handelspolitisch motivierten Argumentation des EuGH soll im Folgenden eine eigene Lösung der Frage der unmittelbaren Anwendbarkeit des WTO Rechts entgegengesetzt werden. Dazu ist am Ausgangspunkt der Auslegung der WTO Abkommen durch den EuGH anzusetzen. Danach bestimmen Rechtsnatur und Systematik des Abkommens, ob der Gesamtcharakter des Vertrages eine unmittelbare Anwendbarkeit seiner einzelnen Vorschriften grundsätzlich zuläßt. Die WTO Rechtsordnung müßte also so ausgestaltet sein, daß sich ihre völkervertraglichen Normen vor nationalen Gerichten der Vertragsstaaten durchsetzen ließen. Das WTO Recht verfügt mit dem im DSU geschaffenen Streitbeilegungsverfahren über eine vertragseigene Instanz zur Klärung von streitigen Rechtsfragen. Sollen nun neben dem DSB auch nationale Gerichte das WTO Recht verbindlich auslegen können, hätte dies zur Folge, daß ein Klagegegenstand parallel vor nationalen Gerichten wie vor einem WTO Panel anhängig gemacht werden könnte. Des weiteren kann die Anwendung des WTO Rechts zwischen dem DSB und den innerstaatlichen Rechtsanwendungsorganen in Einzelfällen divergieren. Es gilt also in prozessualer Hinsicht das Verhältnis von nationalen Gerichten und Streitbeilegungsorganen auf multilateraler Basis zu bestimmen und in materieller Hinsicht eine (möglichst) einheitliche Auslegung des WTO Rechts zu gewährleisten. Zu Divergenzen hinsichtlich der Auslegung des WTO Rechts kann es dabei sowohl in Fragen kommen, die ein nationales Gericht zu entscheiden hat, die aber durch die WTO Streitschlichtungsorgane noch nicht entschieden wurden, als auch in Fällen, die bereits zu einer Entscheidung auf WTO Ebene geführt haben.[67] Ist über die Frage des WTO Rechts, die sich dem nationalen Gericht stellt, noch nicht entschieden worden, muß das nationale Gericht das WTO Recht selbstständig nach völkerrechtlichen Maßstäben auslegen, um die Rechtmäßigkeit des nationalen Rechtsakts am Maßstab des WTO Rechts messen zu können. Kommt das nationale Gericht zu dem Schluß, der nationale Rechtsakt verstoße gegen WTO Recht und geht dieses dem nationalen Rechtakt im Range vor, wird der nationale Rechtsakt für rechtswidrig erklärt und auf den vorliegenden Sachverhalt nicht angewandt. Wird in einem späteren WTO Verfahren keine Verletzung des WTO Rechts festgestellt, liegt eine Diskrepanz zwischen innerstaatlicher und völkerrechtlicher Rechtslage vor. Auch im umgekehrten Fall, in dem das nationale Gericht entgegen einer späteren Entscheidung eines WTO Streitbeile-

---

[66] Craig/de Búrca, EU Law, S. 198; Ohlhoff/Schloemann, 5 UNYB (2001), S. 675 (730).

[67] S. dazu auch Krajewski, Verfassungsperspektiven der WTO, S. 65.

gungsorgans keine Verletzung von WTO Recht feststellt, gelangt man zur gleichen Problematik. Ist ein völkerrechtliches Abkommen unmittelbar anwendbar und schafft es ein Organ, das bindende Entscheidungen treffen kann, muß es zur Wahrung seiner Autorität einen Mechanismus bereitstellen, um derartigen Konstellationen Vorschub zu leisten. Denn bei einer divergierenden rechtlichen Beurteilung eines Sachverhalts durch nationale Gerichte und durch das Streitbeilegungsorgan eines unmittelbar anwendbaren völkerrechtlichen Abkommens dürften Staaten regelmäßig der Sichtweise ihres nationalen Rechtsprechungsorgans folgen.[68] Die Effektivität der völkerrechtlichen Streitschlichtung würde unter divergierenden nationalen Entscheidungen leiden,[69] so daß eine unmittelbare Anwendbarkeit nicht die erstrebte Effektivierung, sondern ein gegenteiliges Ergebnis zur Folge hätte. Unmittelbare Anwendbarkeit muß daher mit einer bestimmten Struktur einhergehen. Dieses Strukturerfordernis läßt sich vor dem Hintergrund der Erfahrungen der europäischen Integration veranschaulichen. Die unmittelbare Anwendbarkeit des Gemeinschaftsrechts setzt dessen Vorrang vor widersprechendem nationalem Recht voraus. Die Durchsetzung dieses Vorrangs wird mit Hilfe verschiedener im EG Vertrag enthaltener Verfahren verwirklicht. In der Praxis hat sich die Anwendung des unmittelbar geltenden Gemeinschaftsrechts durch die staatlichen Gerichte mit Hilfe des Vorlageverfahrens des Art. 234 EG als am wirksamsten erwiesen. Dieses Verfahren gewährleistet den Vorrang des Rechts, indem es die Politisierung der zugrunde liegenden Konflikte weitgehend verhindert.[70] Die Inkorporation eines Mechanismus zur Vermeidung von Rechtsanwendungskonflikten stellt somit einen essentiellen Bestandteil unmittelbar anwendbaren Völkerrechts dar. Dabei muß es sich nicht wie im europäischen Kontext um eine Vorlagepflicht nach dem Vorbild des Art. 234 EG handeln. Vielmehr sind auch Bestimmungen denkbar, die die Erschöpfung des innerstaatlichen Rechtsweges vorsehen, bevor sich das Streitbeilegungsorgan mit dem Rechtsstreit befassen kann (*exhaustion of local remedies rule*).[71] Haben die Vertragsparteien demgegenüber keinerlei Regelung getroffen, um den skizzierten Konflikten mit nationalen Rechtsanwendern zu begegnen, haben sie die Voraussetzungen eines solchen Konfliktes offenbar nicht als gegeben angesehen, d.h. für das in Rede stehende Abkommen keine unmittelbare Anwendbarkeit beabsichtigt.

Festzuhalten ist, daß die WTO Rechtsordnung nur geeignet ist, unmittelbar angewandt zu werden, wenn sie einen Mechanismus zur Vermeidung von Rechts-

---

68 Wünschmann, Völkerrechtliche Verträge im EG Recht, S. 183; Krajewski, Verfassungsperspektiven der WTO, S. 68.

69 Krajewski, Verfassungsperspektiven der WTO, S. 68.

70 Vgl. Mestmäcker, Ordnung der Weltwirtschaft, in: Börner/Jahrreiß/Stern, FS Carstens, S. 417.

71 Hilf, 18 Mich. J. Int'l L. (1997), S. 321 (332f.).

anwendungskonflikten vorsieht. Eine Regelung, die eine Vorlage nationaler Gerichte an die Streitbeilegungsorgane zum Inhalt hätte, findet sich im WTO Recht nicht.[72] Fraglich ist, inwieweit das Verhältnis von nationalen Gerichten zu denen im DSU errichteten Streitschlichtungsorganen nicht durch eine *exhaustion of local remedies rule* als geregelt angesehen werden kann.[73] Unter der *exhaustion of local remedies rule* ist der Grundsatz der zweistufigen Durchsetzung völkerrechtlicher Normen zu verstehen. Danach ist vor der Inanspruchnahme einer internationalen Streitschlichtungsinstanz der nationale Rechtsschutz in demjenigen Vertragsstaat auszuschöpfen, dem eine Vertragsverletzung vorgeworfen wird. Dieser Grundsatz kann als völkergewohnheitsrechtlich gefestigt angesehen werden.[74] Im Hinblick auf das WTO Recht wird dessen Geltung unter Hinweis auf die einschlägige Staatenpraxis vielfach abgelehnt.[75] Das SCM Abkommen beantwortet diese Frage explizit, indem es parallele Verfahren auf nationaler wie auf WTO Ebene zuläßt.[76] Die Erschöpfung des nationalen Rechtsweges ist demnach im SCM Abkommen keine Vorraussetzung für die Einleitung eines Verfahrens auf WTO Ebene.[77] Das WTO Recht verfügt also über keinerlei Regelungen, die das Verhältnis von innerstaatlicher Rechtsanwendung und WTO Streitschlichtung bestimmen. Zu erklären ist dieser Umstand mit der Tatsache, daß die Vertragsparteien die unmittelbare Anwendbarkeit als Voraussetzung einer entsprechenden Regelung als nicht gegeben ansahen.[78]

Nach alledem ist die WTO aufgrund des ungeklärten Verhältnisses zwischen den vertragseigenen Streitbeilegungsorganen und den nationalen Rechtsanwendungsorganen ihrer Systematik nach nicht geeignet, unmittelbare Wirkung zu entfalten. Eine unmittelbare Anwendbarkeit des WTO Rechts kann in absehba-

---

[72] S. dazu auch Eeckhout, 5 JIEL (2002), S. 91 (99); Rosas, CMLRev. 2000, S. 797 (812); McDonald, ZEuS 1998, S. 249 (267f.).

[73] So Kuijper, WTO Dispute Settlement System, in: Bourgeois/Berrod/Gippini-Fournier, S. 102 (106ff.).

[74] IGH, Urteil vom 21. März 1959, *Interhandel*, ICJ Rep. 1959, S. 6 (24ff.); IGH, Urteil vom 20.07.1989, *Elettronica Sicula (ELSI)*, ICJ Rep. 1989, S.15 (31); Ipsen - Epping/Gloria, § 24 Rnr. 39f.; Doehring, Local Remedies, in: Bernhardt, EPIL, S. 238ff.

[75] Cottier, 35 CMLRev. (1998), 325 (341f.); Cameron/Gray, 50 ICLQ (2001), S. 248 (295f.); Petersmann, International Trade Law, S. 241; Bourgeois, 1 JIEL (1998), S. 259 (265); Engelberger, Unmittelbare Anwendbarkeit, S. 195.

[76] S. Fn 35 zu Art. 10 SCMA.

[77] So auch Cottier, 35 CMLRev. (1998), 325 (342).

[78] Hörmann/Göttsche, RIW 2003, S. 689 (693); daß die Vertragsparteien bewußt hierauf verzichteten, zeigt die Tatsache, dass im Rahmen der Überprüfungsverhandlungen des DSU keine offiziellen Vorschläge diesbezüglich gemacht wurden, obwohl entsprechende Anregungen vorlagen, s. Hilf, 18 Mich. J. Int'l L. (1997), S. 321 (347f.).

rer Zeit nur auf dem Verhandlungswege zwischen den Mitgliedern erzielt werden.[79]

II. Die das SCM Abkommen konkretisierenden Streitbeilegungsentscheidungen des DSB

Trotz Ablehnung der unmittelbaren Anwendbarkeit der WTO Rechtsnormen werden in der Literatur verschiedene Ansätze diskutiert, die die unmittelbare Anwendbarkeit der DSB Entscheidungen sozusagen als „*Minimallösung*"[80] vorsehen. Genährt wird diese Ansicht durch die Entscheidung des EuGH in der Rechtssache *Biret*[81], in der die unmittelbare Wirkung einer DSB Entscheidung nicht kategorisch ausgeschlossen worden war. In *Biret* hatte der EuGH einen Schadensersatzanspruch wegen Nichtumsetzung einer DSB Entscheidung mangels Schadens zurückgewiesen und damit im Ergebnis die Entscheidung des EuG[82] bestätigt. Entgegen dem EuG stellte der EuGH fest, daß die unmittelbare Anwendbarkeit der in Rede stehenden DSB Entscheidung nicht schon mit dem Hinweis auf die fehlende unmittelbare Anwendbarkeit des zugrunde liegenden WTO Übereinkommens begründet werden könne.[83] Vielmehr hätte das EuG auf die Frage eingehen müssen, ob die DSB Entscheidung als solche unmittelbare Wirkung entfalten könnte und damit zum Rechtmäßigkeitsmaßstab der angegriffenen Richtlinie würde.[84] Das Urteil bedeutet lediglich insoweit eine Modifizierung der bisherigen Rechtsprechung, als daß der EuGH der DSB Entscheidung nicht schon unter Hinweis auf seine ablehnende Haltung zur unmittelbaren Anwendbarkeit der WTO Rechtsnormen die unmittelbare Anwendbarkeit absprach. Mangels haftungsbegründender Voraussetzungen bestand dazu kein zwingender Anlaß, so daß nicht von einer Abkehr des EuGH von seinem bisherigen Ansatz, insbesondere dem Argument der Gegenseitigkeit gesprochen werden kann.[85] Dennoch wurde die Kritik am EuG vielfach dahingehend ausgelegt, daß der

---

[79] So auch Hilf/Schorkopf, EuR 2000, S. 74 (89).

[80] So Hörmann/Göttsche, RIW 2003, S. 689 (692ff.).

[81] EuGH, Rs. C-93/02, *Biret International*, Slg. I-10497.

[82] EuG, Rs. T-174/00, *Biret International*, Slg. 2002, II-17.

[83] EuGH, Rs. C-93/02, *Biret International*, Slg. I-10497, Rnr. 55f.

[84] EuGH, Rs. C-93/02, *Biret International*, Slg. I-10497, Rnr. 57; dieser Passage des Urteils läßt sich nicht entnehmen, der EuGH habe eingefordert, die Rechtmäßigkeit der fraglichen Maßnahme anhand der DSB Entscheidung zu überprüfen, so aber Bartelt, EuR 2003, S. 1077 (1079). Vielmehr hatte das EuG lediglich auf dieses Argument des Klägers einzugehen; s. ausführlich zum Urteil und den Schlußanträgen von GA Alber, Wiers, 31 LIEI (2004), S. 143ff.

[85] A. A. Alemanno, 45 Harv. Int'l L.J. (2004), S. 547; Berg, F.A.Z. vom 15.10. 2003, S. 23, die beide unberücksichtigt lassen, daß der EuGH seine bisherige Argumentation ausdrücklich aufrechterhält, EuGH, Rs. C-93/02, *Biret International*, Slg. I-10497, Rnr. 52f.

EuGH zwischen WTO Rechtsnormen und DSB Entscheidungen, deren Umsetzungsfrist abgelaufen ist, differenzieren wolle.[86] Dieser Ansicht ist der EuGH aber im nach *Biret* veröffentlichten Urteil im Fall *Léon Van Parys* entgegengetreten.[87] Entgegen der Differenzierung in *Biret* geht der EuGH in diesem Urteil nicht auf die von Generalanwalt Tizzano ausführlich dargelegte Argumentation für eine unmittelbare Anwendbarkeit von Entscheidungen der Streitbeilegungsorgane[88] ein, sondern wiederholt lediglich formelhaft die in *Portugal/Rat* aufgestellten Grundsätze.[89] Zu klären ist, ob auf Basis der Argumentation des EuGH und der hier vertretenen Gründe zur Ablehnung einer unmittelbaren Wirkung der WTO Rechtsnormen eine unmittelbare Anwendbarkeit von DSB Entscheidungen möglich ist.

Schon vor der Entscheidung in *Biret* war vertreten worden, daß zwischen WTO Rechtsnormen und DSB Entscheidungen in der Frage der unmittelbaren Wirkung zu differenzieren sei.[90] Grundlage dafür seien die im Gutachten 1/91 zur EWR aufgestellten Grundsätze des EuGH.[91] Danach sind die Entscheidungen eines Gerichts, das auf Grund eines internationalen Abkommens tätig wird, an dem die EG als Vertragspartei beteiligt ist, für die Organe der Gemeinschaft einschließlich des EuGH verbindlich. Die Verfechter der unmittelbaren Anwendbarkeit von DSB Entscheidungen verweisen darauf, daß obschon der Gerichts-

---

[86] So auch GA Tizzano in der Rs. C-377/02, *Léon Van Parys*, noch nicht in amtl. Slg., Rnr. 74ff.; Bogdandy, 39 (1) JWT (2005), S. 45 (47); Lavranos, EWS 2004, S. 293; Hermes, TRIPS im Gemeinschaftsrecht, S. 161.

[87] EuGH, Rs. C-377/02, *Léon Van Parys*, noch nicht in amtl. Slg., Rnr. 50ff.

[88] Schlussanträge GA Tizzano, Rs. C-377/02, *Léon Van Parys*, Rnr. 74ff.

[89] EuGH, Rs. C-377/02, *Léon Van Parys*, Rnr. 51.

[90] Auch die Streitbeilegungsorgane sehen diese Frage nicht durch eine fehlende Anwendbarkeit der WTO Übereinkommen präjudiziert, s. Panel Bericht, *United States – Sections 301-310 of the Trade Act of 1974*, WTO-Dok., WTO/DS152/R, Fn 661 zu Rnr. 7.72: „*We note that whether there are circumstances where obligations in any of the WTO agreements addressed to Members would create rights for individuals which national courts must protect, remains an open question, in particular in respect of obligations following the exhaustion of DSU procedures in a specific dispute.*" S. ferner in der Lit.: Cottier, 35 CMLRev. (1998), 325 (371); Eeckhout, 34 CMLRev. (1997), S. 11 (52f.) (s. nunmehr aber Eeckhout, 5 JIEL (2002), S. 91 (104)); Zonnekeyn, 3 JIEL (2001), S. 597; Zonnekeyn, 2 JIEL (1999), S. 713; Hermes, TRIPS im Gemeinschaftsrecht, S. 161f., der auf die gegenüber dem WTO Primärrecht größere Präzision abstellt; weitere Stimmen in der Literatur zur unmittelbaren Anwendung von DSB Entscheidungen setzen die unmittelbare Anwendbarkeit der WTO Überkommen voraus, entwickeln indes keine Lösung auf Grundlage der aktuellen EuGH Rechtsprechung, so z. B. Weber/Moos, EuZW 1999, S. 229 (230ff.); Lavranos, EuR 1999, S. 289 (296ff.).

[91] EuGH, Gutachten 1/91, *EWR*, Slg. 1991, I-6079.

hof in dem Gutachten die unmittelbare Anwendbarkeit des EWR verneint habe, die unmittelbare Wirkung der Entscheidungen des in dem Übereinkommen genannten Gerichts geprüft worden sei. Auf dieser Grundlage, also unabhängig von der Frage der unmittelbaren Anwendbarkeit der WTO Übereinkommen, sei auch den DSB Entscheidungen unmittelbare Wirkung beizumessen.[92]
Diese Ansicht verkennt, daß dieses Gutachten für die unmittelbare Anwendbarkeit von Entscheidungen eines in einem internationalen Vertragsregime enthaltenen Streitbeilegungsorgans voraussetzt, daß dieses *„ein eigenes Gerichtssystem mit einem Gerichtshof“* darstellt, das *„für die Regelung von Streitigkeiten zwischen den Vertragsparteien und damit für die Auslegung seiner Bestimmungen zuständig ist.“*[93] Das Streitbeilegungssystem darf den Vertragsparteien keine andere Wahl lassen, als die Entscheidung des internationalen Gerichts umgehend und bedingungslos zu erfüllen.[94] Gerade das Nichtvorliegen eines derartigen Gerichtssystems war aber einer der ausschlaggebenden Gründe für den EuGH, die unmittelbare Anwendbarkeit der WTO Abkommen zu verneinen.[95] Denn die in Art. 22 Abs. 1 und 2 DSU für einen vorübergehenden Zeitraum zugelassene Entschädigung oder Aussetzung von Zugeständnissen oder sonstigen Pflichten an Stelle einer fristgerechten Umsetzung stellt einen der beiden Argumentationslinien des EuGH dar, um die WTO Rechtsordnung als verhandlungsorientiert zu klassifizieren. Eben diese Varianten greifen erst ein, nachdem die Frist zur Umsetzung der Empfehlung abgelaufen ist. Mit anderen Worten schafft der Ablauf der Umsetzungsfrist keinen Rechtszustand, der der Anwendbarkeit des Art. 22 DSU und damit dem Argument des EuGH entgegen stünde.[96] Selbst wenn einzelne Vorschriften innerhalb der WTO Abkommen, soweit sie in den Kompetenzbereich der Gemeinschaft fallen, klar, eindeutig und unbedingt sind und damit grundsätzlich unmittelbar anwendbar sein könnten, stehen dieser Rechtsfolge die Vorbehalte des EuGH gegenüber der Gerichtsförmigkeit des DSU Verfahrens entgegen.[97] Nimmt man die Ansicht des EuGH zur unmittelbaren Anwendbarkeit der WTO Übereinkommen als gegeben an, sind die im Gut-

---

92 Zonnekeyn, 3 JIEL (2001), S. 597ff.; Alemanno, 45 Harv. Int'l L.J. (2004), S. 547 (559).

93 EuGH Gutachten 1/91, *EWR*, Slg. 1991 I-6079 Rnr. 39.

94 Pitschas, EuZW 2003, S. 761 (762).

95 Snyder, 40 CMLRev. (2003), S. 313 (335); s. zur Frage der Kompatibilität der DSB Entscheidungen mit den im Gutachten 1/91 aufgestellten Kriterien auch: Gramlich, Entscheidungen des DSB, in: Geiger, Völkerrechtlicher Vertrag und staatliches Recht, S. 187 (210).

96 Pitschas, EuZW 2003, S. 761 (762).

97 S. Schlussanträge GA Alber, Rs. C-27/00, *The Queen gegen Secretary of State for the Environment, Transport and the Regions ex parte Omega Air Ltd*, und C-122/00, *Omega Air Ltd, Aero Engines Ireland Ltd, Omega Aviation Services Ltd. gegen Irish Aviation Authority*, Slg. I-2569; dazu ausführlich Snyder, 40 CMLRev. (2003), S. 313 (335, 329ff.).

achten 1/91 aufgestellten Voraussetzungen durch das DSU nicht zu erfüllen.[98] Die als zweites Argument seitens des EuGH angeführte fehlende Gegenseitigkeit behält ohnehin im Hinblick auf DSB Entscheidungen ihre Bedeutung.[99] Auf Grundlage der Rechtsprechung des EuGH zur unmittelbaren Anwendbarkeit der WTO Übereinkommen führt demnach die Untersuchung dieser Frage bei DSB Entscheidungen zu keinem anderen Ergebnis. Eine unmittelbare Anwendbarkeit von Abkommen und Streitbeilegung kann nur festgestellt werden. Verneint man dem EuGH folgend die unmittelbare Anwendbarkeit der Übereinkommen, kann auch ihrer Interpretation durch Streitbeilegungsorgane keinerlei derartige Wirkung beigemessen werden.[100]

Richtigerweise kann bei der Frage der unmittelbaren Wirkung nicht zwischen WTO Rechtsnormen und DSB Entscheidungen unterschieden werden. Die seitens des EuGH gegen die Gerichtsförmigkeit des Streitbeilegungsverfahrens vorgetragenen Bedenken erwiesen sich als nicht stichhaltig. Tragendes Argument für die Ablehnung einer unmittelbaren Anwendbarkeit war nach hier vertretener Ansicht die mangelnde Verknüpfung zwischen nationalen Gerichten und WTO Streitbeilegung. Durch eine unmittelbare Anwendbarkeit von DSB Entscheidungen würde das oben skizzierte Problem der Möglichkeit widersprechender Entscheidungen nationaler Gerichte nicht gelöst. Abschließend ist demnach festzustellen, daß die Vorschriften des SCM Abkommens sowie die sie konkretisierenden DSB Empfehlungen keinen Maßstab darstellen, an dem die Rechtmäßigkeit des Gemeinschaftsrechts zu messen wäre.

Somit entbehrt das WTO Subventionsrecht zumindest grundsätzlich unmittelbarer Anwendbarkeit, so daß ein wesentliches Element der Subventionsdisziplin gegenüber Staaten und Privaten im Sinne der oben skizzierten Entwicklungsstadien internationalen Subventionsrechts nicht vorliegt und es darüber hinaus keinen Rechtmäßigkeitsmaßstab des gemeinschaftlichen Sekundärrechts darstellt. Es handelt sich indes nur um eine grundsätzliche Ablehnung der unmittelbaren Anwendbarkeit, da die Rechtsprechung des EuGH Ausnahmen entwickelt hat, die auch im Falle des SCM Abkommens relevant sind.

---

[98] So auch Gramlich, Entscheidungen des DSB, in: Geiger, Völkerrechtlicher Vertrag und staatliches Recht, S. 187 (210).

[99] Pitschas, EuZW 2003, S. 761 (762).

[100] So Prieß/Berrisch - dies. C II.1. Rnr. 26; Berrisch/Kamann, EWS 2000, S. 89 (96f.); Snyder, 40 CMLRev. (2003), S. 313 (335); Hörmann/Göttsche, RIW 2003, S. 689 (693); Meng, Verfahrensrechtliche Rechtsstellung, in: Arndt, FS Rudolf, S. 65 (85); a.A. Lavranos, EWS 2004, S. 293, der der Entscheidung entnimmt, daß der EuGH zu einer unmittelbaren Anwendbarkeit eines bindenden Appellate Body Berichts im Gemeinschaftsrecht tendiere.

B. Die Frage der unmittelbaren Anwendbarkeit des WTO Subventionsrechts im Gemeinschaftsrecht – Die Ausnahmen

Die Mitglieder der WTO haben sich untereinander in Art. XVI Abs. 4 WTO Übereinkommen verpflichtet, ihre Gesetze, sonstigen Vorschriften und Verwaltungsverfahren mit dem WTO Subventionsrecht in Einklang zu bringen. Ist das WTO Recht jedoch nicht unmittelbar anwendbar, ergibt sich die Frage, wie die Rechtmäßigkeit einer Gemeinschaftshandlung im Hinblick auf die Vorschriften des WTO Rechts geprüft werden kann, um der völkerrechtlichen Verpflichtung zu WTO konformen Handeln nachzukommen. Es bedarf eines Weges, um die einzuhaltenden Bestimmungen im Gemeinschaftsrecht zu effektivieren.[101] Um einen Ausgleich zwischen der Verneinung einer unmittelbaren Anwendbarkeit einerseits und dem Bestehen internationaler Verpflichtungen durch das WTO Recht andererseits herbeizuführen, wählt der EuGH den Weg der indirekten Anwendbarkeit. Bereits in seiner Rechtsprechung zum GATT 1947 hat der EuGH anerkannt, daß er die GATT Konformität von sekundärem Gemeinschaft prüfe, wenn die Gemeinschaft mit dem in Rede stehenden Sekundärrecht eine bestimmte, im Rahmen des GATT übernommene Verpflichtung umsetze (sog. *Nakajima* – Doktrin)[102] und, wenn die Gemeinschaftshandlung ausdrücklich auf spezielle Bestimmungen der WTO Übereinkünfte verweise (sog. *Fediol*-Doktrin).[103] Beide Ausnahmen dienen dazu, die Einhaltung der eingegangenen Verpflichtungen durch die Gemeinschaft sicherzustellen, da der Einzelne nach der Rechtsprechung des EuGH nicht direkt Verletzungen der Vorschriften rügen kann. Beide Ausnahmen finden auch im WTO Recht Anwendung[104] und sind daher daraufhin zu untersuchen, inwieweit sie zu einer (partiellen) Effektivierung der Regelungen des SCM Abkommens im Gemeinschaftsrecht führen.

I. Anwendbarkeit bei Umsetzung von Verpflichtungen im Rahmen des WTO Rechts (*Nakajima* Rechtsprechung des EuGH)

In dem der *Nakajima* Rechtsprechung zu Grunde liegenden Fall stand die Rechtmäßigkeit der damaligen Antidumpingverordnung in Rede, die die Gemeinschaft in Umsetzung ihrer Verpflichtungen aus dem GATT erlassen hatte. Der EuGH bejahte die Prüfung der Rechtmäßigkeit dieser Verordnung auch anhand des GATT, verneinte jedoch einen Verstoß gegen das GATT im konkreten

[101] Groeben/Thiesing/Ehlermann - Tomuschat, Art. 228, Rnr. 70 spricht von einem „*Komplettierungsbefehl*".

[102] EuGH, Rs. C-69/89, *Nakajima*, Slg. 1991, I-2069, Rnr. 30ff.

[103] EuGH, Rs. 70/87, *Fediol*, Slg. 1989, 1781, Rnr. 22.

[104] St. Rspr. seit EuGH, Rs. C-149/96, *Portugal/Rat*, Slg 1999, I-8395, Rnr. 49; s. auch EuG, Rs. T-52/99, *T. Port*, Slg. 2001, II-981, Rnr. 58.

Fall.[105] Diese Rechtsprechung führte der EuGH im Bezug auf das WTO Recht weiter.[106] Wenn die Gemeinschaft WTO Recht explizit in das Gemeinschaftsrecht implementiere, müsse der Gerichtshof diesen Umsetzungsakt auf seine WTO Konformität hin überprüfen können.[107] Tritt also der Wille des gemeinschaftlichen Gesetzgebers mit einer Maßnahme bestimmte WTO Verpflichtungen umsetzen zu wollen explizit zu Tage, bildet das WTO Recht einen Rechtmäßigkeitsmaßstab für diese Maßnahme. Durch diesen Gemeinschaftsrechtsakt entsteht das Recht des Einzelnen, sich auf eine Bestimmung der WTO Übereinkommen berufen zu können.[108] Somit steht das umgesetzte WTO Recht in der Hierarchie über dem EG Sekundärrecht in Form der umsetzenden Maßnahme und erlangt genau den Status des Art. 300 Abs. 7 EG, der ihm durch die Ablehnung der unmittelbaren Wirkung der WTO Rechtsnormen versagt wird.[109]

1. Die Antisubventionsverordnung

Diese *Nakajima* Rechtsprechung ist für das Subventionsrecht insoweit von Relevanz, als daß zur Umsetzung der im SCM Abkommen übernommenen Verpflichtungen die Verordnung über den Schutz gegen subventionierte Einfuhren aus nicht zur Europäischen Gemeinschaft gehörenden Ländern (sog. Antisubventionsverordnung)[110] erlassen wurde. Im Geltungsbereich dieser Verordnung gelten die Grundsätze der *Nakajima* Rechtsprechung und das zugrunde liegende WTO Recht kann zur Rechtmäßigkeitskontrolle herangezogen werden. Zwar ist im Einzelnen unklar, wie der Bezug zum WTO Recht in den Erwägungen zum jeweiligen Sekundärrecht beschaffen sein muß, damit dieses als Umsetzung von aus dem WTO Recht folgenden Verpflichtungen gilt.[111] Im Fall der Antisubventionsverordnung ist dieser Punkt indes nicht problematisch, da die Erwägungen ausdrücklich die Umsetzung von WTO Recht als Zweck der Verordnung benen-

---

[105] S. zur Entwicklung der *Nakajima* Dokrin in der Rspr. des EuGH im einzelnen, Zonnekeyn, 30 (3) LIEI (2003), S. 249 (255ff.).

[106] St. Rspr. seit EuGH, Rs. C-149/96, *Portugal/Rat*, Slg 1999, I-8395, Rnr. 49.

[107] Berrisch/Kamann, EWS 2000, S. 89 (95).

[108] Daher ist mit der überwiegenden Ansicht in der Lit. von einer mittelbaren Anwendbarkeit durch die entsprechende Umsetzungsmaßnahme auszugehen, s. u.a. Sanchez Rydelski, Antisubventionsrecht, S. 329; Hilf, 18 Mich. J. Int'l L. (1997), S. 321 (346); demgegenüber geht Wünschmann, Völkerrechtliche Verträge im EG Recht, S. 204 von einer direkten Wirksamkeit des umgesetzten Übereinkommens als Folge der *Nakajima* Rspr. aus.

[109] An diesem Punkt setzt auch die Kritik an der *Nakajima* Rspr. des EuGH an; s. dazu unten S. 64ff.

[110] Verordnung (EG) Nr. 2026/97 des Rates vom 6. Oktober 1997 über den Schutz gegen subventionierte Einfuhren aus nicht zur Europäischen Gemeinschaft gehörenden Ländern.

[111] Zu diesem Kritikpunkt s. unten S. 65.

nen.[112] Dabei sollten *„die Bestimmungen (...) so weit wie möglich in das Gemeinschaftsrecht übernommen“*[113] und die Verordnung an etwaige Veränderungen des SCM Abkommens angepaßt werden.[114]
Zu klären ist, inwieweit das SCM Abkommen durch die Antisubventionsverordnung in Gemeinschaftsrecht umgesetzt wurde. Bei einer vollständigen Implementierung wäre das gesamte SCM Abkommen Rechtmäßigkeitsmaßstab für Handeln der Gemeinschaftsorgane, so daß die Diskussion um eine unmittelbare Anwendbarkeit des WTO Rechts für den Bereich des Subventionsrechts als obsolet angesehen werden könnte.[115]
Die Antisubventionsverordnung beinhaltet all diejenigen Normen des SCM Abkommens in wortgetreuer Umsetzung, die zur wirksamen Einführung und Anwendung von Ausgleichsmaßnahmen gegen subventionierte Importe aus nicht zur Gemeinschaft gehörenden Staaten erforderlich sind.[116] Umgesetzt wurden diejenigen Vorschriften, die eine Reaktion auf rechtswidrige Subventionen anderer WTO Mitglieder vorsehen. Der in Gemeinschaftsrecht transferierte Teil des SCM Abkommens fungiert also als Abwehrmechanismus gegenüber subventionierten Waren aus nicht der EG angehörenden Staaten.[117] In diesen Fällen ist es Unternehmen und Wirtschaftszweigen möglich, die Handlungen der Gemeinschaftsorgane anhand des Maßstabs des SCM Abkommens zu überprüfen. Im Vordergrund steht dabei die Einleitung eines Verfahrens zur Überprüfung der von anderen WTO Mitgliedern gewährten Subventionen und ihrer Auswirkungen auf den Markt der Gemeinschaft, um die Kommission zu Ausgleichsmaßnahmen zu verpflichten.[118]
Diejenigen Normen aber, die die Umsetzung des Subventionsverbots in den Fällen regeln, in denen die Gemeinschaft oder ihre Mitgliedstaaten selbst die betreffende Subvention gewähren, wurden nicht umgesetzt. Denn während die Antisubventionsverordnung lediglich den innergemeinschaftlichen Markt vor sub-

[112] Verordnung (EG) Nr. 2026/97, Erwägungsgründe Rnr. (2); zuvor hatte der EuGH im Urteil *Portugal/Rat* die Anwendung der *Nakajima* Rechtsprechung auf das WTO Recht bestätigt, EuGH, Rs. C-149/96, *Portugal/Rat*, Slg 1999, I-8395, Rnr. 49.

[113] Verordnung (EG) Nr. 2026/97, Erwägungsgründe Rnr. (7).

[114] Erwägungsgrund (11) der Verordnung (EG) Nr. 2026/97 sieht wegen der begrenzten Geltungsdauer einiger Vorschriften des SCM Abkommens für den Fall des Auslaufens dieser Regelungen eine Anpassung der Verordnung vor.

[115] Allg. zur Folge der Bejahung einer mittelbaren Anwendbarkeit im Bezug auf die Diskussion um eine unmittelbare Anwendbarkeit, Royla, EuR 2001, S. 495 (507).

[116] Adamantopoulos/Pereyra-Friedrichsen, EU Anti-Subsidy Law, S. 46.

[117] S. ausführl. zur Antisubventionsverordnung u.a.: Adamantopoulos/Pereyra-Friedrichsen, EU Anti-Subsidy Law, S. 44ff.; Waer/Vermust, 33 JWT (1999), S. 19; Sanchez Rydelski, Antisubventionsrecht, S.25ff.

[118] Art. 10 Verordnung (EG) Nr. 2026/97.

ventionierten Importen schützt, erfaßt das SCM Abkommen auch die Auswirkungen von innerhalb der Gemeinschaft gewährten Subventionen, sowohl auf dem innergemeinschaftlichen Markt als auch auf Drittmärkten.[119] Daraus spricht die Überzeugung, daß Subventionen der Mitgliedstaaten, die gegen das SCM Abkommen verstoßen, ohnehin bereits durch die Beihilfenkontrolle nach Art. 87ff. EG erfaßt werden, so daß es der Anwendung der völkerrechtlichen Normen zur Umsetzung eines Subventionsverbots neben den Art. 87ff. EG nicht bedarf.[120]

Für das Subventionsrecht bleibt festzuhalten, daß sich Maßnahmen der Gemeinschaft aufgrund der Antisubventionsverordnung an den Vorschriften des SCM Abkommens messen lassen müssen.

2. Regelungen der Antisubventionsverordnung konkretisierende Entscheidungen des DSB

Da es sich bei der Antisubventionsverordnung um eine wortgetreue Umsetzung der Regelungen des SCM Abkommens handelt, wird zwischen den Regelungen als solchen kein Widerspruch zu erwarten sein. Die eigentlich relevante Problematik der *Nakajima* Doktrin im Hinblick auf das Subventionsrecht sind etwaige Auswirkungen der Interpretation des SCM Abkommens durch Entscheidungen des DSB für die Gemeinschaftsorgane. Der Rat hat dazu im Anschluß an die Entscheidung des Appellate Body im *Bed Linen* Fall[121] die Verordnung des Rates Nr. 1515/2001 vom 23. Juli 2001 erlassen.[122] Betrifft eine DSB Entscheidung danach eine aufgrund der Antisubventionsverordnung getroffene Maßnahme der Gemeinschaft, z.B. die Festsetzung eines Ausgleichszolls, kann der Rat auf Vorschlag der Kommission nach Anhörung des in Art. 25 Antisubventionsverordnung geschaffenen beratenen Ausschusses mit einfacher Mehrheit diese Maßnahme aufheben, abändern oder andere geeignete Maßnahmen ergreifen,

---

[119] Vgl. dazu auch Sanchez Rydelski, 7 (4) Int'l TL & Reg. (2001), S. 97; s. zur Definition des relevanten Marktes zur Bemessung der Auswirkungen von Subventionen, S. 204ff.

[120] So wird insbesondere der Begriff der Beihilfe im Sinne des Art. 87 EG seitens der Gemeinschaftsorgane gegenüber dem Begriff der Subvention als weitreichender eingestuft, so daß jede Subvention zugleich eine Beihilfe im Sinne des Art. 87 EG darstellt; s. dazu EuGH, Rs. 187/85, *Fediol*, Slg. 1988, 4155, Rnr. 11ff.; EuG, Rs. T-55/99, *CETM*, Slg. 2000, II-3207, Rnr. 50; Slotboom, 36 JWT (2002), S. 517 (518); s. dazu unten S.75ff.

[121] Appellate Body Bericht, *European Communities – Anti Dumping Duties on Imports of Cotton-Type Bed Linen from India*, WTO-Dok., WT/DS141/AB/R.

[122] Verordnung des Rates Nr. 1515/2001 vom 23. Juli 2001 über die möglichen Maßnahmen der Gemeinschaft aufgrund eines vom WTO Streitbeilegungsgremium angenommenen Berichts über Antidumping- oder Antisubventionsmaßnahmen, ABl. EG 2001, L 201/10.

soweit er dieses für angemessen hält.[123] Diese Handlungsoptionen können auch ergriffen werden, wenn die in Rede stehende Maßnahme der Gemeinschaft nicht Streitgegenstand der DSB Entscheidung war.[124] So kann nicht nur eine konkrete DSB Entscheidung in Gemeinschaftsrecht umgesetzt werden, sondern es können zudem gleich gelagerte Fälle an eine bestimmte Interpretation des Subventionsrechts durch den DSB angepaßt werden. All dieses steht nach der Verordnung 1515/2001 jedoch im Ermessen der Gemeinschaftsorgane.[125] Nur wenn sie eine Anpassung des Gemeinschaftsrechts für angemessen erachten, kann der Einzelne auf Umsetzung der DSB Entscheidung in Gemeinschaftsrecht hoffen. Fraglich ist aber, ob die Gemeinschaft nicht bereits aufgrund der *Nakajima* Doktrin zu einer Anpassung ihrer Maßnahmen an die in der DSB Entscheidung getroffene Interpretation des SCM Abkommens verpflichtet ist. Damit stünde es nicht im Ermessen der Gemeinschaftsorgane, das in Zusammenhang mit der Antisubventionsverordnung erlassene Sekundärrecht an DSB Entscheidungen anzupassen, wie es die Verordnung 1515/2001 in Art. 1 und 2 formuliert. Auf diesem Wege würden die DSB Entscheidungen mittelbar, nämlich durch das geänderte Sekundärrecht anwendbar. Zu untersuchen ist also, ob sich die *Nakajima* Doktrin darin erschöpft, daß die Antisubventionsverordnung den entsprechenden Vorschriften des SCM Abkommens entspricht, oder ob darüber hinaus die Interpretation einzelner Regelungen des SCM Abkommens durch DSB Entscheidungen von der Gemeinschaft geteilt werden muß, wenn sie von der Antisubventionsverordnung Gebrauch macht. Nicht nur eine fehlende Übereinstimmung der beiden Texte, sondern auch eine mangelnde Übereinstimmung ihrer Interpretation könnte in diesem Fall von Klägern vor EuG und EuGH gegen das das SCM Abkommen umsetzende Sekundärrecht ins Feld geführt werden.[126] Der Fall *Nakajima* betraf lediglich den Fall einer Abweichung des Wortlauts der umsetzenden Verordnung von umzusetzenden WTO Vorschriften, nicht die Konstellation einer nicht übereinstimmenden Interpretation. Ohne eine Ausweitung der *Nakajima* Ausnahme auf Fälle abweichender Interpretation, verbliebe es bei der Regel, nach der eine Anwendbarkeit des WTO Rechts in der Gemeinschaftsrechtsordnung abgelehnt wird. Eine solche Ausweitung schloß das EuG in seinen Entscheidungen aus, in denen die Rechtmäßigkeit der Verordnung in Rede stand, die als Reaktion auf den Appellate Body Report zur Bananenmarktordnung[127]

---

[123] Art. 1 Verordnung Nr. 1515/2001; s. zur VO 1515/2001 im einzelnen: McNelis, 37 (3) JWT (2003), S. 647; Zonnekeyn, 36 (5) JWT (2002), S. 993; Branton, 8 ITL & Reg (2002), S. 64; Horovitz, 7 ITL & Reg (2001), S. 153.

[124] Art. 2 Verordnung Nr. 1515/2001.

[125] Art. 1 und 2 Verordnung Nr. 1515/2001.

[126] Eeckhout, 5 JIEL (2002), S. 91 (106).

[127] Appellate Body Bericht, *European Communities – Regime for the Importation, Sale and Distribution of Bananas*, WTO-Dok., WT/DS27/AB/R.

ergangen war.[128] Das EuG führte aus, daß die Verordnung zwar erlassen werde, um der WTO Entscheidung nachzukommen.[129] Diese Umsetzung einer Appellate Body Entscheidung stelle aber keine „*spezielle Verpflichtung*" des WTO Rechts im Sinne der *Nakajima* Rechtsprechung dar. Derartige „*spezielle Verpflichtungen*" folgten wie im *Nakajima* Fall lediglich aus Regelungen der WTO Abkommen als solchen. Das EuG differenziert bei der Anwendung der *Nakajima* Kriterien also zwischen der Umsetzung von Verpflichtungen aus WTO Abkommen und solchen aus DSB Entscheidungen. Werden letztere umgesetzt, führt dies nicht zur Anwendung der *Nakajima* Ausnahme. Im Fall *Kloosterbier Rotterdam*[130] hatte sich der Generalanwalt auf eine DSB Entscheidung[131] zur Interpretation einer in Umsetzung des WTO Landwirtschaftsabkommens erlassenen Verordnung berufen und eine daraufhin ergangene Zollfestsetzung für rechtswidrig erachtet.[132] Der EuGH teilte zwar das Ergebnis, ließ die DSB Entscheidung bei der Auslegung der das WTO Landwirtschaftsabkommen umsetzenden Verordnung indes außer Betracht.
Eine Verpflichtung zu identischer Interpretation für die Gemeinschaftsorgane läßt sich mit der *Nakajima* Doktrin demnach nicht begründen. In der Praxis werden sich die Gemeinschaftsorgane die Auslegung der Vorschriften des SCM Abkommens durch den DSB zu eigen machen, um eine drohende Niederlage der Gemeinschaft in einem Streitbeilegungsverfahren über die Interpretation des SCM Abkommens zu verhindern. Wie die Fälle zur Verordnung im Bananenmarktstreit zeigen, besteht keine Gewähr für eine derartige Umsetzung und eine rechtliche Verpflichtung hierzu läßt sich aufgrund des *Nakajima* Urteils nicht begründen.[133]
Die *Nakajima* Doktrin wird durch EuG und EuGH zwar einheitlich gehandhabt,[134] gleichwohl ist sie als Mittel zur Umsetzung völkerrechtlicher Verpflichtungen zu beanstanden.

---

[128] EuG, Rs. T-18/99, *Cordis Obst und Gemüse Grosshandel*, Slg. 2001, II-913, Rnr. 59; EuG, Rs. T-30/99, *Bocchi Food Trade International*, Slg.2001, II-943, Rnr. 64; EuG, Rs. T-52/99, *T-Port*, Slg. 2001, II-981, Rnr. 59.

[129] EuG, Rs. T-52/99, *T-Port*, Slg. 2001, II-981, Rnr 8.

[130] EuGH, Rs. C-317/99, *Kloosterboer Rotterdam BV*, Slg. 2001, I-9863.

[131] Appellate Body Bericht, *EC – Measures affecting the importation of certain poultry products*, WTO-Dok., WT/DS69/AB/R.

[132] Schlußanträge GA Colomer, Rs. C-317/99, *Kloosterboer Rotterdam BV*, Slg. 2001, I-9863, Rnr. 35ff.; s. dazu auch: Eeckhout, 5 JIEL (2002), S. 91 (106f.); Snyder, 40 CMLRev. (2003), S. 313 (344f.).

[133] So auch McNelis, 37 (3) JWT (2003), S. 647 (670).

[134] Anders Eeckhout, 34 CMLRev. (1997), S. 11 (46); Eeckhout, 5 JIEL (2002), S. 91(107); Berrisch/Kamann, EWS 2000, S. 89 (95); Prieß/Berrisch - dies. C II. 1., Rz. 33; Zonnekeyn, 30 (3) LIEI (2003), S. 249 (259), die bereits die Konturen der Nakajima

Zunächst läßt sich die *Nakajima* Rechtsprechung nicht mit dem Standpunkt des EuGH zur unmittelbaren Anwendbarkeit des WTO Rechts in Einklang bringen. Denn der Grundsatz, WTO Übereinkünfte als Rechtmäßigkeitsmaßstab für EG Sekundärrecht zuzulassen, wenn dieses in ausdrücklicher Umsetzung spezieller WTO Verpflichtungen erlassen wurde, widerspricht den Argumenten, die in der Entscheidung *Portugal/Rat* die Ablehnung der unmittelbaren Wirkung untermauert hatten. Dort hatte der EuGH die unmittelbare Anwendbarkeit der WTO Übereinkünfte als Voraussetzung für den in Art. 300 Abs. 7 EG eingeräumten Status verneint, da eine solche dem verhandlungsorientierten Ansatz des WTO Rechts widerspreche. Die WTO Rechtsordnung sei nicht geeignet, als Rechtmäßigkeitsmaßstab für gemeinschaftliches Sekundärrecht zu fungieren. Folgt man diesem Ansatz, muß es widersprüchlich erscheinen, daß in der Folge Teilen der WTO Rechtsordnung eben dieser Status durch den gemeinschaftlichen Gesetzgeber zuerkannt werden kann, der sich auf Grund ihrer Natur verbietet.[135] Auch das vom EuGH zur Ablehnung der unmittelbaren Wirkung herangezogene Kriterium der Gegenseitigkeit läßt sich nicht mit der *Nakajima* Rechtsprechung in Einklang bringen. Denn stringent angewendet, müßte eine fehlende Gegenseitigkeit die Anwendbarkeit des WTO Rechts auf diesem Wege entfallen lassen.[136] Neben der fehlenden Stimmigkeit mit der übrigen Rechtsprechung des EuGH zum WTO Recht ist fraglich, inwieweit der Umfang der durch die *Nakajima* Rechtsprechung berücksichtigten Verpflichtungen Anlaß zur Kritik bietet.

Nach der *Nakajima* Rechtsprechung muß der Umsetzungsakt einen expliziten Verweis auf die umzusetzenden völkerrechtlichen Verpflichtungen enthalten, der den Umsetzungswillen kundtut. Dabei bleibt unklar, wie dieser Bezug beschaffen sein muß. So ist die Bezugnahme auf die *„Einhaltung internationaler Verpflichtungen“* als Erwägung zu einer Verordnung vom EuGH nicht als ausreichender Bezug zur Umsetzung von GATT Verpflichtungen im Sinne der Nakajima Doktrin ausgelegt worden.[137] Des Weiteren führt das Erfordernis eines expliziten Bezuges dazu, daß ein bloßes Weglassen eines Verweises auf die umzusetzende völkerrechtliche Verpflichtung zur Folge hätte, daß diese nicht mehr

---

Rechtsprechung für wenig abgrenzbar halten. Es sind jedoch nicht die unscharfen Konturen, sondern vielmehr das Institut als solches, das kritikwürdig ist.

135 S. auch Ohlhoff/Schloemann, 5 UNYB (2001), S. 675 (713).

136 Peers, WTO Law and the ECJ, in: de Burca/Scott, EU and WTO, S. 111 (120-122); Berrisch/Kamann, EWS 2000, S. 89 (95); Wünschmann, Völkerrechtliche Verträge im EG Recht, S. 202; auch zum problematischen Verhältnis des Prinzips der Gegenseitigkeit mit der Nakajima Rechtsprechung: Zonnekeyn, 30 (3) LIEI (2003), S. 249 (257); Griller, 3 JIEL (2000), S. 441 (463).

137 EuGH, Rs. C-280/93, *Deutschland/Rat*, Slg. 1994, I-438, Rnr. 111, in Rede stand die VO (EWG) Nr. 404/93, ABl. 1993 Nr. L 47/1.

als Rechtmäßigkeitsmaßstab in Betracht gezogen werden müßte.[138] Diese Sichtweise ist abzulehnen. Vorzugswürdig ist eine inhaltliche und teleologische Würdigung des vermeintlichen Umsetzungsaktes,[139] wie sie der Gerichtshof z.B. bei der Überprüfung der Wahl der richtigen Rechtsgrundlage eines Gemeinschaftsrechtsaktes vornimmt.[140] Fraglich ist weiterhin, ob die Gemeinschaft die Nichtanwendbarkeit von WTO Recht herbeiführen kann, indem sie Rechtsakte, die objektiv WTO Recht umsetzen, in den Erwägungsgründen mit einem ausdrücklichen Hinweis auf die Nichtanwendbarkeit des WTO Rechts versieht. Der EuGH bejaht diese Möglichkeit, indem er in seinem Urteil *Portugal/Rat* auf den Ratsbeschluß zur Annahme der WTO Übereinkommen verweist, der einem ausdrücklichen Hinweis auf die Nichtanwendbarkeit der WTO Übereinkünfte beinhaltet.[141] In der gleichen Entscheidung stellt er jedoch fest, daß es auf Grund der mangelnden Festlegung im WTO Recht selbst, seine Sache ist, über die Wirkung der Übereinkommen zu befinden.[142]
Weiterhin ist zu fragen, ob die Definition der „*speziellen Verpflichtungen*" im Rahmen der *Nakajima* Rechtsprechung überzeugt. Aufgrund der Verneinung einer unmittelbaren Anwendbarkeit des WTO Rechts gelangt die Gemeinschaft zur rechtlichen Relevanz der im SCM Abkommen eingegangenen Verpflichtungen im Gemeinschaftsrecht durch Umsetzung dieser Verpflichtungen mittels Verordnungen. Dem Einzelnen wird nunmehr ermöglicht, Differenzen zwischen der umzusetzenden Verpflichtung und dem Umsetzungsakt geltend zu machen. Auf diese Weise soll gewährleistet werden, daß sich der Einzelne gegen eine WTO widrige Praxis im Gemeinschaftsrecht zur Wehr setzen kann. Problematisch ist zum einen, daß die Gemeinschaft nach *Nakajima* selbst definiert, ob bzw. welche Verpflichtungen umgesetzt werden. Dabei bleibt offen, wie die "*speziellen Verpflichtungen*" beschaffen sein müssen, die das WTO Recht der Gemeinschaft auferlegt, damit eine Umsetzung nach *Nakajima* erforderlich wird.[143] Zum anderen beziehen sich die "*speziellen Verpflichtungen*" nur auf das Primärrecht der WTO Übereinkommen. Meint man es ernst mit der Gewährleistung der WTO Konformität von umsetzenden Verordnungen, muß sich ihre Interpretation mit derjenigen des WTO Rechts decken. Denn für den Einzelnen

---

[138] Zonnekeyn, 3 JIEL (2001), S. 597 (602); Snyder, 40 CMLRev. (2003), S. 313 (347).

[139] Zonnekeyn, 3 JIEL (2001), S. 597 (602).

[140] Berrisch/Kamann, EWS 2000, S. 89 (95); a. A. Hermes, TRIPS im Gemeinschaftsrecht, S. 173 der darin eine Gefahr der Überdehnung der Umsetzungsabsicht des Gemeinschaftsgesetzgebers sieht.

[141] EuGH, Rs. C-149/96, *Portugal/Rat*, Slg. 1999, I-8395, Rnr. 48.

[142] EuGH, Rs. C-149/96, *Portugal/Rat*, Slg. 1999, I-8395, Rnr. 34; s. dazu auch Berrisch/Kamann, EWS 2000, S. 89 (95).

[143] So auch Snyder, 40 CMLRev. (2003), S. 313 (347); Zonnekeyn, 30 (3) LIEI (2003), S. 249 (259).

macht es keinen Unterschied, ob sich die gemeinschaftliche Praxis als Verstoß gegen eine Interpretation einer Regelung des WTO Rechts durch eine angenommene Appellate Body Entscheidung darstellt oder das umsetzende Sekundärrecht nicht mit der WTO „*Vorlage*" in Einklang steht. Bekennt sich die Gemeinschaft daher dazu, mit einer Verordnung eine Appellate Body Entscheidung umsetzen zu wollen, unterscheidet sich das Schutzbedürfnis des Einzelnen nicht von demjenigen, das bei der Umsetzung von WTO Primärrecht von der *Nakajima* Rechtsprechung erfaßt ist. Soll dem einzelnen Unionsbürger in dem in Gemeinschaftsrecht umgesetzten Teilbereich durch die *Nakajima* Doktrin eine Überprüfung des gemeinschaftlichen Handelns auf seine WTO Konformität ermöglicht werden, muß diese konsequenterweise die Interpretation der Vorschriften mit einbeziehen können. Die diesbezügliche Differenzierung des EuGH ist daher inkonsistent und abzulehnen.
Festzuhalten ist, daß der EuGH mittels der (seiner grundsätzlich ablehnenden Rechtsprechung zur unmittelbaren Anwendbarkeit widersprechenden) *Nakajima* Doktrin das SCM Abkommen insoweit als Rechtmäßigkeitsmaßstab für EG Subventionsrecht heranzieht, als es in der Antisubventionsverordnung übernommen wurde. Inkonsequenterweise läßt er dabei die Interpretationen der jeweiligen Regelungen durch DSB Entscheidungen außer Betracht.

II. Anwendbarkeit bei Verweis auf spezielle Bestimmungen der WTO Übereinkünfte (*Fediol* Rechtsprechung des EuGH): Die Handelshemmnisverordnung

Nach der zweiten Ausnahme der grundsätzlichen Ablehnung einer unmittelbaren Anwendbarkeit des WTO Rechts kann ein Sekundärakt der Gemeinschaftsorgane wegen eines etwaigen Verstoßes gegen Regelungen des WTO Rechts angegriffen werden, wenn er auf einem Sekundärakt beruht, der seinerseits ausdrücklich auf spezielle Bestimmungen der WTO Übereinkünfte verweist. Dieser Grundsatz hat seinen Ursprung in der *Fediol* Entscheidung des EuGH.[144] In *Fediol* nahmen die Kläger Bezug auf den Vorgänger der heutigen Handelshemmnisverordnung, das sog „*Neue Handelspolitische Instrument*" (NHI),[145] das in Art. 2 Abs. 1 „*unerlaubte Handelspraktiken*" untersagte, „*die, was den internationalen Handel anbetrifft, mit den Regeln des Völkerrechts oder den allgemein anerkannten Regeln unvereinbar sind.*" Der EuGH stellte dazu fest, daß sich die Kläger im Rahmen dieser Verordnung sehr wohl auch auf das GATT zur Begründung der Rechtswidrigkeit der angegriffenen Maßnahmen stützen könnten und die daraufhin von der Kommission getroffene Entscheidung vom Gerichtshof auf seine Vereinbarkeit mit dem GATT überprüft werden könne.[146] Diese

---

[144] EuGH, Rs. 70/87, *Fediol*, Slg. 1989, 1781.
[145] Verordnung (EWG) Nr. 2641/84, ABl. EG 1984 Nr. L 252/1.
[146] EuGH, Rs. 70/87, *Fediol*, Slg. 1989, 1781, Rnr. 22.

Rechtsprechung bestätigte der EuGH zusammen mit der *Nakajima* Doktrin für den Fall des WTO Rechts.[147] Die NHI wurde ersetzt durch die Verordnung (EG) Nr. 3286/94 des Rates vom 22. Dezember 1994 „*zur Festlegung der Verfahren der Gemeinschaft im Bereich der gemeinsamen Handelspolitik zur Ausübung der Rechte der Gemeinschaft nach internationalen Handelsregeln, insbesondere den im Rahmen der WTO vereinbarten Regeln*" (Handelshemmnisverordnung).[148] Diese dynamische Verweisung auf das WTO Recht erfaßt somit auch die Regelungen des SCM Abkommens.[149]
Art. 1 der Handelshemmnisverordnung stellt ein Verfahren bereit, um gegen von dritten Staaten eingeführte oder beibehaltene Handelspraktiken, z.B. in Form von Subventionen zu intervenieren, gegen die internationale Handelsregeln wie das SCM Abkommen das Recht zu einem Vorgehen einräumen. Betroffene Wirtschaftszweige[150] und Unternehmen[151] der Gemeinschaft können bei der Kommission bei ausreichenden Beweisen für das Vorliegen eines Handelshemmnisses und einer dadurch verursachten Schädigung ein Verfahren beantragen, das bei Bestätigung des WTO Verstoßes zur Anwendung handelspolitischer Maßnahmen seitens der EG gegen den betreffenden Drittstaat führen kann. Lehnt die Kommission die Einleitung eines solchen Verfahrens zur Untersuchung der Handelspraktiken des Drittstaates ab, kann das Unternehmen bzw. der Wirtschaftszweig gegen diese Entscheidung im Wege der Nichtigkeitsklage vorgehen. Die Entscheidung der Kommission muß der EuGH nach den Grundsätzen von *Fediol* daraufhin überprüfen, ob nach dem Recht der WTO aufgrund der vorgelegten Beweise ein Handelshemmnis und dadurch verursachte handelsschädigende Auswirkungen angenommen werden können. Führt die Kommission ein derartiges Verfahren durch, dessen Ergebnis die Annahme eines WTO widrigen Handelns des Drittstaates ist, ergreift sie nicht sogleich handelspolitische Maßnahmen, sondern leitet ein Streitschlichtungsverfahren entsprechend der Vorgaben des Dispute Settlement Understanding (DSU) ein. Nur wenn das Ergebnis des Streitschlichtungsverfahrens mit den angestrebten Maßnahmen im Einklang steht, werden diese ergriffen, da sich das Vorgehen der Gemeinschaft

147 St. Rspr. seit EuGH, Rs. C-149/96, *Portugal/Rat*, Slg. 1999, I-8395, Rnr. 49.

148 Verordnung (EG) Nr. 3286/94 des Rates vom 22. Dezember 1994, ABl. EG 1994, L 349/71-78; geändert durch Verordnung (EG) Nr. 356/95 des Rates, ABl. EG 1995, L 41/3.

149 S. ausführlich zur Handelshemmnisverordnung: Mavroidis/Zdouc, 1 JIEL (1998), S. 407; Stewart, 4 ITR & Reg. (1996), S. 121; Bronckers, 3 ITL & Reg. (1997), S. 81; MacLean/Volpi, EU Trade Barriers Regulation, McLean, 2 JIEL (1999), S. 519; Sanchez Rydelski/Zonnekeyn, JWT S. 147; Ohlhoff/Schloemann, RIW 1999, S. 649; Prieß/Berrisch - dies. C. II. 1. Rnr. 37ff.

150 Art. 3 Handelshemmnisverordnung.

151 Art. 4 Handelshemmnisverordnung.

seinerseits nach den Regelungen des WTO Rechts zu richten hat.[152] Diese Verknüpfung des Verfahrens nach der Handelshemmnis VO mit demjenigen des DSU ist zu unterstreichen, da nur WTO Mitgliedern das Verfahren nach dem DSU offen steht. Mittels der Handelshemmnisverordnung erhalten nunmehr auch Unternehmen und Wirtschaftszweige der Gemeinschaft die Möglichkeit, die Einhaltung der Vorschriften des SCM Abkommens durch nicht der Gemeinschaft angehörende WTO Mitglieder durch die Kommission überwachen zu lassen. Wie bereits im Rahmen der Antisubventionsverordnung erläutert, ist ein Vorgehen gegen innerhalb der Gemeinschaft oder durch die Gemeinschaft gewährte Subventionen ausgeschlossen.

Im vorliegenden Zusammenhang ist, wie bereits im Rahmen der *Nakajima* Rechtsprechung, zu kritisieren, daß der EuGH ein Berufen auf die internationalen Handelsregeln der WTO zuläßt, obwohl er diesen auf der anderen Seite die bloße Eignung zu einer entsprechenden Anwendbarkeit abgespricht. Können die WTO Regeln bereits aufgrund ihrer Systematik keine Rechte und Pflichten enthalten, muß gefragt werden, wozu den Marktteilnehmern die Durchsetzung dieser Regeln durch die Handelshemmnisverordnung ermöglicht werden soll. Durch diese dynamische Verweisung auf unerlaubte Handelspraktiken, die mit dem Völkerrecht nicht im Einklang stehen, werden die diese Handelspraktiken betreffenden Regelungen des Völkerrechts Teil der Verordnung und erhalten somit den Rang gemeinschaftlichen Sekundärrechts. Räumt die Ausnahme der *Nakajima* Rechtsprechung dem WTO Recht noch den völkerrechtlichen Abkommen nach Art. 300 Abs. 6 EG eingeräumten Status zwischen Primär- und Sekundärrecht ein, degradiert die *Fediol* Rechtsprechung die WTO Regeln auf die Ebene des Sekundärrechts. Daraus folgt, daß im Falle eines Normkonflikt mit anderem Sekundärrecht dieses nicht per se wegen Unvereinbarkeit mit dem WTO Recht zurücktreten muß, wie es nach der *Nakajima* Rechtsprechung der Fall wäre, sondern ein derartiger Konflikt nur anhand der lex posterior bzw. lex specialis gelöst werden kann.[153] An dieser Stelle zeigt sich erneut die Inkonsistenz der vom EuGH entwickelten Rechtsinstitute zur Effektivierung des WTO Rechts.

III. Ergebnis: Inwieweit ist das SCM Abkommen im Europäischen Gemeinschaftsrecht unmittelbar anwendbar?

Eine umfassende unmittelbare Anwendbarkeit des SCM Abkommens im europäischen Gemeinschaftsrecht ist wegen des ungeklärten Verhältnisses der vertragseigenen Streitbeilegungsorgane und der nationalen Rechtsanwendungsorgane abzulehnen. Jedoch können sich Einzelne nach den Prinzipien, die der EuGH in den Urteilen *Fediol* und *Nakajima* entwickelt hat, auf Bestimmungen

[152] Art. 12 Abs. 2, 3 Handelshemmnisverordnung.

[153] Ohlhoff/Schloemann, 5 UNYB (2001), S. 675 (712).

aus Gemeinschaftsabkommen berufen. Dieses ist möglich, wenn der angegriffene Sekundärakt (z.B. eine Kommissionsentscheidung) auf einem weiteren Sekundärakt beruht, der ausdrücklich auf Gemeinschaftsabkommen verweist, oder der angegriffene Sekundärakt erkennbar erlassen wurde, um eine völkerrechtliche Verpflichtung der Gemeinschaft umzusetzen. Für das Subventionsrecht greifen die beiden Ausnahmen im Fall der Handelshemmnisverordnung und der Antisubventionsverordnung. Diese Verordnungen ermöglichen es privaten Wirtschaftsteilnehmern in der Gemeinschaft, im Falle von Anhaltspunkten für rechtswidrige Subventionen anderer WTO Mitglieder, ein Vorgehen der Gemeinschaftsorgane zu erzwingen. WTO widrige Subventionen der Mitgliedstaaten der Gemeinschaft oder der Gemeinschaft selbst können indes nicht zum Gegenstand eines Verfahrens nach der Antisubventions- bzw. der Handelshemmnisverordnung gemacht werden, da die Geltendmachung der Regelungen des SCM Abkommens durch *Fediol* und *Nakajima* in den Verordnungen explizit auf Subventionen von Drittstaaten begrenzt wurde. Verursachen rechtswidrige Subventionen der Mitgliedstaaten der Gemeinschaft oder der Gemeinschaft selbst bei Unternehmen oder Wirtschaftszweigen der Gemeinschaft Schäden, indem sie Anlaß von Gegenmaßnahmen anderer WTO Mitgliedstaaten sind, kann dieser Schaden selbst über den Umweg der *Fediol* und *Nakajima* Ausnahmen nicht geltend gemacht werden, da das WTO Recht insoweit kein Rechtmäßigkeitsmaßstab für Handeln der Mitgliedstaaten bzw. der Gemeinschaft darstellt, so daß Wirtschaftszweige und Unternehmen insoweit als schutzlos zu betrachten sind.[154]

Insgesamt ist die Rechtsprechung des EuGH zur Ablehnung der unmittelbaren Anwendbarkeit und deren Ausnahmen argumentativ nicht überzeugend und in sich widersprüchlich.

C. Die WTO konforme Auslegung des Europarechts

Sind die Bestimmungen des WTO Rechts grundsätzlich nicht unmittelbar anwendbar und werden sie nur teilweise von den dazu entwickelten Ausnahmen erfaßt, heißt dies nicht, daß sie in Verfahren vor Gerichten in der Gemeinschaft keine Bedeutung erlangen können. Sie können insoweit Berücksichtigung finden, als daß Gerichte sekundärrechtliche oder mitgliedstaatliche Vorschriften im Einklang mit ihnen auslegen.

Gemeinschaftsabkommen genießen Vorrang vor sekundärem Gemeinschaftsrecht.[155] Das Institut der völkerrechtskonformen Auslegung entspringt daher dem Gebot, niederrangiges Recht nach Möglichkeit konform mit höherrangigem auszulegen. Mit Hilfe der völkerrechtskonformen Auslegung soll nicht etwa nur

---

[154] S. umfassend dazu Schoißwohl, ZEuS 2001, S. 689; Wiers, 31 LIEI (2004), S. 143 (147ff.); Hörmann/Göttsche, EuZW 2003, S. 449; Hörmann/Göttsche, RIW 2003, S. 689.

[155] S. dazu oben S. 39f.

der Sinngehalt einer Gemeinschaftsnorm ermittelt werden, sondern mögliche Konflikte zwischen völkerrechtlichem Vertrag und sekundärem Gemeinschaftsrechtsakt sollen ausgeglichen werden.[156] Wegen des Vorrangs des völkerrechtlichen Vertrages vor sekundärem Gemeinschaftsrecht ist dabei derjenigen Auslegung einer Gemeinschaftsnorm der Vorzug einzuräumen, die gleichzeitig den Anforderungen des völkerrechtlichen Vertrages gerecht wird.[157] Die völkerrechtskonforme Auslegung ist somit im Spannungsfeld zwischen dem Grundsatz vom Vorrang des völkerrechtlichen Vertrages vor sekundärem Gemeinschaftsrecht einerseits und dem Bestandsschutz des gemeinschaftlichen Rechtsaktes andererseits angesiedelt.[158] In seinen Urteilen *Hermès*[159] und *Dior*[160] hat der EuGH diese Praxis auf die WTO Übereinkommen übertragen und legt nunmehr Sekundärrechtsakte WTO konform aus.[161] Der Vorrang der Gemeinschaftsabkommen vor sekundärem Gemeinschaftsrecht und damit die Grundlage des Gebots der völkerrechtskonformen Auslegung ist nämlich lediglich an die innergemeinschaftliche Geltung des in Rede stehenden Abkommens geknüpft, die es bereits durch Abschluß des Abkommens nach Art. 300 Abs. 7 EG erreicht, so daß eine unmittelbare Anwendbarkeit nicht dargelegt werden muß.[162] Fraglich ist allerdings, ob die Gerichte insoweit auch DSB Entscheidungen bei ihrer WTO konformen Auslegung zu berücksichtigen haben.[163] Nach hier vertretener Ansicht wird das vom EuGH vertretene Argument der Flexibilität der Streitbeilegung nicht geteilt, so daß die Geltung der WTO Übereinkünfte Entscheidungen des DSB mit einschließt, was der Verneinung der unmittelbaren Anwend-

---

[156] EuGH, Rs. C-61/94, *Kommission/Deutschland*, Slg. 1996, I-3989, Rnr. 52.

[157] S. allgemein zur völkerrechtskonformen Auslegung, Tomuschat, Entscheidung für internationale Offenheit, in: Kirchhof/Isensee, HStR VII, § 172 Rnr. 27ff.; Peters, 40 GYIL (1997), S. 9 (71ff.); Heukels, ZEuS 1999, S. 313 (323ff.).

[158] Wünschmann, Völkerrechtliche Verträge im EG Recht, S. 195.

[159] EuGH, Rs. C-53/96, *Hermès*, Slg. 1998, I-3603, Rnr. 28.

[160] EuGH, verb. Rs. C-390/98 und 392/98, *Dior*, Slg. 2000, I-101, Rnr. 65ff.

[161] S. dazu in der Literatur Berrisch/Kamann, EWS 2000, S. 89 (95); Cottier, Prinzipien und Beschlüsse der WTO, in: FIW, Bedeutung der WTO, S. 121 (132f.); Snyder, 40 CMLRev. (2003), S. 313 (323).

[162] So hat der EuGH das Gebot bei den unterschiedlichsten Gemeinschaftsabkommen berücksichtigt: UN Seerechtskonvention von 1982: EuGH, Rs. C-286/90, *Poulsen und Diva Navigation*, Slg. 1992, I-6019 Rnr. 25ff.; Art. XI GATT 1947: EuGH, Rs. C-70/94, *Werner*, Slg. 1995, I-3189, Rnr. 23; EuGH, Rs. C-83/94, *Leifer*, Slg. 1995, I-3231, Rnr. 24; Wiener Übereinkommen zum Schutz der Ozonschicht und Montrealer Protokoll über Stoffe, die zu einem Abbau der Ozonschicht führen: EuGH, Rs. C-341/95, *Bettati*, Slg. 1998, I-4355, Rnr. 20ff.

[163] Bejahend Wünschmann, Völkerrechtliche Verträge im EG Recht, S. 135; Beneyto, EuZW 1996, S. 295 (299).

barkeit nicht widerspricht.[164] Wegen der grundlegenden Bedenken gegen die Gerichtsförmigkeit des Streitbeilegungsverfahrens wird der EuGH hingegen eine derartige Einbeziehung der DSB Entscheidungen nicht als vom Gebot der völkerrechtskonformen Auslegung mit umfaßt ansehen.[165]
Im Hinblick auf Vorgaben des WTO Rechts für das Europarecht beinhaltet das Institut der WTO konformen Auslegung also insoweit einen Vorteil gegenüber den Grundsätzen der *Nakajima* und *Fediol* Rechtsprechung, als daß Regelungen des WTO Rechts zur Auslegung von sekundärem Gemeinschaftsrecht herangezogen werden müssen, die nicht im Wege der Antisubventionsverordnung und der Handelshemmnisverordnung unmittelbare Anwendbarkeit erlangten. Demgegenüber findet die WTO konforme Auslegung ihre Grenzen dort, wo der auszulegende sekundärrechtliche Akt keinen Auslegungsspielraum bietet. Ist das einschlägige Sekundärrecht eindeutig, kann ein Konflikt mit WTO Recht nicht im Wege der Auslegung gelöst werden. Um die Ungültigkeit eines derartigen Rechtsakts geltend machen zu können, bedarf es unmittelbar anwendbaren Rechts.[166] Insofern ist die *Nakajima* und *Fediol* Rechtsprechung mehr als die Verpflichtung zu WTO konformer Auslegung des Gemeinschaftsrechts, da sich der Einzelne im Falle eines Widerspruchs zwischen WTO und Gemeinschaftsrecht auf das in Rede stehende WTO Recht berufen kann.[167]
Besitzt das Gebot der WTO konformen Auslegung im Rahmen des Subventionsrechts eine Relevanz? Die Maßnahmen (bzw. das Unterlassen) der Gemeinschaft bei WTO rechtswidrigen Subventionen anderer WTO Mitgliedstaaten können von Privaten durch die in der Antisubventionsverordnung und der Handels-

[164] S. zur Ablehnung der unmittelbaren Anwendbarkeit von DSB Entscheidungen oben S. 55ff. Das tragende Argument der nicht vorhandenen Verknüpfung von nationaler Rechtsprechung und Streitschlichtungsverfahren nach dem DSU, das den mangelnden Willen der Vertragsparteien erkennen läßt, die WTO Übereinkünfte mit unmittelbarer Anwendbarkeit auszustatten, greift hier nicht. Denn bei bloßer Einbeziehung der DSB Entscheidungen in die WTO konforme Auslegung besteht die Gefahr widersprüchlicher Entscheidungen auf nationaler und internationaler Ebene nicht in gleichem Maße.

[165] Diese (künstliche) Trennung zwischen WTO Primärrecht und Streitbeilegungsentscheidungen kam bereits im Rahmen der *Nakajima* Doktrin zum Tragen. Vgl. die Fälle zum WTO Recht als Auslegungshilfe des EG Sekundärrechts bei Snyder, 40 CMLRev. (2003), S. 313 (320ff.).

[166] Vgl. dazu Hermes, TRIPS im Gemeinschaftsrecht, S. 178.

[167] Eeckhout, 34 CMLRev. (1997), S. 11 (42); Eeckhout, 5 JIEL (2002), S. 91 (194f.); Zonnekeyn, 30 (3) LIEI (2003), S. 249 (261); a. A. Gerken, Rechtsschutzmöglichkeiten gegen GATT-widrige Wirtschaftshemmnisse, S. 105 die in der *Nakajima* und *Fediol* Rechtsprechung die Umsetzung der Verpflichtung zu WTO konformer Auslegung unter Formulierung weiterer Voraussetzungen sieht. Dabei werden jedoch die weitergehenden Folgen im Falle des Widerspruchs zu sekundärem Gemeinschaftsrecht übersehen.

hemmnisverordnung angelegten Verfahren aufgrund der *Nakajima* und *Fediol* Doktrin in ihren Wirkungen auf ihre WTO Konformität untersucht werden. Diese Institute vermögen gemeinschaftliches Sekundärrecht zu brechen und gehen daher über jede Form der Auslegung hinaus. Dieser könnte nur insoweit darüber hinausgehende Bedeutung zukommen, wenn sie die Auslegung des Beihilfenrechts, d.h. die Kontrolle der von EG Mitgliedstaaten gewährten Subventionen, beeinflussen könnte. Eine solche Wirkung hat das EuG im Fall *CETM* für den Begriff der Subvention explizit abgelehnt.[168] In diesem Fall machte die Beklagte gegen die Rückforderung einer vermeintlichen Beihilfe durch die Kommission geltend, daß es sich bei der in Rede stehenden staatlichen Maßnahme nicht um eine spezifische Subvention im Sinne des SCM Abkommens handele, weshalb der gemeinschaftsrechtliche Beihilfenbegriff nicht einschlägig sei.[169] Ungeachtet einer Bewertung der Reichweite der Subventionsbegriffe im WTO Recht und im Beihilfenrecht[170] muß dieses Argument mit dem EuG als abwegig betrachtet werden. Denn eine über die Regelungen des SCM Abkommens hinausgehende Subventionsdisziplin z.B. aufgrund einer weitergehenden Definition einer Subvention im Rahmen von regionalen Zusammenschlüssen zur Förderung wirtschaftlicher Integration entspricht ausdrücklich der Intention der WTO Vertragsstaaten.[171] Dieses Ziel darf nicht durch eine restriktive Auslegung anhand eines weniger integrationsfreundlichen Maßstabs konterkariert werden. Unterstellt man den umgekehrten Fall eines im Vergleich zum gemeinschaftsrechtlichen Beihilfenbegriff weitergehenden WTO Subventionsbegriffs, ist das Gebot der völkerrechtskonformen Auslegung unanwendbar, da sich der Begriff der Beihilfe aus Art. 87 EG und damit aus Primärrecht herleitet, das im Rang über Gemeinschaftsabkommen steht und diese daher nicht als Auslegungsmaßstab dienen. Zwar ist die Beihilfenkontrolle in immer stärkerem Maße sekundärrechtlich verankert, jedoch handelt es sich dabei um eine Ausgestaltung des in den Art. 87 bis 89 EG festgelegten Primärrechts. Schließlich scheidet eine WTO konforme Auslegung des EG Beihilfenrechts aus, da es sich um zwei unterschiedlich strukturierte Subventionsrechtsordnungen handelt, die an eine Bejahung des Subventionsbegriffs unterschiedliche Folgen knüpfen,[172] so daß nicht ein Strukturmerkmal in das jeweils andere System mittels Auslegung implementiert werden kann.

---

[168] EuG, Rs. T-55/99, *CETM*, Slg. 2000, II-3207, Rnr. 50.

[169] EuG, Rs. T-55/99, *CETM*, Slg. 2000, II-3207, Rnr. 35.

[170] S. dazu unten S. 75ff.

[171] Vgl. dazu Art. XXIV GATT 1994.

[172] S. dazu die sich an den Begriff der Subvention anschließenden Strukturmerkmale auf S. 159ff.

Somit kommt der völkerrechtskonformen Auslegung im Rahmen des Subventionsrechts keine über die im Rahmen der *Nakajima* und *Fediol* Doktrin entwickelten Vorgaben hinausgehende Bedeutung zu.

D. Zusammenfassung

Das Subventionsrecht der WTO ist bezüglich der von WTO Mitgliedern außerhalb der EG gewährten Subventionen vollständig durch die Antisubventionsverordnung umgesetzt und kann insoweit gerichtlich geltend gemacht werden. Richtigerweise muß dieses entgegen der *Nakajima* Doktrin des EuGH auch bei Abweichungen der Gemeinschaftspraxis von DSB Entscheidungen gelten. Daneben können private Wirtschaftsteilnehmer in der Gemeinschaft die Kommission mittels der Handelshemmnisverordnung veranlassen, die Einhaltung des WTO Subventionsrechts durch Drittstaaten im Wege eines Streitbeilegungsverfahrens nach dem DSU einzufordern. Zur Abwehr gegenüber außerhalb der EG gewährter Subventionen sind die völkerrechtlichen Vorgaben des SCM Abkommens somit innerhalb der EG durchsetzbar.

Die Gewährung von Subventionen durch die EG Mitgliedstaaten ist nicht Bestandteil der Verordnungen, die dem WTO Recht im Wege der *Nakajima* und *Fediol* Rechtsprechung unmittelbare Wirkung zukommen lassen. Auch das Institut der völkerrechtskonformen Auslegung findet für diese Fälle keine Anwendung. Die völkerrechtlichen Vorgaben des SCM Abkommens für das EG Beihilfenrecht sind daher in der Gemeinschaft nicht durchsetzbar.

§ 3 Der Begriff der Subvention

A. Aufbau und Funktion des Subventionsbegriffes

Wie im Rahmen der Entwicklungsstufen des internationalen Subventionsrechts analysiert, stellt der Begriff der Subvention ein wesentliches Strukturmerkmal dar, das den Gegenstand einer Subventionsdisziplin definiert und diese so erst ermöglicht. Diese Feststellung allein ist indes keine ausreichende Grundlage für einen fruchtbaren Vergleich des Subventionsbegriffs in der EG und der WTO. Vielmehr müssen vorab die hinter dem Tatbestand der Subvention stehenden Konzepte, d.h. die Wirkungsweise und Funktion innerhalb der jeweiligen Subventionsdisziplin herausgearbeitet werden.

I. Die Begrifflichkeiten der Subvention und der Beihilfe

Das SCM Abkommen beinhaltet in Art. 1 Abs. 1 SCMA (erstmals im GATT/WTO Subventionsrecht) eine Begriffsbestimmung der Subvention.[1] Danach setzt eine Subvention im Sinne des SCMA voraus, daß *„ein finanzieller Beitrag durch die öffentliche Hand*" oder *„jede Form einer Einkommens- oder Preisstützung*" vorliegt und *„dadurch ein Vorteil gewährt*" wird.[2] Wann von einem derartigen finanziellen Beitrag auszugehen ist, konkretisiert Art. 1 Abs. 1 a) Nr. 1 SCMA abschließend in vier Fällen.[3] Die erste Fallgruppe umfaßt den direkten Transfer von Geldern (z.B. Zuschüsse, Kredite oder Kapitalzufuhren) sowie den potentiellen direkten Transfer von Geldern oder Verbindlichkeiten (z.B. Kreditbürgschaften). Bereits hier wird deutlich, daß die Definition durch Konkretisierung in Fallgruppen nicht zwangsläufig auf eine Verengung der erfaßten Sachverhalte hinausläuft, da das unbestimmte Tatbestandsmerkmal des potentiellen direkten Transfers bereits auf eine weite Fassung des Anwendungsbereichs hinweist.[4] Unter die zweite Fallgruppe fallen Sachverhalte, in denen die Regierung auf normalerweise zu entrichtende Abgaben verzichtet oder diese nicht erhebt (z.B. Steueranreize und Steuergutschriften). In der dritten Fallgruppe werden Fälle unter den Begriff der Subvention subsumiert, in denen eine Regierung Waren oder Dienstleistungen, die nicht zur allgemeinen Infrastruktur gehören, zur Verfügung stellt oder Waren aufkauft. Die vierte Fallgruppe um-

---

1 Die zu Art. XVI:4 GATT 1947 gebildete Begriffsbestimmung einer Subvention besitzt damit im Rahmen des SCMA keine Bedeutung mehr, Vermulst/Graafma, WTO Disputes, S. 281; Panel Bericht, *United States – Tax Treatment for Foreign Sales Corporations*, WTO-Dok., WT/DS/108/R, Rnr. 7.80.

2 Die deutsche Übersetzung spricht an Stelle von *„finanziellem Beitrag*" von *„finanzieller Beihilfe*" als Übersetzung des Terminus *„financial contribution*".

3 Panel Bericht, *United States - Measures Treating Exports Restraints as Subsidies*, WTO-Dok., WT/DS194/R, Rnr. 8.69.

4 S. dazu auch Sanchez Rydelski, Handbuch Beihilferecht, S. 77.

faßt schließlich Zahlungen einer Regierung an einen Fördermechanismus oder die Betrauung oder Anweisung einer privaten Einrichtung mit der Wahrnehmung der in den ersten Fallgruppen genannten Aufgaben, die normalerweise der Regierung obliegen. Somit kann sich eine Regierung der Anwendung der WTO Subventionsdisziplin nicht dadurch entziehen, daß Aufgaben an private Einrichtungen delegiert werden. Der Begriff der Einkommens- oder Preisstützung wird demgegenüber nicht derart kasuistisch angereichert, sondern es wird schlicht auf die Auslegung des Art. XVI GATT 1994 verwiesen.

Liegen diese Voraussetzungen vor, muß die Subvention grundsätzlich gem. Art. 2 SCMA spezifisch sein, d. h. es darf sich nicht um allgemein zugängliche Vorteile der Wirtschaft handeln, wie etwa das Bildungssystem oder Infrastruktureinrichtungen, sondern der finanzielle Beitrag bzw. die Einkommens- oder Preisstützung muß auf bestimmte Unternehmen oder Wirtschaftszweige beschränkt sein.[5]

Demgegenüber weist die Begriffsbestimmung von Subventionen in Art. 87 EG grundlegende Unterschiede auf. Dieser untersagt „*staatliche oder aus staatlichen Mitteln gewährte Beihilfen gleich welcher Art, die durch die Begünstigung bestimmter Unternehmen oder Produktionszweige den Wettbewerb verfälschen oder zu verfälschen drohen*“ als insoweit mit dem Gemeinsamen Markt unvereinbar, als daß „*sie den Handel zwischen Mitgliedstaaten beeinträchtigen.*“ Zwar finden sich auch die im Rahmen des Art. 1 SCMA enthaltenen Begriffsmerkmale der staatlichen Maßnahmen *(staatliche oder aus staatlichen Mitteln gewährte Beihilfen)*, die einen Vorteil beim jeweiligen Empfänger hervorrufen *(Begünstigung)* und spezifisch sein müssen *(bestimmte Unternehmen oder Produktionszweige)*. Jedoch unterbleibt eine weitergehende Konkretisierung dieser Tatbestandsmerkmale. Vielmehr wird die Offenheit ihrer Auslegung festgeschrieben, indem Art. 87 Abs. 1 EG von „*Beihilfen gleich welcher Art*“ spricht. Schließlich wird mit der Beihilfe anstelle der Subvention eine andere Begrifflichkeit verwendet. Der EuGH geht davon aus, daß der Begriff der Beihilfe weiter zu fassen sei als der der Subvention, da er nicht lediglich positive Leistungen, sondern zugleich Maßnahmen umfasse, die in verschiedener Form die Belastungen vermindern, welche ein Unternehmen normalerweise zu tragen hat. Der EuGH führte dazu aus:

> *„Nach dem gewöhnlichen Sprachgebrauch ist eine Subvention eine Geld- oder Sachleistung, die einem Unternehmer zu dessen Unterstützung gewährt wird und die außerhalb des Entgelts liegt, welches der Käufer oder Verbraucher für die von dem betroffenen Unternehmen produzierten Güter oder Dienstleistungen entrichtet. In der Beihilfe wird allgemein ein hiermit eng verwandter Vorgang gesehen, der jedoch insofern in stärkerem Maße zweckbetont ist, als Beihilfen speziell zur Verfolgung bestimm-*

[5] S. dazu unten S. 146ff.

ter Ziele angesehen werden, die in der Regel nicht ohne fremde Hilfe erreicht werden können. Der Begriff der Beihilfe ist jedoch weiter als der Begriff der Subvention, denn er umfaßt nicht nur positive Leistungen wie Subventionen selbst, sondern auch Maßnahmen, die in verschiedener Form die Belastungen vermindern, welche ein Unternehmen normalerweise zu tragen hat und die somit zwar keine Subventionen im strengeren Sinne des Wortes darstellen, diesen aber nach Art und Wirkung gleichstehen.[6]

Dabei ist zu berücksichtigen, daß der ursprüngliche Begriff der Beihilfe in Zusammenhang mit Art. 4 lit. c) EGKS-Vertrag entwickelt wurde, der terminologisch zwischen Subventionen und Beihilfen unterschied. Dies machte eine Abgrenzung der beiden Begrifflichkeiten erforderlich. Zwar finden sich inzwischen auch im Gemeinschaftsrecht weiterreichende Subventionsdefinitionen, wie z.B. in der bereits vorgestellten Antisubventionsverordnung,[7] dennoch wird die Unterscheidung der Begrifflichkeiten im Bezug auf das Beihilfenrecht weiter aufrecht erhalten.[8] Inwieweit diese Differenzierung im Vergleich zwischen Beihilfenrecht und WTO Subventionsrecht sachgerecht ist, wird dieses Kapitel zu zeigen haben. Als nicht berechtigt erweist sich bereits an dieser Stelle die Feststellung des EuGH, eine Subvention erfasse lediglich positive Leistungen. Denn wie die zweite Fallgruppe des Art. 1 Abs. 1 a) SCMA zeigt, werden vom Subventionsbegriff gleichermaßen Fälle erfaßt, in denen die Regierung auf normalerweise zu entrichtende Abgaben verzichtet oder diese nicht erhebt.

Ungeachtet der Frage, ob die unterschiedlichen Begrifflichkeiten angezeigt erscheinen, stehen dahinter grundsätzlich verschiedene Konzept der Begriffsbildung. Die Definition der Subvention im SCM Abkommen weist zwar aufgrund unbestimmter Tatbestandsmerkmale eine noch genauer zu untersuchende Flexibilität auf, Beweggrund ihrer Festlegung war indes, durch eine Definition der Subvention den Eingriffen in die souveräne Wirtschaftspolitik der Mitgliedstaaten einen Rahmen vorzugeben und die Subventionsdisziplin somit in ihren Aus-

---

6 St. Rspr. seit EuGH, Rs. 30/59, *Steenkolenmijnen in Limburg/Hohe Behörde*, Slg. 1961, S. 1/42; EuGH, Rs. C-295/97, *Piaggio*, Slg. 1999, I-3735, Rnr. 34; EuGH, Rs. C-39/94, *Belgien/Kommission*, Slg. 1999, I-3671, Rnr. 58; EuGH, Rs. C-387/92, *Banco Exterior de Espana*, Slg. 1994, I-877, Rnr. 13; s. dazu auch Hancher/Ottervanger/Slot, E.C. State Aids, Rnr. 2-002.

7 Art. 2 der Verordnung (EG) Nr. 2026/97 des Rates vom 6. Oktober 1997 über den Schutz gegen subventionierte Einfuhren aus nicht zur Europäischen Gemeinschaft gehörenden Ländern, s. dazu oben S. 60ff.

8 EuG, Rs. T-55/99, CETM, Slg. 2000, I-3207, Rnr. 50; s. dazu auch Sanchez Rydelski, 7 (4) Int'l TL & Reg. (2001), S. 97 (98ff.).

wirkungen vorhersehbarer zu machen.[9] Der Grundkonflikt internationalen Subventionsrechts zwischen Stärkung des Freihandelsgedanken und Gewährleistung staatlicher Spielräume in der Wirtschaftspolitik spiegelte sich hier wie folgt wieder. Der Preis für die Definition einer Subvention als Strukturmerkmal einer Subventionsdisziplin war der Ausschluß „*subventionsgleicher*" staatlicher Verhaltensmuster, die nunmehr nicht von der Definition umfaßt wurden und daher von den betroffenen Staaten nicht mehr sanktioniert werden konnten.[10]
Demgegenüber steht hinter der Formulierung „*Beihilfen gleich welcher Art*" der Gedanke, der Kommission bei der Beihilfenaufsicht ein möglichst flexibles Instrumentarium zur Verfügung zu stellen, um jegliche staatlichen Maßnahmen erfassen zu können, denen eine marktverzerrende Wirkung innewohnt. Auf diesen Weg sollen neue Erscheinungsformen von Subventionen wirksam unterbunden werden können.[11]

II. Sachlicher Anwendungsbereich

Der sachliche Anwendungsbereich des SCM Abkommens als multilaterales Abkommen über den Warenhandel ist gegenüber der Beihilfenkontrolle eingeschränkt, da diese grundsätzlich auch den Handel mit Dienstleistungen erfaßt. Eine Ausnahme bildet lediglich Art. 86 Abs. 2 EG, der Dienstleistungen von allgemeinem wirtschaftlichen Interesse und der Daseinsvorsorge nur insoweit der Beihilfenkontrolle unterwirft, als diese nicht die Erfüllung der den Unternehmen übertragenen besonderen Aufgaben rechtlich oder tatsächlich verhindern. Einen Sonderfall unter den Waren stellen in beiden Rechtsordnungen landwirtschaftliche Produkte dar. Nach Art. 36 S. 1 EG gelten für sie die Art. 87 bis 89 EG nicht unmittelbar, sondern können nur über entsprechende Verordnungen des Rates für (teilweise) anwendbar erklärt werden. Wird eine Agrarbeihilfe eines Mitgliedstaats in einer Ratsverordnung genehmigt, kann sie anschließend nicht von der Kommission unter Hinweis auf Art. 87 EG blockiert werden, da die Ratsverordnung die Anwendbarkeit des Art. 87 EG selbst festlegt und diesem insoweit vorgeht.[12] So haben sich im Agrarbereich eigene Beurteilungs-

---

[9] S. dazu Panel Bericht, *US – Measures Treating Exports Restraints as Subsidies*, WTO-Dok., WT/DS194/R, Rnr. 8.63.

[10] So hielt vor Inkrafttreten des SCM Abkommens jeder Staat seine Definition einer Subvention bereit, die sodann das Erheben von Ausgleichszöllen rechtfertigte, s. die Beispiele im Panel Bericht, *US – Measures Treating Exports Restraints as Subsidies*, WTO-Dok., WT/DS194/R, Rnr. 8.66ff.

[11] S. dazu auch Sanchez Rydelski, 7 (4) Int'l TL & Reg. (2001), S. 97 (98).

[12] Vgl. Schroeter/Jacob/Mederer - Erhart, nach Art. 87, Rnr. 22.

grundsätze herausgebildet,[13] die der besonderen Charakteristik der Landwirtschaft Rechnung tragen und insbesondere den Umstand berücksichtigen, daß die Beihilfenstruktur im Agrarbereich stark durch direkt aus dem Gemeinschaftsbudget gewährte Beihilfen geprägt ist.[14]
Im WTO Subventionsrecht waren bis Ende des Jahres 2003 Agrarprodukte vom Anwendungsbereich des SCM Abkommens ausgeschlossen. Nunmehr sind die Regelungen der Art. 5, 6 SCMA über die Anfechtbarkeit von Subventionen ebenfalls auf Agrarsubventionen anwendbar. Art. 5, 6 SCMA waren gem. Art. 13 des Übereinkommens über die Landwirtschaft (LandwA) während eines Durchführungszeitraums von 9 Jahren beginnend mit 1995 gem. Art. 1 f) LandwA für Subventionen auf Agrarprodukte ausgesetzt.[15] Nachdem diese sog. *peace clause* ausgelaufen ist, sind auch Agrarsubventionen an den Vorschriften des SCM Abkommens zu messen.[16]

III. Funktion

Während die Einstufung einer Maßnahme als Beihilfe grundsätzlich bereits zu deren Rechtswidrigkeit führt, wenn sie den Wettbewerb verfälscht und den Handel zwischen den Mitgliedstaaten beeinträchtigt, sind die Konsequenzen einer Subvention nach dem SCM Abkommen differenzierter.[17] Verboten sind alle Subventionen, die gänzlich oder tatsächlich von der Ausfuhrleistung abhängig oder an die Bedingung geknüpft sind, inländische statt ausländische Waren zu verwenden. Zusätzlich zur Subventionseigenschaft einer staatlichen Maßnahme ist festzustellen, ob es sich bei der staatlichen Maßnahme um eine Ausfuhrsubvention handelt, oder ob die Leistung diskriminierenden Charakter hat. Ist dieses der Fall, ist die Subvention rechtswidrig, wettbewerbsverfälschende Auswirkungen werden unterstellt.[18] Ist dieses nicht der Fall, bleibt die Subvention anfechtbar. Dazu muß dargelegt werden, daß die konkreten Auswirkungen der Subvention auf die Interessen anderer Mitglieder die im SCMA festgelegten Schwellen

---

[13] S. insbesondere Verordnung des Rates Nr. 1257/1999 ABl. EG 1999 Nr. L 160 S. 80 über die Förderung der Entwicklung des ländlichen Raums; Gemeinschaftsrahmen der Kommission für staatliche Beihilfen im Agrarsektor, ABl. 2000 NR. C 232 S. 19.

[14] So auch Schroeter/Jacob/Mederer - Erhart, nach Art. 87, Rnr. 2.

[15] S. dazu Mrozek, Europäisches Marktordnungsrecht, S. 154ff.

[16] S. zu den Folgen des Auslaufens der *peace clause* allgemein: Steinberg/Josling, 6 (2) JIEL (2003), S. 369 (375ff.); Chambovey, 36 (2) JWT (2002), S. 305 (307ff.); Pitschas, RIW 2001, S. 205 (211); entgegen Siuves, 31 LIEI (2004), S. 25 (33) sind auch die Regelungen über Exportsubventionen und diskriminierende Subventionen in Art. 3 SCMA auf Agrarsubventionen anwendbar, s. dazu Appellate Body Bericht, *United States – Subsidies on Upland Cotton*, WTO-Dok., WT/DS 267/ABR, Rnr. 550.

[17] S. zu dieser Unterscheidung auch Wishlade, Subsidies and State Aids, S. 14f.

[18] S. dazu unten S.159ff.

überschreiten.[19] Erreichen die Auswirkungen dieses Maß nicht, ist die Subvention rechtlich nicht angreifbar.

B. Der Subventionsgeber

Art. 87 Abs. 1 EG umschreibt den Kreis potentieller Subventionsgeber insoweit, als daß es sich um „*staatliche oder aus staatlichen Mitteln gewährte Beihilfen*" handeln muß. Art. 1 Abs. 1 a) Nr. 1 SCMA wird demgegenüber konkreter, indem er den Subventionsgeber als „*Regierung oder öffentliche Körperschaft im Gebiet eines Mitglieds*" definiert. Dabei ergänzt Art. 1 Abs. 1 a) Nr. 1. iv) SCMA dieses um Fallkonstellationen, in denen die obige Institution „*Zahlungen an einen Fördermechanismus leistet oder eine private Einrichtung mit der Wahrnehmung der* (...) (in Art. 1 SCMA als Subvention eingestuften) *Aufgaben, die normalerweise der Regierung* (oder öffentlichen Körperschaft im Gebiet eines Mitglieds) *obliegen, betraut oder dazu anweist und sich diese Praktik in keiner Weise von den Praktiken unterscheidet, die normalerweise von den Regierungen* (oder öffentlichen Körperschaften im Gebiet eines Mitglieds) *ausgeübt werden.*" Es bietet sich demnach an, Subventionsgeber in staatliche und nichtstaatliche Institutionen zu unterteilen.

I. Der Staat

Der Begriff „*staatliche Mittel*" in Art. 87 Abs. 1 EG umfaßt nicht nur die vom Mitgliedstaat selbst, sondern zudem die seitens weiterer innerstaatlicher autonomer Hoheitsträger gewährten Mittel, in Deutschland also auch die durch Länder und Kommunen gewährten Beihilfen.[20] Der Formulierung „*Regierung oder öffentliche Körperschaft im Gebiet eines Mitglieds*" in Art. 1 Abs. 1 a) Nr. 1 SCMA ist zu entnehmen, daß im WTO Subventionsrecht die in die Mitgliedstaaten eingegliederten Gebietskörperschaften ebenso als Subventionsgeber erfaßt werden sollen.[21] Verdeutlicht wird diese Auslegung von der authentischen englischen Fassung, die von „*any public body*" spricht.[22] Keiner der Mitgliedstaaten soll sich dem Subventionsrecht mit dem Argument entziehen können, die jeweilige staatliche Instanz wäre nicht selbst Partei des jeweiligen Vertragswerks geworden. Durch die Einbeziehung aller Ebenen staatlicher Verwaltung

---

19 Dazu zählt die Schädigung eines inländischen Wirtschaftszweiges eines anderen Staates, die Zunichtemachung oder Schmälerung von Vorteilen, insbesondere gebundenen Zugeständnissen, die anderen Staaten aus dem GATT 1994 erwachsen, sowie die ernsthafte Schädigung der Interessen eines anderen Staates, Art. 5 a) – c) SCMA; s. dazu unten S. 207ff.

20 EuGH, Rs. C-248/84, *Deutschland/Kommission*, Slg. 1987, 4013.

21 Vgl. Wishlade, Subsidies and State Aids, S. 25f.; Thomas, 21 STI Rev. (1998), S. 25 (35).

22 Vgl dazu auch Appellate Body Bericht, *Canada – Measures affecting the importation of milk and exportation of dairy products*, WTO-Dok., WT/DS103/AB/R, Rnr. 97.

wird sichergestellt, daß weder zentralistisch noch föderal strukturierte Mitgliedstaaten bevorzugt bzw. benachteiligt werden. Dabei ist die Durchsetzung der Geltung des Subventionsrechts gegenüber ihren (teil) autonomen Hoheitsträgern Sache der Mitgliedstaaten.

II. Nichtstaatliche Institutionen

Fraglich ist, inwieweit beide Rechtsordnungen Fallkonstellationen erfassen, in denen der Staat die Subventionsvergabe nicht durch seine Institutionen, sondern durch von ihm benannte oder errichtete öffentliche oder private Einrichtungen, so z.B. durch öffentliche Unternehmen vornimmt.

1. Das Urteil des EuGH in *Stardust Marine*

Dem Begriff *„aus staatlichen Mitteln"* läßt sich in Gegenüberstellung zur Formulierung *„staatliche Mittel"* in Art. 87 Abs. 1 EG entnehmen, daß über staatliche Institutionen hinaus Beihilfen all derjenigen Organisationen von Art. 87 EG umfaßt werden sollen, die sich zumindest auch aus staatlichen Mitteln speisen, d.h. über öffentliche Finanzmittel verfügen. Den Mitgliedstaaten soll es auf diese Weise unmöglich gemacht werden, die Beihilfenregelungen dadurch zu umgehen, daß sie die Beihilfengewährung auf andere als staatliche Institutionen delegieren. Somit erhält die Begrifflichkeit *„aus staatlichen Mitteln"* gegenüber der Formulierung *„staatliche Mittel"* eine eigenständige Bedeutung und geht darüber hinaus.[23] Sie eröffnet die Möglichkeit einer staatlichen Zurechenbarkeit für jegliche Art der Beihilfengewährung, die mit staatlichen Finanzmitteln in Zusammenhang gebracht werden kann.[24] Grundsätzlich kommen damit auch vom Staat benannte oder errichtete öffentliche oder private Einrichtungen als Subventionsgeber in Betracht.[25] Voraussetzung ist, daß diese Einrichtungen staatlicher Einflußnahme unterliegen. Durch eine derartige öffentliche Kontrolle werden Mittel dieser Einrichtungen zu staatlichen Mitteln im Sinne der Beihilfenkontrolle.[26] Entscheidend ist daher die Analyse, unter welchen Voraussetzungen eine staatliche Einflußnahme angenommen werden kann, die das Handeln von Einrichtungen dem Staat zurechenbar macht. Von praktischer Relevanz ist diese Frage insbesondere in Zusammenhang mit öffentlichen Unternehmen. Es wird vertreten, eine Zurechenbarkeit des Handels eines öffentlichen Unternehmens zum Staat bereits anzunehmen, wenn der Staat jeder Zeit in der Lage ist, das jeweilige Unternehmen zu kontrollieren und einen beherrschenden Ein-

---

[23] EuGH, verb. Rs. C-21/81,C-14/81 und C-15/81, *Norddeutsches Vieh- und Fleischkontor/BALM*, Slg. 1982, 3583, Rnr. 22.

[24] So auch Koenig/Kühling/Ritter, EG-Beihilfenrecht, S. 72; Schroeter/Jacob/Mederer - Mederer/Triantafyllou Art. 87 Rnr. 23.

[25] EuGH, verb. Rs. C-52/97, C-53/97 und C-54/97, *Viscido*, Slg. 1998, I-2629, Rnr. 13.

[26] Schroeter/Jacob/Mederer - Mederer/Triantafyllou Art. 87 Rnr. 23.

fluß auf dessen Tätigkeit auszuüben, mit der Folge, daß bereits das Faktum Mittelvergabe durch ein derartiges Unternehmen an sich ausreichen würde, um von einer Vergabe „*aus staatlichen Mitteln*" sprechen zu können.[27] Für diese Ansicht spricht der Umstand, daß eine staatliche Einflußnahme auf die Mittelvergabe in jedem Einzelfall schwer nachzuweisen sein dürfte. Nach anderer Ansicht ist gerade ein solcher Nachweis erforderlich, um die Mittelvergabe durch das Unternehmen zu einer staatlichen Mittelvergabe zu machen. Der EuGH entschied diese Frage im Fall *Stardust Marine*[28] im Sinne letzterer Alternative. In diesem Fall fand die Mittelvergabe in Form einer Kapitalerhöhung zugunsten des Unternehmens *Stardust Marine* durch eine Tochtergesellschaft einer seitens des französischen Staates kontrollierten Bank statt. Der EuGH stellte fest, daß eine staatliche Einflußnahme auf die Entscheidung der Beihilfengewährung nicht aufgrund generell festgestellter staatlicher Kontrolle wie etwa durch eine staatliche Mehrheitsbeteiligung oder eine Mehrheit der staatlichen Vertreter in den Entscheidungsgremien vermutet werden könne.[29] Vielmehr sei konkret zu prüfen, ob „*die Behörden in irgendeiner Weise am Erlaß dieser Maßnahmen beteiligt waren.*"[30] Zwar könne es für einen Dritten mitunter sehr schwierig sein, in einem konkreten Fall nachzuweisen, daß Beihilfemaßnahmen tatsächlich auf Anweisung der Behörden erfolgt seien, weshalb der Nachweis der konkreten Anweisungshandlung nicht verlangt werden könne.[31] Die Begründung der Zurechenbarkeit müsse sich indes anhand eines „*Komplexes von Indizien ableiten, die sich aus den Umständen des konkreten Falles und aus dem Kontext ergeben, in dem diese Maßnahme ergangen ist.*"[32] Eine derartige Einzelfallbeurteilung sei im Fall *Stardust Marine* durch die Kommission nicht vorgenommen worden, weshalb die Kapitalerhöhung nicht als aus staatlichen Mitteln herrührend einzustufen sei. Indizien, die im Fall einer Beihilfenmaßnahme durch öffentliche Unternehmen auf die Zurechenbarkeit an den Staat schließen lassen, sieht der EuGH insbesondere in der Eingliederung des Unternehmens in die öffentliche Verwaltung, der Art seiner Tätigkeit und deren Ausübung unter Marktbedingungen, dem Rechtsstatus des Unternehmens und der Intensität der behördlichen Aufsicht über die Unternehmensführung.[33]

---

27 So Müller-Graff, 152 ZHR (1988), S. 403 (413).

28 EuGH, Rs. C 482/99, *Frankreich/Kommission*, Slg. 2002, I-4397; s. auch die Urteilsbesprechungen bei Schohe/Arhold, EStAL 2002, S. 33 (37f.); Reich/Helios, EuZW 2002, S. 474.

29 So hatte die Kommission im Fall EuGH, Rs. C 482/99, *Frankreich/Kommission*, Slg. 2002, I-4397, Rnr. 48 argumentiert.

30 EuGH, Rs. C 482/99, *Frankreich/Kommission*, Slg. 2002, I-4397, Rnr. 52.

31 EuGH, Rs. C 482/99, *Frankreich/Kommission*, Slg. 2002, I-4397, Rnr. 53f.

32 EuGH, Rs. C 482/99, *Frankreich/Kommission*, Slg. 2002, I-4397, Rnr. 55.

33 EuGH, Rs. C 482/99, *Frankreich/Kommission*, Slg. 2002, I-4397, Rnr. 56.

Dieser Spruchpraxis ist grundsätzlich zuzustimmen. Die oben aufgezeigte Alternative einer extensiveren Auslegung des Begriffs *„aus staatlichen Mitteln"*, die jegliche Mittelvergabe durch öffentliche Unternehmen bereits per se ausreichen lassen würde, um von einer Vergabe *„aus staatlichen Mitteln"* sprechen, begegnet demgegenüber Bedenken. Denn eine derartige Handhabung hätte zur Folge, daß öffentliche Unternehmen – im Gegensatz zu privaten Unternehmen – mit ihren gesamten geschäftlichen Aktivitäten dem EG Beihilfenrecht unterlägen. Über den Mittelzufluß durch die öffentliche Hand hinaus würde jegliche Mittelverwendung sowie andere geschäftliche Aktivitäten der öffentlichen Unternehmen gegenüber privaten Wirtschaftsteilnehmern von der Beihilfenkontrolle erfaßt. Eine derartige Auslegung erscheint in Anbetracht des in Art. 295 EG geregelten Grundsatzes der Gleichbehandlung öffentlicher und privater Unternehmen zweifelhaft.[34] Zwar erschwert das Erfordernis der Darlegung der Einflußnahme im Einzelfall die Arbeit der Kommission erheblich, da sich gerade aufgrund der auch seitens des EuGH eingeräumten privilegierten Beziehung zwischen dem Staat und öffentlichen Unternehmen etwaige Anweisungen zur Gewährung von Beihilfen in oftmals wenig transparenter Weise vollziehen werden.[35] Dennoch kann auf eine Einzelfalluntersuchung an dieser Stelle nicht verzichtet werden, da eine Pauschalannahme staatlicher Einflußnahme bei öffentlichen Unternehmen diese aufgrund der damit verbundenen intensivierten Beihilfenkontrolle gegenüber ihrer privaten Konkurrenz benachteiligt. In diesem Zusammenhang ist die konkrete Ausgestaltung der Einzelfallprüfung durch den EuGH mittels exemplarisch aufgezählter Indizien kritikwürdig. Zwar ist es grundsätzlich zu begrüßen, daß der EuGH die möglichen Indizien so weit faßt, daß durch flexible Bewertungskriterien die Einordnung unterschiedlicher Fallgestaltungen ermöglicht wird. Die einzelnen Kriterien sind allerdings als bisweilen unscharf bzw. ungeeignet einzustufen. So dürfte das Kriterium der Rechtsform des Unternehmens nicht geeignet sein, Aufschluß über eine etwaige staatliche Einflußnahme zu geben. Der als Indiz aufgeführte Vergleich mit privaten Wirtschaftsteilnehmern erinnert an den sog. *„market economy investor"* Test, der zur Ermittlung des Vorteils im Rahmen des Beihilfenbegriffs verwendet wird.[36] Ob der EuGH diesen Test bereits in die Zurechnungsprüfung integrieren wollte, darf bezweifelt werden, da er diesen Gesichtspunkt nur als Indiz nennt, ihn aber bei der Frage der Zurechung gar nicht prüft. Dies ist um so erstaunlicher, als er die korrekte Anwendung des *„market economy investor"* Tests durch die Kommission an späterer Stelle verneint.[37] Einer Erwähnung dieser Ansicht

---

34 So auch Reich/Helios, EuZW 2002, S. 474 (475); Koenig/Kühling/Ritter, EG-Beihilfenrecht, S. 74.

35 S. zu diesem Kritikpunkt Schohe/Arhold, EStAL 2002, S. 33 (38).

36 S. dazu im Einzelnen unten S.94ff.

37 EuGH, Rs. C 482/99, *Frankreich/Kommission*, Slg. 2002, I-4397, Rnr. 81.

wäre im Rahmen der Zurechnung nach den zuvor aufgestellten Indizien erhebliche Bedeutung zugekommen.
Es bleibt abschließend festzuhalten, daß der Rechtsprechung des EuGH zur Auslegung des Begriffs „*aus staatlichen Mitteln*“ in Bezug auf die Zurechenbarkeit des Handelns öffentlicher Unternehmen zwar grundsätzlich beizupflichten ist, die Voraussetzungen einer Zurechenbarkeit im Einzelnen klärungsbedürftig erscheinen.

2. Die Regelung des Art. 1 Abs. 1 a) Nr.1 iv) SCMA

Die Streitbeilegungsorgane hatten sich in den Fällen *United States – Export Restraints*[38] und *United States – Semiconductors from Korea*[39] mit der Frage auseinanderzusetzen, ob vom SCMA auch Fallkonstellationen erfaßt werden, in denen der Staat Subventionen nicht selbst, sondern durch Private gewährt. Das Panel nahm dies in *United States – Export Restraints* zum Anlaß, sich grundsätzlich zu dem in diesem Zusammenhang einschlägigen Art. 1 Abs. 1 a) 1. iv) SMCA zu äußern und nannte dabei die folgenden fünf Voraussetzungen.[40] Eine Regierung oder öffentliche Körperschaft betraut oder weist (1) ein privates Rechtssubjekt[41] an (2), eine oder mehrere der in Art. 1 a) Nr. 1 i – iii.) SCMA als finanzielle Beiträge eingestuften Praktiken wahrzunehmen (3), die normalerweise der Regierung obliegen (4) und die sich in keiner Weise von den Praktiken unterscheiden, die normalerweise von den Regierungen ausgeübt werden (5). Zunächst muß das private Rechtssubjekt also „*betraut*“ oder „*angewiesen*“ worden sein. Der Formulierung „*betraut*“[42] wohnt ein Element der Delegation inne, während „*anweist*“[43] eher die Verfügung über etwas bezeichnet. In beiden Alternativen handelt das private Rechtssubjekt als Mittelsmann zwischen Regierung und Subventionsempfänger und nimmt Handlungen wahr, die ansonsten direkt durch die Regierung durchgeführt worden wären.[44] Es bildet quasi den

---

[38] Panel Bericht, *United States - Measures Treating Exports Restraints as Subsidies*, WTO-Dok., WT/DS194/R.

[39] Appellate Body Bericht, *United States – Semiconductors from Korea*, WTO-Dok., WT/DS296/R.

[40] Panel Bericht, *United States - Measures Treating Exports Restraints as Subsidies*, WTO-Dok., WT/DS194/R, Rnr. 8.25; s. dazu auch Slotboom, 36 JWT (2002), S. 517 (539).

[41] „*Private body*“ in der authentischen englischen Fassung; die deutsche Übersetzung „*private Einrichtung*“ in der nichtamtlichen Übersetzung wirkt unglücklich, denn sie schließt natürliche Personen aus.

[42] „*Entrust*“ in der authentischen englischen Fassung.

[43] „*Direct*“ in der authentischen englischen Fassung.

[44] So explizit das Panel in *United States - Measures Treating Exports Restraints as Subsidies*, WTO-Dok., WT/DS194/R, Rnr. 8.32; s. auch zur Entstehungsgeschichte der Vorschrift des Art. 1 Abs. 1 a) Nr. 1 iv) SMCA, Stewart, The Uruguay Round Vol. I, S. 898f.

verlängerten Arm der Regierung. Beiden Fällen ist des Weiteren gemein, daß sie einen Akt voraussetzen, mit dem eine bestimmte Praktik an Private delegiert wird bzw. mit dem die Wahrnehmung einer bestimmten Praktik durch Private angeordnet wird. Adressat und wahrzunehmende Praktik müssen durch die Regierung eindeutig bezeichnet werden.[45] Hielt das Panel in *United States – Export Restraints* noch einen ausdrücklichen Delegations- bzw. Anweisungsakt der Regierung für erforderlich,[46] wurde diese Voraussetzung im später ergangenen Panel Report im Fall *United States – Semiconductors from Korea* aufgegeben.[47] Der Begriff des privaten Rechtssubjekts als weitere Voraussetzung umfaßt all diejenigen Rechtssubjekte, die nicht unter die Formulierung der Regierung oder öffentlichen Körperschaft subsumiert werden können. Durch diese weite Auslegung wird sichergestellt, daß das Subventionsrecht im Hinblick auf mögliche Subventionsgeber keine Lücken aufweist.[48] Somit werden auch öffentliche Unternehmen als potentielle Subventionsgeber erfaßt.[49] Als finanzieller Beitrag gelten dabei all diejenigen Maßnahmen, die ohnedies bei direktem Handeln der Regierung als subventionsrechtlich relevante Praktiken gelten. Das Erfordernis, daß es sich um Praktiken handeln muß, *„die normalerweise der Regierung obliegen“* und die sich *„in keiner Weise von den Praktiken unterscheiden, die normalerweise von den Regierungen ausgeübt werden,“* schränkt den Anwendungsbereich praktisch nicht spürbar ein. Denn nach *United States – Export Restraints* ist dieses nur dann nicht der Fall, wenn Regierungen – nicht notwendigerweise auch die in Rede stehende Regierung – die als vermeintliche Subvention eingestufte Tätigkeit, z. B. das zur Verfügung stellen von Waren oder Dienst-

---

45 Panel Bericht, *United States - Measures Treating Exports Restraints as Subsidies*, WTO-Dok., WT/DS194/R, Rnr. 8.29.

46 *„Explicit and affirmative action of delegation or command“*, Panel Bericht, *United States - Measures Treating Exports Restraints as Subsidies*, WTO-Dok., WT/DS194/R, Rnr. 8.29.

47 Die Vorschrift des Art. 1 Abs. 1 a) Nr. 1 iv) SMCA solle sicherstellen, daß keinerlei *„indirekte Maßnahmen einer Regierung“* aus dem Anwendungsbereich des SCM Abkommens herausfielen. Bei dem Erfordernis eines ausdrücklichen Delegationsaktes handele es sich um eine sich nicht aus dem Wortlaut der Vorschrift ergebende Einschränkung des Anwendungsbereichs. Diese ermögliche ein Umgehen der Vorschrift, indem konkludentes Anweisen oder Betrauen nicht erfasst würde. Das widerspreche Sinn und Zweck der Vorschrift, Panel Bericht, *United States – Semiconductors from Korea*, WTO-Dok., WT/DS296/R, Rnr. 7.33; Appellate Body Bericht, *United States – Semiconductors from Korea*, WTO-Dok., WT/DS296/ABR, Rnr. 113.

48 Panel Bericht, *United States - Measures Treating Exports Restraints as Subsidies*, WTO-Dok., WT/DS/R 194, Rnr. 8.49.

49 S. dazu Horlick/Mowry, State Trading Enterprises under the WTO Subsidies Rules, in: Cottier/Mavroidis, State Trading, S. 97ff.

leistungen, die nicht zur allgemeinen Infrastruktur gehören, generell nicht vornimmt.[50] Stellt eine Regierung in anderem Zusammenhang derartige Waren oder Dienstleistungen zur Verfügung, handelt es sich dabei bereits um Praktiken *„die normalerweise der Regierung obliegen"* und die sich *„in keiner Weise von den Praktiken unterscheiden, die normalerweise von den Regierungen ausgeübt werden."* Es wird sich daher kaum eine Tätigkeit finden lassen, die nicht von irgendeiner Regierung ausgeübt wird und dieses Kriterium erfüllt.

3. Vergleich

Welche der beiden Regelungen erweist sich nun im Hinblick auf das *„Einspannen"* öffentlicher Unternehmen bei der Subventionsvergabe seitens des Staates als umfassender im Sinne eines lückenlosen Subventionsrechts bzw. als restriktiver im Sinne der Handlungsfreiheit öffentlicher Unternehmen? Im WTO Subventionsrecht setzt eine Zurechnung der Mittelvergabe durch öffentliche Unternehmen an den Staat voraus, daß ein eindeutiger Delegations- bzw. Anweisungsakt der Regierung vorausgegangen ist.

Ein *„Anweisen"* impliziert, daß das öffentliche Unternehmen eine auf Ebene des Staates getroffene Entscheidung zu vollziehen hat. Eine solche Anordnung war im Fall *Stardust Marine* nicht von der Kommission dargelegt worden. Diese hatte lediglich vorgebracht, daß es sich bei dem die Subvention gewährenden Unternehmen um eine Tochtergesellschaft eines von Seiten des Staates kontrollierten Unternehmens handelte. Die in Rede stehende Bank stellt damit in der Tatbestandsalternative des *„Anweisens"* auch nach WTO Subventionsrecht keinen tauglichen Subventionsgeber dar. Fraglich ist aber, inwieweit nicht ein *„Betrauen"* mit einer ansonsten vom Staat wahrzunehmenden Aufgabe vorlag. Die Formulierung *„betrauen"* impliziert, daß eine Aufgabe an das öffentliche Unternehmen delegiert wird, wobei die Willensbildung diese Aufgaben betreffend im Gegensatz zum Tatbestand des *„Anweisens"* innerhalb des öffentlichen Unternehmens stattfindet. Die in *Stardust Marine* in Rede stehende Bank war nach den für private Gesellschaften geltenden Regelungen gegründet worden und führte ihre Willensbildung daher selbständig in entsprechenden Entscheidungsgremien durch, deren Mitglieder mehrheitlich Vertreter der staatlich kontrollierten Muttergesellschaft darstellten.[51] Als an die Bank delegierte Aufgabe verstand der EuGH den individuellen Akt der Kapitalerhöhung für *Stardust Marine*, für den keine konkrete Handlung zum Zwecke der Einflußnahme auf Seiten des Staates dargelegt wurde. Eine solch konkrete Handlung ist im WTO Subventionsrecht nicht erforderlich, da das Delegieren nach *United States – Semiconductors from Korea* nicht ausdrücklich, sondern auch konkludent erfolgen

---

[50] Panel Bericht, *United States - Measures Treating Exports Restraints as Subsidies*, WTO-Dok., WT/DS194/R, Rnr. 8.59.

[51] EuGH, Rs. C 482/99, *Frankreich/Kommission*, Slg. 2002, I-4397, Rnr. 47, 50.

kann. Der Begriff des Betrauens mit *„Aufgaben die normalerweise der Regierung obliegen“*, wie z. B. der vergünstigten Bereitstellung von Darlehen und Bürgschaften oder Zeichnung einer Kapitalerhöhung kann gerade in Abgrenzung zum individuell konkreten Fall des Anweisens in genereller Form verstanden werden, so z.B. durch Betrauen eines öffentlichen Unternehmens wie einer Bank mit der Aufgabe der Mittelstandsförderung, die u. a. die genannten Tätigkeiten umfaßt. Dieses stellt eine eindeutige Handlung des Staates dar, die eine private Einrichtung mit bestimmten Praktiken betraut, die finanzielle Beiträge im Sinne des Subventionsbegriffs darstellen. Durch die Eigenständigkeit des öffentlichen Unternehmens in der Umsetzung der betrauten Aufgabe erhält der Tatbestand des *„Betrauens“* gegenüber dem des *„Anweisens“* seinen eigenen Anwendungsbereich und damit seine Existenzberechtigung. Eine entsprechende Zielsetzung vorausgesetzt, kann vorliegend argumentiert werden, daß die Bank im Fall *Stardust Marine* innerhalb ihr von Seiten des Staates betrauten Aufgabenbereichs handelte und somit Subventionsgeber nach Art. 1 Abs. 1 a) Nr. 1 iv) SMCA war, während der EuGH dieses mangels konkreten Zurechnungszusammenhangs ablehnte.

C. Die Leistung

Unter Leistung ist jeder geldwerter Vorteil des Subventionsgebers zu verstehen. Maßnahmen auf Seiten des Staates, die geeignet sind, bestimmte Unternehmen oder Unternehmenszweige zu bevorzugen, lassen sich folgendermaßen unterteilen. Entweder die Maßnahme stellt einen aktiven Transfer von Mitteln dar (unten I.) oder sie ist in einem Unterlassen eines zu erwartenden Handelns des Staates zu sehen (unten II.).[52] Beide Formen staatlicher Maßnahmen sind aufgrund ihrer Charakteristika im Folgenden getrennt zu analysieren.

---

[52] Einen Sonderfall bilden die in Art. 1 Abs. 1 b) Nr. 2 SCMA aufgeführten staatliche Stützungskäufe zur Stabilisierung des Marktpreises. Sie sind vom Transfer von Mitteln zu unterscheiden, da nicht der Transfer von Mitteln beim Erwerb als solcher, sondern erst die durch die Stützungskäufe hervorgerufene Änderung der Marktpreise einen Vorteil bewirken soll. Die Vorschrift ist in der Praxis jedoch bedeutungslos geblieben, vgl. Ohlhoff, EuZW 2000, S. 645 (647). Auch das GATT 1947 enthielt eine vergleichbare Regelung, ohne praktische Bedeutung zu erlangen, vgl. MacGovern, International Trade, § 11.38.

I. Aktiver Transfer

1. Beihilfenrecht

Art. 87 EG zielt darauf ab, jegliche staatliche oder aus staatlichen Mitteln finanzierte Intervention zu erfassen.[53] Der Gegenstand und die Arten dieser Intervention werden nicht definiert, um keinerlei Umgehungsmöglichkeiten zu bieten. Entscheidend ist allein die Wirkung der staatlichen Intervention, die dem Unternehmen einen geldwerten Vorteil verschafft.[54] Eine der Vorteilsverschaffung vorgelagerte Prüfung der Art der staatlichen Leistung ist daher entbehrlich.

2. WTO Subventionsrecht

Im SCMA stellt sich die Rechtslage differenzierter da. Im Bezug auf finanzielle Mittel schließt Art. 1 Abs. 1 a) Nr. 1 i) SCMA sämtliche Praktiken der Regierung ein, die *„einen direkten Transfer von Geldern (z. B. Zuschüsse, Kredite und Kapitalzufuhren) sowie potentielle direkte Transfers von Geldern oder Verbindlichkeiten (z.B. Kreditbürgschaften)"* zum Gegenstand haben. Die Formulierung *„direkt"* meint dabei unmittelbar durch staatliche Institutionen gewährte finanzielle Mittel. Wie bereits gesehen, werden unter den Voraussetzungen des Art. 1 Abs. 1 a) Nr. 1 iv) SCMA auch indirekte, d.h. durch den verlängerten Arm nichtstaatlicher Einrichtungen gewährte finanzielle Mittel erfaßt.[55] Insbesondere aufgrund der Einbeziehung des potentiellen Transfers von Geldern läßt sich insoweit kein Unterschied zum Beihilfenbegriff des EG Rechts ausmachen. Etwas anderes könnte im Falle der Übertragung von Verbindlichkeiten von Unternehmen auf den Staat gelten. Während der Beihilfenbegriff jegliche Form einer solchen Übertragung einschließt,[56] ist nach dem Wortlaut des Art. 1 Abs. 1 a) Nr. 1 i) SCMA lediglich der potentielle, nicht auch der tatsächliche Transfer von Verbindlichkeiten Gegenstand der Subventionsdefinition. Die tatsächliche Übernahme von Verbindlichkeiten eines Unternehmens gegenüber einem Dritten durch den Staat stellt danach keine Subvention dar, während die potentielle Übernahme, z.B. in Form einer Bürgschaft erfaßt wäre. Eine derartige Regelung erscheint widersprüchlich. Denn tritt der Umstand ein, der die Verbindlichkeit auslöst, würde die Maßnahme nicht (mehr) als Subvention gelten, obschon sich genau die Gefahr materialisiert hat, die zur Bejahung der Subventionseigen-

---

[53] So auch Schroeter/Jacob/Mederer - Mederer/Triantafyllou Art. 87 Rnr. 23.

[54] EuGH, Rs. 173/73, *Italien/Kommission*, Slg. 1974, 709, Rnr. 26/28; EuGH, Rs. 310/85, *Deufil*, Slg. 1987, 901, Rnr. 8; Götz, Subventionsrecht, in: Dauses, EU Wirtschaftsrecht, H.III. Rn. 24; Koenig/Kühling/Ritter, EG-Beihilfenrecht, S. 42; zum Vorteilsbegriff s. unten S. 93ff.

[55] S. dazu oben S. 84ff.

[56] Vgl. Entscheidung der Kommission Nr. 88/454/EWG vom 11.08.1988, ABl. EG 1988, L 220/30 (35).

schaft führte. Insoweit machen Sinn und Zweck der Regelung die Erfassung der Übertragung tatsächlicher Verbindlichkeiten erforderlich, so daß die Regelung im SCMA mit dem Beihilfenbegriff konform geht.
Im Gegensatz zum Beihilfenbegriff besteht für staatliche Leistungen in Form des Transfers von Waren oder Dienstleistungen eine eigenständige Regelung in Art. 1 Abs. 1 a) Nr. 1 iii) SCMA. Dort heißt es, ein finanzieller Beitrag läge vor, wenn *„eine Regierung Waren oder Dienstleistungen, die nicht zur allgemeinen Infrastruktur gehören, zur Verfügung stellt oder Waren ankauft.“* Sinn und Zweck der Vorschrift besteht zum einen darin, der direkten Übertragung von Geldern alle weiteren Arten des zur Verfügung Stellens von Ressourcen in Form von Waren und Dienstleistungen mit Ausnahme allgemeiner Infrastruktur gleichzustellen.[57] So sind unter der weiten Formulierung *„zur Verfügung stellen“* alle Formen der Übertragung körperlicher, mobiler und immobiler Sachen vom Staat an das Unternehmen zu verstehen.[58] Demgegenüber ist für den Transfer von Waren an die Regierung nur die Variante des Ankaufs enthalten. Hier wird man bei anderen entgeltlichen Formen der Übertragung auf die Gegenleistung der Regierung abzustellen haben und damit einen finanziellen Beitrag mittels direktem Transfer von Geldern im Sinne des Art. 1 Abs. 1 a) Nr. 1 i) SCMA bejahen können.[59] Auch insoweit ergibt sich gegenüber dem Beihilfenbegriff kein Minus der erfaßten Sachverhalte. Es stellt sich damit die Frage, warum das SCMA nicht dem Vorbild des Art. 87 Abs. 1 EG gefolgt ist und auf die vergleichsweise komplexe Regelung der einzelnen staatlichen Leistungstatbestände ganz verzichtet hat. Dieses läßt sich mit Blick auf die voneinander abzugrenzenden Anwendungsbereiche der einzelnen Übereinkommen im Anhang der WTO Übereinkommens erläutern. Art. 1 Abs. 1 a) Nr. 1 iii) SCMA erfaßt zwar das zur Verfügung stellen von Dienstleistungen, nicht aber analog zur ersten Alternative auch das Ankaufen von Dienstleistungen. Erwirbt die Regierung von einem privaten Unternehmen Dienstleistungen, muß dieses Unternehmen Anbieter von Dienstleistungen sein. Eine Subventionierung durch Zahlung eines erhöhten Entgeltes beträfe demnach den internationalen Handel mit Dienstleistungen. Bei dem SCM Abkommen handelt es sich jedoch um ein Abkommen des Anhangs

---

57 Panel Bericht, *United States – Softwood Lumber from Canada*, WTO-Doc., WT/DS236/R, Rnr. 7.24.

58 S. zum Begriff der Ware Panel Bericht, *United States – Softwood Lumber from Canada*, WTO-Doc., WT/DS236/R Rnr. 7.23; das von Clarke/Bourgeois/Horlick, Subsidies, in: Ortino/Petersmann, WTO Dispute Settlement, S. 353 (356) aufgeworfene Problem, inwieweit auch geistiges Eigentum unter den Begriff der Ware subsumiert werden kann, stellt sich nicht, da Warenhandel und handelsbezogene Aspekte der Rechte des geistigen Eigentums im WTO Recht in unterschiedlichen Übereinkommen geregelt sind, so daß diesbezüglich der Anwendungsbereich des SCMA nicht eröffnet ist.

59 So auch Grave, Begriff der Subvention, S. 244.

1A zum WTO-Übereinkommen, der multilaterale Übereinkommen zum Warenhandel zum Gegenstand hat. Dieser Tatbestand ist daher der zukünftigen Kontrolle des Art. XV GATS vorbehalten und konnte im SCM Abkommen nicht geregelt werden.[60] Insofern machte die Systematik der verschiedenen WTO Abkommen eine der Beihilfenbegriff vergleichbare (Nicht-) Regelung des Leistungsbegriffs unmöglich.

Die Regelung der Übertragung der Waren und Dienstleistungen als Form eines finanziellen Beitrags in Art. 1 Abs. 1 a) Nr. 1. iii) SCMA weist eine weitere Besonderheit auf, indem bereits kein finanzieller Beitrag vorliegen soll, wenn die übertragenen Gegenstände zur allgemeinen Infrastruktur gehören. Damit kommt zum Ausdruck, daß eine subventionsrechlich relevante staatliche Maßnahme nur vorliegt, wenn die Infrastruktur nicht allgemein, sondern speziell auf bestimmte Industriezweige bzw. Unternehmen zugeschnitten ist, d.h. diesen einen gegenüber ihren Konkurrenten spezifischen Vorteil gewährt. Insofern stellt die Ausnahme der allgemeinen Infrastruktur lediglich einen Teilbereich des Problems der Spezifität einer staatlichen Maßnahme dar. Dieses ist in Art. 1 Abs. 2 und Art. 2 SCMA geregelt und stellt sowohl im WTO Subventionsrecht[61] als auch im Beihilfenrecht[62] ein eigenständiges Tatbestandsmerkmal dar, auf das noch ausführlich einzugehen sein wird.[63]

In den Unterschieden zwischen dem Beihilfenbegriff und dem Subventionsbegriff des SCMA den aktiven Transfer von geldwerten Leistungen betreffend, spiegeln sich mithin nicht divergierende Zielsetzungen des Subventionsrechts wieder. Allein aufgrund der Tatsache, daß das SCMA ein Übereinkommen zum Warenhandel darstellt, können der Handel mit Dienstleistungen und Rechten des geistigen Eigentums nicht Regelungsgegenstand sein. Ansonsten führen die im Gegensatz zur Beihilfenkontrolle explizit ausformulierten Tatbestände des finanziellen Beitrags durch aktiven Transfer zu keiner Einschränkung der erfaßten Sachverhalte.

II. Minderung von Belastungen

Finanzielle Beiträge können nicht nur darin bestehen, daß der Staat Kapital direkt auf Unternehmen überträgt, sondern auch darin, daß er es unterläßt, Kapital abzuziehen. Diese Fallgruppe der finanziellen Zuwendung wird nicht durch den aktiven Transfer von Mitteln auf den Subventionsnehmer charakterisiert. Vielmehr besteht die finanzielle Zuwendung darin, daß ein Transfer von Mitteln

---

[60] So auch Grave, Begriff der Subvention, S. 242.

[61] S. Vermulst/Graafma, WTO Disputes, S. 305ff.

[62] Koenig/Kühling/Ritter, EG-Beihilfenrecht, S. 76ff.; Heidenhain - Heidenhain, § 4 Rnr. 52ff.; Sanchez Rydelski, Handbuch Beihilferecht, S. 69ff.

[63] Ein solcher Aufbau berücksichtigt die Systematik des Beihilfenbegriffs und des Subventionsbegriffs im SCMA, s. zum Begriff der Spezifität daher unten S.146ff.

vom Subventionsnehmer auf den Subventionsgeber unterbleibt und finanzielle Mittel auf diese Weise beim Empfänger verbleiben. Diese Form der Subventionierung wirkt im Vergleich zum Transfer von Mitteln auf Unternehmen indirekt und damit weniger offensichtlich.[64] Die staatliche Leistung kann dabei darin bestehen, das jeweilige Unternehmen förmlich von der Verpflichtung zu befreien,[65] Zahlungserleichterungen zu gewähren[66] oder schlicht untätig zu bleiben und den Anspruch damit nicht durchzusetzen.[67] Sowohl das EG Beihilfenrecht als auch das WTO Subventionsrecht bewerten diese Modalitäten der Belastungsminderung gleichrangig. Der EuGH betont die gleichen wirtschaftlichen Auswirkungen und unterwirft sowohl rechtsförmlichen Verzicht als auch Stundung bzw. Nichtbeitreibung von bestehenden Forderungen der Beihilfenkontrolle.[68] Nach Art. 1 Abs. 1 a) Nr. 1 ii) SCMA liegt eine Subvention vor, wenn *„eine Regierung auf normalerweise zu entrichtende Abgaben verzichtet oder diese nicht erhebt."* *„Verzichten"* erfaßt dabei einen ausdrücklichen Erlaß, *„nicht erheben"* meint demgegenüber Fälle der bloßen Untätigkeit. Somit erfassen sowohl der Beihilfenbegriff als auch die Definition der Subvention in Art. 1 SCMA die Minderung von Belastungen in identischem Maße.

III. Die Relevanz der Höhe der Leistung

Eingriffe in die nationale Subventionsvergabe erfolgen, um die vermuteten oder nachzuweisenden Auswirkungen auf andere Staaten zu verhindern. Die Höhe der Leistung des Subventionsgebers kann insoweit von Relevanz sein, als daß aufgrund ihres geringen Umfangs die Subventionsdisziplin auslösende negative Auswirkungen nicht zu erwarten sind.

1. Die „*de-minimis*" Verordnung

Nach Erfahrungen der Kommission haben Beihilfen, die einen Betrag von 100.000 € innerhalb von drei Jahren nicht übersteigen, keinerlei spürbare Beeinträchtigung des Handels zwischen Mitgliedstaaten zur Folge und drohen nicht,

---

[64] Daher erfreuen sich Subventionen durch mehr oder weniger verdeckte Minderungen der zu tragenden Belastungen stetig wachsender Beliebtheit, vgl. die OECD Studie, Harmful Tax Competition, An Emerging Global Issue, 1998, abrufbar unter www.oecd.org.

[65] EuGH, Rs. C-387/92, *Banco Exterior de Espana*, Slg. 1994, I-877, Rnr. 14; EuGH Rs. C-310/99, *Italien/Kommission*, Slg. 2002, I-2289, Rnr. 51ff.

[66] EuGH, Rs. C 342/96, *Spanien/Kommission*, Slg. 1999, I-2459, Rnr. 9ff.; EuGH, Rs. 256/97, *DM Transport*, Slg. 1999, I-3913, Rnr. 17ff.

[67] EuGH, Rs. 480/98, *Magefesa*, Slg. 2000, I-8717, Rnr. 18ff.

[68] EuGH, Rs. C 342/96, *Spanien/Kommission*, Slg. 1999, I-2459, Rnr. 24ff.; EuGH, Rs. 256/97, *DM Transport*, Slg. 1999, I-3913, Rnr. 24; EuGH, Rs. 480/98, *Magefesa*, Slg. 2000, I-8717, Rnr. 18ff.

den Wettbewerb zu verfälschen.[69] Durch die sog. *„de-minimis"* Verordnung gelten derartige Beihilfen per se als Maßnahmen, die nicht alle Tatbestandsmerkmale des Art. 87 Abs. 1 EG erfüllen und sind von der Pflicht zur Notifikation gemäß Art. 87 Abs. 3 EG befreit.[70]

2. Bestimmungen mit *„de-minimis"* Charakter im SCM Abkommen

Auch im WTO Subventionsrecht erscheint der Gedanke einer Begrenzung der Eingriffe in nationale Souveränität mittels einer *„de-minimis"* Schwelle sinnvoll. Die Forderung nach einer derartigen Grenze wurde daher während der Verhandlungen zum SCM Abkommen artikuliert.[71] Jedoch hat sich kein der *„de-minimis"* Verordnung vergleichbarer genereller Schwellenwert durchgesetzt. Der Gedanke, daß Subventionen erst ab einer bestimmten Höhe zu negativen Folgen für den internationalen Handel führen, findet sich vielmehr an mehreren Stellen im SCM Abkommen wieder. So müssen Subventionen mit Ausnahme von Exportsubventionen und Subventionen, die von der Verwendung heimischer Erzeugnisse zu Lasten von Importwaren abhängig gemacht werden, bestimmte nachteilige Auswirkungen auf die Interessen anderer Mitglieder verursachen, um anfechtbar zu sein. Da diese Auswirkungen in einer Verdrängung oder Verhinderung von Ein- bzw. Ausfuhren einer gleichartigen anderen Ware bestehen müssen,[72] ist deren Bejahung zwangsläufig erst ab einer bestimmten Größenordnung der Subventionsvergabe möglich. Diese Bestimmungen weisen somit einen der *„de-minimis"* Regelung vergleichbaren Charakter auf.

Des Weiteren sind nach Art. 11 Abs. 9 SCMA Untersuchungen zur Feststellung einer anfechtbaren Subvention durch nationale Behörden zwecks Einführung eines Ausgleichszolls einzustellen, wenn die Subvention weniger als 1 % des Wertes der betreffenden Ware ausmacht. Dieser Schwellenwert kann nach der Entscheidung in *United States – Steel from Germany* nicht auf andere Bestim-

---

69 Verordnung (EG) Nr. 9/2001 der Kommission vom 12. Januar 2001 über die Anwendung der Artikel 87 und 88 EG-Vertrag auf „De-minimis"-Beihilfen, ABl. EG 2001 L 10/30, Rnr. 5.

70 Verordnung (EG) Nr. 9/2001 der Kommission vom 12. Januar 2001 über die Anwendung der Artikel 87 und 88 EG-Vertrag auf „De-minimis"-Beihilfen, ABl. EG 2001 L 10/30, Art. 2 (1).

71 Senti, Improving GATT, in: Oppermann/Molsberger, New GATT for the Ninties, S. 159 (167): *„It would be appropriate to include a world wide uniform approach to the subsidy countermeasures practice in GATT. This raises the question as to whether the de minimis rule should have a figure put on it on order to limit the authorities' discretion."*

72 Art. 5 und 6 SCMA, s. dazu ausführlich unten S. 207ff.

mungen des SCMA übertragen werden, um generell Subventionen von unter 1 % des Warenwertes von dem Subventionsrecht des SCMA auszunehmen.[73] Der Gedanke, daß Leistungen des Subventionsgebers, die lediglich von geringer Höhe sind, aufgrund der nicht zu erwartenden negativen Auswirkungen von der Prüfung durch das Subventionsrecht auszunehmen sind, ist in beiden Rechtsordnungen auf unterschiedliche Art und Weise verwirklicht worden.

D. Übertragung eines Vorteils

Dem Begriff des Vorteils wohnt ein vergleichendes Element inne, d.h. das betreffende Unternehmen wird durch die staatliche Leistung gegenüber seinen Konkurrenten begünstigt. Sein Vorliegen ist Bestandteil der Begriffsbestimmung der Subvention,[74] der Umfang der als begünstigend eingestuften Sachverhalte bestimmt die Reichweite der Subventionsrechtsordnung mit. Allein der Nachweis der Existenz eines Vorteils ist danach ausreichend, um eine staatliche Maßnahme als Subvention zu klassifizieren. Die Bestimmung seiner exakten Höhe ist nicht erforderlich. Die Höhe der Subvention ist vielmehr erst bei der in der Prüfungsreihenfolge nachrangig einzustufenden Frage der Höhe der Rechtsfolgen, d.h. der Höhe des zurück zu zahlenden Betrages oder der Höhe des Ausgleichszolls relevant.[75] Der Begriff des Vorteils ist Teil der Wertung, inwieweit staatliche Maßnahmen durch internationales Subventionsrecht erfaßt werden sollen, wohingegen die Frage der Subventionshöhe nicht die Reichweite des Subventionsrechts bestimmt, sondern eine Berechnungsmethode bereits als Subvention klassifizierter Sachverhalte darstellt.[76]

I. Die Parameter zur Feststellung des Vorteils

Ausgangspunkt zur Bestimmung des Vorteils ist der Vergleich zweier Sachverhalte. Dabei ist zu definieren, gegenüber welchem Zustand begünstigt wird. Zu diesem Zweck sind ein Grundsachverhalt und der in Rede stehende Sachverhalt der staatlichen Intervention gegenüberzustellen, um daraus ggf. eine Begünsti-

---

73 Appellate Body Bericht, *United States – Carbon Steel Flat Products from Germany*, WTO-Doc., WT/DS213/AB/R, Rnr. 58ff.; s. dazu Meagher, 37 (2) JWT (2003), S. 417 (421ff.).

74 Vgl. die Begriffe „*Begünstigung*" in Art. 87 Abs.1 EG und „*Vorteil*" in Art. 1 Abs.1 b) SCMA.

75 Vgl. Art. 19 Abs. 4, Abs. 2 S. 1, Art. 10 S. 1 SCMA i.V.m. Art. VI Abs. 3 S. 1 GATT 1994 und Art. 1 a), Art. 14 Verordnung (EG) Nr. 659/1999 des Rates vom 22. März 1999 über besondere Vorschriften für die Anwendung von Artikel 93 des EG-Vertrags (Verfahrensverordnung); s. zur Frage der Höhe der Subvention unten S. 246ff.

76 S. zu dieser Unterscheidung auch Quick, Subsidy Calculation, in: Bourgeois, Subsidies and Int'l Trade, S. 83 (109).

gung abzuleiten. Dieser Grundsachverhalt bildet den Vergleichsmaßstab.[77] Worin dieser Vergleichsmaßstab besteht, ist nicht einheitlich zu bestimmen. Wird z.B. einem Unternehmen von staatlicher Seite ein Darlehen zu günstigen Konditionen gewährt, liegt darin nur eine spezifische Bevorzugung, wenn Konkurrenten, denen eine solche Maßnahme nicht gewährt wurde, vergleichbare Konditionen nicht erzielen können. Der Grundsachverhalt wäre somit das Angebot der betreffenden Leistung, das Darlehen, ohne die staatliche Maßnahme. Vergleichsmaßstab zur Abgrenzung von generellen Maßnahmen der Wirtschaftspolitik wäre der jeweilige Kapitalmarkt.[78] Anders liegt der Fall, wenn das Unternehmen von Steuern oder Abgaben befreit wird. Hier muß durch einen Vergleich der Vorteil herausgearbeitet werden, durch den die normalerweise zu tragenden Belastungen des Empfängers vermindert werden.[79] Ein Markt für die angebotene Maßnahme existiert nicht.[80] Vergleichbare Sachverhalte müssen daher den Regelungen des nationalen Rechts des gewährenden Staates, hier des Steuerrechts, entnommen werden. Den relevanten Bewertungsmaßstab bildet in diesem Fall also das nationale Recht. Es ergeben sich demnach zwei Parameter, die der Feststellung des Vorteils dienen. Zum einen kann ein Vorteil durch Gegenüberstellung mit einer Marktsituation identifiziert werden (unten 1.), zum anderen kann das nationale Recht den Bewertungsmaßstab bilden (unten 2.).

1. Der Markt als Parameter zur Definition des Vorteils

Ist der Markt der relevante Parameter zur Bestimmung des Vorteils, ist zu differenzieren, auf welche Weise der Staat durch die in Rede stehende Maßnahme das Marktgeschehen zu beeinflussen versucht. So kann er als Anbieter oder Nachfrager in den Markt eingreifen oder selbst unternehmerisch tätig werden.[81]

a. Aktiver Transfer

i Der „market economy investor“ Test der Kommission

Art. 87 EG spricht von einer Wettbewerbsverfälschung durch Begünstigung bestimmter Unternehmen oder Produktionszweige. Zur Bestimmung der Frage, wann eine staatliche Maßnahme einen Empfänger begünstigt, ziehen Kommissi-

---

[77] S. dazu auch Müller-Graff, 152 ZHR (1988), S. 403 (418); Grave, Begriff der Subvention, S. 181f.

[78] Koenig/Kühling/Ritter, EG-Beihilfenrecht, S. 63; Sanchez Rydelski, Handbuch Beihilferecht, S.82f.

[79] Mitteilung der Kommission, ABl. C 384/98, S. 3, Rnr. 9.

[80] Kube, Col. J. Eur. L. 2002, S. 79 (93); Robra, Internationale Besteuerung, in: Tietje/Kraft/Sethe, Beiträge Transnat. WirtschaftsR., S. 39.

[81] Vgl. mit ähnlicher Differenzierung Müller-Graff, 152 ZHR (1988), S. 403 (420ff.).

on und EuGH den sog. *„market economy investor“* Test heran.[82] Dabei wird die begünstigende Wirkung staatlicher Leistungen durch einen Vergleich mit dem Verhalten eines fiktiven marktwirtschaftlich handelnden Unternehmers überprüft. Ein so gedachter Unternehmer würde Leistungen nur unter den Bedingungen gewähren, die ihm eine (mindestens) gleichwertige Gegenleistung zufließen lassen. Ein beihilfenrechtlich relevanter Vorteil liegt danach vor, wenn der staatlichen Leistung unter reellen Marktbedingungen kein gleichwertiges Äquivalent gegenübersteht.[83] Es gilt also in erster Linie das marktwirtschaftliche Äquivalent der staatlichen Leistung zu bestimmen, um deren Vorteilscharakter zu determinieren.

Zunächst sind Sachverhalte zu untersuchen, in denen der Staat als Anbieter bzw. Nachfrager auftritt. Handelt es sich bei der Leistung um ein Darlehen, läßt sich der Nachweis eines etwaigen begünstigenden Charakters dieser Leistung weitgehend unproblematisch führen. Ein marktwirtschaftlich handelnder Unternehmer wird sich maßgeblich am Zinssatz orientieren, dessen Höhe am Markt exakt feststellbar ist. Liegt der Zinssatz des staatlichen Darlehens unterhalb dieser Schwelle, ist von einer Begünstigung auszugehen.[84] Besteht die staatliche Leistung im Verkauf eines Grundstücks, ist die Bestimmung eines „marktwirtschaftlich adäquaten“ Kaufpreises und damit die Analyse einer etwaigen Begünstigung bereits komplexer. Denn in diesem Fall wird ein wirtschaftlich handelnder Unternehmer eine Vielzahl von Gesichtspunkten in die Investitionsentscheidung miteinfließen lassen, die z. T. nicht objektivierbar sind, wie z.B. eine für ihn besonders günstige Lage. Das Nachzeichnen einer solchen hypothetischen Entscheidung zur Ermittlung einer adäquaten Gegenleistung wird aufgrund der Vielzahl potentieller Motive kaum möglich sein. Die marktwirtschaftlich adäquate Gegenleistung ist nicht abstrakt feststellbar. Daher begnügt sich die Kommission mit der Analyse, ob die Höhe der Gegenleistung in einem *„objektiven Verfahren“* wie z.B. durch ein offenes Bietverfahren oder aufgrund eines objektiven Wertgutachtens bestimmt worden ist. Ist dies der Fall, geht sie von

---

82 S. zum *"market economy investor"* Test: EuGH, Rs. C-305/89, *Alfa Romeo*, Slg. 1991, I-1603, Rnr. 19ff.; EuGH, Rs. C-303/89, *ENI-Lanerossi*, Slg. 1991, I-1433, Rnr. 20ff.; EuGH Rs. 40/85, *Belgien/Kommission (Boch)*, Slg. 1986, 2321, Rnr. 13; Dreher, Eigenkapitalzufuhr, in: Flume/Schön, GS Knobbe-Keuk, S. 583 (587f.); Koenig/Kühling/Ritter, EG-Beihilfenrecht, S. 43ff.; Koenig, Market Economy Investor Test, in: Koenig/Roth/Schön, S. 9 (10ff.); Hancher/Ottervanger/Slot, E.C. State Aids, Rnr. 7-025; kritisch: Werner/Quante, ZEuS 2004, S. 83 (87); Koenig/Braun/Lekar, EuZW 1998, S. 5 (10f.).

83 Werner/Quante, ZEuS 2004, S. 83 (87); vgl. auch Zeiss, EWS 2003, S. 114 (116f.).

84 Vgl. dazu die Mitteilung der Kommission über die Methode der Festsetzung der Referenz- und Abzinsungssätze, ABl. EG 1997 C 273/3, auf die Währungsunion angepasst in ABl. EG 1999 C 241/9.

einer Vermutung gegen eine Begünstigung aus.[85] Einen ähnlichen Weg geht der EuGH bei Unternehmen, die verpflichtet sind, Dienste von allgemeinem wirtschaftlichem Interesse wahrzunehmen und dafür staatliche Leistungen als Ausgleich erhalten, so z.B. im öffentlichen Nahverkehr. Hier hat der EuGH im Fall *Altmark Trans* die Problematik der wertmäßigen Estimierung der Erbringung von Leistungen zur Daseinsvorsorge dadurch gelöst, daß die Beauftragung mit Leistungen zur Daseinsvorsorge grundsätzlich in einem transparenten Vergabeverfahren festgestellt werden muß. Die Gegenleistung wird unter marktwirtschaftlichen Bedingungen ermittelt, was eine Begünstigung ausschließt. Ohne ein entsprechendes Verfahren dürfe nach *Altmark Trans* der Betrag nicht höher sein als ihn ein gut geführtes Unternehmen benötigen würde, um kostendeckend zu arbeiten und einen angemessenen Gewinn zu erzielen.[86] Wenn dabei die Vorgaben des Vergaberechts die Annahme eines Vorteils auch nicht ausschließen können, entfaltet die Einhaltung des EG Vergaberechts zumindest Indizwirkung gegen die Annahme eines Vorteils.[87]
Dieses zeigt deutlich die Grenzen des *„market economy investor"* Tests. Denn hier wird die Gegenleistung nicht dem Marktgeschehen entnommen oder eine Marktsituation in einem transparenten Bietverfahren hergestellt, sondern sie ist sachverständig zu ermitteln. Dazu muß der Betrag zur kostendeckenden Erbringung der Leistung durch ein gut geführtes Unternehmen ermittelt werden, was in der Praxis kaum möglich sein wird.[88]
Komplexer ist die rechtliche Bewertung von Fällen, in denen der Staat selbst als Unternehmer am Marktgeschehen teilnimmt,[89] in dem er sich beispielsweise durch eine Eigenkapitalzufuhr an einem Unternehmen beteiligt. Ausgangspunkt der Untersuchung ist die Gegenüberstellung von Kosten der Beteiligung und Wert der Beteiligung. Dies allein würde die Motivation für private Konzern- oder Holdinggesellschaften zu langfristigen Investitionen indes unzureichend widerspiegeln. Denn neben dieser auf kurzfristige Rentabilität ausgerichteten

---

[85] S. Mitteilung der Kommission zu staatlichen Beihilfen bei Verkäufen von Bauten oder Grundstücken durch die öffentliche Hand ABl. EG 1997, Nr. C 209 S. 3 Ziff. 1.

[86] EuGH, Rs. C-280/00, *Altmark Trans*, Slg. 2003, 7747, Rnr. 93.

[87] Koenig/Kühling, DÖV 2003, S. 289 (297); Werner/Quante, ZEuS 2004, S. 83 (96ff.).

[88] S. dazu und den vergaberechtlichen Implikationen, Werner/Quante, ZEuS 2004, S. 83 (98ff.).

[89] Dieses ist nach Art. 295 EG grundsätzlich nicht zu beanstanden, da die Gemeinschaft die Unternehmensführung durch die öffentliche Hand zu respektieren hat. Art. 86 Abs.1 EG stellt jedoch klar, daß auch der Staat im Rahmen einer Tätigkeit als Unternehmer an die Wettbewerbsregeln und damit das Beihilfenrecht gebunden ist. Vgl. dazu Schroeder, 161 ZHR (1997), S. 805 (816f.); Weiß, DVBl 2003, S. 564 (566); Kahl, NVwZ 1996, S.1082ff.; kritisch zur Kommissionspraxis Verhoeven, 45 ICLQ (1996), S. 861ff.; Devroe, 34 CMLR (1997), S. 306ff.

Sichtweise können strategische subjektive Ziele in den Investitionsplänen verfolgt werden, von denen sich der Investor langfristig einen positiven Einfluß auf die Rentabilität verspricht. Dementsprechend sind bei längerfristigen Investitionen des Staates auch strategische „*subjektive*“[90] Zielsetzungen zu berücksichtigen, die kurzfristig keine den Kosten der Beteiligung entsprechende Gegenleistung hervorbringen.[91] So können z. B. aufgrund langfristiger Überlegungen Verluste für einen erheblichen Zeitraum in Kauf genommen werden, ohne daß in der Verlustübernahme bereits eine beihilfenrechtlich relevante Vergünstigung zu erblicken wäre.[92] Dieser für die öffentliche Hand weitaus größere Gestaltungsspielraum macht eine sorgfältige Prüfung erforderlich, ob es sich tatsächlich um eine langfristige Investition des Staates handelt.[93] Dabei ist von staatlicher Seite eine langfristig ausgelegte Beteilungsstrategie z.B. durch Ausübung der gesellschaftsrechtlich angemessenen Stimmrechte darzulegen. Werden dem Staat gesellschaftsrechtlich angemessene Stimmrechte eingeräumt, spricht dies für eine längerfristig angelegte Investition.[94] Je kurzfristiger die Beteiligungsstrategie ist, desto eher wird die Eigenkapitalzufuhr an den Maßstäben zinsgünstiger Darlehen zu messen sein.[95]

Der „*market economy investor*“ Test leistet also dort gute Dienste, wo die staatliche Leistung in identischem Inhalt am Markt erhältlich ist (Darlehen). Ist dieses aufgrund der Eigenart der Leistung nicht der Fall (bestimmtes Grundstück, Ausgleich für bestimmte Leistung der Daseinsvorsorge), ist ein Markt durch ein transparentes Bietverfahren zu bilden. Ist dieses trotz mangelnder Vergleichbarkeit der Leistung unterblieben oder nicht praktikabel, wie bei einer auf längerfristige Rentabilität ausgerichteten Unternehmertätigkeit des Staates, scheidet eine Ermittlung des Wertes der staatlichen Leistung durch Marktkräfte aus. Übrig bleibt die Möglichkeit der Estimierung durch Sachverständige. Der „*market economy investor*“ Test begegnet hier Schwierigkeiten. Denn die Abgrenzung,

---

90 S. im Einzelnen zur Relevanz subjektiver Ziele des Investors: Koenig/Bartosch, 21 (8) ECLR (2000), S. 377 (385); Koenig, ZIP 2000, S. 53 (57f.); Pape, Kapitalbeteiligungen, S. 53ff.; Dreher, Eigenkapitalzufuhr, in: Flume/Schön, GS Knobbe-Keuk, S. 583 (595).

91 EuGH, Rs. C-305/89, *Italien/Kommission (Alfa Romeo)*, Slg. 1991, I-1603, Rnr. 20; s. auch Schroeder, 161 ZHR (1997), S. 805 (817f.).

92 EuG, verb. Rs. T-129/95, T-2/96, *Neue Maxhütte/Kommission*, Slg. 1999, II-17, Rnr. 123; EuGH, verb. Rs. C-278 bis 280/92, *Spanien/Kommission (Hytasa)*, Slg. 1994, I-4103, Rnr. 25.

93 S. zu einem Vergleich der Bewertung von Kapitalbeteiligung zinsgünstigen Darlehen, Koenig/Bartosch, 21 (8) ECLR (2000), S. 377 (381ff.).

94 S. Entscheidung der Kommission, ABl. EG 2000 L 150/1, *WestLB*, Rnr. 182ff.; Koenig, Market Economy Investor Test, in: Koenig/Roth/Schön, S. 9 (12f.).

95 S. dazu im einzelnen Koenig, Market Economy Investor Test, in: Koenig/Roth/Schön, S. 9 (12ff.).

ob die jeweilige Maßnahme als ökonomisch richtig zur Überbrückung vorübergehender Schwierigkeiten bezeichnet werden kann, oder ob sie der bloßen Erhaltung aus wirtschaftspolitischen Gründen dient, muß sich als äußerst schwierig erweisen. Unternehmerisches Handeln läßt sich nur in begrenzten Umfang sachverständig auf seine *„marktwirtschaftliche Richtigkeit“* überprüfen. Läßt man unternehmerisches Handeln der öffentlichen Hand daher zu, darf dessen Überprüfung mittels des *„market economy investor“* Tests nicht in einem *„Lehrbuch-Rigorismus des betrieblichen Rechnungswesens“* münden.[96] Die Feststellung, der Staat dürfe sich bei langfristigen Investitionen wie ein privater Konzernlenker verhalten, mag zwar aufgrund der damit verbundenen höheren Flexibilität begrüßenswert sein, zur Konkretisierung der Prüfung einer Begünstigung trägt sie nicht bei. Dieses gilt in noch stärkerem Maße für das Vergleichsparameter des gut geführten Unternehmens, das kostendeckend arbeitet und einen angemessenen Gewinn erwirtschaftet.

ii Vorteil im Sinne des SCM Abkommens

Die Subventionsdefinition knüpft in Art. 1 Abs. 1 b) SCMA den Begriff der Subvention an das Vorliegen eines Vorteils, ohne dessen Ermittlung zu konkretisieren. Art. 14 SCMA bestimmt demgegenüber präziser die Berechnung des Vorteils für verschiedene Arten staatlicher Maßnahmen. Art. 14 SCMA ist in Teil V des SCM Abkommens enthalten, der das Recht der Ausgleichsmaßnahmen regelt. Es bestimmt, daß zur Berechnung der Höhe von Ausgleichsmaßnahmen die Höhe der Subvention anhand des dem Empfänger erwachsenen Vorteils zu bemessen ist. Die Höhe der Begünstigung bezogen auf eine Wareneinheit ist nämlich gemäß Art. 19 Abs. 4 SCMA die maximal zulässige Belastung dieser Wareneinheit durch einen Ausgleichszoll. Zu klären ist nunmehr, ob diese Berechnungsmethoden zur Bestimmung des Vorteils im Sinne des Art. 1 SCMA herangezogen werden können. Zwar handelt es sich bei Art. 14 SCMA um Berechnungsmethoden *„für die Zwecke des Teils V“* (Ausgleichsmaßnahmen), der hier berechnete Vorteil wird jedoch als *„Vorteil im Sinne des Artikels 1 Absatz 1“* bezeichnet. Daher sind die in Art. 14 SCMA enthaltenen Berechnungsmethoden auch zur Bestimmung des Vorteils als Teil des Subventionsbegriffs zu verwenden.[97] Die gegenteilige Ansicht, nach der die Berechnungsmethoden des

---

[96] So Müller-Graff, 152 ZHR (1988), S. 403 (422); ebenfalls kritisch Nicolaysen, Öffentliche Unternehmen, in: Börner/Neundörfer, Beihilfen im Gemeinsamen Markt, S. 111 (132).

[97] So auch Appellate Body Bericht, *Canada – Measures Affecting Civilian Aircraft*, WTO-Dok., WT/DS70/AB/R, Rnr. 9.113: *„we see no reason why the commercial benchmarks applied in Art. 14 (...) should not serve as relevant context for determining when an Article 1.1 „benefit“ does arise“*; Panel Bericht, *United States – Hot-Rolled Steel Products*, WTO-Dok., WT/DS138/R, Rnr. 4.10: *„... Art. 14 of the Agreement (...) is instructive in providing guidance as to what is and what is not a benefit“*; vgl. auch

Art. 14 SCMA nicht anwendbar sein sollen, verweist auf Anhang IV Abs. 1 zu Art. 6 Abs. 1 lit. a SCMA, der zur Berechnung der Höhe der Subvention auf die dem Staat entstehenden Kosten abstellt. Daher sei die Höhe einer Subvention nicht einheitlich feststellbar, so daß sich eine Ausdehnung der Berechnungsmethoden des Art. 14 SCMA verbiete.[98] Dabei wird die Frage des Vorteils für den Empfänger, d.h. die Feststellung, ob der Empfänger durch eine geldwerte staatliche Maßnahme besser gestellt wird, mit der Frage der Kosten dieser staatlichen Maßnahme für den Subventionsgeber vermengt.[99] Art. 6 SCMA dient der Bestimmung der Höhe der nachteiligen Auswirkungen einer Subvention auf andere Wirtschaftsteilnehmer, nicht aber der Feststellung, ob eine bestimmte staatliche Maßnahme einen Vorteil beinhaltet. Es wird also lediglich die Höhe der Auswirkungen einer Subvention auf andere Wirtschaftsteilnehmer anhand eines anderen Maßstabs berechnet als die Frage des Vorteils. Die Berechnungsmethoden konkurrieren daher nicht, sondern finden auf verschiedenen Prüfungsebenen ihre Anwendung.

Nunmehr ist auf die oben aufgeführten Grundkonstellationen des Staates als Anbieter, Nachfrager und Marktteilnehmer anhand der in Art. 14 SCMA konkretisierten Methoden zur Feststellung eines Vorteils einzugehen.

Bietet der Staat Leistungen wie ein Darlehen, Kreditbürgschaften oder Dienstleistungen an, besteht ein Vorteil, wenn zwischen dem Betrag, den das Unternehmen für das Darlehen oder die Dienstleistung bzw. für einen Kredit ohne die staatliche Bürgschaft auf dem Markt hätte zahlen müssen und dem tatsächlich gezahlten Betrag eine Differenz besteht.[100] Die gleiche Berechnungsmethode der Differenz zwischen der in Rede stehenden Transaktion und einem fiktiven Geschäft ohne staatliche Beteiligung wird verwendet, wenn der Staat als Nachfrager von Waren auftritt. Der Vorteilsdefinition liegt demnach im SCM Abkommen wie im Beihilfenrecht der Gedanke des Vergleichs mit einem fiktiven Geschäft unter Privaten zu Grunde.[101] Wie bereits dargelegt, läßt sich insbesondere

---

Clarke/Bourgeois/Horlick, Subsidies, in: Ortino/Petersmann, WTO Dispute Settlement, S. 353 (355).

98 So Grave, Begriff der Subvention, S. 179; in diesem Sinne ist wohl auch der Panel Bericht, *Brazil – Export Financing Programme for Aircraft,* WTO-Dok., WT/DS46/R Rnr. 7.24 zu verstehen, wonach bei der Bestimmung eines Vorteils folgendermaßen vorzugehen ist: "*... one should examine objective benchmarks whether involving a comparison of the terms of the financial contribution to a market benchmark (...) or the existence of a cost to the government in providing the financial contribution ...* ".

99 S. zur Frage der Kosten auf Seiten des Staates unten S. 127ff.

100 Art. 14 b) – d) SCMA.

101 Clarke/Bourgeois/Horlick, Subsidies, in: Ortino/Petersmann, WTO Dispute Settlement, S. 353 (355) sprechen daher in Anlehnung an das Beihilfenrecht auch von einem „*private investor*“ test.

bei Darlehen und Kreditbürgschaften ein solches fiktives Geschäft exakt nachzeichnen. Zu klären ist indes, wie der Vorteil im WTO Subventionsrecht im obigen Beispiel des Grundstücksverkaufs durch die öffentliche Hand berechnet würde. In diesem Zusammenhang fällt auf, daß der Sachverhalt des Verkaufs von Waren durch den Staat in Art. 14 SCMA nicht genannt wird. Den genannten Referenzsituationen in Art. 14 SCMA läßt sich der übergeordnete Gedanke entnehmen, daß ein Vorteil vorliegt, wenn die staatliche Intervention die Ausgaben eines Unternehmens im Vergleich zu einer gleichartigen Transaktion unter Privaten ohne staatliches Eingreifen verringert hat.[102] Läßt sich der Marktpreis nicht eindeutig ermitteln, wie u. U. bei einem Grundstück, so ist, wie oben gezeigt, der Schaffung einer Marktsituation mittels eines transparenten Bietverfahrens gegenüber einer sachverständigen Ermittlung des (Markt-) Preises der Vorzug zu geben. Es bietet sich analog zum Ansatz im Beihilfenrecht eine Empfehlung an, bei Durchführung eines transparenten Vergabeverfahrens von einer Vermutung zu Lasten einer Begünstigung auszugehen. Allerdings lassen sich die normativen Grundsätze eines transparenten Vergabeverfahrens nicht dem Abkommen über das öffentliche Beschaffungswesen[103] entnehmen, da es sich hierbei lediglich um ein pluliterales Abkommen handelt, dem somit keine für alle WTO Mitglieder verbindlichen Standards entnommen werden können.[104] Eine zusätzliche Problematik beinhaltet der für das Beihilfenrecht angesprochene Fall, daß die Gegenleistung des Unternehmens in der Erfüllung der Verpflichtung zur Erbringung von Leistungen der Daseinsvorsorge besteht. Grundsätzlich böte es sich in diesem Fall an, die marktgerechte Gegenleistung für die Verpflichtung zu Daseinsvorsorgeaufgaben in einem transparenten Bietverfahren festzustellen. Dem steht entgegen, daß es sich bei diesen Aufgaben in der Regel um Dienstleistungen handelt, wie im Fall *Altmark Trans* um den öffentlichen Personennahverkehr. Der Handel mit Dienstleistungen fällt jedoch nicht in den Anwendungsbereich des SCM Abkommens als Abkommen zum Warenhandel, weshalb Art. 14 SCMA analog zu Art. 1 SCMA lediglich die staatliche Nachfrage nach Waren nicht aber nach Dienstleistungen regelt.[105] Das Allgemeine Abkommen über den Handel mit Dienstleistungen (GATS) enthält an sich keinerlei Beschränkung für die Vertragsstaaten, ihre inländischen Dienstleistungserbringer zu subventionieren.[106] Somit werden Leistungen für die Erbringung

102 Vgl. dazu Grave, Begriff der Subvention, S. 175.

103 Abgedruckt in ABl. EG 1994 L 336/273.

104 Vgl. zum Abkommen über das öffentliche Beschaffungswesen Prieß/Berrisch - Prieß, Teil B. IV. (S. 621ff.); Fischer, RIW 2003, S. 347ff.

105 S. dazu bereits die Regelung des Art. 1 SCMA, oben S. 78.

106 In Art. XV Abs. 1 GATS (abgedruckt in ABl. EG 1994 L 336/190) erkennen die Mitglieder zwar an, daß Subventionen unter bestimmten Umständen zu Verzerrungen im Handel mit Dienstleistungen führen können. Ein Mitglied, das sich durch eine Subvention eines

von Aufgaben der Daseinsvorsorge, soweit es sich um Dienstleistungen handelt, gar nicht erst auf ihre begünstigende Wirkung überprüft.
Im Rahmen unternehmerischer Tätigkeit der öffentlichen Hand stellt Art. 14 a SCMA fest, daß Investitionsentscheidungen als Vorteil angesehen werden, wenn sie als im Widerspruch zu der üblichen Investitionspraxis privater Investoren im Gebiet des betreffenden Mitglieds angesehen werden können. Dabei ist unter „*üblicher*" Praxis privater Investoren gerade auch die Berücksichtigung langfristiger Perspektiven unter Inkaufnahme vorübergehender Eintrübung der Ertragsaussichten des eingesetzten Kapitals zu verstehen. Mithin gelangt die Vorteilsbestimmung des SCM Abkommens zu der Schwierigkeit, inwieweit bei derartigen Investitionen das Eingehen eines kaufmännisches Risiko durch die öffentliche Hand zur Annahme des Vorteils führt, wenn zum Zeitpunkt der Investition subjektive Zielsetzungen den Preis der Beteiligung mitbestimmten.[107] Maßstab dieser subjektiven Zielsetzungen des Staates muß der Vergleich mit Marktbedingungen sein. Demgegenüber können Gemeinwohlerwägungen, wie z.B. die Rettung von Arbeitsplätzen, nicht im Rahmen des Vorteilsbegriffs berücksichtigt werden, wie noch vor Inkrafttreten des SCM Abkommens argumentiert worden war.[108] Derartige staatliche Zielsetzungen finden sich nach der Systematik des SCM Abkommens nur im Rahmen der privilegierten Subventionszwecke.[109]
Insofern erweist sich die Vorteilsbestimmung durch Vergleich mit dem Markt als im Beihilfenrecht aufgrund der ungleich größeren Entscheidungspraxis als wesentlich ausdifferenzierter. Die Wertentscheidung der strikten Orientierung an Marktverhältnissen unterscheidet sich indes nicht, so daß die Entscheidungen nach dem Vorteilsbegriff des SCM Abkommens mit Ausnahme des *Altmark Trans* Falles gleich ausfallen dürften.

---

anderen Mitglieds beeinträchtigt sieht, kann dieses Mitglied aber lediglich um Konsultationen ersuchen. Dieses ist aber nur zur wohlwollenden Prüfung des Ersuchens gehalten, Art. XV Abs. 2 GATS, s. zur Bedeutung öffentlicher Dienstleistungen nach dem GATS, Krajewski, 6 JIEL (2003), S. 341ff.

[107] Zur Unternehmensführung durch die öffentliche Hand finden sich im GATT 1994 nur unzureichende Regelungen. Nach Art. XVII Abs. 1 lit. b) GATT 1994 sind öffentliche Unternehmen grundsätzlich verpflichtet, sich bei ihrer Tätigkeit ausschließlich von kommerziellen Erwägungen leiten zu lassen Die Vorschrift des Art. XVII Abs. 1 lit. b) GATT 1994 ist in der Praxis aber weitgehend wirkungslos geblieben, vgl. Weinrauch, Competition Law, S. 135; Benitah, Law of Subsidies, S. 78f.; Tietje, Sicht des WTO Rechts, in: Ehlers/Wolffgang/Pünder, Ausfuhrförderung, S. 9(14f.); Tietje, Nichttarifäre Handelshemmnisse, S. 246ff.

[108] Vgl. Coccia, Comment, in: Bourgeois, Subsidies and Int'l Trade, S. 139 (147ff.).

[109] S. dazu unten S. 167ff.

b. Minderung von Belastungen

Wie oben festgestellt, kann die staatliche Leistung neben dem aktiven Transfer in der Minderung von Belastungen liegen. Dabei besteht auf Seiten des Staates ein rechtlicher Anspruch auf die Leistung. Dieser wird jedoch nicht durchgesetzt. Der Vorteil für das betreffende Unternehmen besteht in der gegenüber anderen Unternehmen, die identischen Verpflichtungen unterworfen sind, modifizierten staatlichen Durchsetzung bestehender Forderungen.

i Der „private creditor" Test der Kommission

Analog zum Vergleich mit einem privaten Investor bei einem staatlichen Transfer von Leistungen, wird zur Ermittlung des Vorteils im Bezug auf die Durchsetzung von Forderungen auf den Vergleich mit einem privaten Gläubiger abgestellt.[110] Dabei muß die Durchsetzung einer fälligen Forderung aus der Sicht eines privaten Gläubigers als der Standardfall angesehen werden. Etwas anderes kann nur gelten, wenn die Nichtdurchsetzung als die ökonomisch sinnvollere Alternative erscheint,[111] z.B. weil der Gläubiger an dem Unternehmen beteiligt ist und die Durchsetzung der Forderung die Insolvenz und damit den Verlust der Beteiligung zur Folge hätte,[112] oder weil die bei Vollstreckung drohende Insolvenz, die Aussichten das geschuldete Kapital zurückzuerhalten verschlechtern würde.[113] Insbesondere in letzterem Fall ist die Argumentation, ein Zuwarten mit der Durchsetzung der Forderung sei erforderlich, um deren Realisierungschancen zu verbessern, schwer zu verifizieren. Dabei kann es sich um eine unzulässige bloße Schutzbehauptung, aber auch um eine zulässige unternehmerische (Fehl-) Einschätzung der Unternehmensentwicklung handeln.[114] In diesem Zusammenhang zeigt sich analog zum *„market economy investor test"* das bereits oben aufgezeigte Manko, daß kaufmännische Entscheidungen nur bis zu einem bestimmten Grad nachvollzogen und objektiv bewertbar sind.

---

[110] EuGH, Rs. C 482/99, EuZW 2002, S. 468 Rnr. 70; dazu Reich/Helios, EuZW 2002, S. 474ff.; Soltész/Makowski, EuZW 2003, S. 73 (74ff.).

[111] Mitteilung der Kommission, ABl. EG 1994 Nr. C 85, S. 8.

[112] Mitteilung der Kommission, ABl, EG 1998 Nr. C 181, S. 4 (10), *Gildemeister*.

[113] Entscheidung der Kommission, ABl. EG 2001 Nr. L 11/46, *SNIACE*, Rnr. 24ff.; Entscheidung der Kommission, ABl. EG 2001 Nr. L 52/26, *Tubacex*, Rnr. 28f.

[114] Daher werden seitens der Kommission an eine derartige Argumentation strenge Anforderungen zu stellen sein, vgl. hierzu Entscheidung der Kommission, ABl. EG 2002 Nr. L 62/30, *Technische Glaswerke Illmenau*, Rnr. 66ff.

ii Vorteil im Sinne des SCM Abkommens

Durch die Nichterhebung oder den Verzicht auf normalerweise zu entrichtende Abgaben muß den Unternehmen ein Vorteil entstanden sein. Zwar erwähnt Art. 14 SCMA den Fall der Vorteilsermittlung bei Verschonung von Steuern und Abgaben nicht, jedoch wurde bereits festgestellt, daß Art. 14 SCMA der übergreifende Gedanke zu entnehmen ist, daß ein Vorteil immer zu bejahen ist, wenn die staatliche Maßnahme die Ausgaben eines Unternehmens im Vergleich zu einer gleichartigen Transaktion unter Privaten ohne staatliches Eingreifen verringert hat.[115] Daß dieser Gedanke auch für staatliche Leistungen in Form von Belastungsminderungen Gültigkeit beanspruchen kann, läßt sich anhand des Umstands belegen, daß bei den in Art. 14 SCMA aufgeführten Formen der Mittelbereitstellung eine Abgrenzung zu einem direkten Transfer zum Teil nur schwer möglich ist. Stellt man beispielsweise im Fall des in Art. 14 b) SCMA genannten zinsgünstigen Darlehens auf das Erhalten der Darlehensvaluta ab, handelt es sich nicht um eine Belastungsminderung, sondern einen aktiven Transfer. Macht man die Beurteilung von der synallagmatischen Gegenleistung, hier dem niedrigen Zinssatz, abhängig, wird die Maßnahme als Belastungsminderung zu klassifizieren sein. Somit ist im Fall von Belastungsminderungen der Vergleich mit einer gleichartigen Transaktion des betreffenden Unternehmens mit einem privaten Gläubiger zu suchen, so daß sich keine Unterschiede zu der im Beihilfenrecht analysierten Methodik ergeben.

2. Nationales Recht als Parameter zur Definition des Vorteils

Der Staat kann Unternehmen nicht nur von Belastungen verschonen, indem er bestehende Ansprüche nicht durchsetzt. Er kann durch entsprechende Ausgestaltung des Rechts, insbesondere des Steuerrechts, Ansprüche gegen Unternehmen erst gar nicht entstehen lassen. Die begünstigende Wirkung derartiger Maßnahmen läßt sich nicht durch einen Vergleich unter Marktbedingungen anhand eines hypothetischen Gläubiger-Schuldner Verhältnisses ermitteln,[116] da nur der Staat Recht setzt und somit für die in Rede stehende Maßnahme des Staates kein Markt besteht. Der bisherige Parameter zur Bestimmung des Vorteils fällt damit weg.

Die Besteuerungsgewalt gehört zu den Kernkompetenzen eines jeden Staates. Dabei definiert der Staat aufgrund seiner Steuerhoheit, wie er Erwerb, Innehaben und Verbrauch von Einkommen und Vermögen belasten will. Diese Souveränität wird weder durch EG- noch WTO Recht in Frage gestellt.[117] Damit kann

---

[115] S. oben S. 100.

[116] S. oben S. 94ff.

[117] Dieser Grundsatz findet im EG Vertrag seinen Ausdruck in den Art. 94, 95 Abs. 2 EG, die Gesetzgebung in Form von Bestimmungen über Steuern nur bei einstimmigem Beschluß des Rates zulassen. Die einzige Ausnahme auf europäischer Ebene bildet die Höhe der

der Staat neben der Finanzierung öffentlicher Aufgaben Lenkungswirkungen beabsichtigen, indem bestimmte Wirtschaftssubjekte oder Güter mit zusätzlichen Steuerlasten belegt werden, wie z.B. Tabaksteuer, Mineralölsteuer, CO-2 Steuer.[118] Dieses kann Zielsetzungen wie dem Umwelt- oder Gesundheitsschutz dienen. Diese sind per se als handelspolitisch neutral zu bezeichnen.[119]
Unter Berufung auf diese Steuerhoheit könnte der Staat einheimische und ausländische Güter unterschiedlich besteuern. Dem steht Art. 90 EG entgegen. Dieser enthält ein Verbot, unmittelbar oder mittelbar höhere inländische Abgaben auf Waren aus anderen Mitgliedstaaten zu erheben.[120] Auch das GATT enthält in Art. III Abs. 2 GATT 1994 ein Verbot, Produkte aus dem Ausland einer höheren Besteuerung zu unterwerfen als gleichartige Produkte aus dem Inland.[121] An diesem Punkt zeigt sich bereits die Beeinflussung des souveränen Rechts der Mitgliedsstaaten sowohl durch EG- als auch durch WTO Recht. Der EuGH hat dazu ausgeführt, daß, obwohl (eine direkte) Besteuerung nicht in den Anwendungsbereich des Gemeinschaftsrechts fiele, die Mitgliedsstaaten ihre Kompetenz trotzdem im Einklang mit dem Gemeinschaftsrecht ausüben müßten.[122] In

---

Mehrwertsteuer, die sich zur Gewährleistung des freien Handels mit Waren und Dienstleistungen ist einem bestimmten Korridor zu bewegen hat. Des Weiteren dienen die Mehrwertsteuereinnahmen zu großen Teilen der Finanzierung der Beiträge der Nationalstaaten für die EG (s. dazu Schön, 36 CMLRev. (1999), S. 911 (915), Kube, Col. J. Eur. L. 2002, S. 79). Auch der Appellate Body hat in der Entscheidung *United States – Tax Treatment of Foreign Sales Corporations* festgestellt, daß die Ausgestaltung des Steuerrechts ein souveränes Recht der Mitgliedstaaten darstellt, WTO-Dok., WT/DS108/AB/R, Rnr. 179.

118 Vgl. Schön, Steuerliche Beihilfen, in: Koenig/Roth/Schön, Fragen des EG Beihilfenrechts, S. 106 (115).

119 Vgl. Schön, RIW 2004, S. 50 (52).

120 Zwar fehlt für die anderen drei Grundfreiheiten eine Art. 94 EG entsprechende Regelung, jedoch hat der EuGH klargestellt, daß die Souveränität der Mitgliedstaaten im Steuerrecht keine Vorschriften rechtfertigt, die die in den Grundfreiheiten gewährleisteten Aktivitäten ungerechtfertigt einschränken, EuGH, Rs. 270/83, *Kommission/Frankreich*, Slg. 1986, 273 Rnr. 11ff.; EuGH, C-330/91, *Commerzbank*, Slg. 1993, I-4017, Rnr. 13; EuGH, C-484/93, *Svensson & Gustavsson*, Slg. 1995, I-3955 Rnr. 8ff; EuGH, C-250/95, *Futura Participations*, Slg. 1997, I-2471, Rnr. 24ff.; EuGH, C-118/96, *Safir*, Slg. 1998, I-1897, Rnr. 22ff.; EuGH, C-311/97, *Royal Bank of Scotland gegen Elliniko Dimosio*, Slg. 1999, I-2651, Rnr. 21ff.

121 S. Quick/Lau, 6 (2) JIEL (2003), S. 419 (424ff.); zu einem Vergleich der Diskriminierungsverbote Kuyper, 23 LIEI (1996), S. 129ff.

122 EuGH, Rs. C-279/93, *Finanzamt Köln gegen Schuhmacher*, Slg. 1995, I-225, Rnr. 21; EuGH, Rs. C-118/96, *Safir gegen Skattenmyndigheten i Dalarnas Län*, Slg. 1998, I-1897, Rnr. 21; EuGH, Rs. C-55/98, *Skattenministeriet gegen Bent Vestergard*, Slg. 1999, I-7641, Rnr. 15.

diesem Sinne argumentierte auch der WTO Appellate Body. Die Mitgliedstaaten wären bei der Wahl ihres Steuersystems insoweit frei, als sie mit ihrer Wahl nicht gegen ihre WTO Verpflichtungen verstoßen würden.[123] Der Umstand, daß die Mitgliedstaaten die alleinige Kompetenz zur Regelung eines bestimmten rechtlichen Sachbereichs innehaben, bedeutet folglich nicht, daß dadurch der Anwendungsbereich einer Grundnorm wie der des Grundsatzes der Nichtdiskriminierung eingeschränkt wird.[124]

Diese Feststellung ermöglicht es, nationales Steuerrecht anhand des Maßstabs des Subventionsrechts zu überprüfen. Denn eine Subvention stellt das wirkungsgleiche Gegenstück zu einer Diskriminierung dar. Es werden nicht ausländische Produkte diskriminiert, sondern einheimische Unternehmen privilegiert. Rechtfertigen diskriminierende Maßnahmen der Mitgliedstaaten die Einschränkung der Steuersouveränität der Mitgliedstaaten, muß dieses in gleicher Weise für das spiegelbildliche Instrument der Subvention gelten. Die Mitgliedstaaten können ihr Steuerrecht demnach nur insoweit frei wählen, als sie dadurch nicht gegen ihre subventionsrechtlichen Verpflichtungen aus dem EG Beihilfenrecht oder dem SCM Abkommen verstoßen.

Derartige privilegierende Regelungen können lediglich Ausfluß einer bestimmten (zulässigen) wirtschaftspolitischen Zielsetzung sein. Belegt der Staat bestimmte Wirtschaftssubjekte oder Güter mit zusätzlichen Steuerlasten, gilt es zu differenzieren, ob es sich bei der in Rede stehenden Maßnahme um eine Belastung handelt, in der sich die staatliche Souveränität zur Formulierung rechtlicher Grundentscheidungen manifestiert hat und die daher nicht zu beanstanden ist, oder ob es sich nicht um eine sachwidrige Bevorzugung im Rahmen der Ausdifferenzierung einer solchen Grundentscheidung handelt,[125] die die Annahme eines Vorteil im Sinne des Subventionsrechts nahe legen würde. Entscheidend ist, ob sich eine Ausnahme, die zur Ungleichbehandlung zweier Sachverhalte führt, auf einen systembegründenden Grundgedanken zurückführen läßt. An der Frage, worin derartige systembegründenden Grundgedanken zu erblicken sind, beginnen die Abgrenzungsschwierigkeiten für das internationale Subventionsrecht. *Schön* spricht in diesem Zusammenhang von der Unterscheidung zwischen „*vor-*

---

[123] Appellate Body Bericht, *United States – Tax Treatment of Foreign Sales Corporations*, WTO-Dok., WT/DS108/AB/R, Rnr. 179.

[124] Tietje, Current Developments under the SCMA, in: Tietje/Kraft/Sethe, Beiträge Transnat. WirtschaftsR., S.11.

[125] Vgl. dazu auch die Rspr. des BVerfG zu Art. 3 Abs. 1 GG, in der es zwischen Wahl eines bestimmten Belastungsgrundes und konsequenter Ausdifferenzierung des selbigen differenziert, BVerfG 93, 121 (136); vgl. dazu Schön, RIW 2004, S. 50 (53).

teilhafter" und „*normaler*" Besteuerung.[126] Um „*vorteilhafte*" von „*normaler*" Besteuerung abzugrenzen, bedarf es eines Maßstabs.

Dieser Maßstab könnte darin gesehen werden, daß aus der Perspektive des internationalen Subventionsrechts autonom einheitliche Bezugswertungen definiert werden. Gegen diese Wertungen würden nationale Rechtsordnungen abgeglichen.[127] Zu einem solchen Abgleich entbehren EG und WTO indes, wie oben festgestellt, der Kompetenz, da die Ausgestaltung des Steuerrechts ein souveränes Recht der Mitgliedstaaten darstellt.[128] Um der nationalen Souveränität Rechnung zu tragen, muß daher der Maßstab den Grundentscheidungen des nationalen Steuerrechts selbst entnommen werden.[129] Die konkrete Norm ist vor dem Hintergrund des von dem jeweiligen Gesetzgeber gewählten Gesamtaufbaus der Rechtsordnung entweder als „*normaler*" Teil dieser Ordnung oder als „*vorteilhafte*" Abweichung davon zu klassifizieren.[130]

Zur Frage, wie diese Grundentscheidungen aus dem nationalen Recht herauszulesen sind, äußerten sich EuGH und Appellate Body in der Sache unterschiedlich und prüften dies innerhalb unterschiedlicher Tatbestandsmerkmale des Subventionsbegriffs. Während die Kommission und große Teile der beihilfenrechtlichen Literatur diesen Punkt im Rahmen der Spezifität, also der Beschränkung der Maßnahme auf bestimmte Unternehmen oder Produktionszweige,[131] untersuchen,[132] findet sich die Problematik im WTO Recht im Rahmen des Vorteils-

---

[126] Schön, Steuerliche Beihilfen, in: Koenig/Roth/Schön, Fragen des EG Beihilfenrechts, S. 106 (115).

[127] So Frick, Vergünstigungen und Beihilfeverbot, S. 27ff.

[128] Kube, Col. J. Eur. L. 2002, S. 79; Schön, Steuerliche Beihilfen, in: Koenig/Roth/Schön, Fragen des EG Beihilfenrechts, S. 106 (116).

[129] Götz, Steuervergünstigungen, in: Kirchhof/Lehner/Raupach, FS Vogel, S. 579 (587); Schön, Steuerliche Beihilfen, in: Koenig/Roth/Schön, Fragen des EG Beihilfenrechts, S. 106 (116); auf der anderen Seite kann sich ein Staat dadurch nicht mehr auf das Argument berufen, daß die in Rede stehende Vorschrift in anderen Mitgliedstaaten eine nicht beanstandete Anwendung findet, s. dazu die gegen eine italienische Steuerbestimmung ergangene Entscheidung der Kommission, ABl. EG 1992 L 207/47; s. auch Mitteilung der Kommission über die Anwendung des Beihilfenrechts auf Maßnahmen im Bereich der direkten Unternehmensbesteuerung, ABl. EG 1998 C 384/3, Rnr. 15.

[130] Schön, RIW 2004, S. 50 (59).

[131] S. zum Begriff der Spezifität unten S. 146ff.

[132] Mitteilung der Kommission, ABl. EG 1998 C 384/3, Rnr. 12; Soltész/Makowski, EuZW 2003, S. 73 (77); Bacon, YEL (1997), S. 269 (271f.); von einer Verbindung der beiden Begriffe der Begünstigung und der Bestimmtheit spricht Götz, Steuervergünstigungen, in: Kirchhof/Lehner/Raupach, FS Vogel, S. 579 (587); die Nähe zum Vorteilsbegriff betonend Luja, Tax Incentives in the EC and WTO, S. 51.

begriffs.[133] Nach dem hier vertretenen Begriffsverständnis des Vorteils lassen sich die beiden Prüfungspunkte nicht exakt trennen. Denn ist eine Maßnahme nicht auf bestimmte Unternehmen oder Produktionszweige beschränkt, sondern allgemeingültig, entfällt die Möglichkeit des dem Vorteilsbegriff immanenten Vergleichs. Insofern erscheint es aus rechtsvergleichender Perspektive konsequent, die Problematik der Steuervergünstigungen im Rahmen des Vorteilsbegriffs zu diskutieren.

a. Der Maßstab der Natur und des inneren Aufbaus des Steuersystems im Beihilfenrecht

EuGH und Kommission sehen eine Regelung als Ausfluß einer Grundentscheidung des jeweiligen Gesetzgebers an, wenn sie sich durch *„Natur und den inneren Aufbau des Systems"*[134] erklären läßt. Danach sind nur Vorschriften, die sich *„unmittelbar aus den Grund- oder Leitprinzipien des Steuersystems des betreffenden Mitgliedstaats"* ergeben, nicht auf ihre begünstigende Wirkung im Sinne des Beihilfenrechts zu überprüfen.[135] Ein Vorteil liegt vor, wenn in zwei vergleichbaren Sachverhalten eine unterschiedlich hohe Besteuerung festgelegt worden ist und sich diese Differenzierung nicht aus der Natur und dem inneren Aufbau des Steuerrechts des jeweiligen Mitgliedstaats heraus erklären läßt.
Bei der Frage, welche staatlichen Motive als dem Steuersystem innewohnend und welche dagegen als äußere Faktoren zu bewerten sind, herrscht weitgehend Unklarheit. Unstreitig ist, daß es die Funktion des Steuerrechts ist, die notwendigen Einnahmen für die nationalen Haushalte zu gewährleisten. Aus dieser Aufgabe folgt, daß das Grundprinzip des Steuerrechts die Berücksichtigung der Leistungsfähigkeit der Besteuerten ist.[136] Fraglich ist, inwieweit wirtschaftspolitische Zielsetzungen eines Mitgliedstaates als Grundprinzip seines Steuerrechts angesehen werden können. Die Mitteilung der Kommission ist in diesem Punkt wenig erhellend. Auf der einen Seite wird das Recht der Mitgliedstaaten betont,

---

[133] Vgl. die Entscheidungen des Panels und des Appellate Body in *United States – Tax Treatment for Foreign Sales Corporations*, WTO-Dok., WT/DS108/R und WT/DS108/ABR, die zur Frage des Subventionscharakters von Steuervergünstigungen umfassend Stellung nehmen, die Frage der Spezifität indes aussparen, da dieses Erfordernis für die in Rede stehenden Exportsubventionen gemäß Art. 2 Abs. 3 SCMA nicht besteht, s. dazu unten S. 150.

[134] EuGH, Rs. 173/73, *Italien/Kommission*, Slg. 1974, 709, Rnr. 33/35; Mitteilung der Kommission, ABl. EG 1988 C 384/3, Rn. 16; s. dazu, Rossi-Maccanico, EStAL 2004, S. 229 (237ff.).

[135] Mitteilung der Kommission, ABl. EG 1988 C 384/3, Rnr. 16.

[136] S. die Beispiele aus verschiedenen Rechtordnungen bei Kube, Col. J. Eur. L. 2002, S. 79 (85); Schön, 36 CMLRev. (1999), S. 911 (926); s. auch Mitteilung der Kommission, ABl. EG 1988 C 384/3, Rnr. 24; Schroeter/Jacob/Mederer - Triantafyllou, Art. 87 Rnr.102.

Ziele der allgemeinen Wirtschaftspolitik wie z. B. Forschung und Entwicklung, Umweltschutz, Ausbildung und Beschäftigung durch Reduzierung der Steuerbelastung zu verfolgen, solange die Maßnahmen für alle Unternehmen und Produktionszweige gelten.[137] Auf der anderen Seite werden derartige Zielsetzungen als *„extern"* klassifiziert.[138] Damit würden sie nach der Systematik der Kommission keine das System durchziehenden Grundsätze darstellen, so daß Reduzierungen der Steuerlast nicht durch sie gerechtfertigt werden könnten. Dem folgend tendieren *Traintafyllou*[139] und *Schön*[140] dazu, bei einer wirtschaftspolitischen Zielsetzung per se von einer Beihilfe auszugehen. Externe Ziele finden ihre Berücksichtigung daher erst im Rahmen der Prüfung ihrer Vereinbarkeit mit dem gemeinsamen Markt in Art. 87 Abs. 2 und 3 EG.[141]

Dieses widerspricht meines Erachtens nicht nur dem oben herausgearbeiteten Grundsatz der subventionsrechtlichen Einordnung nationalen Rechts, nach dem die hier als extern klassifizierten Ziele per se zunächst als handelspolitisch neutral zu betrachten sind, sondern auch dem von Kommission und EuGH gewählten Ansatz der Relevanz der Natur und des inneren Aufbaus eines Steuersystems. Denn Natur und innerer Aufbau sind zwei unterschiedliche Maßstäbe der Analyse. Der Natur eines Steuersystems entsprechen Regelungen, die die Finanzierung öffentlicher Aufgaben sicherstellen. Diesem Zweck dienen aufgrund wirtschaftspolitischer Erwägungen erlassene Vorschriften nicht in erster Linie. Das rechtfertigt es nicht, sie deshalb als per se begünstigend zu klassifizieren. Vielmehr können sie dem inneren Aufbau des Steuersystems folgen und damit eine Grundentscheidung des Gesetzgebers widerspiegeln, die sich aus den oben genannten Gründen der Beihilfenkontrolle entzieht. Soll dem Begriff des inneren Aufbaus neben der Natur des Steuersystems eigene Bedeutung zukommen, muß er über die Erfassung der Leistungsfähigkeit der Steuerpflichtigen hinausgehende Parameter einbeziehen können. Während sich der aus der Natur des Steuersystems folgende Maßstab der Erfassung der finanziellen Leistungsfähigkeit der Steuerpflichtigen einheitlich für die Rechtsordnungen der Mitgliedstaaten bestimmen läßt,[142] muß bei Vorschriften, die einem Lenkungszweck dienen, geprüft werden, ob sie auf die Begünstigung bestimmter Unternehmen oder Produktionszweige zugeschnitten sind oder einen Anreizmechanismus im Hinblick auf das verfolgte wirtschaftspolitische Ziel darstellen. Trifft der Staat allgemeine

---

[137] Mitteilung der Kommission, ABl. EG 1988 C 384/3, Rnr. 13.

[138] Mitteilung der Kommission, ABl. EG 1988 C 384/3, Rnr. 26.

[139] Schroeter/Jacob/Mederer - Triantafyllou, Art. 87 Rnr.105.

[140] Schön, Steuerliche Beihilfen, in: Koenig/Roth/Schön, Fragen des EG Beihilfenrechts, S. 106 (121); Schön, 36 CMLRev. (1999), S. 911 (927).

[141] Schroeter/Jacob/Mederer - Triantafyllou, Art. 87 Rnr.108.

[142] Vgl. Schön, RIW 2004, S. 50 (61), der darin sieht einen *„Regelansatz des internationalen Steuerrechts"* sieht.

Maßnahmen zur geringeren Besteuerung von Arbeit, um auf diese Weise das Beschäftigungsniveau zu heben, liegt es in der Natur der Sache, daß von diesen Maßnahmen insbesondere arbeitsintensive Industriezweige profitieren. Bereits darin einen beihilfenrechtlich relevanten Vorteil zu sehen, hieße, die gesamte Wirtschaftspolitik dem Beihilfenrecht zu unterwerfen. Dieses sieht auch die Kommission so.[143] Werden z. B. lediglich Warenhersteller, nicht hingegen Dienstleistungsunternehmen von einer Abgabe auf Energie befreit, wenn sie Erdgas in einer bestimmten Höhe verbrauchen, kann nicht der Umweltschutz als Rechtfertigung für diese Ausnahme von der Pflicht zur Entrichtung der Abgabe dienen, da aus Umweltschutzgesichtspunkten kein Unterschied zwischen dem Energieverbrauch von Warenherstellern und Dienstleistungsunternehmen bestehen kann.[144] Staatliche Lenkungsmaßnahmen sind damit richtigerweise als Teil des inneren Systems, nicht aber der Natur des Steuerrechts anzusehen, wenn sich die dazu ergriffenen Maßnahmen als allgemein wirkende und auf sachgerechten Kriterien beruhende Konkretisierung des abstrakten Lenkungsziels darstellen. Erfüllen die Maßnahmen diese Voraussetzungen nicht, wird unterstellt, daß das vorgegebene allgemeine Lenkungsziel lediglich ein Vorwand für die Privilegierung eines bestimmten Unternehmens oder Produktionszweigs ist.[145] Das Herausfiltern der nicht dem Subventionsrecht unterliegenden souveränen Grundentscheidungen des mitgliedstaatlichen Gesetzgebers kann durch diese Interpretation der separat auszulegenden Begriffe der Natur und des inneren Aufbaus des Steuersystems sachgerecht erfolgen.

b. Der Maßstab der vergleichbaren Einkommensquelle im WTO Subventionsrecht

Ausgangspunkt für die Differenzierung zwischen der „*normalen*“ Ausgestaltung des nationalen Steuerrechts durch den jeweiligen Gesetzgeber aufgrund eines souverän von diesem gewählten Systems von Grundwertungen und der „*vorteilhaften*“, weil nicht auf diese systembegründenden Wertungen zurückführbaren Abweichung, ist die Formulierung des Art. 1 Abs. 1 lit. a) Nr. 1 ii) SCMA, ein finanzieller Beitrag läge vor, wenn der Staat „*auf normalerweise zu entrichtende Abgaben verzichtet oder diese nicht erhebt.*“[146] Die Antwort auf die entschei-

---

[143] Mitteilung der Kommission, ABl. EG 1988 C 384/3, Rnr. 14.

[144] EuGH, Rs. C-143/99, *Adria Wien Pipeline GmbH*, Slg. 2001, I-8365, Rnr. 52.

[145] So ging aus den Erläuterungen der Regierungsvorlage zu dem Gesetz, das die Erstattung der Energieabgabe vorsah, hervor, daß die Befreiung der Warenhersteller in erster Linie der Verbesserung ihrer Konkurrenzfähigkeit innerhalb der Gemeinschaft dienen sollte, EuGH, Rs. C-143/99, *Adria Wien Pipeline GmbH*, Slg. 2001, I-8365, Rnr. 54.

[146] Der Terminus der „*Abgabe*“ ist dabei weit zu verstehen, da die authentische englische Fassung von „*government* revenue“ spricht. Ein Panel umschrieb den Begriff im Fall *Canada – Measures Affecting the Automotive Industry,* WTO-Dok. WT/DS139/R, WT/142/R,

dende Frage, wie das WTO Subventionsrecht die Grundentscheidungen aus dem nationalen Recht herausliest, ist in der Auslegung der „*normalerweise zu entrichtenden Abgaben*“ (in der authentischen englischen Fassung: „*government revenue that is othewise due*“) zu erblicken.

i Der Fall *Foreign Sales Corporations*

Ausgangslage für die Entscheidungen auf Grundlage des SCM Abkommens waren die US amerikanischen Vorschriften über „*Foreign Sales Corporations.*“[147] Dabei handelt es sich um Kapitalgesellschaften, die im Ausland ansässig sind und Waren US-amerikanischer Herkunft in Drittstaaten exportieren. Deren Exportgewinne wurden in den USA steuerlich nicht erfaßt, obschon Einkommen ausländischer Körperschaften grundsätzlich dem US-amerikanischen Recht unterfallen, sofern es eine effektive wirtschaftliche Verbindung zu Handel und Wirtschaft in den USA gibt.[148] Zur Frage, ob es sich dabei um einen Verzicht auf „*normalerweise zu entrichtende Abgaben*“ handelte, stellte ein Panel fest:

> *"In accordance with its ordinary meaning we took the term "otherwise due" to refer to the situation that would prevail but for the measure in question. It is thus a matter of determining whether, absent such measures, there would be a higher tax liability. In our view, this means that a panel, in considering whether revenue foregone is "otherwise due" must examine the situation that would exist but for the measure in question. Under this approach, the question presented in this dispute is whether, if the FSC scheme did not exist, revenue would be due which is foregone by reason of that scheme.*"[149]

Rnr. 10.159 als „*the annual income of a government or state, from all sources, out of which public expenses are met*".

147 Bereits vor Inkrafttreten des SCM Abkommens war die Vorgängerregelung der „*Domestic International Sales Corporations*“ Gegenstand eines Verfahrens geworden, s. Panel, *United States Tax Legislation (DISC)*, BISD, L/4422, 23S/98, dazu Luja, Tax Incentives in the EC and WTO, S. 148ff; Clark/Bogran/Hanson, 10 Minn. J. Global Trade (2001), S. 291 (297ff.).

148 Vgl. dazu Schön, RIW 2004, S. 50 (60).

149 Panel Bericht, *United States – Tax Treatment for Foreign Sales Corporations*, WTO-Dok., WT/DS108/R, Rnr. 7.45; Diese Entscheidung hat zu einer extensiven Auseinandersetzung mit der Fragestellung der Anwendung des WTO Subventionsrechts auf nationales Steuerrecht geführt: Showalter, 37 Vand. J. Transnat'l L. (2004), S. 587 (602ff.); Carmichael, 35 Vand. J. Transnat'l L. (2002), S. 151ff.; Rosenberg, 20 B.U. Int'l L.J. (2002), S. 1ff.; Minella, 27 Brooklyn J. Int'l L. (2002), S. 1065ff.; Wetzel, 16 Temp. Int'l & Comp. L.J. (2002), S. 223ff.; Commins, 27 N.C.J. Int'l L. & Com. Reg. (2001), S. 363ff.; Seiner, 11 Minn. J. Global Trade (2002), S. 395ff.; Clark/Bogran/Hanson, 10 Minn. J. Global Trade

Vergleichsmaßstab der in Rede stehenden Vorschrift sind danach nicht abstrakt ermittelte Leitprinzipien, sondern die jeweilige nationalen Rechtslage, die ohne diese bestehen würde. Legt die Vorschrift im Vergleich mit der ohne sie geltenden Regelung eine geringere Belastung für ein bestimmtes Unternehmen fest, ist darin ein subventionsrechtlich relevanter Vorteil zu sehen. Durch „*Hinwegdenken*“ der jeweiligen Vorschrift soll eine Rechtslage ermittelt werden, die den vom Gesetzgeber gewählten Gesamtaufbau des Steuerrechts reflektiert. Decken sich die Belastungen nach dieser Rechtslage und nach der in Rede stehenden Vorschrift, handelt es sich um eine sachgerechte Ausformung der Grundentscheidung. Decken sie sich nicht, stellt die Vorschrift eine dem Gesamtssystem widersprechende und daher sachwidrige Regelung dar, die einen subventionsrechtlich relevanten Vorteil gewährt. Will der Ansatz von EuGH und Kommission die sachwidrig begünstigenden Vorschriften durch eine „*systematische*“ Vorgehensweise herausfiltern, wählte das Panel einen Ansatz, der als „*kausal*“ umschrieben werden kann.[150]
Eine Schwachstelle dieser Methode besteht darin, daß sich zweifelsfrei klären lassen muß, welche Vorschrift als Regel in Abwesenheit der streitgegenständlichen Vorschrift als Ausnahme an deren Stelle träte. Denn nur in diesem Fall kann der Vergleichsmaßstab eindeutig ermittelt werden. Läßt sich durch das „*Hinwegdenken*“ der in Rede stehenden Vorschrift dem nationalen Steuerrecht keine automatisch eingreifende Norm, mit anderen Worten keine Regel, entnehmen, entfällt die Grundlage für die Berechnung der normalerweise zu entrichtenden Abgaben. Der Begriff „*normalerweise*“ wurde demnach im Sinne eines Regel-Ausnahme-Verhältnisses ausgelegt.[151] Der Appellate Body bestätigte die Entscheidung, wies aber auf die fehlende Allgemeingültigkeit dieser Methodik hin, da diese dadurch zu umgehen sei, daß auf ein Steuerrecht ausgewichen würde, welches keine an die Stelle der in Rede stehenden Vorschrift tretende Regel beinhalte.[152]

ii Die Folgegesetzgebung der USA im Fall der *Foreign Sales Corporations*

Dieser Vorlage des Appellate Body folgten die USA, indem sie die angegriffene Gesetzgebung durch den „*Extraterritorial Income Exclusion Act*“ ersetzten. Danach wurde das Regel Ausnahme Verhältnis insoweit geändert, als der Grundsatz Steuerfreiheit für extraterritoriales Einkommen vorsah. Dieser griff nicht

(2001), S. 291ff.; Skeen, 35 New Eng. L. Rev. (2000), S. 69ff.; O'Leary, 2 San Diego Int'l L.J. (2001), S. 149ff.; Deselaers/Bennett, 6 Int'l TL & Reg (2000), S. 42ff.

150 Vgl. Grave, Begriff der Subvention, S. 234.

151 Ohlhoff, EuZW 2000, S. 645 (647).

152 Appellate Body Bericht, *United States – Tax Treatment for Foreign Sales Corporations*, WTO-Dok., WT/DS108/AB/R, Rnr. 91; s. dazu Ohlhoff, EuZW 2000, S. 645 (647).

ein, wenn bestimmte Merkmale nicht erfüllt waren. Diese Merkmale betrafen den Handel mit Waren überwiegend US-amerikanischen Ursprungs außerhalb der USA,[153] also gerade die Tätigkeit, die zuvor die Foreign Sales Corporations wahrgenommen hatten. Damit sollte in der Besteuerung extraterritorialen Einkommens die Ausnahme vom neuen Grundsatz der Nichtbesteuerung dieses Einkommens gesehen werden. Nur durch diese Umdeklarierung einer bisherigen Ausnahme zum Grundsatz und umgekehrt war, wie vom Appellate Body bereits vorhergesehen, nach der bisher angewandten Methode, die allein auf dieses rechtliche Regel-Ausnahme Verhältnis abstellte, keine Begünstigung mehr festzustellen, denn der rechtlichen Konstruktion folgend war nunmehr die Regel, und nicht mehr die Ausnahme die vorteilhaftere Regelung. Faktisch änderte sich die Zahl derjenigen Auslandsgewinne, für die die Steuerfreiheit in Anspruch genommen werden konnte, jedoch nicht.[154] Der Appellate Body stellte fest, daß es bei der Ermittlung einer Begünstigung in diesen Fällen nicht darauf ankommen könne, sich auf die Betrachtung der rechtlichen Konstruktion zu beschränken, indem ein Regel-Ausnahme Verhältnis identifiziert werde, sondern es müsse ein inhaltlich vergleichbarer Sachverhalt ermittelt werden, dessen rechtliche Bewertung mit dem in Rede stehenden verglichen werde.[155] Das einschlägige Vergleichspaar bildeten die Regelungen zu Auslandsgewinnen aus dem Exportgeschäft, die die im „*Extraterritorial Income Exclusion Act*" genannten Merkmale erfüllten und Regelungen zu sonstigen Auslandsgewinnen.[156] Dabei stellte sich heraus, daß anderweitige Auslandsgewinne stets besteuert wurden, während Exportgewinne, die die aufgeführten Merkmale erfüllten, steuerfrei waren.[157] Der Vergleich zeigte, daß die USA im Fall von Exportgesellschaften auf „*normalerweise zu entrichtende Abgaben*" verzichtete.[158]

Damit führte der Appellate Body seine Auslegung des Begriffs der „*normalerweise zu entrichtenden Abgaben*" entscheidend weiter aus. Hatte er sich in seiner ersten Entscheidung noch mit dem kausalen Ansatz des Panel zufrieden gegeben, der den Vergleichssachverhalt durch Hinwegdenken der in Rede stehenden

---

[153] Appellate Body Compliance Bericht, *United States – Tax Treatment for Foreign Sales Corporations,* WTO-Dok., WT/DS108AB/RW Rnr. 93f.; vgl. Luja, Tax Incentives in the EC and WTO, S. 157; Schön, RIW 2004, S. 50 (60f.).

[154] Vgl. dazu Luja, Tax Incentives in the EC and WTO, S. 157f.

[155] Appellate Body Compliance Bericht, *United States – Tax Treatment for Foreign Sales Corporations,* WTO-Dok., WT/DS108AB/RW Rnr. 90f.

[156] Appellate Body Compliance Bericht, *United States – Tax Treatment for Foreign Sales Corporations,* WTO-Dok., WT/DS108AB/RW Rnr. 98.

[157] Appellate Body Compliance Bericht, *United States – Tax Treatment for Foreign Sales Corporations,* WTO-Dok., WT/DS108AB/RW Rnr. 102.

[158] Appellate Body Compliance Bericht, *United States – Tax Treatment for Foreign Sales Corporations,* WTO-Dok., WT/DS108AB/RW Rnr. 105.

Vorschrift ermittelte, wählte er nunmehr (auch) einen systematischen Ansatz, indem er eine Referenzkategorie bildete (Auslandsgewinne) und darin die umstrittene Vorschrift als Abweichung des Normalfalls identifizierte.

c. Bewertung

An der grundsätzlichen Erfassung von Steuervergünstigungen kann in beiden Subventionsrechtsordnungen kein Zweifel bestehen. Ansatz zur Reglementierung staatlicher Subventionsvergabe sind in beiden Subventionsrechtsordnungen die tatsächlich oder potentiell handelsschädigenden Wirkungen staatlicher Maßnahmen.[159] Aufgrund dieses wirkungsbezogenen Ansatzes besteht aus subventionsrechtlicher Sicht kein qualitativer Unterschied zwischen dem klassischen Transfer von Mitteln und der Verminderung von Belastungen. Diese Belastungen können indes nicht nur durch die administrative (Nicht-) Anwendung bestehenden Rechts, sondern auch eine entsprechende Ausgestaltung des Rechts vermindert werden. Die grundsätzliche Erfassung derartiger Steuervergünstigungen als Subvention ist daher folgerichtig.[160]

Fraglich ist jedoch, wie die Berücksichtigung der Subventionierung durch Gestaltung des Rechts im Subventionsrecht umgesetzt werden soll. Der Umstand, daß der Vergleichsmaßstab dem nationalen Recht zu entnehmen ist und nicht autonom durch das internationale Subventionsrecht definiert werden kann, macht eine rechtliche Untersuchung des nationalen Rechts durch die Organe der internationalen Subventionsrechtsordnung erforderlich.

Praktische Unterschiede in der Untersuchung des nationalen Rechts lassen sich zwischen der systematischen Vorgehensweise des Beihilfenrechts und dem ursprünglich durch ein Panel entwickelten kausalen Ansatz des WTO Subventionsrechts beobachten, wie das Beispiel des *„Extraterritorial Income Exclusion Act“* zeigt. Während hier – wie oben gezeigt – dem Ansatz des Panels folgend keine Begünstigung hätte angenommen werden können, wäre diese nach dem beihilfenrechtlichen Ansatz zu bejahen gewesen. Die steuerliche Behandlung von Auslandsgewinnen folgte dem Prinzip der Besteuerung nach Leistungsfähigkeit als der Natur des Steuerrechts entspringender allgemeiner Grundsatz. Die Ausnahme der Nichtbesteuerung von Exportgewinnen konnte nach diesem Grundsatz nicht gerechtfertigt werden.[161] Denn ein Zusammenhang zwischen der Erzielung des Einkommens gerade durch den Export und der Leistungsfähigkeit des Steuerpflichtigen war nicht ersichtlich. Da diese steuerliche Behandlung von Auslandsgewinnen durch Export nicht auf weitere sich im inneren Aufbau des Steuerrechts niederschlagende wirtschaftspolitische Ziele zurückzu-

---

159 S. dazu S. 192ff.

160 So auch Geburtig, Konkurrentenrechtsschutz aus Art 87 EG, S. 27ff.; Koschyk, Steuervergünstigungen als Beihilfen, S. 144ff.

161 Vgl. Mitteilung der Kommission, ABl.EG 1998 C 384/3, Rnr. 16.

führen war, wäre sie als eine sachwidrige Abweichung vom Grundsatz der Erfassung der Leistungsfähigkeit der betreffenden Gesellschaften einzuordnen gewesen und hätte damit einen Vorteil im Sinne des Beihilfenbegriffs dargestellt.
Der Appellate Body wählt nunmehr durch die Bildung eines Vergleichsmaßstabs einen systematischen Ansatz zur Feststellung der gesetzgeberischen Grundentscheidungen und hat sich dadurch der beihilfenrechtlichen Vorgehensweise angenähert.[162] Entscheidend ist die Wahl des richtigen Vergleichspaars („*like will be compared with like*"[163]). Dabei kommt es nach Ansicht des Appellate Body darauf an, vergleichbare Einkommensquellen zu wählen. So soll beispielsweise die Besteuerung des Lohns nicht mit der Besteuerung eines Verkaufserlöses verglichen werden können.[164] Auf diese Weise kann festgestellt werden, ob nach der in Rede stehenden Vorschrift Abgaben nicht entrichtet werden, die bei vergleichbaren Einkommensquellen erhoben werden.[165]
Damit rückt der Appellate Body wie die Kommission in ihrer Mitteilung den Maßstab der Leistungsfähigkeit in den Vordergrund. Denn bei vergleichbaren Einkommensarten darf bei gleicher Leistungsfähigkeit nicht unterschiedlich besteuert werden. Offen bleibt die Frage, wie es sich auf den Vergleich auswirkt, wenn nicht die Leistungsfähigkeit, sondern eine aufgrund einer bestimmten wirtschaftspolitischen Zielrichtung, z. B. des Umweltschutzes, ergangene Vorschrift, zu einer unterschiedlichen Besteuerungen vergleichbarer Sachverhalte führt. Auf der einen Seite könnte, wie auch im Beihilfenrecht vertreten, angenommen werden, daß allein die im Vergleich festgestellte Ungleichbehandlung zur Annahme einer Subvention führt und wirtschaftspolitische Zielrichtungen im Rahmen der privilegierten Subventionszwecke zu berücksichtigen sind. Jedoch läßt sich eine solch einschränkende Sichtweise der Formulierung der „*normalerweise zu entrichtenden Abgaben*" nicht entnehmen. Vielmehr deutet sie darauf hin, die gesamte innere Struktur des Steuersystems zu berücksichtigen, ohne daß auf staatlichen Lenkungszwecken beruhende Strukturen auszunehmen seien. Diese Sichtweise deutete ebenfalls der Appellate Body an, indem er feststellte,

[162] Diese Abwendung vom „*but for Test*" der *Foreign Sales Corporations* Entscheidungen lassen Kube, Col. J. Eur. L. 2002, S. 79ff. und Robra, Internationale Besteuerung, in: Tietje/Kraft/Sethe, Beiträge Transnat. WirtschaftsR., S. 55 außer Betracht.

[163] Appellate Body Compliance Bericht, *United States – Tax Treatment for Foreign Sales Corporations,* WTO-Dok., WT/DS108AB/RW Rnr. 90.

[164] Appellate Body Compliance Bericht, *United States – Tax Treatment for Foreign Sales Corporations,* WTO-Dok., WT/DS108AB/RW Rnr. 90.

[165] Appellate Body Compliance Bericht, *United States – Tax Treatment for Foreign Sales Corporations,* WTO-Dok., WT/DS108AB/RW Rnr. 92: "*we believe that panels should seek to compare the fiscal treatment of legitimately comparable income to determine whether the contested measure involves the foregoing of revenue which is "otherwise due", in relation to the income in question.*"

daß das Steuersystem eines Mitgliedstaats differenzierende Regelungen bei vergleichbaren Einkommensarten enthalten könne und dies bei Prüfung des Art. 1 Abs. 1 a) Nr. 1 (ii) SCMA zu berücksichtigen sei.[166]
Somit kann unter den „*inneren Aufbau des Systems*" im Beihilfenrecht und unter die „*normalerweise zu entrichtenden Abgaben*" im WTO Subventionsrecht nach hier vertretener Ansicht grundsätzlich auch eine Vorschrift fallen, die nicht Ausfluß des Leistungsfähigkeitsprinzips ist, sondern aus wirtschaftspolitischen Zielsetzungen folgt. Nur so kann das souveräne Recht der Mitgliedstaaten zur Formulierung rechtlicher Grundentscheidungen geschützt werden, zu denen auch solche der Wirtschaftspolitik samt ihrer sachgerechten Ausdifferenzierung gehören können. Damit wird nicht der in der Literatur vertretenen Ansicht gefolgt, daß internationale Subventionsrecht müsse das Leistungsfähigkeitsprinzip (noch) stärker bei der Beurteilung der mitgliedstaatlichen Vorschriften berücksichtigen, um die Transparenz der subventionsrechtlichen Methodik zu erhöhen.[167] Zwar würde durch die Beschränkung auf das Leistungsfähigkeitsprinzip die Prüfung des Subventionsbegriffs vereinfacht, dem hinter der Forderung nach mehr Transparenz stehenden Gedanken der Sicherstellung der Akzeptanz des internationalen Subventionsrechts in den Mitgliedstaaten, würde indes durch die damit verbundene höhere Anzahl der als Subvention zu klassifizierenden Maßnahmen nicht Rechnung getragen.[168]

II. Die Erfassung mittelbarer Vorteile

Bei der Untersuchung des Vorteilsbegriffs ist bislang nur von der begünstigenden Wirkung für den Empfänger der Leistung ausgegangen worden. Darin erschöpfen sich die Wirkungen der staatlichen Einflußnahme keineswegs. Denn die begünstigende Wirkung kann durch günstigere Preise oder stärkere Nachfrage des Empfängerunternehmens an Dritte (teilweise) weitergegeben werden. Des Weiteren kann die staatliche Leistung an Verbraucher ausgeschüttet worden sein, die keine subventionsrechtlich relevanten Empfänger darstellen, aber ebenfalls durch eine gesteigerte Nachfrage zu mittelbaren Begünstigungen bei dritten

---

166 Appellate Body Compliance Bericht, *United States – Tax Treatment for Foreign Sales Corporations*, WTO-Dok., WT/DS108AB/RW Rnr. 91, Fn 56: "*We recognize that a Member may have several rules for taxing comparable income in different ways. (...) The examination under Article 1.1(a)(1)(ii) of the SCM Agreement must be sufficiently flexible to adjust to the complexities of a Member's domestic rules of taxation.*"

167 Kube, Col. J. Eur. L. 2002, S. 79 (107); zur Forderung nach erhöhter Transparenz, s. Schön, 36 CMLRev. (1999), S. 911 (927); Götz, Steuervergünstigungen, in: Kirchhof/Lehner/Raupach, FS Vogel, S. 579 (591).

168 A. A. Kube, Col. J. Eur. L. 2002, S. 79 (107), der gerade in der Einführung des Leistungsfähigkeitsprinzips die Möglichkeit einer Öffnung der internationalen Subventionskontrolle für sozialpolitisch motivierte Entscheidungen der Mitgliedstaaten sieht.

Unternehmen führen können. Mit der Weitergabe des Vorteils wird die marktverzerrende Wirkung des staatlichen Eingriffs in den Marktmechanismus perpetuiert. Da aber gerade die Beseitigung dieser wettbewerbsverfälschenden Auswirkungen die Zielsetzung des internationalen Subventionsrechts ist, stellt sich die Frage, inwieweit der Beihilfentatbestand und der Subventionstatbestand im WTO Recht auf die Primärebene zwischen Subventionsgeber und dem Adressaten der Leistung beschränkt bleiben kann, oder ob nicht daneben die Sekundärebene zu untersuchen ist, auf der Dritte durch eine nicht an sie gerichtete Maßnahme, also lediglich mittelbar, bevorzugt werden.
Dabei ist auf der einen Seite zu berücksichtigen, daß mittelbare Auswirkungen auf den Wettbewerb durch den Subventionsgeber nicht beabsichtigt oder teilweise nicht vorhersehbar sein können. Fallen mittelbare Vorteile unter den Subventionsbegriff, werden Unternehmen zu Vorteilsempfängern, die keine staatliche Leistungen in Anspruch genommen haben, selbst wenn sie von der Begünstigung des ihnen den Vorteil weitergebenden Unternehmens oder Verbrauchers nichts wissen (konnten).
Auf der anderen Seite können mittelbare Begünstigungen durchaus vom Subventionsgeber beabsichtigt sein, so wenn die Primärebene lediglich als Vehikel benutzt wird, um den eigentlichen Subventionszweck auf der Sekundärebene zu erreichen.[169] Dabei kann der Staat die Leistung an die dem jeweiligen Ziel vorgelagerten Wirtschaftsstufen richten, z. B. durch Anregen der Nachfrage nach bestimmten Gütern bei Verbrauchern[170] oder durch Senkung der Einkaufspreise für das Zielunternehmen bzw. den Zielwirtschaftszweig.[171] Möglich ist es ferner, daß sich der Staat mit der Leistung gezielt an nachgelagerte Wirtschaftsstufen wendet, indem er z.B. das Ziel der Förderung eines bestimmten Rohstoffs dadurch verfolgt, daß er einem Unternehmen Leistungen gewährt, das diesen Rohstoff zur Herstellung seiner Produkte verwendet.[172]
Zunächst gilt das Augenmerk damit der Frage, ob das Subventionsrecht mittelbare Vorteile grundsätzlich erfaßt. Ist das der Fall, weitet sich die Zahl potentieller Subventionen zwangsläufig um ein Vielfaches aus, was bei Unternehmen aufgrund der noch zu untersuchenden Rechtsfolgen zu einer Rechtsunsicherheit führen kann. Daher sind beide Rechtsordnungen daraufhin zu analysieren, ob einer Ausuferung der erfaßten Sachverhalte durch eingrenzende Voraussetzungen eines mittelbaren Vorteils im Hinblick auf dessen Quantifizierbarkeit begegnet wird.

---

[169] S. zu dieser Unterscheidung Bleckmann, Subventionsrecht, S. 16.

[170] Vgl. dazu die Beispiele bei Schroeter/Jacob/Mederer - Mederer, Art. 87 Abs. 1 Rnr. 32.

[171] Sog. *upstream subsidy* wegen ihrer Wirkung auf höhere Wirtschaftsstufen.

[172] Sog. *downstream subsidy* wegen ihrer Wirkung auf untere Wirtschaftsstufen.

1. Beihilfenrecht

In Art. 87 Abs. 1 EG ist von Beihilfen die Rede, „*die durch die Begünstigung bestimmter Unternehmen oder Produktionszweige*“ eine Wettbewerbsverfälschung hervorrufen. Anknüpfungspunkt ist der Begünstigte der Leistung, so daß sich dem Wortlaut keine Einschränkung des Prüfungsrahmens auf den Empfänger der Leistung entnehmen läßt.[173] Diese für unterschiedliche Begünstigungsformen, einschließlich solcher mittelbarer Art, offene Formulierung entspricht dem an der Wirkung nicht dem Ziel einer Maßnahme orientierten Ansatz des Beihilfentatbestands.[174]

In früheren Entscheidungen machte der EuGH mittelbare Vorteile indes nicht zum Gegenstand des Beihilfenrechts. So erwähnte er diesen Maßstab in Zusammenhang mit einer italienischen 20% - Zulage für großstädtische Verkehrsbetriebe zum Kauf von im Inland produzierten Fahrzeugen nicht einmal.[175] Generalanwalt Lenz lehnte in diesem Fall eine Beihilfe für die italienischen Fahrzeughersteller mit der Begründung ab, diese hätten selbst keine staatlichen Zuwendungen erhalten. Daher handele es sich nicht um eine Beihilfe, sondern vielmehr um eine die Nachfrage lenkende Maßnahme.[176] Dieser Punkt wird von EuGH und Kommission in jüngeren Entscheidungen anders beurteilt. So stufte der EuGH die vermehrte Bereitstellung von Kapital für Unternehmen in den Neuen Bundesländern und Berlin als mittelbaren Vorteil ein, da § 52 Abs. 8 EStG steuerliche Privilegierungen für Investitionen in dieser Region vorsah und diese Privilegierung von den Investoren als Erstbegünstigte durch vermehrte bzw. verbesserte Kapitalbereitstellung an die dort ansässigen Unternehmen weitergegeben worden sei.[177] Entgegen seiner früheren Entscheidung klassifizierte der EuGH damit eine die Nachfrage lenkende Maßnahme als Beihilfe. Bemerkenswert ist dabei, daß der EuGH eine Vergünstigung auf der Sekundärebene annahm, obwohl er eine solche auf der Primärebene für die Investoren ablehnte, da durch § 52 Abs. 8 EStG nicht bestimmte Unternehmen oder Produktionszweige begünstigt würden und es sich daher um eine allgemeine Maßnahme der

---

[173] Grabitz, Nationale Subventionen, in: Magiera, Entwicklungsperspektiven der EG, S. 95 (104).

[174] So auch Koenig/Sander, EuR 2000, S. 743 (749); Rengeling, Beihilferecht, in: Börner/Neundörfer, Beihilfen im Gemeinsamen Markt, S. 23 (27); Schroeter/Jacob/Mederer - Mederer Art. 87 Rnr. 7; Koschyk, Steuervergünstigungen als Beihilfen, S. 135ff.; Modlich, Infrastrukturmaßnahmen, S. 61f.

[175] EuGH, Rs. 103/84, *Kommission/Italien*, Slg. 1986, 1759, Rnr. 2.

[176] Schlußanträge GA Lenz, Rs. 103/84, *Kommission/Italien*, Slg. 1986, 1759 (1766).

[177] EuGH, Rs. C-156/98, *Deutschland/Kommission*, Slg. 2000, I-6857; vgl. dazu auch Heidenhain, EuZW 2000, S. 729ff.; Bartosch, ZIP 2000, S. 2010ff.; Schohe/Arhold, EStAL 2002, S. 33 (35f.).

Wirtschaftspolitik handele.[178] Ähnlich verfuhr der EuGH im Fall „*Niederländische Tankstellen.*“[179] Dort sah er in staatlichen Maßnahmen zugunsten der Tankwarte zwar Beihilfen, bewertete diese aber als mit dem gemeinsamen Markt vereinbar, wohingegen die mittelbaren Auswirkungen dieser Maßnahmen auf die die Tankwarte beliefernden Mineralölgesellschaften als rechtswidrige Beihilfen eingestuft wurden. Ebenso wertete die Kommission bei staatlich geförderten Gesellschaften zur Infrastrukturentwicklung sowohl deren Gesellschafter als auch die die zur Verfügung gestellte Infrastruktur nutzenden Unternehmen als mögliche Beihilfenempfänger.[180] Diese Einzelfälle zeigen, daß Kommission und EuGH neben der Primärebene durchaus die Vermittlung von Begünstigungen auf der Sekundärebene in den Blickwinkel des Beihilfenrechts gerückt haben, ohne dabei bislang verallgemeinerbare Maßstäbe erarbeitet zu haben.

Daraus folgt die Fragestellung, ob Kommission und EuGH darüber hinaus die Vermittlung einer Begünstigung durch Verbraucher unter den Beihilfentatbestand subsumieren. Praktisch ist diese Frage bisher kaum thematisiert worden.[181] Nach Art. 87 Abs. 2 lit. a) EG sind „*Beihilfen sozialer Art an einzelne Verbraucher, wenn sie ohne Diskriminierung nach der Herkunft der Waren gewährt werden*“ mit dem gemeinsamen Markt vereinbar. Da Begünstigte im Sinne des Art. 87 Abs. 1 EG nur Unternehmen oder Produktionszweige sein können, setzt die Ausnahmeregelung des Art. 87 Abs. 2 lit. a) EG bereits voraus, daß Zuwendungen an Verbraucher aufgrund ihrer mittelbaren Wirkungen grundsätzlich Beihilfen darstellen können und nur unter den Voraussetzungen der Ausnahmeregelung mit dem gemeinsamen Markt vereinbar sind. Staatliche Leistungen an Verbraucher können demnach beihilfenrechtlich relevante Vorteile für Unter-

---

178 EuGH, Rs. C-156/98, *Deutschland/Kommission*, Slg. 2000, I-6857, Rnr. 22.

179 EuGH, Rs. C-382/99, *Niederlande/Kommission*, Slg. 2002, I-5163; s. dazu Heidenhain - Heidenhain, § 4 Rnr. 15.

180 Entscheidung der Kommission, ABl. EG 1999 L 260/1, *InfraLeuna*, Rnr. 12ff.; Entscheidung der Kommission, ABl. EG 2000 L 145/27, *English Partnerships*, Rnr. 60; ausführlich dazu D`Sa, 25 ELRev (2000), S. 139ff.; ähnlich verfährt die Kommission bei staatlicher Beteiligung an Risikokapitalgesellschaften, s. dazu Mitteilung der Kommission über staatliche Beihilfen und Risikokapital, ABl. EG 2001 C 235/3.

181 S. aber den Fall EuGH Rs. 249/81, *Buy Irish*, Slg. 1982, 4005, Rnr. 18, in dem der EuGH feststellte, daß eine von staatlicher Seite finanzierte Werbekampagne für inländische Produkte dem Anwendungsbereich des Beihilfenrechts unterfällt. Durch Verbraucher vermittelte Begünstigungen können danach grundsätzlich auch Beihilfen darstellen. Eine Begünstigung im Sinne eines geldwerten Vorteils für irische Verbraucher, die diese sodann hätten weitergeben können, liegt bei einer bloßen Werbekampagne, wie etwa für irische Produkte, nicht vor. Zu dieser Feststellung gelangte der EuGH indes nicht, da er bereits eine Verletzung der Warenverkehrsfreiheit annahm.

nehmen zur Folge haben.[182] Die Bedeutung des Art. 87 Abs. 2 lit. a) EG liegt weniger in ihrem positivrechtlichen Inhalt, da sie praktisch als wenig relevant zu bewerten ist,[183] sondern vielmehr in dem dadurch zum Ausdruck kommenden Verständnis des Vorteilsbegriffs. Auf Sekundärebene werden dadurch Leistungen, wie der frühere französische Zuschuß für Sportvereine zum Kauf französischer Sportartikel, als potentielle Beihilfen erfaßt.[184] In diesem Fall besteht die Begünstigung bereits in der nach Warenherkunft diskriminierenden Verwendungsauflage. Wie weit die Öffnung des Beihilfenbegriffs für durch Verbraucher vermittelte Begünstigungen führt, zeigen *Koenig/Sander*, die in der deutschen Bausparförderung einen seitens des Staates finanzierten und durch die Verbraucher vermittelten Vorteil zu Lasten anderer Anlageformen sehen.[185] Als rechtlich gesichert kann aufgrund des Umkehrschlusses aus Art. 87 Abs. 2 lit. a) EG nur bezeichnet werden, daß Verbraucher Begünstigungen vermitteln können, die Reichweite dessen ist in der Praxis weitgehend ungeklärt.

Gleiches gilt für Begünstigungen auf Sekundärebene aufgrund lediglich faktischer Diskriminierung durch die staatliche Leistung.[186] Lassen sich subventionierte Forschungsanstalten, deren Ergebnisse allgemein zugänglich sind, bei ihrer praktischen Arbeit von den Bedürfnissen der heimischen Industrie leiten und kann die heimische Industrie aufgrund ihrer räumlichen Nähe zu den Forschungseinrichtungen eher aus deren Ergebnissen Nutzen ziehen, soll darin eine faktisch begünstigende Wirkung für die heimische Industrie liegen, ungeachtet der primären rechtlichen Bewertung der Forschungsbeihilfen, da Unternehmen und Produktionszweigen aus anderen Mitgliedsstaaten lediglich die theoretische Möglichkeit zu Teil werde, als Zweitbegünstigter zu profitieren.[187]

Grundsätzlich ist die Erfassung mittelbarer Vorteile, seien sie durch Unternehmen oder Verbraucher vermittelt, aufgrund des wirkungsbezogenen Ansatzes des Beihilfenrechts folgerichtig. Die Ausformung dieses Grundsatzes erfolgt jedoch entweder nicht (beihilfen-) systemkonform oder unterbleibt gänzlich.

Es entspricht nicht der Systematik des Art. 87 EG, eine Zweitbegünstigung anzunehmen, ohne daß auf Primärebene eine nicht mit dem gemeinsamen Markt vereinbare Beihilfe festgestellt worden ist. Denn wird eine staatliche Maßnahme nicht als Beihilfe klassifiziert oder ist diese mit dem gemeinsamen Markt ver-

182 So auch Koenig/Sander, EuR 2000, S. 743 (749); Müller-Graff, 152 ZHR (1988), S. 403 (426f.); Schroeter/Jacob/Mederer - Mederer Art. 87 Rnr. 125; a. A. Heidenhain - Heidenhain § 4 Rnr. 14 Fn 46.

183 S. zur praktischen Relevanz Heidenhain - Heidenhain § 11 Rnr. 1.

184 Müller-Graff, 152 ZHR (1988), S. 403 (427).

185 Koenig/Sander, EuR 2000, S. 743 (750f.).

186 S. dazu Seidel, Beihilfenrecht, S. 15f.; dem folgend Schroeter/Jacob/Mederer - Mederer Art 87 Abs. 1, Rnr. 32f.

187 Schroeter/Jacob/Mederer - Mederer, Art. 87 Abs. 1, Rnr. 33.

einbar, muß die beihilfenrechtliche Prüfung im Bezug auf diese Maßnahme damit ihr Bewenden haben. Andernfalls wird vom vermeintlichen Zweitbegünstigten zurückgefordert, was der eigentliche Adressat der Maßnahme behalten darf.[188] Auch der Umstand, daß bei staatlichen Leistungen an Verbraucher eine „*Zweit*“ - Begünstigung ohne Vorliegen einer Beihilfe auf Primärebene angenommen werden kann, vermag eine solche Ansicht nicht zu rechtfertigen. Denn dabei handelt es sich um eine Ausnahme, um eine Umgehungsmöglichkeit des Beihilfenrechts auszuschließen, da die Leistungen auf Primärebene außerhalb des Prüfungsrahmens liegen. Bei an Unternehmen geleisteten staatlichen Zuwendungen scheidet eine entsprechende Konstellation aus, da dort die Maßnahme an den Adressaten beihilfenrechtlich geprüft wird. Ergeben sich daraus keine Rechtsfolgen, muß das in gleichem Maße für eine Weitergabe der Leistung gelten.

Darüber hinaus fehlt es an Grundsätzen, wie der mittelbare Vorteil konkret festzustellen ist. Sicherlich sind abstrakt mittelbare Begünstigungen aufgrund faktischer Ungleichbehandlung denkbar, so daß deren Einbeziehung durchaus konsequent erscheint. Die Kernfrage ist jedoch nicht, in welchen Sachverhaltskonstellationen Begünstigungen vorstellbar sind, sondern wie diese konkret zu quantifizieren sind. Es bleibt unklar, wie z. B. der Vorteil des Einflusses auf Forschungsschwerpunkte subventionierter Einrichtungen durch inländische Unternehmen im obigen Fall zu estimieren ist. Der „*market economy investor*“ Test von EuGH und Kommission läßt sich nicht ohne weiteres auf diese Fallkonstellationen übertragen, beruht er doch auf dem Gedanken, der Überprüfung der Marktüblichkeit von Leistung und Gegenleistung im Zweipersonenverhältnis. Hier handelt es sich hingegen um ein Dreipersonenverhältnis, in dem der Staat gerade nicht in das die in Rede stehende Zweitbegünstigung begründende Geschäft zwischen den beiden Privaten eingegriffen hat. Der Beihilfenbegriff wird für Zweitbegünstigungen geöffnet. Es fehlt indessen an diesen Schritt flankierenden Wertungen wie mittelbare Vorteile zu estimieren sind.

2. WTO Subventionsrecht

Art. XVI Abschnitt A und Art. VI Abs. 3 GATT 1994 enthalten die Formulierung der „*mittelbar oder unmittelbar für die Herstellung, Gewinnung oder Ausfuhr einer Ware*“ gewährten Subventionen. An den Begriff *mittelbar* wurde bereits in der Spruchpraxis zur gleich lautenden Vorschrift im GATT 1947 zur Differenzierung zwischen Adressaten und Begünstigtem auf zwei verschiedenen Wirtschaftsstufen angeknüpft.[189] So stellte ein Panel im *Pork from Canada*

[188] Heidenhain - Heidenhain § 4 Rnr. 15 Fn 50.

[189] So strebten die USA zu Beginn der achtziger Jahre Ausgleichszölle gegen den Import deutschen Stahls an, da bei dessen Herstellung subventionierte Kohle verwendet worden war, s. Senti, Improving GATT Disciplines relating to Subsidies, in Opper-

Fall[190] fest, daß die Zuwendungen an den Hersteller eines Rohstoffes zu einer Senkung des Preises dieses Produktes für weiterverarbeitende Unternehmen geführt hätten. Diese Preissenkung habe zu einem Preis unterhalb des Marktniveaus geführt und in der Höhe der gewährten Subvention entsprochen.[191] Auf diese Weise sei eine Perpetuierung der Begünstigung eingetreten, die ihrerseits als Subvention zu klassifizieren sei.

Nunmehr steht mit Art. 1 SCMA eine Konkretisierung des Subventionstatbestandes zur Verfügung. Dieser weist weder explizit auf eine Einbeziehung mittelbarer Vorteile hin, noch schließt er sie aus. In Art. 1 Abs. 1 b) SCMA wird lediglich die Kausalität zwischen der Zuwendung des Staates und dem Bestehen eines Vorteils als Voraussetzung einer Subvention postuliert.[192] Fraglich ist daher, inwieweit der obige Sachverhalt eine Subvention nach heutiger Rechtslage enthält. Zunächst ist in der Zuwendung an den Rohstoffproduzenten ein finanzieller Beitrag im Sinne des Art. 1 Abs. 1 a) Nr. 1 (i) SCMA zu sehen. Dieser führt bei den Rohstoffproduzenten zu einer Begünstigung, mit der Folge, daß auf der Primärebene eine Subvention vorliegt. Auf der Sekundärebene der weiterverarbeitenden Unternehmen läßt sich ebenso ein Vorteil feststellen, da die Begünstigung in Form von geringeren Preisen an diese weitergegeben wurde. Gleichwohl besteht auf der Sekundärebene kein finanzieller Beitrag. Denn die weiterverarbeitenden Unternehmen haben die Begünstigung nicht durch eine staatliche Einwirkung, sondern durch privates unternehmerisches Verhalten erlangt, so daß Art. 1 Abs. 1 a) Nr. 1 (i) – (iii) SCMA nicht einschlägig sind. Schließlich sind die Rohstoffproduzenten nicht „*angewiesen*“ oder „*mit der Aufgabe betraut*“ worden, die Begünstigung an die weiterverarbeitenden Unternehmen weiterzugeben, so daß kein finanzieller Beitrag nach Art. 1 Abs. 1 a) Nr. 1 (iv) SCMA vorliegt. Dieses steht der Annahme einer Subvention auf Sekundärebene nicht entgegen. Denn Art. 1 SCMA verlangt nicht, daß der Vorteil auch beim Empfänger des finanziellen Beitrages entsteht. Vielmehr werden lediglich die Existenz eines finanziellen Beitrags und ein dadurch hervorgerufener Vorteil vorausgesetzt, Empfänger des Beitrags und Begünstigter können also personenverschieden sein. Vorliegend bestehen ein finanzieller Beitrag an die Rohstoffverarbeiter und der darauf beruhende Vorteil bei den weiterverarbeiten-

---

mann/Molsberger, S. 159 (166); vgl. des weiteren: Panel Bericht, *United States – Pork from Canada*, DS7/R, 38S/30; Panel Bericht, *European Economic Community – Subsidies on Export of Pasta Products*, SCM/43; dazu auch Horlick/Quick/Vermust, 13 LIEI (1986), S. 1 (46); Benitah, Law of Subsidies, S. 205ff., 225ff.

190 Panel Bericht, *United States – Pork from Canada*, DS7/R, 38S/30.

191 Panel Bericht, *United States – Pork from Canada*, DS7/R, 38S/30, Rnr. 4.9.

192 Art. 1 Abs.1 SCMA: “...liegt eine Subvention vor, wenn eine Regierung (...) eine finanzielle Beihilfe leistet (...) und (Abs.2) *dadurch* ein Vorteil entsteht.“ (Hervorhebung durch Verf.).

den Unternehmen, so daß auch nach Art. 1 SCMA eine Subvention an die weiterverarbeitenden Unternehmen vorliegt.[193] Diese Argumentation läßt sich entsprechend auf Sachverhalte übertragen, in denen die Zweitbegünstigung auf einer vorgelagerten Wirtschaftsstufe eintritt. Handelt es sich beim Empfänger des finanziellen Beitrags um ein Untenehmen, werden etwaige Zweitbegünstigungen an vor- oder nachgelagerte Unternehmen grundsätzlich vom Subventionsbegriff des SCM Abkommens erfaßt.[194] Dieses ist wie im Beihilfenrecht grundsätzlich zu begrüßen, da auch das SCM Abkommen einen wirkungsbezogenen Ansatz verfolgt und die Auswirkungen unmittelbarer wie mittelbarer Begünstigungen den Wettbewerb zwischen den Mitgliedstaaten verfälschen können. Dabei macht es keinen Unterschied, ob der Zweitbegünstigte als Nachfrager durch niedrigere Preise des Erstbegünstigten oder als Anbieter von einer erhöhten Nachfrage durch den Erstbegünstigten profitiert. Ein Panel hob jedoch in *United States – Softwood Lumber from Canada* hervor, daß nicht aufgrund der Darlegung der Begünstigung beim Empfänger der staatlichen Leistung die Weitergabe dieses Vorteils vermutet werden kann. Vielmehr müsse ein so weitergereichter Vorteil unverändert anhand eines Vergleichs unter Marktbedingungen ohne die in Rede stehende Zuwendung an den Erstbegünstigten im Einzelfall nachgewiesen werden.[195]

Fraglich ist analog zur beihilfenrechtlichen Prüfung, inwieweit von einer Subvention ausgegangen werden kann, wenn Erstbegünstigter kein Unternehmen, sondern ein Verbraucher ist. Voraussetzung wäre, wie oben, zunächst ein finanzieller Beitrag auf Primärebene.[196] Privatpersonen stellen nach Art. 1 Abs. 1 a)

---

[193] Bestätigt durch Panel Bericht, *United States – Softwood Lumber from Canada*, WTO-Dok., WT/DS236R, Rnr. 7.71 unter Hinweis auf den hier übertragenen *United States – Pork from Canada* Fall; vgl. auch den Fall *United States – Hot Rolled Steel*, in dem Panel (WTO-Dok., WT/DS138, Fn 69) und Appellate Body (WTO-Doc., WT/DS138ABR Rnr. 58) davon ausgingen, daß auch beim Zweitbegünstigten eine Subvention vorliegen kann; vgl. dazu Chang, 6 (4) JIEL (2003), S. 879 (894); Clarke/Bourgeois/Horlick, Subsidies, in: Ortino/Petersmann, WTO Dispute Settlement, S. 353 (361); a. A. Beviglia Zampetti, 29 JWT (1995), S. 5 (27), der vertritt, daß *upstream subsidies* für Produkte, die sodann weiterverarbeitet werden und daher in den internationalen Handel als solche nicht eintreten, nicht vom Subventionsbegriff des SCM Abkommen gedeckt sind.

[194] Luja, Tax Incentives in the EC and WTO, S. 171f.

[195] Panel Bericht, *United States – Softwood Lumber from Canada*, WTO-Dok., WT/DS236R, Rnr. 7.71.

[196] Daran fehlte es in den Fällen des Panel Berichts *United States – Softwood Lumber from Canada*, WTO-Dok., WT/DS236R, Rnr. 7.68ff. und des Appellate Body Compliance Berichts *Canada – Imortation of Milk/Exportation of DairyProducts*, WTO-Dok., WT/DS103,113AB/RW, Rnr. 81f., weshalb folgerichtig das Vorliegen einer Subvention verneint wurde. Daraus folgt aber, wie im Fall der Zuwendung für Rohstoffproduzenten

Nr. 1 (iv) SCMA Mittler eines finanziellen Beitrags dar, wenn sie dazu angewiesen oder damit betraut sind, Aufgaben wahrzunehmen, die normalerweise dem Staat selbst obliegen und als solche finanzielle Beiträge darstellen würden.[197] Diese Aufgabe kann im Ankauf von Waren durch die Verbraucher gesehen werden.[198] In der staatlichen Zuwendung an die Verbraucher muß zugleich ein eindeutiger Delegations- bzw. Anweisungsakt zur Weitergabe des damit verbundenen Vorteils an bestimmte Unternehmen oder Wirtschaftszweige enthalten sein.[199] Daher reicht allein die Tatsache, daß sich durch die Zuwendung an Verbraucher deren Nachfrage nach bestimmten Produkten steigert, nicht aus, um von einem subventionsrechtlich relevanten finanziellen Beitrag zu sprechen. Es bedarf eines staatlichen Aktes, der die Gewährung der Leistung mit einer bestimmten Verwendung der Leistung verknüpft. Es liegt ein finanzieller Beitrag vor, wenn der Verbraucher die Leistung nur annehmen kann, wenn er zugleich der staatlichen Anweisung Folge leistet. Der französische Zuschuß für Sportvereine zum Kauf französischer Sportartikel stellt daher auch nach dem SCM Abkommen einen finanziellen Beitrag dar, denn die Annahme des Zuschusses war mit der Anweisung verbunden, davon französische Sportartikel zu kaufen.[200] Hieraus folgt, daß es keinen Unterschied macht, ob das Unternehmen staatliche Mittel erhält, oder ob staatliche Mittel dazu eingesetzt werden, um Verbraucherströme zugunsten eines Unternehmens zu beeinflussen.[201]
Daran schließt sich die Frage an, ob faktische Begünstigungen für den Subventionsbegriff des SCM Abkommens ausreichend sind. Sind die Adressaten Verbraucher, fehlt es in diesen Fällen am expliziten Delegations- bzw. Anweisungsakt, so daß eine rein faktische Zweitbegünstigung im Gegensatz zum Beihilfenrecht nicht tatbestandsmäßig ist. Sind Unternehmen die Adressaten der Leistung, enthält der Subventionsbegriff keinen Anhaltspunkt für eine Unterscheidung zwischen rechtlicher und faktischer Begrenzung der Weitergabe der Begünstigung auf bestimmte Unternehmen oder Wirtschaftszweige, so daß nicht zuletzt aufgrund ihrer potentiell gleichen Auswirkungen faktische Zweitbegünstigungen unter den Subventionsbegriff zu subsumieren sind.

---

belegt, entgegen Ohlhoff, EuZW 2002, S. 549 (553) nicht, daß generell Begünstigungen unter dem SCM Abkommen nur in Ausnahmefällen durch privates Verhalten vermittelt werden können.

[197] S. dazu oben S. 84ff.

[198] Art. 1 Abs. 1 a. Nr. 1 (iii) SCMA.

[199] Panel Bericht, *United States - Measures Treating Exports Restraints as Subsidies*, WTO-Dok., WT/DS/R 194, Rnr. 8.29.

[200] Demgegenüber liegt im Fall EuGH, Rs. 249/81, *Buy Irish*, Slg. 1982, 4005 wie auch im Beihilfenrecht kein finanzieller Beitrag vor, da die Verbraucher keinerlei Leistung erhalten, deren begünstigenden Charakter sie weitergeben könnten.

[201] Im Zusammenhang des Beihilfenrechts vgl. Koenig/Sander, EuR 2000, S. 743 (749).

3. Bewertung

Aus dem an den Wirkungen einer staatlichen Maßnahme orientierten Ansatz beider Subventionsrechtsordnungen folgt, daß es grundsätzlich nicht darauf ankommen kann, ob ein geldwerter Vorteil auf Seiten eines Unternehmens durch eine unmittelbare oder mittelbare Begünstigung entsteht. Die grundsätzliche rechtliche Bewertung mittelbarer Vorteile ist lediglich im Fall von durch Verbraucher vermittelten Begünstigungen unterschiedlich, da hier im WTO Recht im Gegensatz zum Beihilfenrecht zu prüfen ist, ob die Verbraucher als Adressaten einer staatlichen Leistung mit dem Kauf bestimmter Waren betraut oder dazu angewiesen worden sind. Hier erweist sich der offene Beihilfenbegriff zum ersten Mal als umfassender und weitgehender als der kasuistisch aufgebaute Subventionsbegriff im SCM Abkommen.

Bei der Annahme eines mittelbaren Vorteils verlangt die Entscheidungspraxis zum WTO Recht den konkreten Nachweis der Zweitbegünstigung im Einzelfall, wohingegen die EuGH Rechtsprechung in diesem Punkt zuweilen vage erscheint. Bei der entscheidenden Frage, wie ein mittelbarer Vorteil zu quantifizieren ist, bestehen gegenüber der Feststellung eines unmittelbaren Vorteils eine Reihe von Besonderheiten, die bislang in der Praxis beider Subventionsrechtsordnungen nicht herausgearbeitet worden sind.[202] Zunächst entsprechen sich staatliche Leistung und mittelbare Begünstigung nicht. Daß heißt, es besteht keine Stoffgleichheit zwischen staatlicher Leistung und Begünstigung, da nach der staatlichen Verfügung eine weitere Verfügung durch einen Mittler stattfinden muß, die den Vorteil übermittelt. Diese Dreieckskonstellation wirft im Rahmen des Vergleichs mit marktwirtschaftlichen Bedingungen als Maßstab zur Feststellung einer Begünstigung (*private investor* Test) Probleme auf.

Bei der Darlegung einer wirtschaftlichen Besserstellung des Zweitbegünstigten durch die staatliche Maßnahme ist zu berücksichtigen, daß der Staat nicht direkt an den relevanten Zweitbegünstigten leistet, sondern sich an einen Mittler wendet, dessen Verhalten zu Gunsten des Zweitbegünstigten beeinflußt werden soll. Eine Begünstigung durch die staatliche Maßnahme liegt somit vor, wenn nachgewiesen werden kann, daß die staatliche Maßnahme tatsächlich zu einer Änderung des Verhaltens dieses Mittlers gegenüber dem Zweitbegünstigten geführt hat. Dieser Nachweis setzt voraus, daß die staatliche Maßnahme substantiellen Einfluß auf das Verhalten des Mittlers hat.[203] Ist die staatliche Maßnahme hingegen allein ein Element in einem Motivbündel des Mittlers, muß eine Begünstigung und damit der Beihilfencharakter der Maßnahme ausscheiden. Im Fall der vom EuGH als mittelbare Beihilfe qualifizierten Steuervergünstigung für Investitionen in Ostdeutschland und Berlin müßte folglich dargelegt werden, daß es

---

[202] S. dazu nur Modlich, Infrastrukturmaßnahmen, S. 61f.; Koenig/Sander, EuR 2000, S. 743 (753ff.).

[203] So überzeugend Calliess/Ruffert - Cremer Art. 87 Rnr. 11.

diese Steuervergünstigung war, die den jeweiligen Investor veranlaßte, in ein in Ostdeutschland bzw. Berlin ansässiges Unternehmen zu investieren.[204] Aufgrund der Vielzahl der bei einer derartigen Investition zu berücksichtigenden Rahmenbedingungen erscheint der Nachweis einer derartigen Verhaltensänderung kaum möglich, so daß der substantielle Einfluß der staatlichen Maßnahme auf die unternehmerische Entscheidungsfindung regelmäßig zu verneinen ist. Daher ist die Kommission bei der Prüfung ähnlicher Förderprogramme, die an einen offenen Kreis von Begünstigten gerichtet sind, dazu übergegangen, zu untersuchen, ob das Programm als solches seiner rechtlichen Ausgestaltung oder faktischen Wirkung nach darauf ausgerichtet ist, bestimmten Unternehmen oder Produktionszweigen wirtschaftliche Vorteile zu gewähren. Ist das der Fall, ist bei darauf beruhenden Maßnahmen zunächst vom Vorliegen eines Vorteils auszugehen.[205] Es obliegt in diesem Fall dem betroffenen Mitgliedstaat, darzulegen, daß die Anwendung des Förderprogramms im konkreten Fall nicht zu einer begünstigenden Wirkung geführt hat. Eine solche Vorgehensweise untersagte das Panel in *United States – Softwood Lumber from Canada*, indem es einen konkreten Nachweis des Vorteils auch auf Ebene des Zweitbegünstigten forderte.[206] Im WTO Recht verbietet sich eine derartige Vermutung zu Gunsten einer Subvention, da die Mitgliedstaaten grundsätzlich in der Gestaltung ihrer Wirtschaftspolitik frei sind. Nur bei Nachweis der im SCM Abkommen genannten Voraussetzungen haben sich die Vertragsstaaten auf Einschränkungen geeinigt. Ebenso ist im Beihilfenrecht diese Umkehrung der Darlegungslast bei mittelbaren Vorteilen abzulehnen. Es erscheint absurd, gerade in Fällen, in denen sich der Nachweis eines Vorteils besonders aufwendig gestaltet, vom generellen Vorliegen eines solchen ausgehen zu dürfen, nur um die Darlegungslast abzuwälzen.

Richtigerweise ist die mittelbare begünstigende Wirkung einer staatlichen Maßnahme nur bei substantiellem Einfluß dieser Maßnahme auf die Entscheidungsfindung des Mittlers anzunehmen. Maßnahmen, die lediglich grundsätzlich geeignet sind, durch Beeinflussung von Verbrauchern und Unternehmen wirtschaftliche Vorteile weiterzugeben, bleiben damit unberücksichtigt. Wirkungsbezogenes Subventionsrecht bezieht nach hier vertretenem Ansatz nur staatliche Maßnahmen ein, die zu tatsächlich quantifizierbaren Vorteilen geführt haben. Allein unter dieser Voraussetzung kann eine sachgerechte Berücksichtigung mittelbar erlangter Vorteile erfolgen.

---

[204] Vgl. Koenig/Sander, EuR 2000, S. 743 (755f.).

[205] Entscheidung der Kommission, ABl. EG 1998 L 212/50, *§ 52 Abs. 8 EStG*, S. 53.

[206] Panel Bericht, WTO-Dok., *United States – Softwood Lumber from Canada*, WTO-Dok., WT/DS236R, Rnr. 7.71.

4. Sonderfall: Der Erwerb von Betriebsvermögen des Subventionsempfängers zum Marktpreis als mittelbarer Vorteil

Das Problem unter welchen Umständen der Erwerber von Betriebsvermögen eines Unternehmens, das zuvor Subventionen empfangen hat, als mittelbar Begünstigter gilt, verdient aufgrund seiner praktischen Relevanz und aufschlußreichen Entwicklung in beiden Rechtsordnungen eine kurze Betrachtung.[207]
In ihrer früheren Praxis sah die Kommission das Empfängerunternehmen der Beihilfe als Begünstigten an. Werde dieses jedoch verkauft, „*muß die Beihilfe vom Käufer zurückgefordert werden, unabhängig davon, ob die entsprechenden Beträge in den Verkaufsbedingungen berücksichtigt wurden oder nicht.*"[208] Offenbar ging die Kommission von einer Perpetuierung der Begünstigung aus, die damit beim Erwerber weiterhin vorhanden war. Um diese Wettbewerbsverfälschung auszuräumen, müsse die Rückforderung auf Erwerber erstreckt werden. Dieser Ansicht ist der EuGH nunmehr entgegengetreten[209] und folgt damit einer seitens des Appellate Body im Fall *United States –Hot-Rolled Steel Products* vertretenen Rechtsansicht.[210] In letzterem Fall ging es um die Frage, ob bei der Privatisierung eines britischen Stahlherstellers der Erwerber auch dann als Begünstigter von dem Unternehmen zuvor gewährten Subventionen anzusehen ist, wenn er es zum Marktpreis erworben hat. Der Appellate Body stellte dazu fest, daß der finanzielle Beitrag, der in das Betriebsvermögen des Unternehmens investiert worden sei und daher in diesem Betriebsvermögen verkörpert sei, mittelbar auf den Erwerber dieses Betriebsvermögens übergehe. Davon zu unterscheiden sei die Frage, ob damit auch eine mittelbare Begünstigung einhergehe.[211] Dieser Ansicht ist zuzustimmen. Denn wird das Betriebsvermögen zum Marktpreis erworben, ist davon auszugehen, daß dieser Preis das gesamte Betriebsvermögen und damit auch den darin verkörperten Vorteil widerspiegelt. Nur bei einer günstigeren Veräußerung wird die Begünstigung in Höhe der Dif-

---

[207] S. zum WTO Recht Horlick/Mowry, State Trading Enterprises under the WTO Subsidies Rules, in: Cottier/Mavroidis, State Trading, S. 97ff.; Dunne, 17 Am. U. Int'l L. Rev. (2001), S. 79ff.; Cunningham, 31 Law & Pol. Int'l Bus. (2000), S. 897 (904); Prévost, 27 (3) LIEI (2000), S. 279 (288ff.) Benitah, Law of Subsidies, S. 212ff.; zum Beihilfenrecht: Ritter, Beihilfenrückforderung, S. 135ff.; Koenig, EuZW 2001, S. 37ff.; Verse/Wurmnest, 167 ZHR (2003), S. 403ff.

[208] Entscheidung der Kommission, ABl. EG 2000 L 238/50, *System Microelectronic Innovation,* Rnr. 43; s. zu dieser Praxis ausführlich Ritter, Beihilfenrückforderung, S. 35ff.; Koenig, EuZW 2001, S. 37 (38).

[209] EuGH, Rs. C-277/00, *System Microelectronic Innovation,* Slg. 2004, Slg. I-2935, Rnr. 80.

[210] Appellate Body Bericht, *United States – Hot-Rolled Steel Products,* WTO-Dok., WT/DS138/ABR.

[211] Panel Bericht, *United States – Hot-Rolled Steel Products,* WTO-Dok., WT/DS138/R, Rnr. 6.70.

ferenz zum Marktpreis weitergegeben. Zahlt der Erwerber einen marktüblichen Preis, tilgt der Preis gleichsam den durch die Subvention entstandenen Vorteil. Auch das Argument der Kommission, jegliche Wettbewerbsverfälschungen ausräumen zu wollen, überzeugt nicht. Denn die Wettbewerbsverzerrung geht nicht von dem verkauften Betriebsvermögen an sich aus, sondern von einem Unternehmensträger, der auf Grund der Beihilfe in der Lage ist, bei Preisen im Markt zu verbleiben, die sonst sein Ausscheiden erzwingen würden.[212] Es verwundert darüber hinaus, daß die Kommission im WTO Verfahren entgegen ihrer zum Beihilfenrecht vertretenen Position die vom Appellate Body (und später vom EuGH) vertretene Ansicht stützte, daß ein Vorteil nur übertragen werden könne, wenn der finanzielle Beitrag zu Bedingungen gewährt würde, die günstiger seien als diejenigen, die auf dem Markt zu erhalten seien. Wenn ein Unternehmen Betriebsvermögen zum Marktpreis erwerbe, könne auf diesen Erwerber kein Vorteil übertragen werden.[213] Somit ist mit dem EuGH und dem Appellate Body davon auszugehen, daß der Erwerb von Betriebsvermögen eines Subventionsempfängers keine subventionsrechtlich relevante Begünstigung darstellt, wenn dieser Erwerb zum Marktpreis erfolgt.

E. Das Erfordernis der Belastung des Staatshaushalts

Wie gesehen, muß die staatliche Leistung auf Seiten des Subventionsnehmers zu einem Vorteil führen. Im Folgenden ist zu klären, inwieweit diese staatliche Leistung aus dem Staatshaushalt gespeist werden muß.[214]

I. Das Erfordernis der Belastung des Staatshaushalts als eigenes Tatbestandsmerkmal

1. Relevante Fallkonstellation

Auf den ersten Blick erscheint es als unumgängliche Konsequenz, daß die Erbringung einer geldwerten Leistung für den Erbringer mit finanziellen Folgen verbunden ist. Um zu verdeutlichen, daß die Feststellung dieser Folge problematisch sein kann, sei auf die im Rahmen der Analyse des Vorteilsbegriffs bereits angesprochene Fallgruppe der staatlichen Leistung durch Minderung der Steuer-

---

212 So auch Grave, EuZW 2004, S. 374.

213 Panel Bericht, *United States – Hot-Rolled Steel Products*, WTO-Dok., WT/DS138/R, Rnr. 6.36.

214 Aus der Einbeziehung mittelbarer Vorteile folgt, daß die jeweilige Begünstigung nicht direkt zu Lasten des Staatshaushalts erfolgen muß, denn diese kann wie oben erläutert durch Verbraucher oder Unternehmen übertragen werden. Diese wiederum waren aber Adressat einer staatlichen Maßnahme. Die Finanzierung dieser staatlichen Maßnahme steht nunmehr hier in Rede, a. A. Groeben/Thiesing/Ehlermann - Wenig Art. 92 Rnr. 11, wie hier Calliess/Ruffert - Cremer Art. 87 Rnr. 11.

last hingewiesen.[215] Eine subventionsrechtlich relevante Begünstigung wurde angenommen, wenn sich in der in Rede stehenden Vorschrift nicht das souveräne Recht des Staates zur Ausgestaltung des Steuerrechts manifestierte, sondern eine systemwidrige, auf die steuerliche Besserstellung bestimmter Unternehmen oder Wirtschaftszweige abzielende Ausdifferenzierung desselben vorlag. Aus dem Blickwinkel der zu untersuchenden Problemstellung gilt es zu fragen, ob die mit der jeweiligen Regelung einhergehende Reduzierung der Steuerlast zu einer Belastung des Staatshaushalts führt. Die Antwort erfolgt anhand der zum Vorteilsbegriff skizzierten Argumentationslinien. Der Staat bestimmt Grundprinzipien und Höhe der Besteuerung, um den Staatshaushalt zu finanzieren. Die Erhebung der in Ausformung dieser gewählten Systematik festgelegten Steuern erfolgt nicht auf Kosten, sondern im Gegenteil, zu Gunsten des Staates.[216] Werden aber systemwidrig Ausnahmen vorgesehen, die auf Reduzierungen für bestimmte Unternehmen oder Wirtschaftszweige abzielen, verzichtet der Staat auf nach seinen eigenen Grundsätzen normalerweise zu erbringende Steuern. Die Begünstigung erfolgt auf Kosten des Staates. Bei der Fallgestaltung der Minderung von Belastungen nähert man sich somit der gleichen Fragestellung von zwei unterschiedlichen Prüfungspunkten ausgehend, nämlich im Rahmen der Feststellung eines Vorteils und der Frage der Belastung des staatlichen Haushalts.[217] Die Kosten für den Staat als eigenständiger Prüfungspunkt erscheinen neben der Frage der Vorteilsgewährung aus dieser Perspektive nicht gerechtfertigt.

Zur Veranschaulichung, daß sich die Frage der Belastung öffentlicher Haushalte nicht als Unterpunkt der Untersuchung des Vorteilsbegriffs darstellt, sei auf eine weitere Fallgestaltung verwiesen. Hier verzichtet der Staat nicht auf Einnahmen, sondern legt Privaten auf, unmittelbar zugunsten anderer Privater Zahlungen vorzunehmen. In der obigen Fallgestaltung konnte der Frage, ob eine Subvention eine Belastung des Staatshaushalts voraussetzt, aufgrund des Gleichlaufs mit der bereits im Rahmen der Vorteilsbegriffs vorgenommenen Prüfung ausgewichen werden, denn eine systemgerechte Ausdifferenzierung einer steuerrechtlichen Grundentscheidung führte zur Verneinung sowohl eines Vorteils als auch einer Belastung des staatlichen Haushalts und umgekehrt.[218] Diese Kongruenz findet sich hingegen in der im Folgenden zu behandelnden, dem EuGH im Fall

---

[215] S. oben S. 103ff.

[216] Dabei läßt sich nicht von einem Verzicht auf die beim Steuerpflichtigen verbleibenden Mittel sprechen, da ansonsten jede Definition einer Belastung zugleich als Verzicht zu klassifizieren wäre.

[217] Vgl. Schohe/Arhold, EStAL 2002, S. 33 (36).

[218] Vgl. EuGH, verb. Rs. C-72/91 und C-73/91, *Sloman Neptun*, Slg. 1993, I-887; Lübbig/Martín-Ehlers, EU Beihilfenrecht, Rnr. 118.

Preussen Elektra vorgelegenen Konstellation.[219] Nach den dort streitgegenständlichen Regelungen des deutschen Stromeinspeisungsgesetzes waren Elektrizitätsversorgungsunternehmen verpflichtet, den in ihrem Versorgungsgebiet erzeugten Strom aus erneuerbaren Energien zu bestimmten, über den Marktpreisen liegenden Mindestpreisen abzunehmen.[220] Nicht die staatliche Maßnahme als solches, sondern die darauf zurückzuführenden Zahlungen durch die Elektrizitätsversorgungsunternehmen führten bei den Erzeugern erneuerbarer Energien zu einem mittelbaren Vorteil in Höhe der Differenz zwischen Marktpreis und Mindestpreis. Da der Staat die Versorger zur Zahlung des Mindestpreises verpflichtete, war dem oben entwickelten Erfordernis des substantiellen staatlichen Einflusses auf das unternehmerische Handeln Genüge getan, so daß ein subventionsrechtlich relevanter mittelbarer Vorteil zu bejahen war. Demgegenüber führten diese Regelungen des Stromeinspeisungsgesetzes nicht zu einer Belastung der öffentlichen Haushalte, da staatliche Einnahmen durch die Einführung des Mindestpreises nicht berührt wurden. Somit ist für die subventionsrechtliche Klassifizierung der staatlichen Maßnahme in derartigen Fallkonstellationen die Frage entscheidend, ob eine Subvention zu einer Belastung des Staatshaushalts führen muß.

Es zeigt sich, daß die Problematik der Belastung des öffentlichen Haushalts zwar in einem Zusammenhang mit der Frage der Vorteilsgewährung steht, beide aber getrennt und auf einander aufbauend zu prüfen sind. Ein Vorteil liegt vor, wenn das Unternehmen bei Ausblendung der staatlichen Maßnahme schlechter gestellt ist als mit ihr. Davon zu unterscheiden ist die Fragestellung, ob diese zu der Besserstellung führende Maßnahme zu einem Mittelabfluß auf Seiten des Staates geführt hat. Neben der Frage, worin eine geldwerte Maßnahme des Staates zu sehen sein kann, und der Analyse, ob diese Maßnahme zu einem Vorteil des Empfängers führt, erweist sich das Problem, ob diese Maßnahme gleichzeitig zu Kosten auf Seiten des Staates geführt hat, als eigenständiger Prüfungspunkt.

2. Der Begriff der Belastung des Staatshaushalts

In diesem Zusammenhang ist zu klären, was unter dem Begriff der Belastung des Staatshaushalts zu verstehen ist. In der Literatur werden die Begriffe auf Kosten des Staates und Belastung des Staatshaushalts zumeist als Synonyme verstanden.[221] Teilweise wird indes zwischen ihnen dergestalt differenziert, daß

---

[219] EuGH, Rs. C-379/98, *Preussen Elektra AG/Schleswag AG u.a.*, Slg. 2001, I-2099.

[220] Das in Streit stehende Stromeinspeisungsgesetz ist in der Zwischenzeit durch das Gesetz zum Vorrang erneuerbarer Energien abgelöst worden, BGBl. 2000 I 305.

[221] So Slotboom, 36 JWT (2002), S. 517 (535); Sanchez Rydelski, Handbuch Beihilferecht, S. 61ff., der von *„staatlicher Mittelzufuhr"* spricht; vgl. auch die Fallgestaltungen bei Soltész, EuZW 1998, S. 747 (748).

die Belastung des Staatshaushalts lediglich das Speisen der staatlichen Maßnahme aus Mitteln des Staates bezeichnet, während unter Kosten für den Staat, die aus einer solchen Verwendung staatlicher Mittel folgenden Opportunitätskosten verstanden werden, d.h. die entgangenen Gewinne, die bei alternativer Verwendung der Ressourcen bzw. nicht erfolgtem Verzicht auf normalerweise zu entrichtende Gelder hätten erzielt werden können.[222] Eine derartige Differenzierung erscheint für die subventionsrechtliche Prüfung nicht angezeigt. Wird die Maßnahme aus öffentlichen Mitteln finanziert und wird dadurch ein geldwerter Vorteil gewährt, liegen immer auch Opportunitätskosten für den Staat vor, denn der Vorteil besteht gerade in einer Besserstellung gegenüber Markt oder grundsätzlich anwendbarer Norm, d.h. es liegt ein nicht markt- oder normgerechter Einsatz finanzieller Ressourcen durch den Staat vor.[223] Die Differenz zu marktkonformem oder normgerechtem Verhalten stellt die Kosten des Staates dar. Folgen aus einer staatlichen Maßnahme keine Kosten, da sie den Marktverhältnissen oder dem Regelungssystem entspricht, fehlt es bereits am Vorteil für das Unternehmen, da mit einer derartigen Maßnahme keine Besserstellung verbunden ist. Insofern führt diese Differenzierung nicht zu einer unterschiedlichen Beurteilung subventionsrechtlicher Sachverhalte.

Unter der Fragestellung der Belastung des öffentlichen Haushalts wird somit nach hier vertretenem Verständnis zu fragen sein, ob das Subventionsrecht jegliche durch den Staat veranlaßte Begünstigung erfassen soll, auch wenn diese nicht mit finanziellen Aufwendungen für ihn verbunden waren, oder ob nur Unterstützungsmaßnahmen aus staatlichem Vermögen als Subvention gelten sollen.[224]

---

[222] So Prieß/Berrisch - Pitschas Rnr. 60, 65f., der davon ausgeht daß eine Subvention nach WTO Recht zwar aus öffentlichen Mitteln gespeist werden muß (Rnr. 60), dadurch aber keine Kosten auf Seiten des Staates entstehen müssen (Rnr. 65f.); vgl. zu den Opportunitätskosten Horlick/Clarke, 863 PLI/Corp (1994), S. 683 (705 Fn 45).

[223] Dabei müssen diese Opportunitätskosten nicht spiegelbildlich dem Vorteil des Unternehmens entsprechen. Denn bei mittelbar gewährten Subventionen, so z. B. wenn der Staat die Nachfrage nach bestimmten Gütern anregt, indem er Leistungen an Verbraucher richtet, damit diese Güter eines bestimmten Wirtschaftszweiges kaufen, müssen die Mittel, die der Staat den Verbrauchern gewährt, nicht dem Maß entsprechen, in dem die Unternehmen durch die gesteigerte Nachfrage begünstigt werden. Entreicherung des Staates und Bereicherung des Subventionsempfängers sind hier nicht deckungsgleich, gleichwohl ist mit der Bereicherung der Unternehmen zwingend eine Entreicherung des Staates verbunden.

[224] Vgl. auch Sanchez Rydelski, Handbuch Beihilferecht, S. 62; Kruse, 165 ZHR (2001), S. 577 (584).

II. Relevanz des Erfordernisses des Einsatzes öffentlicher Mittel im Beihilfenrecht und WTO Subventionsrecht

1. Die Auslegung der Formulierung *„staatliche oder aus staatlichen Mitteln"*

Der Anknüpfungspunkt für die Beantwortung der Frage, ob der Begriff der Beihilfe Kosten auf Seiten des Staates voraussetzt, ist die Formulierung in Art. 87 Abs. 1 EG, es müsse sich um *„staatliche oder aus staatlichen Mitteln gewährte"* Beihilfen handeln.

a. Die Entscheidung *Preussen Elektra*

Der EuGH stellte in der Entscheidung *Preussen Elektra* fest, daß es sich bei den seitens der Energieversorger für Strom aus regenerativen Energiequellen zu zahlenden Mindestpreisen nicht um *„staatliche oder aus staatlichen Mitteln gewährte"* Mittel handele, weshalb deren Beihilfenqualität zu verneinen sei. Die vorgenommene Unterscheidung zwischen *„staatlichen"* und *„aus staatlichen Mitteln gewährten"* Beihilfen bedeute nicht, daß alle von einem Staat gewährten Vorteile unabhängig davon Beihilfen darstellten, ob sie aus staatlichen Mitteln finanziert werden, sondern diene lediglich dazu, in den Beihilfenbegriff die unmittelbar vom Staat gewährten Vorteile, sowie diejenigen, die über eine vom Staat benannte oder errichtete öffentliche oder private Einrichtung gewährt werden, einzubeziehen.[225]

Dieser Rechtsprechung liegt eine Auslegung des Wortlauts *„staatliche oder aus staatlichen Mitteln"* zu Grunde, die diesen als eine Bestimmung der Herkunft der Mittel wertet.[226] Diese Auslegung ist keinesfalls zwingend. So kann die Tatbestandsvoraussetzung der Gewährung *„aus staatlichen Mitteln"* in Art. 87 Abs. 1 EG auch im Sinne einer dem Staat zurechenbaren Gewährung verstanden werden. Da die Formulierung nicht die Quelle der Mittel festschreibt, kann sie ebenfalls als Erfordernis staatlichen Einflusses auf deren Vergabe interpretiert werden.[227] Die offene Formulierung vermag damit die Frage der Belastung des öffentlichen Haushalts nicht zu klären.

---

225 EuGH, Rs. C-379/98, *Preussen Elektra AG/Schleswag AG u.a.*, Slg. 2001, I-2099 Rnr. 58 unter Verweis auf EuGH, Rs. C-82/77, *Van Tiggele*, Slg. 1978, 25, Rnr. 24f.; EuGH, verb. Rs. C-72/91 und C-73/91, *Sloman Neptun*, Slg. 1993, I-887, Rnr. 19; EuGH, Rs. C-189/91, *Kirsammer-Hack*, Slg. 1993, I-6185, Rnr. 16; EuGH, verb. Rs. C-52/97 bis C-54/97, *Viscido*, Slg. 1998, I-2629, Rnr. 13; EuGH, Rs. C-200/97, *Ecotrade*, Slg. 1998, I-7907, Rnr. 35; EuGH, Rs. C-295/97, *Piaggio*, Slg. 1999, I-3735, Rnr. 35.

226 Das Wortlautargument betont auch Calliess/Ruffert - Cremer Art. 87 Rnr. 10.

227 Schlußanträge GA Darmon, verb. Rs. C-72/91 und C-73/91, *Sloman Neptun*, Slg. 1993, I-903, Rnr. 40; Bacon, YEL (1997), S. 269 (289); Slotboom, 20 ELRev (1995), S. 289

Die Diskussion rankt sich vielmehr um den Zweck des gemeinschaftlichen Beihilfenrechts und dessen Grenzen. Für die Einbeziehung dieses Kriteriums wird geltend gemacht, daß der Beihilfenbegriff ohne Einbeziehung einer Belastung des Staatshaushalts jegliche Kontur zu verlieren drohe. Würden Maßnahmen, die zu keiner Belastung des Staatshaushalts führten, unter den Beihilfenbegriff subsumiert, müßten die Mitgliedstaaten, die betroffenen Unternehmen, die Kommission, die nationalen Gerichte und die Gemeinschaftsgerichte sämtliche Rechtsvorschriften zur Regelung der Beziehungen zwischen Unternehmen daraufhin überprüfen, ob sie bestimmten Unternehmen selektive Vergünstigungen gewährten.[228] Jede Intervention des Staates in das Wirtschaftsleben wäre am Maßstab der Beihilfenkontrolle zu messen, das somit zur allgemeinen Diskriminierungskontrolle ausgeweitet würde.[229] Dieser Prüfungsumfang würde aufgrund des Charakters der Beihilfenvorschriften als präventives Verbot mit Genehmigungsvorbehalt sämtliche wirtschaftsrelevanten Handlungen der Mitgliedstaaten durch das Prüfverfahren wesentlich verzögern.[230]
Dagegen wird auf den vom EuGH selbst sehr weit verstandenen Zweck der Beihilfenregelungen verwiesen, wonach „*alle Geldmittel, auf die der öffentliche Sektor tatsächlich zur Unterstützung von Unternehmen zurückgreifen kann*" uneingeschränkt zu erfassen sind, um potentiellen Wettbewerbsbeschränkungen vorzubeugen.[231] Ob eine staatliche Maßnahme zu Wettbewerbsbeschränkungen führen kann, ist nicht abhängig von einer Belastung der öffentlichen Haushalte. Im Fall *Preussen Elektra* bewirkte das in Rede stehende Gesetz keine Übertragung öffentlicher Mittel, sondern erzwang im Gegenteil die Übertragung privater Mittel. Nach der EuGH Rechtsprechung zu mittelbaren Vorteilen, gilt ein solcher als aus staatlichen Mitteln übertragen, wenn der Staat substantiellen Einfluß auf die Entscheidung der mittelnden Unternehmen ausübt.[232] Dieses muß folglich erst recht gelten, wenn die Übertragung von Mitteln per Gesetz erzwungen wird. Warum der EuGH seine Rechtsprechung zu mittelbar erlangten Vorteilen durch Einführung der Erfordernisses der Belastung öffentlicher Haushalte teilweise wieder einschränkt, ist aus dem Blickwinkel der auf die jeweiligen Auswirkungen der staatlichen Maßnahmen bezogenen Auslegung des Beihilfen-

(298); Soltész, EuZW 1998, S. 747 (750); Slotboom, 36 JWT (2002), S. 517 (526); i.E. ebenfalls, jedoch ohne nähere Begründung Kühling, RdE 2001, S. 93 (97).

228 Schlußanträge, GA Jacobs, Rs. C-379/98, *Preussen Elektra AG/Schleswag AG u.a.*, Slg. 2001, I-2099, Rnr. 157.

229 Lübbig/Martín-Ehlers, EU Beihilfenrecht, Rnr. 123; Soltész, EuZW 1998, S. 747 (750).

230 Kühling, RdE 2001, S. 93 (98).

231 EuG, Rs. T-358/94, *Air France*, Slg. 1996, II-2109, Rnr. 67; EuGH, Rs. C-83/98, *Landbroke Racing*, Slg. 2000, I-3271, Rnr. 50; so auch Heidenhain - Heidenhain § 4 Rnr. 27; Bacon, YEL (1997), S. 269 (288).

232 S. dazu oben S. 117ff.

begriffs nicht nachzuvollziehen. Denn nur weil der spezifische Vorteil hier aus privaten Mitteln herrührt, ist er nicht weniger wettbewerbsgefährdend, zumal im Fall *Preussen Elektra* sogar der Wettbewerber und nicht die Allgemeinheit die Lasten zu tragen hatte. Werden nach dieser Rechtsprechung Unternehmen oder Verbraucher verpflichtet, Gelder in ein staatliches Sondervermögen zu zahlen, das an andere Unternehmen, die u. U. wie im Fall *Preussen Elektra* Konkurrenten sind, ausgeschüttet wird, ist das Vorliegen einer Beihilfe zu bejahen, da neben dem Vorteil für die empfangenden Unternehmen in der Auszahlung durch das staatliche Sondervermögen auch eine Belastung für den öffentlichen Haushalt zu sehen ist. Wird dieser Umweg ausgelassen und die Unternehmen oder Verbraucher direkt verpflichtet, an andere Unternehmen zu zahlen, liegt trotz identischer staatlich veranlaßter Wettbewerbsbeeinflussung keine Beihilfe vor.[233] In diesem Fall entscheidet allein die auswechselbare formale Ausgestaltung einer Fördermaßnahme über deren beihilfenrechtliches Schicksal.[234]
Letztlich handelt es sich bei der Frage der Eingrenzung des Beihilfenbegriffs durch das zusätzliche Tatbestandsmerkmal der Belastung des öffentlichen Haushalts um eine Abwägung zwischen der Möglichkeit, staatliche Finanzzuführung mit potentiell wettbewerbsschädlichen Auswirkungen lückenlos zu erfassen auf der einen Seite, und der Möglichkeit, einer Ausweitung des Beihilfenrechts zu einer allgemeinen Diskriminierungskontrolle, die alle wettbewerbslenkenden Maßnahmen des Staates umfaßt, entgegenzusteuern auf der anderen Seite.[235]

---

[233] Auf diesen Punkt hatte das in *Preussen Elektra* vorlegende Landgericht Kiel zu Recht hingewiesen, LG Kiel, EuZW 1999, S. 29 (32); so geht die Kommission etwa im Fall des englischen Gesetzes über „*green certificates*", das die Energieversorgungsunternehmen verpflichtet, zur Förderung des Stroms aus erneuerbaren Energien zumindest teilweise Leistungen an staatlich eingerichtete Fonds vorzunehmen, davon aus, daß dieses zu aus staatlichen Mitteln gewährten Beihilfen führt, Entscheidung der Kommission v. 25.11.2001, Staatliche Beihilfe N 504/2000 (Website der Kommission), *Renewable Obligations and Capital Grants for Renewable Technologies*; s. dazu Heidenhain - Heidenhain § 4 Rnr. 32; s. ferner Koenig/Kühling, NJW 2000, S. 1065 (1068); Koenig/Kühling, EuZW 1999, S. 517 (521); diese systemimmanente Schwäche räumt auch Kruse, 165 ZHR (2001), S. 577 (586) ein.

[234] Gellermann, DVBl 2000, S. 509 (514); Heidenhain - Heidenhain § 4 Rnr. 31.

[235] Kühling, RdE 2001, S. 93 (98); Kruse, 165 ZHR (2001), S. 577 (586); Schohe/Arhold, EStAL 2002, S. 33 (36); Lübbig/Martín-Ehlers, EU Beihilfenrecht, Rnr. 123.

b. Folgerechtsprechung

Zwar hat die Kommission unter Verweis auf die *Preussen Elektra* Rechtsprechung die Folgegesetzgebung im Energiesektor gleichermaßen beurteilt,[236] jedoch bereitet die Übertragung dieses Tatbestandsmerkmals auf anders gelagerte Sachverhaltskonstellationen dem EuGH Probleme, wie am Beispiel der bereits erwähnten, nach *Preussen Elektra* ergangenen Entscheidung zur Vorschrift des § 52 Abs. 8 EStG deutlich wird.[237] Dort war die vermehrte Bereitstellung von Kapital für Unternehmen in den Neuen Bundesländern und Berlin durch private Investoren als Begünstigung für die dort ansässigen Unternehmen angesehen worden. Im Folgenden wurde die Frage der Belastung des öffentlichen Haushalts gar nicht angesprochen, obwohl die in der in Rede stehenden Steuergesetzgebung liegenden Vorteile, soweit überhaupt quantifizierbar, nur den jeweiligen Investoren zu Gute kamen. Eine unmittelbare Begünstigung dieser investierenden Unternehmen war zutreffend mit der Begründung abgelehnt worden, es handele sich bei den Vorschriften um allgemeine Maßnahmen. Richtigerweise hätte eine Begünstigung für die dort ansässigen Unternehmen verneint werden müssen. Soweit man mit dem EuGH in der vermehrten Bereitstellung von Kapital eine Begünstigung sieht, erfolgte diese nicht aufgrund eines (mittelbaren) Zuflusses staatlicher Mittel, sondern aufgrund veränderter Marktbedingungen. Die Gestaltung dieser Marktbedingungen war aber zuvor als allgemein und daher nicht beihilfenrechtlich relevant eingestuft worden. Vielmehr profitierten die Unternehmen von autonomen Entscheidungen der Investoren, denen durch die Vorschrift ein Anreiz gegeben werden sollte.[238] Aus den dadurch eintretenden Steuermindereinnahmen eine Belastung der öffentlichen Haushalte zu konstruieren, hieße, die Gesetzgebung zur Beeinflussung der Marktbedingungen durch die Hintertür beihilfenrechtlich relevant werden zu lassen. Daher hätte eine Belastung der öffentlichen Haushalte in diesem Fall ausscheiden müssen.

Der EuGH führt also durch seine Auslegung von *„staatlich oder aus staatlichen Mitteln"* mit der Belastung des öffentlichen Haushalts ein zusätzliches Tatbestandsmerkmal ein, vermengt dieses aber mit der vorausgehenden Fragestellung der begünstigenden Übertragung der Mittel. Zusammen mit seiner äußerst wei-

---

236 Entscheidung der Kommission v. 22.5.2000, staatliche Beihilfe NN 27/2000, (Website der Kommission), *Erneuerbare-Energien-Gesetz*; Entsch. der Kommission v. 22.5.2000, staatliche Beihilfe NN 68/2000, (Website der Kommission) *Kraft-Wärme-Kopplungsgesetz*; kritisch dazu Heidenhain - Heidenhain § 4 Rnr. 32 Fn 117.

237 EuGH, Rs. C-156/98, *Deutschland/Kommission*, Slg. 2000, I-6857; s. zu dieser Entscheidung oben S. 117.

238 EuGH, Rs. C-156/98, *Deutschland/Kommission*, Slg. 2000, I-6857, Rnr. 22ff., 27; s. dazu Schohe/Arhold, EStAL 2002, S. 33 (36); Heidenhain - Heidenhain § 4 Rnr. 45ff.; Bartosch, ZIP 2000, S. 2010ff.

ten und bisweilen konturlosen Rechtsprechung zur Frage mittelbarer Begünstigungen folgt hieraus ein inkonsistentes Verständnis des Beihilfenbegriffs.

2. WTO Subventionsrecht

Bereits vor Inkrafttreten des SCM Abkommens wurde die Frage, ob eine Subvention eine staatliche Mittelzufuhr voraussetze, unterschiedlich beurteilt. Die USA konzentrierten sich bei der Definition von Subventionen allein auf den Vorteilsbegriff, ohne der Frage der Herkunft der Mittel aus öffentlichen Haushalten Bedeutung beizumessen. Ließ sich der Vorteil für einzelne Unternehmen oder Produktionszweige nicht auf Mechanismen des freien Marktes zurückführen, wurde seitens der USA vom Vorliegen einer Subvention ausgegangen. Diese rechtliche Bewertung rechtfertigte die Belegung der Güter betroffenen Unternehmen mit Strafzöllen.[239] Demgegenüber hielt die EG Kommission[240] und ihr folgend der EuGH[241] eine Subvention nur bei staatlicher Mittelzufuhr für gegeben.[242]

Diese Meinungsverschiedenheit setzte sich in den Verhandlungen zum SCM Abkommen fort. Während die EG auf das Erfordernis der Kosten für den Staat im Rahmen des Subventionsbegriffs drängte,[243] beharrte die USA auf ihrer Position, daß es allein auf den durch die staatliche Maßnahme erlangten Vorteil ankomme, auch wenn das für den Staat nicht mit Kosten verbunden sei.[244]

---

[239] Sykes, 89 Col. L. Rev. (1989), S. 199 (204); Alessandrini, Subsidies, Strategic Trade Policies and GATT, in: Bourgeois, Subsidies and Int'l Trade, S. 5 (9); Didier, WTO Trade Instruments, S. 204f.

[240] Beschluss der Kommission, ABl. EG 1985 Nr. L 106/19 S. 24; Beschluß der Kommission, ABl. EG Nr. L 108/28 S. 29.

[241] EuGH, Rs. 187/85, *Fediol*, Slg. 1988, 4155, Rnr. 11f.; kritisch gegenüber Kommission und EuGH, Bronckers/Quick, 23 (6) JWT (1989), S. 5 (20ff.).

[242] Diese divergierenden Ansichten lösten 1981-82 einen Streit um Strafzölle gegen Stahlausfuhren zwischen den USA und der EG aus. Der Streit wurde politisch beigelegt, ohne die rechtliche Frage zu lösen, vgl. dazu Benyon/Bourgeois, 21 CMLRev. (1984), S. 305 (322ff.); Bronckers/Quick, 23 (6) JWT (1989), S. 5 (17).

[243] „*Actions by public authorities which do not imply expenditure of public funds, or, anyway, a charge on the public account, are not subsidies and a fortiori cannot be actionable or otherwise subject to subsidies discipline.*" Beitrag der EG im Rahmen der Verhandlungsgruppe zu Subventionen und Gegenmaßnahmen, Dok. MTN.GNG/NG10/W/31, 27. November 1989, vgl. dazu Didier, WTO Trade Instruments, S. 231.

[244] „*... (A)ny measure or combination of governmental which confers a benefit on the recipent enterprises.*" Beitrag der USA im Rahmen der Verhandlungsgruppe zu Subventionen und Gegenmaßnahmen, MTN.GNG/NG10/W/29, 22. November 1989, vgl. dazu Stewart, The Uruguay Round Vol. I, S. 898f.; Didier, WTO Trade Instruments, S. 231.

a. Der finanzielle Beitrag des Staates

Der Subventionsbegriff enthält weder explizit ein Tatbestandsmerkmal der Kosten für den Staat noch schließt er deren Berücksichtigung ausdrücklich aus. Mithin gilt diese Frage als umstritten.

Die Befürworter der Einschränkung der durch den Staat veranlaßten Vorteile auf aus Staatsvermögen finanzierte Vorteile berufen sich auf die Formulierung des Art. 1 SCMA, nach der eine Subvention vorliegt, wenn der Staat *„eine finanzielle Beihilfe leistet"*.[245] Ein finanzieller Beitrag des Staates impliziere, daß der Staat Quelle der Transfermittel sei,[246] sich der finanzielle Beitrag also aus öffentlichen Mitteln speisen müsse.[247] So sehe die Aufzählung finanzieller Beiträge in Art. 1 Abs. 1 Nr. 1 a) i) - iii) SCMA vor, daß der Staat durch den Transfer von Geldern, den Verzicht oder die Nichterhebung von Geldern bzw. das zur Verfügung Stellen von Waren oder Dienstleistungen oder den Ankauf von Waren eine Maßnahme vornehmen müsse. Dieses wirke sich direkt zu Lasten des Haushalts aus.[248]

Dabei wird nicht berücksichtigt, daß eine staatliche Maßnahme, die einen Vorteil vermittelt, aber nicht zu Auswirkungen auf den öffentlichen Haushalt führt, stets eine Dreieckskonstellation voraussetzt, da der Staat einen Dritten verpflichtet, eine geldwerte Leistung zu Gunsten eines bestimmten Unternehmens oder Wirtschaftszweigs vorzunehmen. Diese Konstellation wird indessen nicht durch die zitierten drei Alternativen der abschließenden Liste finanzieller Beiträge in Art. 1 Abs. 1 Nr. 1 a) SCMA, sondern durch die vierte Alternative erfaßt.[249] Danach liegt eine finanzielle Beihilfe des Staates vor, wenn der Staat eine private Einrichtung mit den oben aufgezählten Tätigkeiten betraut oder dazu anweist. Damit enthält Art. 1 Abs. 1 Nr. 1 a) iv) SCMA keine Aussage über die Herkunft der zu verwendenden Mittel. Denn der Staat kann einen Privaten mit dem Kauf von Waren oder dem Transfer von Geldern betrauen oder ihn dazu anweisen, um in den Genuß eines staatlichen Zuschusses zu gelangen (wie im Fall des Zuschusses des französischen Staates zum Kauf bestimmter Sportartikel). Die Anweisung kann indes auch ohne Gewährung eines staatlichen Zuschusses erfol-

---

245 *„Financial contribution"* in der authentischen engl. Fassung; Beihilfe erscheint hier wegen seinem europarechtlichen Bezug als unglückliche Übersetzung, so daß im Folgenden die Formulierung finanzieller Beitrag gewählt wird.

246 So z. B. Beviglia Zampetti, 29 JWT (1995), S. 5 (28), der von der Fokussierung des Abkommens auf *„public financial contribution"* im Gegensatz zu *„any benefit conferring government action"* ausgeht; vgl. auch Grave, Begriff der Subvention, S. 157; davon ausgehend auch Low, Treatment of Subsidies, in: Ehlermann/Everson, Selected Issues, S. 103 (120).

247 So Prieß/Berrisch - Pitschas Rnr. 60, 66.

248 Art. 1 Abs. 1 Nr. 1 a) i)-iii) SCMA.

249 Art. 1 Abs. 1 Nr. 1 a) iv) SCMA.

gen, so daß die Kosten für den Kauf von Waren oder den Transfer von Geldern vollständig von Privaten getragen werden (so im Fall des Stromeinspeisungsgesetzes). Art. 1 Abs. 1 Nr. 1 a) iv) SCMA kann folglich dahingehend ausgelegt werden, daß finanzielle Beiträge im Sinne des WTO Subventionsbegriffs auch derartige staatliche Maßnahmen sind, die nicht auf Kosten des Staates erfolgen.[250] Insofern läßt die abschließende Aufzählung der finanziellen Beiträge in Art. 1 Abs. 1 Nr. 1 lit. a) SCMA nicht den Schluß zu, daß die Kosten auf Seiten des Staates zwingend zu berücksichtigen wären.
Jedoch bleibt der Maßstab der Kosten für den Staat im SCM Abkommen nicht gänzlich unberücksichtigt. Denn Nr. 1 zum Anhang IV des SCM Abkommens bestimmt, daß im Rahmen der Bestimmung der nachteiligen Auswirkungen einer Subvention, deren Höhe anhand der dem Staat entstehenden Kosten zu berechnen ist. Geht man davon aus, daß die Höhe der Subvention im Sinne des Art. 1 SCMA der Höhe des Vorteils entspricht,[251] ist zu fragen, ob bei der Bestimmung des Vorteils die Kosten des Staates berücksichtigt werden müßten. Auf diesem Wege könnte verhindert werden, daß die Höhe der Subvention innerhalb des Abkommens unterschiedlich berechnet wird. Die Systematik des Abkommens läßt zwei unterschiedliche Berechnungsmethoden der Höhe einer Subvention durchaus zu. Denn es ist systematisch zu unterscheiden zwischen den Fragen, wann eine Subvention vorliegt, und ob diese Subvention eine ernsthafte Schädigung im Sinne des Art. 6 SCMA verursacht. Eine Übertragung von Tatbestandsmerkmalen des Begriffs der nachteiligen Auswirkungen einer Subvention auf die Subventionsdefinition läßt sich nicht mit der Systematik des Abkommens vereinbaren, da es bei bestimmten Subventionen der Feststellung einer ernsthaften Schädigung nicht bedarf, um Rechtsfolgen auszulösen.[252] Vielmehr kann die explizite Einbeziehung der Kosten im Rahmen der Feststellung nachteiliger Auswirkungen einer Subvention so interpretiert werden, daß andernfalls eine Berücksichtigung der Kosten unterblieben wäre. Damit wäre Anhang IV Abs. 1 zu Art. 6 Abs. 1 lit. a SCMA im Rahmen des oben skizzierten Streits bei den Verhandlungen zum SCM Abkommen gleichsam als Kompensation für das alleinige Abstellen auf den Vorteil im Rahmen des Subventionsbegriffs zu verstehen.[253] Selbst wenn die Geltungsdauer der mittlerweile außer Kraft

---

[250] Vgl. dazu Stewart, The Uruguay Round Vol. I, S. 899; Slotboom, 36 JWT (2002), S. 517 (539); Didier, WTO Trade Instruments, S. 232; Tietje, Sicht des WTO Rechts, in: Ehlers/Wolffgang/Pünder, Ausfuhrförderung, S. 9 (23f.).

[251] Vgl. Art. 14 SCMA, der die Berechnung der Höhe der Subvention an dem den Empfängern erwachsenen Vorteil bemißt.

[252] So bei Exportsubventionen und Subventionen, die davon abhängig sind, daß einheimische Waren Vorrang vor eingeführten Waren erhalten, Art. 3 Abs. 1 SCMA s. dazu oben S. 79; vgl. auch Benitah, Law of Subsidies, S. 230.

[253] So Didier, WTO Trade Instruments, S.232.

getretenen Vorschrift des Art. 6 Abs. 1 lit. a SCMA mit samt Anhang IV Abs. 1 durch die Vertragsparteien verlängert werden sollte,[254] bedeutet dies nicht, daß damit die Kosten des Staates bei der Bestimmung, ob eine bestimmte Maßnahme als Subvention zu klassifizieren ist, zu berücksichtigen wären.
Aus dem Umstand der Aufnahme des Vorteilsbegriffs in die Subventionsdefinition kann nicht zwangsläufig eine Wertung gegen jegliche Relevanz der Kosten auf Seiten des Staates im Rahmen der Subventionsdefinition abgeleitet werden.[255] Die Tatsache, daß Art. 1 SCMA einen Vorteil auf Seiten des Empfängers oder mittelbar Begünstigten verlangt, beantwortet nicht die Frage, ob nicht das Erfordernis von Kosten auf Seiten des Staates besteht. Die teilweise geäußerten „*entweder oder*“ Ansichten lassen sich nur vor dem Hintergrund der vor dem SCMA bestehenden Rechtslage erklären, die mangels Definition einer Subvention zu der Kontroverse führte, ob auf einen Vorteil auf Seiten des Subventionsnehmers oder auf die Kosten für den Staat abzustellen sei.[256]
Zusammenfassend ist festzustellen, daß sich dem Subventionsbegriff des SCM Abkommens kein explizites Bekenntnis zur einen oder anderen Ansicht entnehmen läßt. Die Frage des Erfordernisses einer staatlichen Mittelzufuhr gehört offenbar zu jenen Problemen, die während der Verhandlungen gesehen, nicht gelöst und letztlich übergangen worden sind, so daß ihre Klärung den Streitbeilegungsorganen aufgegeben ist.[257]

b. Der Fall *Canada – Civilian Aircraft*

Diese Frage der Auslegung des Subventionsbegriffs im Hinblick auf die Relevanz der Kosten des Staates wurde im Fall *Canada – Civilian Aircraft*[258] thematisiert. Unstreitig war in diesem Fall, daß Kanada seiner heimischen Luftfahrtindustrie durch eine staatlich gelenkte Institution finanzielle Mittel zu einer unterhalb der Marktbedingungen liegenden Verzinsung zur Verfügung gestellt hat-

---

254 Art. 31 SCMA begrenzte die Geltungsdauer des Art. 6 Abs. 1 SCMA zunächst auf 5 Jahre nach Inkrafttreten des Abkommens.

255 Bourgeois, State Aids and WTO Subsidies, in: Ehlermann/Everson, Selected Issues, S. 209 (225); a. A. Norall, Impact of the new rules on subsidies and countervailing measures, in: Bourgeois/Berrod/Gippini-Fournier, S. 255 (259f.).

256 S. zu den unterschiedlichen Sichtweisen: Didier, WTO Trade Instruments, S. 214ff.; Stewart, The Uruguay Round Vol. I, S. 837; Quick, Subsidy Calculation, in: Bourgeois, Subsidies and Int'l Trade, S. 83ff.; Depayre/Petriccione, Definition of a Subsidy, in: Bourgeois, Subsidies and Int'l Trade, S. 67 (69ff.); Horlick/Clarke, 863 PLI/Corp (1994), S. 683 (705).

257 So zutreffend Didier, WTO Trade Instruments, S. 217.

258 Panel und Appellate Body Berichte, *Canada – Export of Civilian Aircraft*, WTO-Dok., WT/DS70/R, WT/DS70/AB/R.

te.[259] Kanada argumentierte, daß ein Vorteil nur vorliegen könne, wenn mit der jeweiligen Maßnahme Kosten für den Staatshaushalt einhergehen würden. Das Budget des Staates würde vorliegend nicht belastet, da Kanada sich zu einem geringeren Zinssatz refinanzieren könne.[260] Analog zu dem von Generalanwalt Jacobs in *Preussen Elektra* aufgeführten Argument,[261] betonte Kanada, daß nur bei Berücksichtigung der auf staatlicher Seite entstehenden Kosten zu verhindern sei, daß sich die Subventionskontrolle auf unter rein marktwirtschaftlichen Bedingungen zustande gekommene Verträge erstrecke. Ein solch weiter Anwendungsbereich des Abkommens sei mit der ursprünglichen Intention der Unterzeichner nicht mehr in Einklang zu bringen.[262] Das Erfordernis einer staatlichen Mittelzufuhr entnahm Kanada der bereits oben erwähnten Nr. 1 zum Anhang IV des SCMA. Zwar sei dieser Ansatz lediglich in Art. 6 SCMA als Berechnungsmethode im Rahmen der Feststellung einer ernsthaften Schädigung der Interessen eines anderen WTO Mitglieds durch eine Subventionierung enthalten. Indes sei die Anwendung dieses kostenorientierten Ansatzes ergänzend im Rahmen der Definition einer Subvention nach Art. 1 SCMA geboten. Andernfalls könne der Fall eintreten, daß Maßnahmen zwar Subventionen gemäß Art. 1 SCMA darstellten, jedoch mangels Mittelzufuhr keine Wertmäßigkeit gemäß Art. 6 SCMA iVm Anhang IV Nr. 1 SCMA besäßen. In den Vorteilsbegriff des Art. 1 SCMA sei deshalb die Prüfung nach Kosten für den Staatshaushalt mit einzubeziehen.[263]
Diese Argumentation veranlaßte das Panel und ihm folgend den Appellate Body zu grundlegenden Ausführungen zur Relevanz der Kosten im Rahmen der Subventionsdefinition. Kosten für den Staat könnten im Rahmen der Definition einer Subvention schon deshalb nicht relevant sein, da nach Art. 1 Abs. 1 a) Nr. 1 iv) SCMA auch dann ein finanzieller Beitrag des Staates vorliege, wenn er Private zu einer geldwerten Leistung anweise und dabei die Kosten vollständig von den Privaten getragen würden.[264] Aus diesem Grund sei die Belastung des Staatshaushalts nicht im Rahmen des Vorteilsbegriffs zu untersuchen.

---

[259] Panel Bericht, *Canada – Export of Civilian Aircraft*, WTO-Dok., WT/DS70/R, Rnr. 9.221ff.

[260] Panel Bericht, *Canada – Export of Civilian Aircraft*, WTO-Dok., WT/DS70/R, Rnr. 6.203.

[261] Schlußanträge GA Jacobs, Rs. C-379/98, *Preussen Elektra AG/Schleswag AG u.a.*, Slg. 2001, I-2099, Rnr. 162ff.

[262] Panel Bericht, *Canada – Export of Civilian Aircraft*, WTO-Dok., WT/DS70/R, Rnr. 5.51.

[263] Panel Bericht, *Canada – Export of Civilian Aircraft*, WTO-Dok., WT/DS70/R, Rnr. 5.34.

[264] *„Article 1.1(a)(1)(iv) identifies as a "financial contribution" the situation where a government directs a private body to make "financial contributions" within the meaning of Article 1.1(a)(1)(i)-(iii). In such a situation, the net cost could be incurred entirely by the private body rather than the government.“* Appellate Body Bericht, *Canada – Export of Civilian Aircraft*, WTO-Dok., WT/DS70/AB/R Rnr. 149ff.

Panel und Appellate Body sahen hier durch Auslegung des Art. 1 Abs. 1 lit. a) Nr. 1 iv) SCMA die durch den Staat veranlaßten Vorteile als Subvention im Sinne des WTO Rechts an, wenn diese Vorteile nicht aus Staatsvermögen finanziert wurden. Nach hier vertretener Ansicht hätte dazu in dieser Fallkonstellation kein Anlaß bestanden. Denn es existierte durch die Gewährung von Mitteln ein finanzieller Beitrag in Höhe der Differenz zwischen vereinbarter Verzinsung und marktüblicher Verzinsung. In dieser Differenz lagen zum einen der Vorteil für die Luftfahrtindustrie und zum anderen die Kosten für den Staat in Form von entgangenem Gewinn.[265] Insofern hätte die Frage, ob der Subventionsbegriff Kosten für den Staat voraussetzt, unbeantwortet bleiben können, da eine Belastung des Staatshaushalts zu bejahen war.
Mit dieser Auslegung, nach der ein öffentlicher finanzieller Beitrag vorliegt, wenn der Staat die Erbringung geldwerter Leistungen zwischen Privaten veranlaßt, begibt sich das WTO Subventionsrecht über die Reichweite des Beihilfenrechts hinaus. Der Subventionsbegriff orientiert sich damit ausschließlich am Vorteil für bestimmte Marktteilnehmer, der unabhängig davon eintritt, ob er durch öffentliche oder private Mittel finanziert wird.[266]
Zu beachten ist, daß die EG zwar im Sinne des hier vertretenen Ansatzes in ihrer Stellungnahme darauf hinwies, daß die Frage der Belastung des öffentlichen Haushalts nicht mit einem etwaigen Vorteil vermengt werden dürfe, im Ergebnis gleichwohl entgegen der beihilfenrechtlichen Praxis eine Belastung des Staatshaushalts aufgrund der Refinanzierungsmöglichkeit des Staates ablehnte.[267]

---

[265] Kanada differenzierte zwischen der unstreitigen Verwendung von öffentlichen Mitteln und Kosten für den Staat. Nach hier vertretener Ansicht stellt die Verwendung öffentlicher Mittel zu unter Marktniveau liegenden Bedingungen stets einen finanziellen Beitrag und einen Vorteil dar. Dies entspricht der Sichtweise des Appellate Body (Appellate Body Bericht, *Canada – Export of Civilian Aircraft*, WTO-Dok., WTO-Doc., WT/DS70/AB/R, Rnr. 149). Die Belastung des Staatshaushalts durch diese Maßnahme stellt wie oben dargelegt einen eigenen Prüfungspunkt dar.

[266] Low, Treatment of Subsidies, in: Ehlermann/Everson, Selected Issues, S. 103 (120) weist auf diese Wertungswidersprüche bei einem Subventionsbegriff unter Berücksichtigung der Staatskosten hin, geht jedoch im Fall des SCM Abkommens von einer engeren Definition der Subvention aus; vgl. auch Wolfram, Exportkreditförderung, S. 242.

[267] Appellate Body Bericht, *Canada – Export of Civilian Aircraft*, WTO-Dok., WT/DS70/AB/R, Rnr. 95.

c. Der Fall *United States - Export Restraints*

Im Fall *United States – Export Restraints*[268] stand die Ansicht der USA im Streit, daß Exportbeschränkungen als Subventionen im Sinne des WTO Rechts anzusehen seien. Denn diese führten bei denen der Beschränkung unterworfenen einheimischen Produkten zu Preisnachlässen auf dem Heimatmarkt, wodurch den Käufern dieser Produkte ein Vorteil eingeräumt würde.[269] Da die staatliche Maßnahme lediglich in der Beschränkung des Exports bestand, der vermeintliche Vorteil hingegen erst durch die Preissenkungen der Unternehmen entstand, fehlte es in diesem Fall unzweifelhaft an einer Belastung des staatlichen Haushalts. Dennoch gelangte das Panel nicht zur Anwendung der zuvor in *Canada – Civilian Aircraft* aufgestellten weiten Auslegung des Subventionsbegriffs ohne Berücksichtigung der Kosten. Es stellte vielmehr fest, daß nicht jede staatliche Maßnahme, die einen Vorteil gewähre, als Subvention anzusehen sei, sondern nur diejenigen Maßnahmen, die sich unter die vier abschließenden Fallgruppen des finanziellen Beitrags in Art. 1 Abs. 1 a) Nr. 1 SCMA subsumieren ließen.[270] Erwogen wurde ein finanzieller Beitrag in Form des Anweisens oder Betrauens Privater. Jedoch fehlte es hier auf staatlicher Seite an einem konkreten Akt des Anweisens der Unternehmen zu den Preisnachlässen. Damit lag bereits kein finanzieller Beitrag vor, so daß nicht mehr zu prüfen war, ob dieser auf staatliche Kosten hätte erfolgen müssen.[271] Insofern bot sich kein Anlaß, die Auslegung nach *Canada – Civilian Aircraft* in ihrer Tragweite kritisch zu überprüfen.[272]

III. Die Übertragung der WTO Rechtsprechung auf den Fall *Preussen Elektra*

Um die Unterschiede der Rechtsprechung zur Frage der Relevanz staatlicher Kosten bei der Klassifizierung staatlicher Maßnahmen als Subventionen zu veranschaulichen, bietet es sich an, den Fall *Preussen Elektra* nach WTO Recht zu lösen.[273] Einschlägige Tatbestandsalternative ist Art. 1 Abs. 1 a) Nr. 1 iv)

---

268 Panel Bericht, *United States - Measures Treating Exports Restraints as Subsidies*, WTO-Dok, WT/DS194/R.

269 Panel Bericht, *United States - Measures Treating Exports Restraints as Subsidies*, WTO-Dok, WT/DS194/R, Rnr. 8.21.

270 Panel Bericht, *United States - Measures Treating Exports Restraints as Subsidies*, WTO-Dok, WT/DS194/R, Rnr. 8.69.

271 Panel Bericht, *United States - Measures Treating Exports Restraints as Subsidies*, WTO-Dok, WT/DS194/R, Rnr. 8.26ff.

272 Vgl. Panel Bericht, *United States - Measures Treating Exports Restraints as Subsidies*, WTO-Dok, WT/DS194/R, Rnr. 8.62.

273 Vgl. dazu auch Slotboom, 36 JWT (2002), S. 517 (539).

SCMA. Dieser enthält fünf Voraussetzungen:[274] Eine staatliche Betrauung oder Anweisung (1.) einer privaten Einrichtung (2.), um eine oder mehrere der in den Tatbestandsalternativen i) bis iii) genannten Aufgaben wahrzunehmen (3.), die normalerweise der Regierung obliegen (4.). Dabei darf sich dieses Verfahren in keiner Weise von den Praktiken unterscheiden, die normalerweise von den Regierungen ausgeübt werden (5.).

In *Preussen Elektra* wurden die Energieversorgungsunternehmen mittels des Stromeinspeisungsgesetzes verpflichtet, Erzeuger erneuerbarer Energien durch höhere Preise beim Ankauf zu bevorzugen. Darin liegt die geforderte Anweisung (1.). Des Weiteren müßte es sich bei den Energieversorgern um private Einrichtungen im Sinne des Art. 1 Abs. 1 a) Nr. 1 iv) SCMA handeln. Private Einrichtungen in diesem Sinne sind alle Einrichtungen, die nicht Regierung oder öffentliche Körperschaft sind.[275] Die beklagten Energieversorger stellen damit private Einrichtungen im Sinne dieser Vorschrift dar (2.).[276] Auch eine Tatbestandsalternative des Art. 1 Abs. 1 a) Nr. 1 SCMA ist erfüllt, denn der Erwerb von Energie zu überhöhten Preisen stellt eine finanzielle Beihilfe in Form des Ankaufs von Waren nach Art. 1 Abs. 1 a) Nr. 1 iii) SCMA dar (3.).[277] Diese Tätigkeit müßte normalerweise der Regierung obliegen. Die in Streit stehende Praktik ist die Bestimmung von oberhalb des Marktniveaus liegenden Preisen für Strom aus regenerativen Quellen im Stromeinspeisungsgesetz. Dieses dient der Förderung der Hersteller regenerativer Energie.[278] Die Bezuschussung und Besserstellung bestimmter Energieträger zu Lasten anderer Formen der Erzeugung stellt die praktische Umsetzung eines bestimmten auf politischer Ebene definierten Ziels dar. Die Festsetzung und Implementierung derartiger Bestrebungen obliegt den politisch Verantwortlichen (4.). Die vorliegende Praktik, nach der private Unternehmen den finanziellen Beitrag zu leisten haben, unterscheidet sich in ihrer Wirkung nicht von denjenigen Konstellationen, in denen diese Funktion vom Staat ausgeübt wird, d.h. in denen Gelder von staatlicher Seite erhoben werden, um diese an als förderungswürdig betrachtete Wirt-

---

[274] Panel Bericht, *United States - Measures Treating Exports Restraints as Subsidies*, WTO-Dok., WT/DS194/R Rnr. 8.25; Panel Bericht, *United States –Semiconductors from Korea*, WTO-Dok., WT/DS296/R, Rnr. 7.29ff.; s. zu dieser Tatbestandsalternative bereits oben S. 84ff.

[275] Panel Bericht, *United States – Measures Treating Exports Restraints as Subsidies*, WTO-Dok., WT/DS194/R, Rnr. 8.49.

[276] S. dazu EuGH, Rs. C-379/98, *Preussen Elektra AG/Schleswag AG u.a.*, Slg. 2001, I-2099, Rnr. 55, die öffentliche Hand war bei lediglich zwei der acht Energieversorgungsunternehmen Mehrheitsgesellschafter.

[277] S. zum Tatbestandsmerkmal des finanziellen Beitrags in dieser Alternative oben S. 98ff.

[278] EuGH, Rs. C-379/98, *Preussen Elektra AG/Schleswag AG u.a.*, Slg. 2001, I-2099 Rnr. 11.

schaftszweige auszuschütten (5.).[279] Der Sachverhalt im Fall *Preussen Elektra* beinhaltet also eine finanzielle Beihilfe im Sinne des Art. 1 Abs. 1 a) Nr. 1 iv) SCMA. Die Preisfestsetzung oberhalb des Marktpreises stellt für die Hersteller erneuerbarer Energien einen Vorteil im Sinne des Art. 1 Abs. 1 b) SCMA dar. Da die Regelung aus dem Kreis der Stromproduzenten nur bestimmte Erzeugern zu Gute kommt, ist sie ferner spezifisch im Sinne des Art. 2 SCMA.[280]

Danach sprechen Auslegung des Art. 1 SCMA und Spruchpraxis der Streitbeilegungsorgane dafür, Sachverhaltskonstellationen wie *Preussen Elektra* trotz durch den EuGH verneinter Beihilfenqualität als Subventionen nach dem SCM Abkommen zu qualifizieren. Eine Möglichkeit der Rechtfertigung der im Vergleich zum europäischen Beihilfenrecht weiteren Interpretation könnte der Gesamtzusammenhang darstellen. So bedeutet die Bejahung einer Subvention im WTO Recht noch nicht deren grundsätzliche Rechtswidrigkeit, sondern sie ist, außer in den Fällen des Art. 3 SCM Abkommen nur bei entsprechenden Auswirkungen auf andere Volkswirtschaften anfechtbar.[281] Hinzu kommt, daß Art. 87 EG mit seiner Struktur als Präventivverbot mit Genehmigungsvorbehalt striktere und weitergehende verfahrensrechtliche Konsequenzen mit sich bringt.[282] Dennoch erscheint fraglich, ob sich die Streitbeilegungsorgane bei dieser Auslegung des Subventionsbegriffs der Implikationen bewußt waren. Die zum Beihilfenbegriff vorgetragenen Bedenken bezüglich des uferlosen Anwendungsbereichs des Subventionsrechts müssen gleichermaßen gelten.

F. Subventionsempfänger

Subventionsempfänger ist der durch die staatliche Maßnahme Begünstigte. Wie bereits festgestellt, können dazu in beiden Rechtsordnungen neben dem Empfänger der staatlichen Maßnahme die mittelbar durch diese Begünstigten zählen.

I. Unternehmen und Wirtschaftszweige

Nach Art. 87 Abs. 1 EG muß die Begünstigung bei bestimmten Unternehmen oder Produktionszweigen eintreten. Der Begriff des Unternehmens ist für das europäische Wettbewerbsrecht einheitlich auszulegen und umfaßt jede Einheit, die als Anbieter oder Nachfrager auf Märkten agiert, ohne daß es auf deren Finanzierung oder rechtliche Organisation ankommt.[283] Wie sich aus Art. 86

---

279 Vgl auch Slotboom, 36 JWT (2002), S. 517 (539).

280 S. dazu unten S. 146ff.

281 So auch Bourgeois, State Aids and WTO Subsidies, in: Ehlermann/Everson, Selected Issues, S. 209 (225).

282 Slotboom, 36 JWT (2002), S. 517 (542).

283 Zur einheitlichen Anwendung des Unternehmensbegriffs Schroeter/Jacob/Mederer - Mederer Art. 87 Rnr. 31; Heidenhain - Heidenhain § 4 Rnr. 50; zum Unternehmensbegriff Art. 81 EG betreffend: EuGH, Rs. C-41/90, *Höfner u. Elser*, Slg. 1991, I-1979, Rnr. 21;

Abs. 1 EG ergibt, werden öffentliche Unternehmen gleichermaßen erfaßt.[284] Der Begriff der Produktionszweige ist keineswegs auf Unternehmen des produzierenden Gewerbes beschränkt, sondern umfaßt auch Handels- und Dienstleistungsunternehmen.[285] Der EuGH ist daher zur Terminologie des Wirtschaftszweiges übergegangen.[286]

Der Tatbestand der Subvention in Art. 1 SCMA benennt selbst nicht den potentiellen Empfängerkreis. Nach Art. 2 Abs. 1 SCMA liegt eine spezifische Subvention vor, wenn diese sich an ein Unternehmen, einen Wirtschaftszweig oder eine Gruppe von Unternehmen oder Wirtschaftszweigen richtet.[287] Dabei ist der Unternehmensbegriff weit zu verstehen. Stehen von staatlicher Seite ausgeübte Tätigkeiten im Wettbewerb mit anderen Unternehmen, wird der Staat also unternehmerisch tätig, können diese öffentlichen Unternehmen Subventionsempfänger sein.[288] Schließlich deckt sich der Begriff des Wirtschaftszweigs mit dem vom EuGH identisch benannten Terminus in Art. 87 EG.

II. Verbraucher

In beiden Rechtsordnungen ist bisher insbesondere im Rahmen der Analyse des Vorteilsbegriffs davon ausgegangen worden, daß Verbraucher lediglich als Mittler von Begünstigungen für Unternehmen oder Wirtschaftszweige in Betracht kommen, indes nicht selbst Empfänger subventionsrechtlich relevanter Vorteile sein können. Für das Beihilfenrecht reicht zur Begründung der Verweis auf Art. 87 EG, der Verbraucher als Subventionsempfänger explizit ausschließt.[289] Im SCM Abkommen erscheint aufgrund des Wortlauts eine andere Auslegung zumindest denkbar. Denn Art. 1 Abs. 2 SCMA bestimmt, daß eine Subvention nur Rechtsfolgen zeitigen kann, wenn es sich um eine spezifische Subvention nach Art. 2 SCMA handelt. Art. 2 Abs. 1 SCMA regelt die Voraussetzungen, unter denen von einer spezifischen Subvention an ein Unternehmen, einen Wirt-

---

EuGH, Rs. C-55/96, *Job Centre*, Slg. 1997, I-7119, Rnr. 21; EuGH, Rs. C-309/99, *Wouters*, Slg. 2002, I-1577, Rnr. 46.

[284] S. z.B. den Fall der Abgabenbefreiung einer staatlichen Bank EuGH, Rs. C-387/92, *Banco Exterior*, Slg. 1994, I-877; Beihilfen zugunsten einer staatlichen Fluggesellschaft: EuG, Rs. T-358/94, *Air France*, Slg. 1996, II-2109.

[285] Schroeter/Jacob/Mederer - Mederer Art. 87 Rnr. 35.

[286] Vgl. EuGH, *Maribel*, Rs. C-75/97, Slg. 1999, I-3671, Rnr. 6, 30, 32ff.; auch Art. 87 Abs. 3 c) EG spricht von Wirtschaftszweigen.

[287] Zur Bedeutung des Merkmals der Spezifität, s. sogleich unten S. 146ff.

[288] S. zur Anwendbarkeit des WTO Subventionsrecht auf öffentliche Unternehmen oben S. 81ff.; s. ferner Grave, Begriff der Subvention, S. 168.

[289] Geben sie jedoch eine auf einer staatlichen Leistung beruhende Begünstigung an ein Unternehmen oder einen Wirtschaftszweig weiter, sind diese nach Rechtsprechung des EuGH potentielle Beihilfenempfänger, s. oben S. 118.

schaftszweig oder eine Gruppe von Unternehmen oder Wirtschaftszweigen auszugehen ist. Dieser Bestimmtheitsgrundsatz schließt Verbraucher als Empfänger aus. Grundsätzlich ist damit wie im Beihilfenrecht der Empfängerkreis auf Unternehmen und Wirtschaftszweige beschränkt. Jedoch regelt Art. 2 Abs. 3 SCMA, daß Exportsubventionen und Subventionen, die davon abhängig sind, daß einheimische Waren Vorrang vor eingeführten Waren erhalten (Art. 3 Abs. 1 SCMA) als spezifisch gelten, ohne daß die in Art. 2 Abs. 1 SCMA aufgeführten Grundsätze zu prüfen wären. Daraus könnte gefolgert werden, daß die Begrenzung auf Unternehmen, Wirtschaftszweige oder eine Gruppe von Unternehmen oder Wirtschaftszweigen für die genannten Subventionsarten nicht anwendbar sei, da diese nicht zugleich Bestandteil des allgemeinen Subventionstatbestandes des Art. 1 SCMA ist, sondern lediglich Tatbestandsmerkmal der Spezifitätsprüfung.[290] Dieser Ansicht ist zuzugeben, daß Art. 2 Abs. 3 SCMA nur von „*spezifischer Subvention*“ spricht und den in Art. 2 Abs. 1 EG enthaltenen Zusatz „*für ein Unternehmen oder einen Wirtschaftszweig oder eine Gruppe von Unternehmen oder Wirtschaftszweigen*“ nicht erwähnt. Aus diesem verkürzten Wortlaut auf die Erweiterung des Empfängerkreises auf Verbraucher zu schließen, hieße, den Sinn und Zweck der Vorschrift des Art. 2 Abs. 3 SCMA zu verkennen. Denn Art. 2 Abs. 3 SCMA verzichtet für die genannten Subventionsarten nicht auf das Bestimmtheitserfordernis als solches,[291] sondern nur auf dessen Nachweis. Ebenso wie die Subventionsarten des Art. 3 SCMA aufgrund der ihnen von den Vertragsparteien zuerkannten besonders schädlichen Auswirkungen für den internationalen Handel strengeren Rechtsfolgen unterworfen sind,[292] wird den von derartigen Subventionen betroffenen Staaten der Nachweis ihrer Voraussetzungen erleichtert, indem die Spezifität der in Rede stehenden staatlichen Maßnahmen unwiderlegbar vermutet wird. Aus welchen Gründen diese Maßnahme keinen Akt politischer Gestaltung der allgemeinen Wirtschaftspolitik ohne Ansehung einzelner Unternehmen oder Wirtschaftszweige darstellen, sondern eine gezielte Begünstigung bestimmter Unternehmen oder Wirtschaftszweige beabsichtigen, braucht somit nicht dargelegt zu werden. Jenseits dieser Vermutungswirkung ist aus Art. 2 Abs. 3 SCMA nicht herauszule-

---

290 Zwar wohnt es dem Begriff der Exportsubvention inne, das sich diese nicht an Konsumenten, sondern an Produzenten und Handel richtet, so daß diesbezüglich Verbraucher als Subventionsempfänger ausscheiden. Demgegenüber sind aber bei nach der Warenherkunft diskriminierenden Subventionen Verbraucher als Empfänger durchaus denkbar. Derartige Zahlungen an Verbraucher mit dem Ziel einheimische vor ausländischen Herstellern zu begünstigen, lagen z. B. im Fall des Zuschusses des französischen Staates zum Kauf von Sportartikeln französischer Herkunft vor, der bislang nur im Hinblick auf subventionsrechtliche Vorteile für die Sportartikelhersteller untersucht worden ist.

291 So Grave, Begriff der Subvention, S. 160.

292 Vgl. Art. 4 Abs. 7 SCMA, dazu im einzelnen S. 235ff.

sen, daß sich die Maßnahme von vorn herein gar nicht an Unternehmen zu richten brauchte.[293]

Somit stellen Verbraucher auch nach WTO Subventionsrecht keine Subventionsempfänger dar, so daß beide Subventionsrechtsordnungen einen identischen Empfängerkreis voraussetzen.

G. Spezifität

Das Beihilfenrecht sowie das WTO Subventionsrecht beinhalten den Ansatz der Spezifität.[294] Der Anwendungsbereich des Subventionsrechts soll danach aus dem weiten Bereich der Begünstigungen nur diejenigen erfassen, die *„spezifisch"* bestimmten Unternehmen oder Wirtschaftszweigen zu Gute kommen. Ziel dieses Tatbestandsmerkmals ist es, staatliche Souveränitätsinteressen bei Maßnahmen zu schonen, die das Gleichgewicht zwischen bestimmten Unternehmen und ihren Konkurrenten in dem jeweiligen Mitgliedstaat nicht beeinflussen können.[295] Als subventionsrechtlich nicht relevant sollen Begünstigungen ausgeschlossen werden, die der Wirtschaft allgemein zugänglich sind, wie z. B. im Rahmen des Bildungssystems, der Infrastruktureinrichtungen oder anderer öffentlicher Güter.[296]

I. Die Abgrenzung zwischen Vorteil und spezifischem Vorteil

Die Prüfung der Spezifität beinhaltet die Abgrenzung zweier Sachverhalte, nämlich die Unterscheidung von allgemeinen und spezifischen Maßnahmen. Es stellt sich daher die Frage, was nach Feststellung eines Vorteils die zusätzliche Prüfung der Spezifität des selbigen erfordert. Denn auch bei Feststellung des Vorteils wurden nach hier vertretenem Verständnis zwei Sachverhalte miteinander verglichen, nämlich die in Rede stehende vermeintliche Subvention mit dem identischen Sachverhalt unter Ausblendung der staatlichen Maßnahme. Entstand durch die staatliche Maßnahme eine Besserstellung, lag ein Vorteil vor. Maßstab für dessen Feststellung war der Markt und, wo ein solcher nicht existierte, das

---

[293] So i. E. auch Beviglia Zampetti, 29 JWT (1995), S. 5 (6); Grave, Begriff der Subvention, S. 162.

[294] Vgl. den Wortlaut *„Begünstigung bestimmter Unternehmen oder Produktionszweige"* in Art. 87 Abs. 1 EG und *„spezifische Subvention für ein Unternehmen oder einen Wirtschaftszweig oder eine Gruppe von Unternehmen oder Wirtschaftszweigen"* in Art. 2 Abs. 1 SCMA.

[295] Schernthanner, Beihilfeaufsichtsrecht, S. 84f.; Sanchez Rydelski, Handbuch Beihilferecht, S. 69; Bacon, YEL (1997), S. 269ff..

[296] Rodi, Subventionsrechtsordnung, S. 109; Langer, Internationale Wirtschaftsverfassung, S. 256; Götz, Subventionsrecht, in: Dauses, EU Wirtschaftsrecht, H. III. Rnr. 27; Modlich, Infrastrukturmaßnahmen, S. 238ff.; s. zu Fallkonstellationen der Spezifität im Zusammenhang mit Infrastruktureinrichtungen, Koenig/Haratsch, 3 EStAL (2004), S. 393ff.

nationale Recht. Beinhalten beide Tatbestandsmerkmale einen Vergleich der in Rede stehenden Maßnahme mit dem ohne diese bestehenden allgemeinen Sachverhalt, sind zwei Prüfungsschritte gerechtfertigt, wenn sich der jeweils örtlich relevante Markt unterscheidet.[297]
Im Rahmen der Spezifitätsprüfung ist der Referenzmarkt, in dem festzulegen ist, ob alle oder lediglich bestimmte Unternehmen durch eine staatliche Maßnahme begünstigt werden, örtlich begrenzt auf den Geltungsbereich der Maßnahmen: Relevanter Markt ist damit der jeweilige Mitgliedstaat.[298]
Bei der Prüfung des Vorteils ist nach dem jeweiligen Maßstab zu dessen Ermittlung zu differenzieren.
War Parameter zur Identifikation eines Vorteils das nationale Recht, konnte die Besserstellung nur durch Vergleich mit einem Unternehmen in dem jeweiligen Mitgliedstaat vorgenommen werden. Vergleiche mit Regelungen anderer Mitgliedstaaten, gegenüber denen die Frage der Besserstellung durch die in Rede stehende Maßnahme hätte anders ausfallen können, kamen nicht in Betracht.[299]
Im Rahmen des Vergleichs mit nationalem Recht war die Wahl des Referenzsachverhalts wie bei Prüfung der Spezifität auf den Geltungsbereich des mitgliedstaatlichen Rechts beschränkt. Damit weisen beide Tatbestandsmerkmale den gleichen Prüfungsgegenstand auf. Denn eine Begünstigung war zu bejahen, wenn sich in der streitgegenständlichen Vorschrift nicht das souveräne Recht des Staates zur Ausgestaltung des Steuerrechts manifestierte, sondern eine systemwidrige auf die steuerliche Besserstellung bestimmter Unternehmen oder Wirtschaftszweige abzielende Ausdifferenzierung desselben vorlag.[300] Voraussetzung war, daß für bestimmte Unternehmen eine Ausnahme von den allgemein geltenden Regelungen vorgenommen wurde. In der Feststellung dieser Ausnahmewirkung soll aber gerade das Charakteristikum des Spezifitätstatbestands liegen.[301] Da dieser Umstand bereits im Rahmen der Feststellung eines Vorteils berücksichtigt wurde, verbleibt für die Spezifität kein darüber hinausgehender Prüfungsinhalt. Dieses ist folgerichtig, setzen beide Tatbestandsmerkmale einen

---

[297] Auch Koenig/Kühling, EuZW 1999, S. 517 (520) betrachten den Begriff des relevanten Marktes bereits im Rahmen des Tatbestandsmerkmals der Spezifität als relevant.

[298] Für das WTO Recht: Luja, Tax Incentives in the EC and WTO, S. 137; für das Beihilfenrecht: Hancher/Ottervanger/Slot, E.C. State Aids, Rnr. 2.26; Koenig/Kühling/Ritter, EG-Beihilfenrecht, S. 80f.

[299] Koenig/Kühling, EuZW 1999, S. 517ff. sprechen diesbezüglich vom *„mitgliedstaatlichen Systemwettbewerb"*.

[300] Vgl. dazu oben S. 107ff.

[301] Der Begriff des Ausnahmecharakters staatlicher Regelungen als Unterscheidungskriterium zwischen allgemeinen und spezifischen staatlichen Maßnahmen geht zurück auf die Schlußanträge des GA Darmon, verb. Rs. C. 72 und 73/91, *Sloman Neptun*, Slg. 1993, I-903, Rnr. 62.

Vergleich auf einem örtlich identischen Markt voraus, um die Kohärenz allgemeiner Wertungen staatlicher Gesetzgebung und spezifischer Ausdifferenzierung derselben zu überprüfen. Es ist nicht ersichtlich, worin in Fällen der Ermittlung des Vorteils durch Vergleich mit dem nationalen Recht die Relevanz eines zusätzlichen Tatbestandsmerkmals der Spezifität liegen soll.[302]
Wird der Vorteil jedoch durch Vergleich mit dem Markt bestimmt, ergibt die Gegenüberstellung mit dem Merkmal der Spezifität keineswegs Deckungsgleichheit. Denn die Ermittlung des Marktwertes einer Leistung ist nicht an die nationalen Grenzen des sie gewährenden Staates gebunden. Gewährt ein Mitgliedstaat eine staatliche Maßnahme, die für alle dort ansässigen Unternehmen und Wirtschaftszweige allgemein verfügbar ist, fehlt es an der Spezifität, denn das Gleichgewicht zwischen den einzelnen Unternehmen und Wirtschaftszweigen und ihren Konkurrenten in diesem Mitgliedstaat wird nicht berührt. Gleichwohl kann diese Maßnahme eine Begünstigung darstellen, da sie zu Konditionen gewährt wurde, die unterhalb des auf dem europäischen bzw. globalen Markt erzielbaren Preises liegen. Die Spezifität schränkt hier die zuvor ermittelten Begünstigungen ein und wird damit zu einem autonomen Prüfungspunkt neben dem Vorteilsbegriff. Im Unterschied zur obigen Prüfung wird für den Vergleich im Rahmen der Vorteils- und der Spezifitätsprüfung der örtlich relevante Markt unterschiedlich definiert.
Das Tatbestandsmerkmal der Spezifität hat nach hier vertretenem Verständnis nur einen über die bereits beim Vorteilsbegriff erfolgte Prüfung hinausgehenden Inhalt, wenn die Begünstigung aus einem Vergleich mit dem Markt und nicht anhand nationalen Rechts hergeleitet wurde.

II. Spezifischer Vorteil und auswirkungsbezogenes Subventionsrecht

Das Kriterium der Spezifität begegnet in diesem eingeschränkten Anwendungsbereich grundsätzlicher Kritik. Spezifität nehme von staatlicher Seite gewährte Besserstellungen heimischer Unternehmen gegenüber ihren ausländischen Konkurrenten vom Anwendungsbereich des Subventionsrechts aus, weil sie innerhalb des Mitgliedstaates allgemein verfügbar seien. Hintergrund des internationalen Subventionsrechts seien jedoch gerade die im grenzüberschreitenden Handel entstehenden Wettbewerbsverzerrungen. Diesem Ansatz widerspreche es, wenn die einem Unternehmen in dessen Heimatstaat allgemein zugänglichen staatlichen Maßnahmen keine Subventionen darstellten, obwohl sie im Wettbe-

[302] So fügen die Anmerkungen zur Spezifität steuerlicher Maßnahmen den hier im Rahmen des Vorteilsbegriffs diskutierten Fragen nichts Wesentliches hinzu, s. Sanchez Rydelski, Handbuch Beihilferecht, S. 70f.; Schroeter/Jacob/Mederer - Mederer, Art. 87 Rnr. 37; Koenig/Kühling/Ritter, EG-Beihilfenrecht, S. 82; Mitteilung der Kommission über die Anwendung der Vorschriften über staatliche Beihilfen auf Maßnahmen im Bereich der direkten Unternehmensbesteuerung, ABl. EG C 384/3 Rnr. 13.

werb mit Unternehmen aus anderen Mitgliedstaaten weiterhin zu subventionsrechtlich relevanten Begünstigungen führten.[303] Aus subventionsrechtlicher Sicht mache es daher keinen Unterschied, ob es sich um generelle oder spezifische Verzerrungen handele.[304]

Dieser Kritik ist zuzugeben, daß das Subventionsrecht durch Einführung des Spezifitätskriteriums die zutreffend beschriebenen potentiellen Wettbewerbsbeeinträchtigungen nicht erfassen kann. Aus der Perspektive eines ausländischen Konkurrenten macht es in der Tat keinen Unterschied, ob die Maßnahme auf dem nationalen Markt nur an bestimmte Unternehmen oder generell vergeben wird. Das Prinzip der Wirkung einer staatlichen Maßnahme als entscheidendes Kriterium für ihre Klassifizierung als Subvention wird damit durchbrochen. Dennoch wäre ein Subventionsrecht ohne Spezifitätskriterium mit den legitimen Souveränitätsinteressen der Mitgliedsstaaten im Bereich der Wirtschaftspolitik nicht vereinbar. Denn den Mitgliedstaaten würde auf diese Weise die ihnen grundsätzlich obliegende Möglichkeit zur Ausgestaltung der Rahmenbedingungen wirtschaftlicher Betätigung genommen. Diese muß in Übereinstimmung mit dem Gemeinschaftsrecht bzw. dem Wirtschaftsvölkerrecht ausgeübt werden, aus dem aber keine Pflicht zur Nivellierung unterschiedlicher Rahmenbedingungen abgeleitet werden kann. Vielmehr handelt es sich bei divergierenden nationalen Rahmenbedingungen um einen Ausdruck des Wettbewerbs zwischen den Mitgliedstaaten, der weder durch das Beihilfenrecht noch durch das WTO Subventionsrecht beeinträchtigt werden soll.[305] Somit wahrt das Kriterium der Spezifität die Gestaltung nationaler Wirtschaftspolitik und begrenzt die Wirkungsbezogenheit des internationalen Subventionsrechts.[306]

---

303 Vgl. Bourgeois, State Aids, in: Bourgeois, hommage à Michel Waelbroeck, S. 765ff.; Müller-Graff, 152 ZHR (1988), S. 403 (428); Stehn, Open Subsidy Club, S. 10; Didier, WTO Trade Instruments, S. 239; s. auch die Position der USA während der Verhandlungen zum SCM Abkommen in Stewart, The Uruguay Round Vol. I, S. 899f.

304 S. zum Begriff der generellen Verzerrungen, Caspari, Beihilfenregeln, in: Mestmäcker/Möller/Schwarz, FS v.d. Groeben, S. 69 (73).

305 So Schroeter/Jacob/Mederer - Mederer, Art. 87 Rnr. 36; Koenig, Market Economy Investor Test, in: Koenig/Roth/Schön, S. 9 (17).

306 Die USA hatten während der Verhandlungen zum SCM Abkommen Kritik an einem Spezifitätskriterium geäußert. Diese war wenig überzeugend, weil das Ausgleichszollrecht der USA ebenfalls ein solches Merkmal kennt, vgl. Stewart, The Uruguay Round Vol. I, S. 900 FN 526; Anderson/Husisian, Subsidies Agreement, in: Stewart, Multinational Trade Framework, S. 299 (308).

III. Die Feststellung des spezifischen Vorteils

1. Das Spezifitätskriterium innerhalb des Subventionsbegriffs

Während die Spezifität im Beihilfenrecht integraler Bestandteil des Begriffs der Beihilfe ist,[307] regelt das SCM Abkommen die Spezifität nicht innerhalb des Tatbestands der Subvention, sondern in dem ausschließlich dieser Frage gewidmeten Art. 2 SCMA. Damit sind im WTO Subventionsrecht auch nichtspezifische Subventionen denkbar.[308] Allerdings werden Rechtsfolgen nur an spezifische Subventionen geknüpft, so daß mit der *„Auslagerung"* der Spezifität im Vergleich zum Beihilfenrecht keinerlei praktische Auswirkungen verbunden sind.[309]

Die Relevanz des konkreten Nachweises der Spezifität ist in den beiden Rechtsordnungen insoweit unterschiedlich, als daß im WTO Subventionsrecht Exportsubventionen und Subventionen, die davon abhängig sind, daß einheimische Waren Vorrang vor eingeführten Waren erhalten, unwiderleglich als spezifisch gelten, während im Beihilfenrecht die Spezifität jeglicher finanzieller Beiträge nachzuweisen ist.[310] Dies ist als bloße Erleichterung des Nachweises bei von den Vertragsstaaten als besonders schädlich für den internationalen Handel eingestuften Subventionsarten zu bewerten. Eine Ausweitung des Anwendungsbereichs ist damit nicht verbunden, da beide Subventionsformen die im Folgenden erläuterten Voraussetzungen der Spezifität erfüllen würden.

2. Relevanter Markt

Wie oben bereits festgestellt, kann die Bestimmung des örtlichen Marktes, in dem die Unterscheidung zwischen allgemein und bestimmt wirkender Maßnahme vorzunehmen ist, im Rahmen der Spezifitätsprüfung nicht über den jeweiligen Mitgliedstaat hinausreichen.[311] Das WTO Subventionsrecht grenzt diesen Markt weiter ein, indem es lediglich auf den Zuständigkeitsbereich der gewährenden Behörde abstellt.[312] Dieser Umstand privilegiert die dezentrale Organisation der Kompetenzen zur Subventionsvergabe, da die von einer Untereinheit gewährte Subvention, wenn sie in deren Zuständigkeitsbereich allgemein verfügbar ist, nicht als spezifisch gilt, obwohl sie aus der Perspektive des Gesamtstaates durch ihre regionale Begrenzung nur bestimmten Unternehmen und

---

[307] Lübbig/Martín-Ehlers, EU Beihilfenrecht, Rnr. 124; Sanchez Rydelski, Handbuch Beihilferecht, S. 69.

[308] Vgl. Art. 8 Abs. 1 a) SCMA.

[309] So auch Grave, Begriff der Subvention, S. 190.

[310] Art. 3 Abs. 1 SCMA; s. zu diesem Unterschied auch Luja, 27 Intertax (1999), S. 207 (218).

[311] S. oben S.147.

[312] Art. 2 Abs. 1 SCMA.

Wirtschaftszweigen zugänglich ist.[313] Diese Formulierung bietet insbesondere föderal organisierten Staaten ein Schlupfloch, da ihre Teilstaaten de facto vom Erfordernis der Spezifität befreit sind. Im Vergleich zum Beihilfenrecht, das die Unterscheidung zwischen allgemeinen und spezifischen Maßnahmen auf den gesamten Mitgliedstaat erstreckt, ergibt sich dadurch ein engerer Anwendungsbereich.[314]

3. Kriterien

Soll eine staatliche Begünstigung bestimmter Unternehmen oder Wirtschaftszweige nachgewiesen werden, ist darzulegen, worauf die Abgrenzung gegenüber anderen Unternehmen oder Wirtschaftszweigen zurückzuführen ist. Es bedarf eines Differenzierungskriteriums, an Hand dessen die Bevorzugung bestimmter Unternehmen oder Wirtschaftszweige festgemacht werden kann. Als gemeinsames Merkmal dieser Unternehmen oder Wirtschaftszweige können zum einen örtliche Gesichtspunkte in Betracht kommen (so bei der Regionalförderung) oder es kann an sachliche Gründe angeknüpft werden (z. B. bei der Förderung von Forschung und Entwicklung oder kleiner und mittlerer Betriebe). Die Reichweite des Spezifitätskriteriums bestimmt sich danach, ob eine staatliche Maßnahme nur als allgemein zu bezeichnen ist, wenn diese keinen der potentiell erfaßbaren Unternehmen oder Wirtschaftszweige ausschließt, oder ob sie bereits als allgemein gilt, wenn sie abstrakte und neutrale Kriterien als Voraussetzungen für Begünstigungen aufstellt.

a. Beihilfenrecht

Der EuGH geht von einer spezifischen Begünstigung aus, wenn die staatliche Maßnahme auf Unternehmen begrenzt ist, „*die in Wirtschaftszweigen wie Bergbau, Chemie, Metallerzeugung und -bearbeitung, Herstellung von Meß-, Steuer- und Regelungstechnik, Optik sowie anderen Zweigen des verarbeitenden Gewerbes tätig sind.*“ [315] Das eingrenzende Merkmal der Maßnahme sieht der EuGH darin, daß die Vergünstigung weder allen Unternehmen des verarbeitenden Gewerbes noch Dienstleistungsunternehmen gewährt worden ist.[316] Auch Begünstigungen für Hersteller körperlicher Waren gelten als spezifisch, da eine allgemeine Maßnahme sich auf Dienstleistungsunternehmen hätte erstrecken müssen.[317] Folglich reicht die Begünstigung einer großen Anzahl von Unternehmen oder Wirtschaftszweigen nicht aus, um von einer allgemeinen Maß-

---

[313] Vgl. Wishlade, Subsidies and State Aids, S. 25f.; Thomas, 21 STI Rev. (1998), S. 25 (35); Benitah, Law of Subsidies, S. 256ff.

[314] Benitah, Law of Subsidies, S. 260ff.

[315] EuGH, Rs. C-75/97, *Maribel*, Slg. 1999, I-3671, Rnr. 7.

[316] EuGH, Rs. C-75/97, *Maribel*, Slg. 1999, I-3671, Rnr. 23ff.

[317] EuGH, Rs. C-143/99, *Adria-Wien Pipeline*, Slg. 2001, I-8365, Rnr. 42ff.

nahme auszugehen, sondern die Spezifität einer Maßnahme folgt zwangsläufig bereits aus dem Ausschluß potentiell erfaßbarer Wirtschaftszweige, wie hier der Dienstleistungsunternehmen.[318] Sachliche Differenzierungskriterien, die einer sektoral oder horizontal ausgerichteten Wirtschaftspolitik folgen, führen aufgrund dieser weitestgehenden Auslegung der Spezifität durch den EuGH stets zur Anwendung des Beihilfenrechts.[319]

Gleiches gilt für örtliche Differenzierungskriterien. Denn allgemeine Wirtschaftspolitik bedeutet in der Praxis der Kommission die potentielle Erfassung aller Unternehmen oder Wirtschaftszweige in einem Mitgliedstaat. Die geographische Einschränkung einer Begünstigung stellt indes keine Maßnahme der *allgemeinen* Wirtschaftspolitik dar, da sie dort nicht ansässige Unternehmen von der Begünstigung ausschließt.[320]

b. WTO Subventionsrecht

Grundsätzlich gilt eine Subvention als spezifisch, wenn die gewährende Behörde oder die Gesetzgebung nach der sich die gewährende Behörde richtet, den Zugang zu einer Subvention explizit auf bestimmte Unternehmen beschränkt.[321] Dieser Grundsatz wird anhand sachlicher wie örtlicher Kriterien ausdifferenziert.

So soll keine Spezifität vorliegen, wenn die gewährende Behörde oder die Gesetzgebung, nach der sich die gewährende Behörde richtet, objektive Kriterien oder Bedingungen für den Anspruch auf die Subvention und deren Höhe aufstellt, der Anspruch „*automatisch*" besteht und die durch Gesetz, Verordnung oder andere amtliche Unterlagen klar festgelegten und nachprüfbaren Kriterien und Bedingungen genau eingehalten werden.[322] Von objektiven Kriterien oder Bedingungen in diesem Sinne ist auszugehen, wenn sie horizontal anwendbar

---

318 EuGH, Rs. C-75/97, *Maribel,* Slg. 1999, I-3671, Rnr. 7, 23ff.; Heidenhain - Heidenhain § 4 Rnr. 53; a. A. Schroeter/Jacob/Mederer - Triantafyllou, Art. 87 Rnr. 101, der bei einer Anwendung auf mehrere Wirtschaftszweige bereits von einer allgemeinen Maßnahme ausgeht.

319 Slotboom, 20 ELRev (1995), S. 289 (297); vgl. auch Koenig/Kühling, EuZW 1999, S. 517 (520), die zu dem hier vertretenen Ergebnis gelangen, dabei jedoch zwischen Selektivität und Bestimmtheit unterscheiden. Dabei ist nicht ersichtlich, wo der konkrete Mehrwert einer derartigen Aufteilung des Tatbestandsmerkmals liegen soll, kritisch dazu auch Calliess/Ruffert - Cremer, Art. 87 Rnr. 9 Fn 73.

320 Entscheidung der Kommission, ABl. EG 2001 L 186/43, *SCI Systems,* Rnr. 52; Entscheidung der Kommission, ABl. EG 2000 L 191/30, *Belgisches Wirtschaftsförderungsgesetz,* Rnr. 31; Entscheidung der Kommission ABl. EG 2001 L 244/32, *Schwedische Sozialversicherungsträger*, Rnr. 22.

321 Art. 2 Abs. 1 a) SCMA.

322 Art. 2 Abs. 1 b) SCMA.

sind, d.h. sich nach abstrakten Merkmalen richten, die jedem Unternehmen oder Wirtschaftszweig immanent sind, neutral und wirtschaftlicher Natur sind und bestimmte Unternehmen nicht gegenüber anderen bevorzugen. Als Beispiele für derartig objektive Kriterien werden die Zahl der Beschäftigten oder die Größe der Unternehmen genannt.[323] Aus diesen Leitlinien läßt sich entnehmen, daß im Gegensatz zum Beihilfenrecht nicht die bloße Existenz eines sachlichen Differenzierungskriteriums per se zur Annahme der Spezifität führt, sondern das Vorliegen eines nicht objektiven Kriteriums erforderlich ist. Nicht spezifisch sind die auf horizontalen Unterscheidungsmerkmalen beruhenden Maßnahmen, wie an den Beispielen der Größe des Unternehmens oder der Anzahl der Beschäftigten verdeutlicht wird. Als spezifisch gelten demgegenüber sektorale Beihilfen, da diese an die Zugehörigkeit der Empfänger zu einem bestimmten Wirtschaftszweig anknüpfen.
Gegenüber der Auslegung der Spezifität durch den EuGH erweist sich die Regelung sachlicher Differenzierungskriterien in Art. 2 Abs. 1 SCMA als differenzierter. Nicht jede Differenzierung führt zur Spezifität, horizontal wirkende Kriterien werden gegenüber sektoralen privilegiert, der Begriff der objektiven Kriterien beinhaltet einen Argumentationsspielraum, der die Prüfung komplex werden lassen kann.[324]
Auch bei der Bejahung der Spezifität aufgrund geographischer Begrenzung staatlicher Maßnahmen erweist sich das WTO Subventionsrecht gegenüber dem Beihilfenrecht als zurückhaltender. Denn die Begrenzung einer Maßnahme auf ein bestimmtes Gebiet ist als solches nicht ausreichend, um die Spezifität einer Begünstigung zu begründen. Vielmehr muß sich die Maßnahme auf bestimmte Unternehmen in diesem Gebiet beziehen. Die örtliche Begrenzung ist im Gegensatz zum Beihilfenrecht nur in Kombination mit weiteren sachlichen Kriterien geeignet, eine Spezifität zu begründen.[325] Diese Formel berücksichtigt damit nicht die wettbewerbsverzerrenden Wirkungen, die allein mit der regionalen Begrenzung einer staatlichen Begünstigung einhergehen können. War während der Verhandlungen zum SCM Abkommen noch eine generelle Spezifität regional begrenzter Subventionen vorgesehen gewesen,[326] ist die nunmehr enthaltene Regelung als Zugeständnis an die Regionalpolitik u. a. der EG zu verstehen.[327]

---

323 Fn 2 zu Art. 2 Abs. 1 b) SCMA.

324 Die von Anderson/Husisian, Subsidies Agreement, in: Stewart, Multinational Trade Framework, S. 299 (308); Didier, WTO Trade Instruments, S. 238f. kritisierte Konturlosigkeit erscheint jedoch überzogen.

325 Art. 2 Abs. 2 SCMA.

326 Vgl. so genannten Dunkel Draft in Stewart, The Uruguay Round Vol IV, S. 237 Fn 61; Horlick/Clarke, 863 PLI/Corp (1994), S. 683 (692).

327 Hahn, Beihilfenregime der WTO, in: Klein/Meng/Rode, Neue Welthandelsordnung, S. 97 (107).

4. Erscheinungsformen

Die soeben dargelegten Differenzierungskriterien können sich in unterschiedlicher Form manifestieren. So kann eine Auswahl erfolgen, weil dieses der gewährenden Behörde rechtlich vorgegeben wird, oder weil diese Behörde ihr Ermessen dementsprechend ausübt. Eine Beschränkung staatlicher Maßnahmen auf bestimmte Wirtschaftszweige oder Regionen kann sich auch in rein faktischen Umständen äußern.[328]

a. Beihilfenrecht

Der Umstand, daß die Maßnahme nicht allen potentiell erfaßbaren Unternehmen zu Gute kommen soll, kann sich darin äußern, daß die obigen Unterscheidungskriterien explizit festgelegt werden, und die durchführende Verwaltung diese Maßnahme im Wege einer gebundenen Entscheidung lediglich vollzieht. Dabei handelt es sich um die am einfachsten auszumachende Umsetzung einer gewollten Selektivitätswirkung.

Darüber hinaus kann eine solche Wirkung dadurch erzielt werden, daß die Maßnahme an sich kein Kriterium zur Begrenzung der Begünstigung auf bestimmte Unternehmen oder Produktionszweige enthält, die Durchführung dieser Maßnahme indes ganz oder teilweise im Ermessen der Verwaltung steht. Denn die Einräumung eines Ermessens ermöglicht es der Verwaltung, den Zugang zu der Begünstigung auf bestimmte Unternehmen oder Wirtschaftszweige zu begrenzen. Somit kann auch Ermessensausübung zur Einräumung spezifischer Begünstigungen führen.[329]

Selbst wenn keinerlei einschränkende Voraussetzungen für die Begünstigung aufgestellt werden und keine selektive Vergabe infolge des der Verwaltung eingeräumten Ermessens vorliegt, kann eine spezifische Begünstigung darin zu sehen sein, daß die Maßnahme in ihren tatsächlichen Auswirkungen nur bestimmte Unternehmen oder Wirtschaftszweige begünstigt.[330] Beispielsweise ist eine Senkung der Arbeitnehmerbeiträge zur italienischen Krankenversicherung für weibliche Angestellte als spezifisch angesehen worden, da dieses insbesondere Unternehmen der Textil-, Bekleidungs-, Schuh- und Lederindustrie zu Gute kä-

---

[328] Vgl. zur Unterscheidung von de iure und de facto Spezifität auch Grave, Begriff der Subvention, S. 189ff.; Prieß/Berrisch - Pitschas B.I.12. Rnr. 73 spricht von „*ausdrücklicher*“ und „*stillschweigender*“ Spezifität.

[329] EuGH, Rs. C-295/97, *Piaggio*, Slg. 1999, I-3735, Rnr. 39; EuGH, Rs. C-200/97, *Ecotrade*, Slg. 1998, I-7907, Rnr. 40; EuGH, Rs. C-241/94, *Frankreich/Kommission*, Slg. 1996, I-4551, Rnr. 23.

[330] Heidenhain - Heidenhain, § 4 Rnr. 55; Sanchez Rydelski, Handbuch Beihilferecht, S. 70; Calliess/Ruffert - Cremer, Art. 87 Rnr. 9; Hancher/Ottervanger/Slot, E.C. State Aids, Rnr. 2-28.

me, die einen hohen Anteil weiblicher Beschäftigter aufwiesen.[331] Ferner galt eine Zinsverbilligung für den Erwerb von Nutzfahrzeugen als spezifisch, da diese tatsächlich „*nur für natürliche Personen, kleine und mittlere Unternehmen, Gebietskörperschaften und kommunale Dienstleistungsunternehmen gilt und dadurch andere Käufer von Nutzfahrzeugen ausschließt.*"[332] Damit wird der Leitgedanke, daß nicht die Gründe oder Ziele, sondern lediglich die Auswirkungen einer staatlichen Maßnahme entscheidend für dessen Vereinbarkeit mit dem Beihilfenrecht anzusehen sind, in der Spezifitätsprüfung konsequent umgesetzt.

b. WTO Subventionsrecht

Auch das WTO Subventionsrecht berücksichtigt die Spezifität einer Maßnahme aufgrund von Ermessensentscheidungen oder allein aufgrund faktischer Umstände. Denn die Annahme objektiver Differenzierungskriterien begründet nur eine Vermutung zu Gunsten der Nichtspezifität der staatlichen Maßnahme, die widerlegt werden kann, wenn Tatsachen die Annahme rechtfertigen, daß es sich de facto um eine spezifische Subvention handelt. Damit kann eine auf objektiven Kriterien beruhende horizontale Subvention als spezifisch gelten, wenn sie faktisch sektorale Auswirkungen zeitigt. Zu diesen Fakten zählen „*die Inanspruchnahme eines Subventionsprogramms durch eine begrenzte Anzahl bestimmter Unternehmen, die vorwiegende Inanspruchnahme durch bestimmte Unternehmen, die Gewährung unverhältnismäßig hoher Subventionsbeträge an bestimmte Unternehmen und die Art und Weise, in der die gewährende Behörde bei der Entscheidung über die Gewährung einer Subvention von ihrem Ermessen Gebrauch gemacht hat.*"[333] Im Rahmen der Feststellung dieser Tatsachen ist zu berücksichtigen, zu welchem Grade die Wirtschaftstätigkeit im Zuständigkeitsbereich der gewährenden Behörde diversifiziert ist, und wie lange das Subventionsprogramm bereits angewandt wird. Auf diese Weise wird verhindert, daß staatliche Maßnahmen nicht nur als spezifisch gelten, weil sie in Regionen

---

[331] Entscheidung der Kommission, ABl. EG 1980 L 264/28, *italienische Krankenversicherung*, S. 29.

[332] EuG, Rs. T-55/99, *CETM*, Slg. 2000, II-3207, Rnr. 42; s. auch EuG, Rs. T-92/00 u.a., *Territorio Histórico*, Slg. 2002, II-1385, hier war eine Ermäßigung der Körperschaftssteuer spezifisch, da sie tatsächlich nur Unternehmen begünstigt, „*die über erhebliche finanzielle Ressourcen verfügen*" (Rnr. 39); vgl. zur Kommissionspraxis auch 30. Wettbewerbsbericht der Kommission 2000, Rnr. 321; 29. Wettbewerbsbericht der Kommission (1999), Rnr. 240.

[333] Art. 2 Abs. 1 c) SCMA.

mit industrieller Monokultur gewährt werden, oder weil sie aufgrund ihrer bisher geringen Laufzeit nur von wenigen Unternehmen genutzt werden konnten.[334] Die Möglichkeit der Feststellung einer faktischen Spezifität erweitert die Anzahl der spezifischen Subventionen erheblich. Insbesondere die Berücksichtigung der vorwiegenden Inanspruchnahme durch bestimmte Unternehmen macht sektorale Auswirkungen von Subventionsprogrammen sichtbar, die „auf dem Papier" allein nach horizontalen Gesichtspunkten vergeben werden.

5. Bewertung

Hält man, wie hier vertreten, ein Spezifitätskriterium im Subventionsrecht für erforderlich, stellt die vorliegend zum Beihilfenrecht vertretene Interpretation den auswirkungsbezogenen Ansatz des Subventionsrechts weitestgehend sicher und begrenzt die dem Spezifitätskriterium immanente Einschränkung dieses Leitgedankens auf ein Minimum. Das WTO Subventionsrecht erweist sich im Rahmen der Feststellung der Differenzierungskriterien als komplexer, läßt aber faktische Spezifität in einem dem Beihilfenrecht vergleichbaren Umfang zu. Lediglich die Einschränkung des örtlich relevanten Marktes auf den Zuständigkeitsbereich der gewährenden Behörde erweist sich als Einfallstor zur Umgehung des Subventionsrechts.

H. Zusammenfassung: Beihilfe versus Subvention

Der Begriffsbestimmung einer Subvention kommt im Rahmen der Strukturmerkmale des Subventionsrechts eine zentrale Rolle zu. Dabei ist auf den bei Analyse der Strukturen des Subventionsrechts herausgearbeiteten Konflikt hinzuweisen, der sich wie folgt skizzieren läßt.[335] Auf der einen Seite muß die Definition offen genug formuliert sein, um neue Erscheinungsformen staatlicher Finanzhilfen für Unternehmen mit einzuschließen. Auf der anderen Seite führt eine entwicklungsoffene Subventionsdefinition aufgrund der Querschnittswirkung des Subventionsrechts durch unterschiedliche mitgliedstaatliche Politik- und Rechtsbereiche zu einer Dynamik des Subventionsrechts, die zu einem nicht auf einzelne Sachbereiche begrenzbaren und nur eingeschränkt vorhersehbaren mitgliedstaatlichen Souveränitätsverlust führen kann.

Den Ausgleich dieser beiden Gegenpole suchen beide Subventionsrechtsordnungen mittels eines unterschiedlichen Aufbaus der Subventionsdefinition. Während Art. 1 SCMA bezüglich des finanziellen Beitrages in Fallgruppen ein-

---

[334] Anderson/Husisian, Subsidies Agreement, in: Stewart, Multinational Trade Framework, S. 299 (308); Hahn, Beihilfenregime der WTO, in: Klein/Meng/Rode, Neue Welthandelsordnung, S. 97 (106f.).

[335] S. dazu oben S. 35.

geteilt ist, enthält Art. 87 EG die generalklauselartige Formulierung der „*Beihilfen gleich welcher Art*“.
Die vorgegebenen Fallgruppen in Art. 1 SCMA bilden eine Systematik anhand derer die Streitbeilegungsorgane den Subventionsbegriff weiter ausgestalten. Dieses führt teilweise zu einer über den Beihilfenbegriff hinausgehenden Auslegung. So sieht das Beihilfenrecht im Vergleich zum SCM Abkommen eine intensivere Einflußnahme des Staates auf öffentliche Unternehmen oder private Institutionen vor, um deren Mittelvergabe dem Beihilfenrecht zu unterwerfen. In der beihilfenrechtlichen Leitentscheidung *Stardust Marine*, in der der staatliche Einfluß auf ein öffentliches Unternehmen als nicht ausreichend erachtet wurde, um von einer Beihilfe ausgehen zu können, wäre das öffentliche Unternehmen nach hier vertretener Ansicht im WTO Recht als Subventionsgeber einzuordnen gewesen.
Einzig die Beantwortung der Frage, ob eine Subvention eine staatliche Mittelzufuhr voraussetzt, war nicht bereits in der Formulierung des Tatbestands angelegt. Daher überrascht der Verzicht auf dieses Erfordernis durch das Panel in *Canada – Civilian Aircraft*, da mit dieser weitgehenden Auslegung eine erhebliche Ausweitung des Subventionstatbestands verbunden ist. Nach hier vertretener Auffassung handelte es sich dabei jedoch um ein obiter dictum, so daß diese Frage als letztlich nicht geklärt zu bezeichnen ist. Nach der *Preussen Elektra* Entscheidung des EuGH setzt eine Beihilfe stets Kosten für den Staatshaushalt voraus. Damit widerspricht der EuGH seinem Grundsatz, daß der Beihilfencharakter einer staatlichen Maßnahme entscheidend von deren Wirkungen abhängt.
Im übrigen war die Analyse durch einen Gleichlauf der wesentlichen Wertungen in beiden Rechtsordnungen gekennzeichnet.
Beide Rechtsordnungen nehmen einen subventionsrechtlich relevanten Vorteil an, wenn mitgliedstaatliches Steuerrecht Grundentscheidungen nicht sachgerecht ausdifferenziert, so daß bestimmte Wirtschaftszweige begünstigt werden. Zur Bestimmung dieser Grundentscheidungen wählt das Beihilfenrecht einen systematischen Ansatz, dem sich der kausale Ansatz des WTO Subventionsrechts angenähert hat. Nicht geklärt ist nach beiden Ansätzen der Umfang souveräner Grundentscheidungen, die sich dem Einfluß des Subventionsrechts entziehen. Diese Grundentscheidungen sind nicht auf das Leistungsfähigkeitsprinzip zu begrenzen, sondern es sind auch wirtschaftspolitische Zielsetzungen zu berücksichtigen.
Beide Subventionsrechtsordnungen erfassen mittelbare Vorteile. Während das WTO Subventionsrecht dieses an die Vorgabe knüpft, daß der Mittler mit der Weitergabe der Begünstigung betraut oder dazu angewiesen sein muß, läßt das Beihilfenrecht jegliche verallgemeinerbare Grundsätze vermissen. Dabei wird die Darlegungslast für den Vorteilsbegriff umgekehrt. Die Weitergabe des Vorteils wird vermutet und es obliegt dem Subventionsgeber, dieses zu widerlegen. Diese Praxis ist abzulehnen. Es erscheint widersinnig, gerade in Fällen, in denen

sich der Nachweis eines Vorteils besonders aufwendig gestaltet, von dessen generellem Vorliegen ausgehen zu dürfen, nur um die Darlegungslast abzuwälzen.

Zusammenfassend kann nach der Analyse des Subventionsbegriffs in beiden Rechtsordnungen festgestellt werden, daß der für die Wahl des Begriffs Beihilfe entscheidende Gedanke, damit über Subventionen hinausgehende staatliche Maßnahmen zu erfassen, sich im Hinblick auf den im Rahmen des SCM Abkommens entwickelten Terminus der Subvention nicht mehr aufrecht halten läßt. Der bezüglich des finanziellen Beitrages in Fallgruppen aufgebaute Art. 1 SCMA weist gegenüber der generalklauselartigen Formulierung der „*Beihilfen gleich welcher Art*" in Art. 87 EG einen vergleichbaren Anwendungsbereich auf.

Der ausdifferenzierte Subventionsbegriff weist das WTO Subventionsrecht als Rechtsordnung aus, die das Stadium des Antisubventionsrechts im Sinne der oben entwickelten Entwicklungsstufen hinter sich gelassen hat und sich als Subventionsdisziplin etabliert hat. Von dem weitgehenden Gleichlauf des Beihilfenbegriffs und der Subventionsdefinition darf aber nicht auf eine Ebenbürtigkeit der beiden Subventionsrechtsordnungen geschlossen werden. Denn den Definitionen sind in der Systematik der jeweiligen Rechtsordnung unterschiedliche Gewichtungen beizumessen. Die Einstufung als Beihilfe führt in der Regel zu deren Rechtswidrigkeit. Nach dem SCM Abkommen führt die Bejahung der Subventionseigenschaft nur zu Rechtsfolgen, wenn es sich um die im Anschluß zu analysierenden bestimmten Subventionsformen handelt oder die Auswirkungen auf den jeweiligen Markt einen festgelegten Grad überschreiten.[336] Diese noch zu untersuchenden Strukturmerkmale erweisen sich insbesondere im WTO Subventionsrecht als Korrektiv des weiten Subventionsbegriffs.

[336] S. dazu unten S. 205ff.

§ 4 Verbotene Subventionsformen

Die Wertung innerhalb einer internationalen Subventionsrechtsordnung zwischen der Erfassung staatlicher Maßnahmen als Quellen potentieller Wettbewerbsverzerrungen und der Berücksichtigung staatlicher Lenkungsinteressen erfolgt nicht nur durch die Klassifizierung als Subvention, sondern kann sich auch darin ausdrücken, daß bestimmte Subventionsformen privilegiert und andere einer besonders strengen Kontrolle unterworfen werden. So bleibt der Subventionsbegriff weit gefaßt, um einen möglichst großen Anwendungsbereich zu gewährleisten und gleichzeitig können bestimmte staatliche Markteingriffe einer gesonderten Behandlung unterworfen werden. Das Beihilfenrecht geht von der grundsätzlichen Rechtswidrigkeit aller Subventionsformen aus. Beihilfen werden per se als negativ eingestuft. Eine Sonderbehandlung bestimmter Subventionsformen existiert nur in Form eines Kataloges, der Subventionszwecke beinhaltet, die privilegiert werden bzw. werden können.[1] Demgegenüber kennt das WTO Subventionsrecht neben den privilegierten Subventionsformen solche, die einem strengeren Regime unterliegen.[2] Dieses manifestiert sich in der bereits angesprochenen Vermutung ihrer Spezifität.[3] Des Weiteren bedarf es nicht des noch zu analysierenden Nachweises nachteiliger Auswirkungen dieser Subventionsformen,[4] sie gelten per se als verboten. Diesem strikteren Regime sind zum einen Subventionen unterworfen, die gesetzlich oder tatsächlich entweder für sich allein oder als eine von mehreren anderen Bedingungen von der Ausfuhrleistung abhängig sind („*export stimulating*"),[5] und zum anderen Subventionen, die entweder für sich allein oder als eine von mehreren anderen Bedingungen davon abhängig sind, daß einheimische Waren Vorrang vor eingeführten Waren haben („*import substituting*"[6]).[7] Diese Formen sollen im Folgenden kurz dargestellt werden, wobei eine summarische beihilfenrechtliche Beurteilung dieser Subventionsformen erfolgt.

---

1 Art. 87 Abs. 2 und 3 EG.

2 Diese dreiteilige Klassifizierung in verbotene, anfechtbare und privilegierte Subventionsformen wird als Ampelansatz bezeichnet, Stewart, The Uruguay Round Vol. I, S. 820; Kleinfeld/Kaye, 28 (6) JWT (1994), S. 43 (44).

3 S. oben S. 150.

4 S. unten S. 192ff.

5 Art. 3 Abs. 1 a) SCMA.

6 Vgl. Luja, Tax Incentives in the EC and WTO, S. 128.

7 Art. 3 Abs. 1 b) SCMA.

A. Exportsubventionen in Art. 3 Abs. 1 a) SCMA

Durch die Kopplung der Subvention an den Export entsteht ein Anreiz für das betreffende Unternehmen zu exportieren.[8] Die Warenausfuhr wird zu Preisen ermöglicht, die unterhalb gleicher Inlandserzeugnisse liegen.[9] Die gesonderte strengere Behandlung von Exportsubventionen, die bereits vor Inkrafttreten des SCM Abkommens Bestandteil des GATT Subventionsrechts war,[10] rechtfertigen die Vertragsstaaten mit dem Umstand, daß Exportsubventionen in besonderem Maße geeignet sind, den internationalen Handel zu beeinträchtigen. Neben den Wohlfahrtsverlusten durch Fehlallokation von Ressourcen tritt der Umstand, daß Ausfuhrförderung nie isoliert von einem Staat angewandt wird. Werden die strategischen Positionen von Unternehmen durch Ausfuhrsubventionen gestärkt, führt dies unweigerlich zu Gegenreaktionen anderer Staaten, die zu weiteren Wettbewerbsverzerrungen und insgesamt zu weiteren Wohlfahrtsverlusten führen.[11] Vor diesem Hintergrund erklärt sich die gesonderte und strengere Behandlung von Exportsubventionen im WTO Recht.

Das SCM Abkommen führt in seinem Anhang I eine Liste von staatlichen Maßnahmen auf, die als Exportsubventionen zu klassifizieren sind. Diese ist nicht abschließend.[12] Ist die in Rede stehende Maßnahme nicht aufgeführt, wird der Schwerpunkt der Prüfung regelmäßig in der konditionalen Verknüpfung der Subventionierung und der Ausfuhrleistung liegen.[13] Dabei liegt nach Art. 3

---

8 Scheffler, RIW 1993, S. 401 (402).

9 Vgl. Art. XVI Abs. 4 GATT.

10 S. zur damaligen Rechtlage Low, 16 JWTL (1982), S. 375ff; Adamantopoulos, Subventionsrecht des GATT, S. 41ff.; Horlick/Quick/Vermust, 13 LIEI (1986), S. 1 (15f.).

11 Es handelt bei einem derartigen Subventionswettlauf um den klassischen Fall eines Gefangenendilemmas, s. dazu Tietje, Sicht des WTO Rechts, in: Ehlers/Wolffgang/Pünder, Ausfuhrförderung, S. 9 (19); Robra, Internationale Besteuerung, in: Tietje/Kraft/Sethe, Beiträge Transnat. WirtschaftsR., S. 35; s. zur wirtschaftswissenschaftlichen Begründung des Verbots von Exportsubventionen: Collie, 11 Open economies review (2000), S. 229.

12 Panel Compliance Bericht, *Brazil – Export Financing Programme for Aircraft*, WTO-Dok., WT/DS46/RW, Rnr. 6.30; die Beispielsliste war weitgehend bereits Bestandteil des Tokyo Round Subsidies Code von 1979. Für die Interpretation der erst im SCMA entwickelten Definition des Begriffs der Subvention kann sie daher nur eingeschränkt verwendet werden, vgl. dazu Vermulst/Graafma, WTO Disputes, S. 281; Panel Bericht, *United States – Tax Treatment for Foreign Sales Corporations*, WTO-Dok., WT/DS/108/R, Rnr. 7.90; besondere Bedeutung kommt Punkt k) auf der Beispielliste und dem dort enthaltenen Begriff des "*wesentlichen Vorteils*" zu, s. dazu Benitah, Law of Subsidies, S. 181ff.

13 Appellate Body Bericht, *Canada – Measures Affecting the Export of Civilian Aircraft*, WTO-Dok., WT/DS70/AB/R, Rnr. 166; s. zu diesem Fall auch McGuire, 16 Int'l Trade J. (2002), S. 319 (327); zur konditionalen Verknüpfung Tietje, Sicht des WTO Rechts, in: Ehlers/Wolffgang/Pünder, Ausfuhrförderung, S. 9 (25).

SCMA eine derartige Verknüpfung vor, wenn die staatliche Maßnahme rechtlich an eine Ausfuhrleistung geknüpft ist. Bei diesen Subventionen, die *de iure* von der Ausfuhrleistung abhängig sind, muß dieser Zusammenhang aus dem Wortlaut der relevanten Vorschriften hervorgehen.[14] Dieser muß die Abhängigkeit der Subvention von der Ausfuhrleistung nicht expressis verbis enthalten, sondern es ist ausreichend, daß er eine solche Bedingung impliziert.[15]
Läßt sich dem Wortlaut keine rechtlich bedingte Exportabhängigkeit entnehmen, kann gleichwohl eine Exportsubvention im Sinne des Art. 3 Abs. 1 a) SCMA vorliegen, „*wenn die Fakten zeigen, daß die Gewährung einer Subvention ohne rechtlich von der Ausfuhrleistung abhängig zu sein, tatsächlich an die gegenwärtige(n) oder erwartete(n) Ausfuhr oder Ausfuhrerlöse gebunden ist.*“[16] Problematisch ist dabei, welche Fakten als solche oder im Zusammenspiel mit anderen Umständen als ausreichend angesehen werden können, um dem geforderten Zusammenhang zwischen Subvention und Ausfuhrleistung Genüge zu tun. Die Streitbelegungsorgane haben bislang lediglich bestimmte Fakten als nicht relevant eingestuft und im Übrigen darauf verwiesen, daß ein faktischer Zusammenhang zwischen Subvention und Ausfuhr nur unter Berücksichtigung und Abwägung einer möglichst großen Zahl von Umständen dargelegt werden könne.[17] Keine Rolle spiele die Kenntnis von einer derartigen Abhängigkeit aus Sicht des Empfängers, da Art. 3 Abs. 1 a) SCMA auf den Zusammenhang von Export und Gewährung, nicht Empfang der Subvention abstelle, und sich das Verbot der Exportsubventionierung an die Mitgliedstaaten richte.[18] Fraglich ist, inwieweit die (mit Tatsachen zu belegende) Erwartung des Subventionsgebers, es werde aufgrund der Subvention zu Ausfuhren kommen, im Rahmen der Feststellung des Zusammenhangs zwischen Ausfuhr und Subvention ausschlaggebend sein kann. Denn nach Fußnote 4 zu Art. 3 SCMA ist es ausreichend, wenn die Gewährung einer Subvention tatsächlich an eine erwartete Ausfuhr oder erwartete Ausfuhrerlöse gebunden ist. Dazu hat der Appellate Body ausgeführt, nicht das bloße Erwarten der Ausfuhr oder die Erzielung von Ausfuhrerlösen durch die Subvention sei entscheidend, sondern die Abhängigkeit der Subventi-

---

14 Appellate Body Bericht, *Canada – Measures Affecting the Export of Civilian Aircraft*, WTO-Dok., WT/DS70/AB/R, Rnr. 167.

15 Appellate Body Bericht, *Canada – Measures Affecting the Automotive Industry*, WTO-Dok., WT/DS139/AB/R, WT/142/AB/R, Rnr. 100; vgl. auch Luja, Tax Incentives in the EC and WTO, S. 128.

16 Fn 4 zu Art. 3 SCM Abkommen.

17 Appellate Body Bericht, *Canada – Export of Civilian Aircraft*, WTO-Dok., WT/DS70/AB/R, Rnr. 169; Annand/Buckingham/Kerr, Export Subsidies, S. 52ff.

18 Appellate Body Bericht, *Canada – Export of Civilian Aircraft*, WTO-Dok., WT/DS70/AB/R, Rnr. 170.

onsvergabe von dieser Erwartung.[19] Andernfalls wäre jede Subventionsgewährung an ein exportorientiertes Unternehmen zugleich eine faktische Exportbeihilfe, da der Subventionsgeber mit der Begünstigung eine Verbesserung der Marktposition und damit einen größeren (Export-) Absatz erwartet. Hier muß die Begünstigung aber gerade zu dem Zweck geleistet worden sein, Ausfuhren zu ermöglichen, wenn diese auch zum Zeitpunkt der Subventionsgewährung lediglich erwartet werden können, da z. B. das jeweilige Unternehmen noch nicht im Export tätig ist. Die gegenwärtigen bzw. erwarteten Ausfuhren bzw. Ausfuhrerlöse und die Bindung der Subventionsvergabe an diesen Umstand sind also als zwei getrennt zu prüfende Schritte innerhalb der Prüfung einer faktischen Exportsubvention zu bewerten.

Im Rahmen der Begründung einer faktischen Abhängigkeit zwischen der Leistung eines geldwerten Vorteils und gegenwärtigen oder zukünftigen Ausfuhren kommt einer bereits ausgeprägten Exportorientierung des Subventionsempfängers eine gewisse Indizwirkung zu.[20] Die verlangte kausale Verbindung zwischen Subvention und Export vermag dieser Umstand allein nicht zu begründen.[21]

Wie bei Untersuchung einer de iure Abhängigkeit von der Ausfuhr müssen die vom Subventionsgeber aufgestellten Auswahlkriterien und deren Umsetzung den Ausgangspunkt der Analyse bilden.[22] Führt eine Umsetzung dieser Kriterien zwangsläufig dazu, daß nur ausfuhrbezogene Tätigkeiten bezuschußt werden, liegt bereits eine implizierte de iure Abhängigkeit vor. Sind diese Kriterien als solche neutral, ist der Anwendungsbereich der de facto Exportsubventionierung zu prüfen. Daß trotz des skizzierten komplexen Nachweiserfordernisses der faktischen Ausfuhrsubvention ein eigener praktisch relevanter Anwendungsbereich vorhanden ist, zeigt der Fall *Australia – Automotive Leather*.[23] Hier wurde die Subventionierung der Produktionserweiterung eines Unternehmens u.a. deshalb als faktische Exportsubvention angesehen, da dessen Gewährung an die Errei-

---

19 „*A subsidy may well be granted in the knowledge, or with the anticipation, that exports will result. Yet, that alone is not sufficient, because that alone is not proof that the granting of the subsidy is tied to the anticipation of exportation.*" Appellate Body Bericht, *Canada – Export of Civilian Aircraft*, WTO-Dok., WT/DS70/AB/R, Rnr. 172.

20 Appellate Body Bericht, *Canada – Export of Civilian Aircraft*, WTO-Dok., WT/DS70/AB/R, Rnr. 171f.; Appellate Body Compliance Bericht, *Canada – Export of Civilian Aircraft*, WTO-Dok., WT/DS70/AB/RW, Rnr. 47f.

21 Fn 4 zu Art. 3 SCM Abkommen; Appellate Body Bericht, *Canada – Export of Civilian Aircraft*, WTO-Dok., WT/DS70/AB/R, Rnr. 173.

22 Appellate Body Bericht, *Canada – Export of Civilian Aircraft*, WTO-Dok., WT/DS70/AB/R, Rnr. 178; vgl. auch Annand/Buckingham/Kerr, Export Subsidies, S. 60f.

23 Panel Bericht, *Australia – Producers and Exporters of Automotive Leather*, WTO-Dok., WT/DS126/R.

chung von Produktionszielen geknüpft war, die nur durch Export eines erheblichen Teils der Produktion zu realisieren war, und die Produktion zum Zeitpunkt der Vergabe die Nachfrage auf dem Heimatmarkt ohnehin bereits um ein Vielfaches überstieg.[24]

Im Beihilfenrecht werden unter Exportsubventionen all diejenigen staatlichen Maßnahmen verstanden, „*die unmittelbar mit den ausgeführten Mengen, der Errichtung und dem Betrieb eines Vertriebsnetzes oder den laufenden Ausgaben einer Exporttätigkeit in Zusammenhang stehen.*"[25] Diese Definition erweist sich als weiter gefaßt als diejenige des Art. 3 Abs. 1 a) SCMA, weil die staatlichen Maßnahmen lediglich in Zusammenhang mit der Ausfuhr stehen und nicht davon abhängig sein müssen. So stellen die im obigen Fall *Australia – Automotive Leather* gewährten Subventionen auch Exportbeihilfen im Sinne dieser Definition dar, weil die an diese geknüpften Produktionsziele nur bei Export eines Teils der Produktion zu erreichen waren und die Maßnahme daher in direktem Zusammenhang mit den auszuführenden Mengen stand. Somit sind auch faktische Exportsubventionen im Sinne des Art. 3 Abs. 1 a) SCMA von der beihilfenrechtlichen Definition umfaßt.[26]

A. Vorrang einheimischer vor eingeführten Waren in Art. 3 Abs. 1 b) SCMA

Die zweite Subventionsform, die das SCM Abkommen in Art. 3 Abs. 1 b) SCMA einem strengeren Regime unterwirft, sind „*Subventionen, die entweder für sich allein oder als eine von mehreren anderen Bedingungen davon abhängig sind, daß einheimische Waren Vorrang vor eingeführten Waren erhalten.*" Derartige Subventionen erschweren den Import und haben damit eine ähnlich verzerrende Wirkung wie Subventionen, die den Export erleichtern sollen.[27]

War obige Subventionsform von der Ausfuhr von Waren abhängig, ist vorliegend eine Abhängigkeit der Subventionierung von der Diskriminierung ausländischer vor einheimischen Waren darzulegen. Zwar erfolgt die rechtliche Klassifizierung beider Subventionsformen mittels eines einheitlichen Prüfungssche-

---

24 Panel Bericht, *Australia – Producers and Exporters of Automotive Leather*, WTO-Dok., WT/DS126/R, Rnr. 9.67ff.; vgl. dazu auch Annand/Buckingham/Kerr, Export Subsidies, S. 52ff.

25 Vgl. Verordnung (EG) Nr. 9/2001 der Kommission über die Anwendung der Artikel 87 und 88 EG-Vertrag auf „De-minimis"-Beihilfen, ABl. EG 2001 L 10/30, Art. 1 lit. b; Verordnung (EG) der Kommission über die Anwendung der Artikel 87 und 88 EG-Vertrag auf kleine und mittlere Unternehmen, ABl. EG L 10/33, Art. 1 Abs. 2 lit. b.

26 Zur Anwendung des Beihilfenrechts neben den Vorschriften über die gemeinsame Handelspolitik bei Beihilfen für Ausfuhren in Nichtmitgliedstaaten der EG, s. unten S. 271ff.

27 Robra, Internationale Besteuerung, in: Tietje/Kraft/Sethe, Beiträge Transnat. WirtschaftsR., S. 42.

mas, jedoch fällt auf, daß im Fall diskriminierender Subventionen nicht zwischen de iure und de facto Abhängigkeit unterschieden wird. Fraglich ist daher, ob die Diskriminierung ausländischer Produkte nur aufgrund einer rechtlichen Bedingung dargelegt werden kann,[28] oder ob auch tatsächliche Auswirkungen eine Bedingung darstellen können. Der Wortlaut könnte im Vergleich zur Regelung bei Exportsubventionen nahe legen, daß ohne die explizite Erwähnung tatsächlicher Auswirkungen der Anwendungsbereich auf eine rechtliche Abhängigkeit beschränkt werden soll.[29] Diese Auslegung ist hingegen im Rahmen einer systematischen Betrachtungsweise keinesfalls zwingend. Der Grundsatz der Gleichbehandlung inländischer und ausländischer Waren findet neben der Regelung des Art. 3 Abs. 1 b) SCMA seine Ausprägung in Art. III Abs. 4 GATT 1994, der die Inländergleichbehandlung auf dem Gebiet der inneren Rechtsvorschriften zum Inhalt hat. Letzterer umfaßt neben rechtlichen auch tatsächliche Ungleichbehandlungen ausländischer Waren.[30] In einem Fall, in dem eine innerstaatliche Rechtsvorschrift aufgrund ihrer tatsächlichen Auswirkungen zu einer Begünstigung der heimischen Unternehmen oder Wirtschaftszweige gegenüber der ausländischen Konkurrenz führt, läge ohne die Berücksichtigung faktischer Bedingungen in Art. 3 Abs. 1 b) SCMA lediglich eine Verletzung des Art. III Abs. 4 GATT 1994, nicht jedoch ein Verstoß gegen das SCM Abkommen vor.[31] Es scheint daher schwer vorstellbar, daß die Vertragsparteien mit der Nichtwiederholung der Formulierung *„gesetzlich oder tatsächlich"* diese Inkongruenz der Auslegung des Begriffs der Inländergleichbehandlung innerhalb des WTO Rechts bezwecken wollten. Dies widerspräche insofern den Interessen der Vertragsparteien, als daß sie in Art. 3 Abs. 1 SCMA mit Export- und diskriminierenden Subventionen diejenigen Subventionsformen zu regeln bezweckten, die

---

[28] Dabei sind an den Nachweis des Abhängigkeitsverhältnisses zwischen Subventionsgewährung und Diskriminierung ebenso hohe Anforderungen zu stellen wie bei der Exportabhängigkeit, s. Appellate Body Bericht, *Canada – Measures Affecting the Automotive Industry*, WTO-Dok., WT/DS139/AB/R, WT/142/AB/R, Rnr. 123.

[29] So Anderson/Husisian, Subsidies Agreement, in: Stewart, Multinational Trade Framework, S. 299 (309); zu diesem Argument des Panels in *Canada – Measures Affecting the Automotive Industry*, WTO-Dok., WT/DS139/R, WT/142/R, Rnr. 10.221 s. auch Meagher, 37 (2) JWT (2003), S. 417 (424f.).

[30] Appellate Body Bericht, *Canada – Measures Affecting the Automotive Industry*, WTO-Dok., WT/DS139/AB/R, WT/142/AB/R, Rnr. 140; vgl. zur gleichen Problematik im Rahmen des Art. XVII GATS, Appellate Body Bericht, *European Communities – Regime for the Importation, Sale and Distribution of Bananas* WTO-Dok., WT/DS27/AB/R, Rnr. 233ff.

[31] Vgl. zum Verhältnis von Art. III GATT 1994 und SCMA auch Falke, ZEuS 2000, S. 307 (330ff.).

sie als besonders schädlich für den internationalen Handel ausgemacht hatten.[32] Eine Nichterfassung tatsächlich diskriminierender Subventionen bei einer dieser Subventionsformen würde die Umgehung der Vorschrift indes vergleichsweise unproblematisch ermöglichen.[33] Insofern ist davon auszugehen, daß auch Subventionen, die de facto zu einer Bevorzugung einheimischer vor ausländischen Waren führen, als diskriminierend im Sinne des Art. 3 Abs. 1 b) SCMA gelten.[34] Im Beihilfenrecht stellt eine staatliche Maßnahme, die als Voraussetzung ihrer Gewährung an den Sitz des zu fördernden Unternehmens in dem jeweiligen Mitgliedstaat anknüpft, eine spezifische Begünstigung heimischer Unternehmen oder Wirtschaftszweige dar und ist folglich als Beihilfe im Sinne des Art. 87 Abs. 1 EG einzustufen.

B. Rückschlüsse auf das Entwicklungsstadium des Subventionsrechts

Zeigte die Analyse des Subventionsbegriffs noch einen weitgehenden Gleichlauf des Subventionsrechts, werden an dieser Stelle die unterschiedlichen Entwicklungsstadien deutlich. Während die EG Beihilfen grundsätzlich untersagt, um den Mitgliedstaaten nach dem Abschaffen von Zöllen die Ausweichmöglichkeit auf Subventionen zu nehmen, konnte man sich im Rahmen der WTO nur auf ein Verbot der beiden geschilderten Subventionsformen einigen. Es manifestiert sich hier der Unterschied zwischen einer Subventionsdisziplin, in der die Beschränkung der Subventionsvergabe auf eine Reduzierung der Zölle folgt, und einer Subventionskontrolle in einer Integrationsrechtsordnung, in der aus dem Verbot von Zöllen die grundsätzliche Rechtswidrigkeit von Subventionen folgt.[35]

---

32 Stewart, The Uruguay Round Vol. I, S. 886.

33 Vgl. Appellate Body Bericht, *Canada – Measures Affecting the Automotive Industry*, WTO-Dok., WT/DS139/AB/R, WT/142/AB/R, Rnr. 142, in dem der Appellate Body von einem Verstoß gegen Sinn und Zweck des SCM Abkommens spricht, den Inhalt dessen jedoch nicht weiter bestimmt.

34 Meagher, 37 (2) JWT (2003), S. 417 (425f.); Luja, Tax Incentives in the EC and WTO, S. 131; Prieß/Berrisch - Pitschas, B. I. 12. Rnr. 88.

35 S. dazu oben S. 32.

§ 5 Privilegierte Subventionsformen

Beide Subventionsrechtsordnungen nennen bestimmte Subventionsformen, die nicht dem jeweiligen Subventionsregime unterworfen werden sollen. Zwar können diese Subventionsformen ebenso potentiell schädliche Wirkungen auf den zwischenstaatlichen Handel zur Folge haben, ihrer positiven Zweckverfolgung wird gleichwohl von den Vertragsparteien ein gegenüber dem Wettbewerbsschutz überwiegender Stellenwert eingeräumt.[1] Der Vergleich dieser Privilegierungen dient der Feststellung, welche als Subvention erfaßten Sachverhalte dem Anwendungsbereich des Subventionsrechts wieder entzogen werden. Im Beihilfenrecht wurde dazu aus der Vielzahl der Regelungen eine Auswahl getroffen.[2]

A. Verankerung der Ausnahmetatbestände in der (Subventions-) Rechtsordnung

I. Art. 87 EG als Verbot mit Erlaubnisvorbehalt

Dem vorrangigen Ziel der Integration durch Beseitigung von Wettbewerbsverfälschungen entsprechend, ist Art. 87 EG als Verbot mit Erlaubnisvorbehalt ausgestaltet.[3] Durch die Möglichkeit der Genehmigung von Beihilfen zur Erreichung der genannten Ziele der Gemeinschaft kommt zu der unbestrittenen Zielsetzung der so genannten „*negativen Integration*",[4] durch die der innergemeinschaftliche Wettbewerb vor Verfälschungen geschützt wird, die Möglichkeit der Verfolgung eigener struktur-, sozial- und wirtschaftspolitischer Ziele für die Gemeinschaft hinzu.[5] Die Gemeinschaft hat in diesem Zusammenhang ein umfangreiches Regelwerk zur Beurteilung regionaler,[6] sektoraler[7] und horizontaler[8]

---

1 Vgl. Sanchez Rydelski, Antisubventionsrecht, S. 229

2 Für eine umfassende Darstellung der beihilfenrechtlichen Ausnahmebereiche sei auf Hancher/Ottervanger/Slot, E.C. State Aids, Rnr. 6.001ff. verwiesen.

3 Evans, Law of State Aid, S. 3f.; Heidenhain - Jestaedt/Schweda § 14 Rnr. 1.

4 Grabitz/Hilf - von Wallenberg, vor Art. 87-89, Rnr. 2.

5 So Heidenhain - Heidenhain § 1 Rnr. 9; Schroeter/Jacob/Mederer - Mederer Vorbem. zu Art. 87 – 89 Rnr. 4; auf den Fall der Regionalbeihilfen bezogen: Wishlade, ECLR (1988), S. 343; Huber, Europäische Integration, § 17 Rnr. 109; a.A. Grabitz/Hilf - von Wallenberg, vor Art. 87-89, Rnr. 2.

6 Leitlinien der Kommission für Staatliche Beihilfen mit regionaler Zielsetzung, ABl. EG 1998 Nr. C 74, S.9

7 Mitteilung der Kommission, ABl. EG 2002 Nr. C 70 S. 8, *Multisektoraler Regionalbeihilferahmen für große Investitionsvorhaben.*

8 Mitteilung der Kommission, ABl. EG 1996 Nr. C 45 S. 5, *Gemeinschaftsrahmen für staatliche Forschungs- und Entwicklungsbeihilfen*; Mitteilung der Kommission, ABl. EG 2001 Nr. C 37/3, *Gemeinschaftsrahmen für staatliche Umweltschutzbeihilfen*; Leitlinien der Kommission für staatliche Beihilfen zur Rettung und Umstrukturierung von Unternehmen

Beihilfen aufgestellt, die die zu Grunde liegenden politischen Ziele der Gemeinschaft konkretisieren.

II. Ausnahmetatbestände im WTO Recht

1. Das Außerkrafttreten des Art. 8 SCMA

Die sogenannten *„green light subsidies"*, die von den im SCM Abkommen vorgesehenen Rechtsfolgen befreit sind, waren in den Verhandlungen zum SCM Abkommen eine kontrovers diskutierte Frage, so daß die vom Subventionsregime zu befreienden Tatbestände in den unterschiedlichen Entwürfen zum SCM Abkommen mehrfach geändert wurden.[9]

Die Geltungsdauer des die privilegierten Subventionsformen regelnden Art. 8 SCMA war gemäß Art. 31 SCMA zunächst auf 5 Jahre nach Inkrafttreten des WTO Abkommens begrenzt. Es oblag dem Ausschuß für Subventionen und Ausgleichmaßnahmen das Funktionieren der Vorschrift zu überprüfen, um festzustellen, ob ihre Geltung in der bestehenden oder einer geänderten Fassung verlängert werden sollte.[10] Eine Einigung über die weitere Geltung des Art. 8 SCMA konnte nicht erzielt werden, da die dazu erforderliche Einstimmigkeit unter allen WTO Mitgliedern nicht erreicht wurde. Art. 8 SCMA ist damit zum 1. Januar 2000 außer Kraft getreten.[11] Insbesondere einige Entwicklungsländer hatten sich gegen eine Verlängerung der Geltung des Art. 8 SCMA ausgesprochen, da diese primär den entwickelten Ländern zu Gute käme.[12] In der Tat lag die Privilegierung bestimmter Subventionsformen insbesondere im Interesse der EG. Denn da die Kategorien des Art. 8 SCMA eine große Ähnlichkeit zu den nach Art. 87 Abs. 3 EG genehmigungsfähigen Beihilfen aufwiesen,[13] waren Ausfuhren von Unternehmen aus der Gemeinschaft, die von nach EG Beihilfenrecht zulässigen Subventionen profitierten, in außereuropäischen Drittstaaten von Antisubventionsverfahren weitgehend verschont.[14]

---

in Schwierigkeiten, ABl. EG 1999 Nr. C 288/2; Verordnung (EG) Nr. 70/2001 der Kommission über die Anwendung der Art. 87 und 88 EG-Vertrag auf staatliche Beihilfen an kleine und mittlere Unternehmen, ABl. EG 2001 Nr. L 10/33.

9 Stewart, The Uruguay Round Vol. I, S. 901ff.

10 S. zum Ausschuss für Subventionen und Ausgleichmaßnahmen Art. 24 SCMA; Senti, Welthandelsordnung, Rnr. 873; Prieß/Berrisch - Pitschas B.I.12. Rnr. 50ff.

11 WTO Annual Report 2001, S. 63.

12 Auch Australien und Neuseeland sprachen sich gegen eine Verlängerung aus, vgl. Lukas, EWS 2000, S. 203 (206).

13 Depayre, Subsidies, in: Bourgeois/Berrod/Gippini-Fournier, Uruguay Round Results, S. 247 (253); Thomas, 21 STI Rev. (1998), S. 25 (33); Wishlade, Subsidies and State Aids, S. 42; s. dazu sogleich unten S.170ff.

14 Lukas, EWS 2000, S. 203 (206).

Nach jetziger Rechtslage bestehen daher im WTO Subventionsrecht keine vom Subventionsregime ausgenommenen Subventionsformen, so daß jegliche Subvention als anfechtbar gilt,[15] sofern sie nicht als Exportsubvention bzw. diskriminierende Subvention bereits verboten ist.[16]

2. Anwendung des Art. XX GATT 1994 auf die nunmehr nach dem SCM Abkommen anfechtbaren Subventionen

Fraglich ist, ob der allgemeine Ausnahmetatbestand des Art. XX GATT 1994 greifen kann, um bestimmte, den dort genannten Zwecken dienende Subventionsformen vom Anwendungsbereich des SCMA auszunehmen. Art. XX GATT 1994 bestimmt, daß keine Regelung des GATT so ausgelegt werden darf, daß ein Mitglied daran gehindert wird, Maßnahmen zu den in Art. XX GATT 1994 genannten Zielsetzungen zu beschließen und durchzuführen.[17] Das SCM Abkommen steht eigenständig neben dem GATT 1994 in Anhang 1 A des WTO-Abkommens und stellt keinen Bestandteil des GATT 1994 dar.[18] Bei den Regelungen des SCM Abkommens handelt es sich daher nicht um „*Bestimmungen des GATT*“ im Sinne des Art. XX GATT 1994, so daß die Regelungen des SCM Abkommens als Teil eines dem GATT 1994 gleichrangigen Abkommens grundsätzlich neben denen des GATT 1994 anwendbar sind. Da beide Abkommen zu unterschiedlicher Bewertung identischer Sachverhalte gelangen können, ist deren Verhältnis zueinander zu klären.[19]

Für den Konfliktfall bestimmt die allgemeine Auslegungsregel zu Anhang 1A, daß beim Vorliegen eines Widerspruchs zwischen Bestimmungen des GATT 1994 und Bestimmungen eines anderen in Anhang 1A enthaltenen Abkommens die Bestimmungen des letzteren Abkommens maßgebend sind. Fraglich ist, ob hier von einem (potentiellen, da im Folgenden noch zu untersuchenden) Widerspruch zwischen dem GATT 1994 und dem SCM Abkommen gesprochen werden kann. Ausgangspunkt ist eine staatliche Maßnahme, die mangels Ausnahmevorschrift des Art. 8 SCMA als anfechtbare Subvention einzustufen ist,[20] obwohl sie einem der in Art. XX GATT 1994 genannten Ziele nationaler (Schutz-) Politik dient. Sieht man es als „*Widerspruch*“ an, daß die Anwendung beider

---

[15] Luja, Tax Incentives in the EC and WTO, S. 127; Becker, Subventionsübereinkommen, S. 36.

[16] S. dazu oben S. 159ff.

[17] S. zu Art. XX GATT 1994 Wiers, Trade and Environment, S. 178ff.; Epiney, DVBl 2000, S. 77ff.

[18] S. Art. 1 c) des Introductory Note des GATT 1994.

[19] Dieses übersieht Ruge, Umweltschutzsubventionen, S. 146, die sogleich Art. XX GATT 1994 auf Subventionen anwendet.

[20] Vorausgesetzt, die Maßnahme führt zu nachteiligen Wirkungen im Sinne des Art. 5 SCMA, s. dazu unten S. 192ff.

Abkommen zu unterschiedlichen Rechtsfolgen führt, wäre ein solcher vorliegend zu bejahen. Denn anfechtbare Subventionen müssen entweder zurückgenommen werden oder ihre nachteiligen Auswirkungen durch geeignete Maßnahmen beseitigt werden,[21] wohingegen die Maßnahme nach Art. XX GATT 1994 zulässig wäre und beibehalten werden könnte.
Demgegenüber haben die Streitbeilegungsorgane für eine engere Auslegung des Widerspruchsbegriffs plädiert. Danach stellen die Abkommen in Anhang zum WTO Übereinkommen Teile eines von den gleichen Vertragsparteien erzielten Gesamtergebnisses dar. Innerhalb eines solchen Systems von Abkommen gelte eine Vermutung zu Gunsten der Konsistenz parallel anwendbarer Regelungen.[22] Ein Widerspruch liege dabei nur vor, wenn Regelungen sich gegenseitig ausschließende Verpflichtungen auferlegten,[23] d.h. wenn das Befolgen der einen Vorschrift zwangsläufig zur Verletzung der anderen führe.[24] Nicht von einem Widerspruch sprechen könne man in Fällen, in denen eine Vorschrift lediglich ergänzende Regelungen enthalte und somit zwar den Anwendungsbereich parallel anwendbarer Vorschriften begrenzen könnte, mit diesen aber nicht als solches unvereinbar sei.[25] Danach liegt im vorliegenden Fall kein Widerspruch vor, da das SCM Abkommen bestimmte staatliche Maßnahmen als Subventionen einstuft und diese für anfechtbar erklärt, wenn sie nachteilige Auswirkungen hervorrufen. Art. XX GATT stellt keine abweichenden Voraussetzungen für den Subventionsbegriff und die erforderlichen Auswirkungen auf, sondern benennt Ausnahmebereiche nationaler Politik, die von den internationalen Regelungen zum Warenhandel unberührt bleiben sollen. Es handelt sich also um eine ergänzende Vorschrift. Für diese Sichtweise spricht auch Sinn und Zweck der Auslegungsregel des Anhang 1A. Diese Konfliktregel soll sicherstellen, daß die sich auf spezifische Waren oder spezifische handelsbeschränkende Maßnahmen beziehenden Abkommen über das Regelungsniveau des GATT als allgemeines Abkommen zum Warenhandel hinausgehen können.[26] Regeln sie eine bestimmte Materie hingegen nicht, wie vorliegend die gesonderte Berücksichtigung be-

---

[21] Art. 7 Abs. 8 SCM Abkommen, s. dazu unten S. 233ff.

[22] Panel Bericht, *Indonesia – Measures Affecting the Automobile Industry*, WTO-Dok., WT/DS54, 55, 59, 64/R. Rnr. 14.28; Appellate Body Bericht, *Guatemala – Portland Cement from Mexico*, WTO-Dok., WT/DS60/AB/R, Rnr. 65; so auch Chambovey, 36 (2) JWT (2002), S. 305 (314).

[23] „*mutually exclusive obligations*" Panel Bericht, *Indonesia –Measures Affecting the Automobile Industry*, WTO-Dok., WT/DS54, 55, 59, 64/R. Rnr. 14.28, Fn 549.

[24] Appellate Body Bericht, *Guatemala – Portland Cement from Mexico*, WTO-Dok., WT/DS60/SB/R, Rnr. 65.

[25] Appellate Body Bericht, *Guatemala – Portland Cement from Mexico*, WTO-Dok., WT/DS60/SB/R, Rnr. 65.

[26] Vgl. Falke, ZEuS 2000, S. 307 (324).

stimmter Politikfelder als Ausnahmen, kann weiterhin das GATT 1994 zur Anwendung kommen. Der Schutzzweck der Konfliktregel ist nicht berührt.
Somit besteht im vorliegenden Fall kein Widerspruch, mit der Folge daß die Auslegungsregel des Anhang 1A nicht anwendbar ist. Art. XX GATT 1994 findet also dem *effet utile* Gedanken folgend neben dem SCM Abkommen parallel und ergänzend Anwendung.[27]

B. Die einzelnen privilegierten Subventionsformen

Im Rahmen der Untersuchung der einzelnen privilegierten Subventionsformen gilt es nunmehr zu fragen, ob es in der ursprünglichen Konzeption des SCM Abkommens mit seinem Art. 8 SCMA bereits Unterschiede zum Beihilfenrecht gab, ob und welche Unterschiede nach dem Außerkrafttreten des Art. 8 SCMA bestehen und wie diese gegebenenfalls mittels der allgemeinen Ausnahmen des Art. XX GATT 1994 aufgefangen werden können.

I. Regionale Subventionen

Die Ausnahme bestimmter Regionen aus der Subventionskontrolle setzt eine Analyse der ökonomischen Rahmenbedingungen voraus, um die Förderwürdigkeit von Regionen festzustellen. Es entspricht jedoch nicht der Zielsetzung dieser Arbeit, eine erschöpfende Untersuchung der ökonomischen Grundlagen der Regionalförderung vorzunehmen. Vielmehr soll, ohne diese Berechnungsmethoden ganz unerwähnt lassen zu können, aus dem Blickwinkel eines Systemvergleichs heraus, die Regionalförderung auf zwei Fragestellungen zugespitzt werden, um die Funktionsweise der Bereichsausnahme herausarbeiten und vergleichbar machen zu können. Zunächst gilt es festzustellen, welche Anforderungen an die zu privilegierenden Regionen gestellt werden, d.h. wie beide Subventionsrechtsordnungen verhindern, daß unter dem Deckmantel der Regionalförderung die Subventionskontrolle umgangen wird. Sind die Regionen ausgewählt, stellt sich die Frage, ob die Höhe der Förderung begrenzt wird.[28]

1. Anforderungen an die Region

a. Beihilfenrecht

Zur Förderung benachteiligter Regionen durch Vergabe von Subventionen an dort ansässige Unternehmen enthält das Beihilfenrecht zwei Ausnahmetatbestände. Nach Art. 87 Abs. 3 a) EG können Beihilfen *„zur Förderung der wirtschaftlichen Entwicklung von Gebieten, in denen die Lebenshaltung außergewöhnlich niedrig ist oder eine erhebliche Unterbeschäftigung herrscht“* als mit

---

27 Vgl. zum *effet utile* Gedanken im WTO Recht Cottier/Germann, Distributive Policy, in: DeBurca/Scott, EU and WTO Issues, S. 185 (198); Panel Bericht, *Korea – Imports of Certain Dairy Products*, WTO-Dok., WT/DS98/R, Rnr. 7.32ff.

28 Vgl. Wishlade, Subsidies and State Aids, S. 37.

dem gemeinsamen Markt vereinbar angesehen werden. Gemäß Art. 87 Abs. 3 c) EG kommen Beihilfen *„zur Förderung der Entwicklung gewisser Wirtschaftsgebiete"* insoweit in Betracht, *„als sie die Handelsbedingungen nicht in einer Weise verändern, die dem gemeinsamen Interesse zuwiderläuft."*[29]

i Art. 87 Abs. 3 a) EG

Erstere Regelung dient dazu, das wirtschaftliche Ungleichgewicht innerhalb der Gemeinschaft auszugleichen und gleichartige Wettbewerbsvoraussetzungen zu schaffen, um eine harmonische Entwicklung der Volkswirtschaften zu ermöglichen.[30] Vergleichsmaßstab zur Feststellung der niedrigen Lebenshaltung oder Unterbeschäftigung ist das Gemeinschaftsniveau.[31] Wie die Formulierungen *„außergewöhnlich"* und *„erheblich"* zeigen, kann die Vorschrift nur Anwendung finden, wenn die wirtschaftliche Lage der betreffenden Gebiete im Vergleich zur gesamten Gemeinschaft äußerst ungünstig ist.[32] Dieses wird angenommen, wenn das Bruttosozialprodukt pro Kopf der Bevölkerung gemessen an Kaufkraftstandards weniger als 75% des Gemeinschaftsdurchschnitts erreicht.[33] Beihilfen für derartige Regionen sind nicht per se privilegiert, sondern dürfen nur gewährt werden, wenn die Auswirkungen auf den relevanten Markt berücksichtigt worden sind.[34]

---

[29] S. zu beiden Tatbeständen die Leitlinien der Kommission für staatliche Beihilfen mit regionaler Zielsetzung, ABl. EG 1998 Nr. C 74/9; einen Sonderfall der Zulässigkeit regionaler Subventionierung innerhalb der Gemeinschaft stellen Beihilfen für die Wirtschaft bestimmter durch die Teilung Deutschlands betroffener Gebiete der Bundesrepublik Deutschland dar, Art. 87 Abs. 2 c) EG; vgl. dazu Wössner, Deutschlandklausel im Beihilfenrecht, S. 23ff.

[30] Vgl. Abs. 5 der Präambel zum EG Vertrag.

[31] EuGH, Rs. 730/79, *Philip Morris*, Slg. 1980, 2701, Rnr. 25; EuGH, Rs. 248/84, *Deutschland/Kommission*, Slg. 1987, S. 4013 Rnr. 10.

[32] Leitlinien der Kommission für staatliche Beihilfen mit regionaler Zielsetzung, ABl. EG 1998 C-74/9 Rnr. 3.5; s. dazu Wishlade, ECLR (1988), S. 343ff; Jestaedt/Schelling, EWS 1999, S. 1 (3ff.).

[33] Vgl. dazu Leitlinien der Kommission für staatliche Beihilfen mit regionaler Zielsetzung, ABl. EG 1998 C-74/9 Rnr. 3.5; Veröffentlichung der Kommission über nationale Fördergebietsbevölkerungshöchstgrenzen im Rahmen der Anwendung der Ausnahmebestimmungen des Art. 92 Abs. 3 Buchstaben a) und c) EG-Vertrag für den Zeitraum 2000-2006, ABl. EG 1999 Nr. C16/5.

[34] Dies gilt, obwohl, Art. 87 Abs. 3 a) EG entgegen Art. 87 Abs. 3 c) EG keine wirkungsbezogene Voraussetzung verlangt, vgl. EuGH, Rs. C-169/95, *Spanien/Kommission*, Slg. 1997, I-135, Rnr. 16f.

ii Art. 87 Abs. 3 c) EG

Die Vorschrift des Art. 87 Abs. 3 c) EG erlaubt demgegenüber eine größere Flexibilität, um die Schwierigkeiten einer Region zu definieren. Denn der Wortlaut begrenzt die relevanten Indikatoren nicht auf Lebenshaltung und Unterbeschäftigung und als Bezugsrahmen kommt nicht nur die Gemeinschaft, sondern auch die wirtschaftliche Lage in dem jeweiligen Mitgliedstaat in Betracht.[35] Somit erlaubt Art. 87 Abs. 3 c) EG eine weitergehende regionalspezifische Subventionierung als Art. 87 Abs. 3 a) EG, da die relative Benachteiligung einer Region in einem im Gemeinschaftsdurchschnitt hoch entwickelten Mitgliedstaat bereits auf einem Niveau erreicht werden kann, das im Gemeinschaftsdurchschnitt nicht zur Annahme einer Benachteiligung ausreichen würde. Einer dadurch möglichen Ausweitung der Regionalförderung begegnet die Kommission dadurch, daß sie die zu fördernden Gebiete auf einen bestimmten Anteil der Gemeinschaftsfläche und den darin lebenden Prozentsatz an der Gemeinschaftsgesamtbevölkerung festlegt. Die Förderung von innerhalb eines Mitgliedstaates benachteiligten Regionen und damit die Anwendung des Art. 87 Abs. 3 c) EG ist also nur insoweit möglich, als es die Differenz der festgelegten Maximalförderung von der durch Bruttoinlandsprodukt und Unterbeschäftigung objektiv bestimmten Förderung nach Art. 87 Abs. 3 a) EG zuläßt.[36] Diese Höchstgrenze wird anschließend von der Kommission auf die von den Mitgliedstaaten vorgeschlagenen Regionen aufgeteilt.[37] Dabei zieht die Kommission sowohl nationale als auch gemeinschaftsweite Faktoren zur Bestimmung der Benachteiligung in Betracht. Zunächst darf die jeweilige Region über einen Zeitraum von drei Jahren 85% des Durchschnitts des Pro-Kopf Brutto Inlandsprodukts des jeweiligen Mitgliedstaates nicht überschreiten und muß eine Arbeitslosigkeit aufweisen, die mindestens 15% über dem Durchschnitt des jeweiligen Mitgliedstaates liegt. Sodann werden die nationalen Durchschnittswerte nach einer bestimmen Formel in Relation zum Gemeinschaftsdurchschnitt gesetzt. Je besser die wirtschaftliche Situation in dem jeweiligen Mitgliedstaat im Vergleich zum Gemeinschaftsdurchschnitt ist, desto größer muß die Abweichung vom diesem nationalen Wert zu Lasten

---

[35] Leitlinien der Kommission für staatliche Beihilfen mit regionaler Zielsetzung, ABl. EG 1998 C-74/9 Rnr. 3.6; EuGH, Rs. 248/84, *Deutschland/Kommission*, Slg. 1987, 4013 Rnr. 19.

[36] Leitlinien der Kommission für staatliche Beihilfen mit regionaler Zielsetzung, ABl. EG 1998 C-74/9 Ziff. 3.9; Veröffentlichung der Kommission über Nationale Fördergebietsbevölkerungshöchstgrenzen im Rahmen der Anwendung der Ausnahmebestimmungen des Art. 92 Abs. 3 Buchstaben a) und c) EG-Vertrag für den Zeitraum 2000-2006, ABl. EG 1999 Nr. C16/5.

[37] Anhang III zu den Leitlinien der Kommission für staatliche Beihilfen mit regionaler Zielsetzung, ABl. EG 1998 C-74/9.

der jeweiligen Region sein, damit diese für eine Förderung nach Art. 87 Abs. 3 c) EG in Betracht kommt.[38]

b. WTO Subventionsrecht

In Art. 87 Abs. 3 a) EG zeigt sich das Leitbild eines gemeinsamen Wirtschaftsraumes, der neben ökonomischer Integration die Verringerung des Rückstands weniger begünstigter Gebiete zum Ziel hat.[39] In Ermangelung einer derartigen Absicht in der WTO Rechtsordnung findet sich im SCM Abkommen keine Vorschrift mit parallelem Zweck. Die wirtschaftliche Struktur der WTO Mitglieder ist zu heterogen, um aus einem Durchschnittswert sinnvolle Zielsetzungen ableiten zu können.

Deutliche Parallelen ergeben sich indes zum in Art. 87 Abs. 3 c) EG manifestierten Recht der Mitgliedstaaten, in ihrem Verantwortungsbereich ökonomische Disparitäten ihrer Regionen zu nivellieren und eine gleichmäßig hohe Lebenshaltung zu schaffen.[40] Dieses Ziel verfolgt im WTO Subventionsrecht Art. 8 Abs. 2 b) SCMA.[41] Danach sind Subventionen nicht anfechtbar, *„die für benachteiligte Regionen innerhalb des Gebiets eines Mitgliedstaates gemäß einem allgemeinen Rahmen für die regionale Entwicklung gewährt werden und innerhalb der Fördergebiete (im Sinne von Art. 2) nicht spezifisch sind.“* Das Erfordernis des allgemeinen Rahmens zur regionalen Entwicklung soll sicherstellen, daß die Subventionen tatsächlich an Orte gewährt werden, die einen Einfluß auf die wirtschaftliche Entwicklung der Region haben können.[42]

Die Benachteiligung einer Region muß auf neutralen und objektiven Kriterien beruhen, die zumindest auf einem der bereits aus dem Beihilfenrecht bekannten Faktoren basieren müssen: Entweder Einkommen, Haushaltseinkommen oder Bruttoinlandsprodukt (jeweils pro Kopf) überschreiten nicht 85% des Durchschnitts des betreffenden Mitgliedstaats oder die Arbeitslosenrate liegt mindestens 10% über dem Durchschnitt des betreffenden Mitgliedstaats gemessen über einen Zeitraum von mindestens drei Jahren.[43]

---

38 Anhang III, Ziff. 4, 5 zu den Leitlinien der Kommission für staatliche Beihilfen mit regionaler Zielsetzung, ABl. 1998 C-74/9; Wishlade, Subsidies and State Aids, S. 33.

39 Vgl. Abs. 5 der Präambel zum EGV.

40 Schroeter/Jacob/Mederer - Mederer, Art. 87 Rnr. 164.

41 Vgl. dazu Cottier/Germann, Distributive Policy, in: DeBurca/Scott, EU and WTO Issues, S. 185 (198ff.); Anderson/Husisian, Subsidies Agreement, in: Stewart, Multinational Trade Framework, S. 299 (319f.).

42 Fn 31 zu Art. 8 Abs. 2 b) SCMA; die Voraussetzung der Spezifität erscheint an dieser Stelle entbehrlich, sind doch nichtspezifische Subventionen per se nicht anfechtbar, vgl. Art. 8 Abs. 1 a) SCMA.

43 Art. 8 Abs. 2 b) ii), iii) SCMA.

Hier hat das WTO Subventionsrecht die Regelung des Beihilfenrechts insoweit übernommen, als es die Bestimmung der Benachteiligung einer Region in Relation zum nationalen Durchschnitt des Mitgliedstaates vornimmt.[44] Im Rahmen der relevanten Indizes ist das Bruttoinlandsprodukt lediglich um das pro Kopf Einkommen und das pro Kopf Haushaltseinkommen ergänzt worden. Hierbei handelt es sich um eine Umsetzung des Beihilfenrechts auf die Ebene der WTO, so weit dies im Rahmen der unterschiedlichen Zielsetzung der beiden Subventionsrechtsordnungen möglich war.[45]

2. Höhe der Förderung in diesen Regionen

a. Beihilfenrecht

Nicht nur bei der Auswahl der Regionen, sondern auch bei der Höhe der zu genehmigenden Beihilfe ist zwischen Art. 87 Abs. 3 a) EG und Art. 87 Abs. 3 c) EG zu differenzieren. Die Beihilfenhöhe wird dabei anhand der Nettointensität gemessen, d.h. anhand des Anteils, den die Förderung in Bezug auf den Nettowert der bezuschußten Investition darstellt.[46]

Die Höhe der Beihilfe ist auf die Art und Intensität der jeweiligen regionalen Probleme abzustimmen. So muß von Anfang an unterschieden werden zwischen den zulässigen Beihilfeintensitäten für Gebiete, die aufgrund der Freistellungsvoraussetzung des Art. 87 Abs. 3 a) EG gefördert werden können, und den zulässigen Beihilfeintensitäten für Gebiete, die unter die Freistellungsvoraussetzung des Art. 87 Abs. 3 c) EG fallen, da letztere Gebiete nicht durch eine außergewöhnlich niedrige Lebenshaltung oder eine erhebliche Unterbeschäftigung gekennzeichnet sind. Die wettbewerbsverzerrenden Wirkungen der Beihilfen sind dort weniger gerechtfertigt als in Gebieten, die für die Freistellungsvoraussetzung des Buchstaben a) in Betracht kommen. Die zulässigen Beihilfeintensitäten sind daher in Gebieten, die in den Genuß der Freistellung nach Buchstabe c) kommen können, von vorneherein niedriger als in den unter die Freistellungsvoraussetzung des Buchstabens a) fallenden Gebieten.[47]

---

44 S. auch Sanchez Rydelski, Antisubventionsrecht, S. 234; Thomas, 21 STI Rev. (1998), S. 25 (33); Wishlade, Subsidies and State Aids, S. 31ff.

45 Wie oben erläutert, ist die Bestimmung der Benachteiligung von Regionen anhand eines Vergleichs mit den durchschnittlichen ökonomischen Bedingungen im gesamten Anwendungsbereich des WTO Rechts im Gegensatz zum Gemeinschaftsrecht nicht angezeigt, so daß sich eine weitergehende Übernahme der beihilfenrechtlichen Kriterien verbietet.

46 Anhang I zu den Leitlinien der Kommission für staatliche Beihilfen mit regionaler Zielsetzung, ABl. EG 1998 C-74/9.

47 Leitlinien der Kommission für staatliche Beihilfen mit regionaler Zielsetzung, ABl. EG 1998 C-74/9 Ziff. 4.1 der Leitlinien für staatliche Beihilfen mit regionaler Zielsetzung, ABl. EG 1998 C-74/9.

b. WTO Subventionsrecht

Auch nach WTO Subventionsrecht müssen regionale Subventionsprogramme Obergrenzen für die Subventionen enthalten. Diese Obergrenzen dürfen nicht über das Maß hinausgehen, das zur Beseitigung oder Verringerung des Regionalgefälles angemessen ist. Sie sind entsprechend dem unterschiedlichen Entwicklungsniveau der unterstützten Regionen festzulegen und müssen als Investitionskosten oder Kosten für die Schaffung von Arbeitsplätzen ausgedrückt werden. Innerhalb dieser Obergrenzen sind die Subventionen breit und gleichmäßig genug zu streuen, um eine überwiegende Nutzung der Subventionen durch oder die Gewährung unverhältnismäßig hoher Subventionen an bestimmte Unternehmen im Sinne des Art. 2 SCMA zu vermeiden.[48] Bei letzterem Punkt handelt es sich lediglich um eine Wiederholung des Erfordernisses der Spezifität, das bereits Voraussetzung des Tatbestands einer anfechtbaren Subvention ist. Die Bemessung der maximalen Höhe der Subventionierung richtet sich nach an den aus dem Beihilfenrecht bekannten Faktoren.[49] Während im Beihilfenrecht eine Methode zur Berechnung einer Höchstgrenze der Subventionierung existiert, gibt das SCM Abkommen lediglich vor, daß eine Obergrenze festgelegt sein muß und diese zur Erreichung des Ziels, Verringerung des Regionalgefälles, angemessen sein muß. Eine Deckelung der Subventionshöhe besteht also im WTO Subventionsrecht nur insoweit, als daß eine Unangemessenheit dargestellt werden kann, während im Beihilfenrecht die Höhe in Relation zur subventionierten Investition konkret festgelegt wird. Die Festschreibung derartiger Höchstsätze muß für das WTO Subventionsrecht als unangebracht erscheinen, sind doch die regionalen Unterschiede auf globaler Ebene zu groß, als daß sie einer Kategorisierung zugänglich wären, auf Grund derer die jeweilige Subventionsintensität festgestellt werden könnte.[50]

3. Folgen des Außerkrafttretens von Art. 8 SCMA

Nach dem Außerkrafttreten des Art. 8 Abs. 2 b) SCMA gelten nunmehr Subventionen als anfechtbar im Sinne des SCM Abkommens, die dem Ziel der Nivellierung der wirtschaftlichen Bedingungen in unterschiedlich entwickelten Regionen dienen.[51] Es besteht keine der gemeinschaftlichen Regionalpolitik entspre-

---

48 Fn 32 zu Art. 8 Abs. 2 b) ii) SCMA.

49 Vgl. Wortlaut von S. 3 der Fn 32 zu Art. 8 Abs. 2 b) ii) SCMA mit Ziff. 4.1 der Leitlinien der Kommission für staatliche Beihilfen mit regionaler Zielsetzung, ABl. EG 1998 C-74/9.

50 Vgl. Wishlade, Subsidies and State Aids, S. 38.

51 Ausnahme ist Art. 27 SCMA, der die Sonderbehandlung für Entwicklungsländer regelt, s. dazu Benitah, Law of Subsidies, S. 35ff.; Appellate Body Bericht, *Brazil – Export Financing Programme for Aircraft*, WTO-Dok., WT/DS/46/ABR, Rnr. 134ff.

chende Zielsetzung der WTO.[52] Auch Art. XX GATT 1994 hält keinen Ausnahmetatbestand bereit, der regionalspezifisch begründete Subventionen rechtfertigen würde.[53]

II. Horizontale Subventionen

1. Forschung und Entwicklung

Eine Privilegierung von Subventionen für Forschung und Entwicklung kommt im Beihilfenrecht sowohl nach Art. 87 Abs. 3 b) Alt. 1 EG als „*Beihilfe zur Förderung wichtiger Vorhaben von gemeinsamen europäischen Interesse*" als auch gemäß Art. 87 Abs. 3 c) Alt. 1 EG „*zur Förderung der Entwicklung gewisser Wirtschaftszweige*" in Betracht. Die praktische Relevanz der ersteren Regelung ist gering, da die Anforderungen an Vorhaben von gemeinsamem europäischem Interesse äußerst eng interpretiert werden.[54]

a. Die Entwicklung hin zur befürwortenden Bewertung von Forschungs- und Entwicklungssubventionen

Bei der Beurteilung von Subventionen für Forschung und Entwicklung zeigt sich der bisher in dieser Untersuchung atypische Vorgang einer Entwicklung von einer strengeren hin zu einer wohlwollenden Handhabung staatlicher Fördermaßnahmen. Die kritische Haltung gegenüber Subventionen für Forschung und Entwicklung manifestierte sich an der niedrigen Schwelle der zulässigen Subventionsintensität sowohl im Subventionskodex von 1979[55] als auch, diesem Ansatz folgend, im Gemeinschaftsrahmen für staatliche Forschungs- und Ent-

---

[52] Cottier/Germann, Distributive Policy, in: DeBurca/Scott, EU and WTO Issues, S. 185 (207f.).

[53] Cottier/Germann, Distributive Policy, in: DeBurca/Scott, EU and WTO Issues, S. 185 (197).

[54] Das Forschungsvorhaben muß dazu Teil eines grenzüberschreitenden Programms sein, das gemeinsam von mehreren Mitgliedstaaten unterstützt wird oder aus einer zwischen Mitgliedstaaten abgestimmten Tätigkeit besteht, um gegen eine bestimmte Bedrohung vorzugehen oder für ein gemeinsames Ziel zu arbeiten, s. Heidenhain - Repplinger-Hach, § 17 Rnr. 135. So hat die Kommission Vorhaben zur Entwicklung einer gemeinsamen Norm für hochauflösendes Fernsehen oder zur Errichtung eines terrestrischen digitalen Hörfunksystems als Vorhaben von gemeinsamem europäischem Interesse eingestuft, s. Cremer, Forschungssubventionen, S. 81, weitere Fälle bei Schroeter/Jacob/Mederer - Mederer, Art. 87 Rnr. 188f.

[55] Agreement on the Interpretation and Application of Articles VI, XVI and XXIII of the General Agreement on Tariffs and Trade, BISD 26.Supp., Genf 1980, S. 56ff; dazu Adamantopoulos, Subventionsrecht des GATT, S.23ff.

wicklungsbeihilfen von 1986.[56] Diese Betonung der potentiell schädlichen Wirkungen dieser Subventionsform wurde von den Vertragsparteien während der Verhandlungen zum SCM Abkommen verfolgt.[57] Auf Druck der USA, die nach der Wahl von Präsident Clinton eine weitergehende Unterstützung von Forschungs- und Entwicklungsvorhaben ermöglichen wollten, wurde diese Position verlassen und die Ausnahme für Forschungs- und Entwicklungssubventionen erweitert.[58] Auch die Kommission nimmt im Gemeinschaftsrahmen für staatliche Forschungs- und Entwicklungsbeihilfen von 1996 eine befürwortende Haltung ein.[59] Insbesondere die Anhebung der zulässigen Subventionsintensitäten ist auf die Vorgaben durch das SCM Abkommen zurückzuführen.[60] Darüber hinaus wurde die befürwortende Haltung mit den positiven Wirkungen von Forschung und Entwicklung auf die Wettbewerbsfähigkeit der Unternehmen, die Beschäftigung und der in Art. 162 Abs. 2 EG enthaltenen Verpflichtung der Gemeinschaft begründet, diese positiven Wirkungen zu fördern.[61]

b. Marktnähe und Subventionshöhe

Beide Rechtsordnungen unterteilen Forschungsvorhaben nach ihrer Marktnähe. Dem liegt die Ansicht zu Grunde, je eher ein Forschungsvorhaben auf dem Markt verwertbar sei, desto größer sei seine potentiell wettbewerbsbeeinflussende Wirkung.[62] Demzufolge unterscheidet das SCM Abkommen zwischen drei Forschungsstufen. Diesen Ansatz mit seinen Begriffsbestimmungen hat sich auch der Gemeinschaftsrahmen für staatliche Forschungs- und Entwicklungs-

---

[56] ABl. EG 1986 C-83/2; zum Vergleich mit dem nunmehr geltenden Gemeinschaftsrahmen von 1996, s. Cremer, EWS 1996, S. 379 (386); als Vertreter dieser kritischen Beurteilung s. Raaflaub, Subventionsregeln, S. 87f., 115f.

[57] Stewart, The Uruguay Round Vol. I, S. 902ff.

[58] Vgl. dazu Wishlade, Subsidies and State Aids, S. 28ff.; Koopmann, Liberalisierung, in: Kantzenbach/Mayer, Internationale Wettbewerbsordnung, S.11 (32); Kleinfeld/Kaye, 28 (6) JWT (1994), S. 43 (50ff.).

[59] Gemeinschaftsrahmen für staatliche Forschungs- und Entwicklungsbeihilfen, ABl. EG 1996 Nr. C 45/5; im Rahmen der nach fünf Jahren vorgesehenen Überprüfung der Anwendung des Gemeinschaftsrahmens (Ziff. 9), beschloß die Kommission im April 2002 die Anwendung bis Ende 2005 zu verlängern, Mitteilung der Kommission, ABl. EG 2002 C 111/24.

[60] Gemeinschaftsrahmen für staatliche Forschungs- und Entwicklungsbeihilfen, ABl. EG 1996 Nr. C 45/5, Rnr. 1.10.

[61] Gemeinschaftsrahmen für staatliche Forschungs- und Entwicklungsbeihilfen, ABl. EG 1996 Nr. C 45/5, Rnr. 1.1, 1.2; Heidenhain - Repplinger-Hach, § 17 Rnr. 123.

[62] Raaflaub, Subventionsregeln, S. 69.

beihilfen zu Eigen gemacht.[63] Die förderbaren Kosten sind dabei in beiden Rechtsordnungen identisch.[64]
Als erste und marktfernste Forschungsstufe gilt die Grundlagenforschung. Diese ist als nicht mit industriellen oder kommerziellen Zielen verbundene Ausweitung der allgemein wissenschaftlichen und technischen Kenntnisse definiert.[65] Sie ist im SCM Abkommen von der Subventionskontrolle freigestellt, wenn sie von Hochschul- oder Forschungseinrichtungen selbstständig betrieben wird.[66] Der Gemeinschaftsrahmen stellt klar, daß die staatliche Finanzierung der Grundlagenforschung, die von nicht gewinnorientierten Hochschul- oder Forschungseinrichtungen selbständig betrieben wird, erst gar keine staatliche Beihilfe im Sinne des Artikels 92 Absatz 1 EG-Vertrag darstellt.[67]
Aus der Begrenzung auf Hochschul- oder Forschungseinrichtungen im WTO Subventionsrecht wird geschlossen, daß von Unternehmen betriebene Grundlagenforschung der Subventionskontrolle unterfiele.[68] Diesem Ansatz folgend, bestimmt der Gemeinschaftsrahmen, daß „*Beihilfen für Grundlagenforschung, die von oder auf Rechnung von Unternehmen betrieben wird, in den Anwendungsbereich des Artikels 92 Absatz 1 EG-Vertrag* (nunmehr Art. 87 Abs. 1 EG) *fallen, aber mit einer Bruttobeihilfeintensität von bis zu 100 % genehmigt werden. Voraussetzung dafür ist, daß diese Art der Forschung sehr marktfern ist und ihre Ergebnisse grundsätzlich unter nicht diskriminierenden und marktüblichen Bedingungen weit verbreitet und verwertet werden.*“[69] Zu klären ist, ob auch nach dem hier vertretenen Verständnis des Subventionsbegriffs in der staatlichen Förderung der Grundlagenforschung durch oder auf Rechnung von Unternehmen eine Subvention nach WTO Recht gesehen werden kann. Praktisch ist keine Grundlagenforschung durch Unternehmen vorstellbar, die nicht marktorientiert ist. Denn Arbeiten im Bereich der Grundlagenforschung dienen den Unternehmen allein dazu, Wettbewerbsvorteile am Markt erreichen zu kön-

---

63 Gemeinschaftsrahmen für staatliche Forschungs- und Entwicklungsbeihilfen, ABl. EG 1996 Nr. C 45/5, Anhang I.

64 Vgl. den identischen Wortlaut des Art. 8 Abs. 2 a) i) - v) SCMA und des Anhangs II zum Gemeinschaftsrahmen für staatliche Forschungs- und Entwicklungsbeihilfen, ABl. EG 1996 Nr. C 45/5; s. zu den förderbaren Kosten auch Heidenhain - Repplinger-Hach, § 17 Rnr. 138.

65 Fn 26 zu Art. 8 Abs. 2 a) SCM Abkommen; Gemeinschaftsrahmen für staatliche Forschungs- und Entwicklungsbeihilfen, ABl. EG 1996 Nr. C 45/5, Anhang I.

66 Fn 26 zu Art. 8 Abs. 2 a) SCM Abkommen.

67 Gemeinschaftsrahmen für staatliche Forschungs- und Entwicklungsbeihilfen, ABl. EG 1996 Nr. C 45/5, Rnr. 5.2.

68 So Wishlade, Subsidies and State Aids, S. 29.

69 Gemeinschaftsrahmen für staatliche Forschungs- und Entwicklungsbeihilfen, ABl. EG 1996 Nr. C 45/5, Rnr. 5.2.

nen. Grundlagenforschung durch Unternehmen fehlt es also nicht generell an der Wettbewerbsrelevanz.[70] Fraglich ist aber, wie in diesem Fall der Vorteil zu bestimmen ist, da dazu ein Vergleichssachverhalt auf einem bestimmten Markt gebildet werden müßte, ein Produktmarkt jedoch wegen der Marktferne der Forschung nicht ersichtlich ist. Hier ist auf den sachlich relevanten Forschungsmarkt abzustellen, in den alle Unternehmen einzubeziehen sind, die zur Durchführung vergleichbarer Forschungsleistungen bereit und in der Lage sind.[71] Gegenüber diesen Unternehmen stellt die staatliche Leistung einen Vorteil dar, da diese den entsprechenden Forschungsaufwand ohne staatliche Unterstützung zu bewältigen haben. Werden Resultate der Forschung jedoch diskriminierungsfrei verbreitet, fehlt es am spezifischen Vorteil, da auch die übrigen Marktteilnehmer in den Genuß der Ergebnisse kommen können. Insofern liegt nur bei diskriminierender Verbreitung der Forschungsergebnisse eine Subvention im Sinne des Art. 1 SCMA vor. Der Gemeinschaftsrahmen geht daher nicht über die Vorgaben des SCM Abkommens hinaus. Die Beurteilung von Grundlagenforschung ist in beiden Rechtsordnungen gleich.
Unterschiede ergeben sich bei der Privilegierung der übrigen beiden Forschungsstufen. Industrielle Forschung wird in beiden Rechtsordnungen als planmäßiges Forschen oder kritisches Erforschen zur Gewinnung neuer Kenntnisse definiert, mit dem Ziel, diese Kenntnisse zur Entwicklung neuer Produkte, Verfahren oder Dienstleistungen sowie zur Verwirklichung erheblicher Verbesserungen bei bestehenden Produkten, Verfahren oder Dienstleistungen zu nutzen.[72] Dabei kann die staatliche Förderung im WTO Subventionsrecht bis zu 75%,[73] im Beihilfenrecht lediglich 50% der Forschungskosten betragen.[74] Auch im Rahmen der vorwettbewerblichen Entwicklung als marktnächste Forschung unterscheidet sich die zulässige Intensität der Subventionen. Vorwettbewerbliche Entwicklung umfaßt die Umsetzung der Erkenntnisse der industriellen Forschung in einen Plan, eine Blaupause oder einen Entwurf für neue, geänderte oder verbesserte Produkte, Verfahren oder Dienstleistungen, unabhängig davon, ob sie zum Verkauf oder zur Verwendung bestimmt sind, einschließlich der Schaffung eines ersten nicht kommerziellen Prototyps.[75] Während das SCM Ab-

70 Dazu ausführlich Cremer, Forschungssubventionen, S. 52ff.

71 Vgl. Cremer, Forschungssubventionen, S. 58; s. zu diesem Ansatz in Zusammenhang mit Forschungskooperationen im Kartellrecht, Fuchs, Forschungskooperation, S. 170ff.

72 Fn 28 zu Art. 8 Abs. 2 a) SCM Abkommen; Gemeinschaftsrahmen für staatliche Forschungs- und Entwicklungsbeihilfen, ABl. EG 1996 Nr. C 45/5, Anhang I.

73 Art. 8 Abs. 2 a) SCM Abkommen.

74 Gemeinschaftsrahmen für staatliche Forschungs- und Entwicklungsbeihilfen, ABl. EG 1996 Nr. C 45/5, Rnr. 5.3.

75 Fn 29 zu Art. 8 Abs. 2 a) SCM Abkommen; Gemeinschaftsrahmen für staatliche Forschungs- und Entwicklungsbeihilfen, ABl. EG 1996 Nr. C 45/5, Anhang I.

kommen eine staatliche Förderung von bis zu 50% der Forschungskosten zuläßt,[76] sieht das Beihilfenrecht 25 % vor.[77]
Die Definition der Forschungsstufen ist in beiden Rechtsordnungen identisch, Grundlagenforschung ist grundsätzlich vollständig privilegiert, etwas anderes gilt nur, wenn diese von Unternehmen durchgeführt wird, die ihre Ergebnisse nicht diskriminierungsfrei zur Verfügung stellen. Lediglich die Intensität der zulässigen Subventionierung im Bereich der industriellen Forschung und vorwettbewerblichen Entwicklung weicht voneinander ab.[78]

c. Folgen des Außerkrafttretens des Art. 8 SCMA

Auf dem Gebiet der Forschungs- und Entwicklungsförderung zeigt sich, daß sich die Kommission in der Ausgestaltung der primär relevanten Regelung des Art. 87 Abs. 3 c) Alt. 1 EG *„zur Förderung der Entwicklung gewisser Wirtschaftszweige“* durch den Gemeinschaftsrahmen für staatliche Forschungs- und Entwicklungsbeihilfen wie schon beim Vorgängergemeinschaftsrahmen von 1986 an den Vorgaben des SCM Abkommens orientiert. Dies ergibt sich explizit aus den entsprechenden Mitteilungen.
Das Außerkrafttreten dieses WTO Rahmenrechts hat wie bei der Regionalförderung zur Folge, daß alle Forschungs- und Entwicklungsbeihilfen potentiell anfechtbar im Sinne des SCM Abkommens sind. Um so erstaunlicher mutet es an, daß trotz der bisherigen engen Anlehnung des Beihilfenrechts an das WTO Subventionsrecht in diesem Bereich keinerlei Reaktion auf diese Entwicklung seitens der Kommission erkennbar ist.

2. Umweltschutz

Der Umweltschutz kann unter zweierlei Gesichtspunkten die Zulässigkeit von Subventionen begründen. Zum einen kann eine staatliche Förderung als zulässig eingestuft werden, um normierte Umweltschutzstandards, deren Einhaltung für Unternehmen mit erheblichen Kosten verbunden sein kann, zu kompensieren. Zum anderen kann durch Subventionen ein Anreiz für Unternehmen geschaffen werden, eigene Initiativen zu entwickeln, um die Umweltverträglichkeit ihrer Produktionsabläufe oder Produkte zu verbessern. Beide Subventionszwecke werden in den beiden Subventionsrechtsordnungen unterschiedlich gewichtet und sind daher zu trennen.

---

76 Art. 8 Abs. 2 a) SCM Abkommen.

77 Gemeinschaftsrahmen für staatliche Forschungs- und Entwicklungsbeihilfen, ABl. EG 1996 Nr. C 45/5, Rnr. 5.4.

78 Vgl. Sanchez Rydelski, Antisubventionsrecht, S. 234ff.

a. Anpassung an dem Umweltschutz dienende Normen

Im WTO Subventionsrecht ist der Grund für die Privilegierung die „*Anpassung bestehender Einrichtungen an neue Umweltvorschriften, die durch Gesetz und/oder Verordnungen erlassen werden und größere Auflagen und finanzielle Belastungen für die Unternehmen zur Folge haben.*"[79] Diese Subventionen dürfen nur eine einmalige nicht wiederkehrende Maßnahme darstellen, sind auf 20 % der Kosten der Anpassung zu begrenzen, dürfen die Kosten für Ersatz und Betrieb der geförderten Investition nicht decken und müssen an die von dem Unternehmen geplante Verringerung der Umweltbeeinträchtigungen und – belastungen geknüpft sein, im Verhältnis dazu stehen und keine Einsparungen an Herstellungskosten decken, die erzielt werden können.[80] Damit fallen unter die Kategorie der nicht anfechtbaren Subventionen beispielsweise die Ausgabe von handelbaren Zertifikaten bei Unterbietung von Luftschadstoffgrenzen, Steuerbegünstigungen für umweltfreundliche Technologien oder etwa Subventionen für die Verwendung von PVC - freiem Verpackungsmaterial.[81]

Die WTO Regelung gleicht dem zum Zeitpunkt ihres Inkrafttretens geltenden Gemeinschaftsrahmen für staatliche Umweltschutzbeihilfen,[82] der in vergleichbarem Umfang Investitionssubventionen zur Anpassung von Produktionsverfahren und Produkten an bestehende oder neue Normen vorsah und sogar insoweit über das WTO Recht hinausging, als daß die Anpassung nicht nur an neue, sondern auch an bereits bestehende Umweltvorschriften erfaßt wurde.[83] Im Jahre

---

79 Art. 8 Abs. 2 c) SCMA.

80 Art. 8 Abs. 2 c) i) - iv) SCMA; die Voraussetzung, daß die Subvention allen Unternehmen zur Verfügung stehen muß, „*die die neuen Ausrüstungen und/oder Herstellungsverfahren einsetzen können*" stellt wie im Fall der Subventionen mit regionaler Zielsetzung lediglich eine Wiederholung des Spezifitätskriteriums dar, das bereits Voraussetzung des Subventionstatbestandes ist, s. dazu oben S. 173; s. dazu Kim, 33 (3) JWT (1999), S. 167 (172f.); s. zu den einzelnen Voraussetzungen auch Felke, Environmental Regulations, S. 130f.

81 Beispiele nach Kux, WTO und Umwelt, in: Thürer/Kux, GATT 94, S. 277 (285).

82 Gemeinschaftsrahmen für staatliche Umweltschutzbeihilfen ABl. EG 1994 Nr. C72/3; die Ähnlichkeit zum Gemeinschaftsrahmen erklärt sich dadurch, daß die Ausnahmevorschrift für Umweltschutzsubventionen kurz vor Ende der Verhandlungen zum SCM Abkommen zwar durch einen Kompromißvorschlag Mexikos wieder aufgegriffen wurde, dieser aber einem Vorschlag der EG entsprach, den diese bereits zuvor in die Verhandlungen eingebracht hatte, s. dazu Kim, 33 (3) JWT (1999), S. 167 (168, 173); Stewart, The Uruguay Round Vol. I, S. 903f.

83 Weitere Unterschiede bestanden darin, daß es sich im WTO Recht bei der Subvention um eine einmalige nicht wiederkehrende Maßnahme handeln mußte, während der Gemeinschaftsrahmen die Gewährung auf einen bestimmten Zeitraum begrenzte. Die Intensität der Subvention durfte im WTO Recht höchstens 20% betragen, während das Beihilfenrecht lediglich 15% zuließ. Art. 8 Abs. 2 c) SCMA kannte im Gegensatz zum Gemein-

2001 wurde dieser Gemeinschaftsrahmen abgelöst. Der neue Rahmen sieht grundsätzlich Beihilfen zur Anpassung an bestehende oder neue Normen nicht mehr als genehmigungsfähig an.[84] Zur Begründung verweist die Kommission darauf, daß in Art. 174 EG das Verursacherprinzip festgelegt sei und daraus der Grundsatz der Internalisierung der Kosten folge, d.h. die Verpflichtung für Unternehmen, sämtliche mit dem Umweltschutz zusammenhängenden Kosten in ihre Produktionskosten miteinfließen zu lassen. Eine unzureichende Internalisierung sei nicht mehr durch die Gewährung von Beihilfen aufzuwiegen.[85] Eine Ausnahme gilt für kleine und mittlere Unternehmen.[86]

b. Verfolgung eigener Umweltschutzziele

Das SCM Abkommen kennt keine Privilegierung von Maßnahmen zur Verbesserung der Umweltverträglichkeit von Produktionsabläufen oder Produkten, die von gesetzlichen Verpflichtungen unabhängig sind. Demgegenüber betont die Kommission vor dem Hintergrund der in Art. 6 EG festgelegten gemeinschaftlichen Verpflichtung zu einer nachhaltigen Entwicklung, daß grundsätzlich Maßnahmen, die darauf abzielen „*einer Beeinträchtigung der natürlichen Umwelt oder der natürlichen Ressourcen abzuhelfen oder vorzubeugen oder eine rationelle Nutzung dieser Ressourcen zu fördern*“ mit Beihilfen gefördert werden können. Zu derartigen Umweltschutzmaßnahmen können insbesondere solche zählen, die Energieeinsparungen oder die Förderung erneuerbarer Energieträger zum Ziel haben.[87]

Mangels einer entsprechenden Regelung im WTO Subventionsrecht sind diese Maßnahmen nach Art. 8 Abs. 2 c) SCMA als potentiell anfechtbare Subventionen einzustufen.[88]

---

schaftsrahmen ein Verbot von Subventionen zur Deckung von Betriebskosten. S. zum alten Gemeinschaftsrahmen Sanchez Rydelski, Antisubventionsrecht, S. 144f.; Wishlade, Subsidies and State Aids, S. 41; s. im Einzelnen zu den Unterschieden zwischen altem Gemeinschaftsrahmen und Art. 8 SCMA, de Sépibus, Umweltschutzsubvention, S. 359ff.

84 Gemeinschaftsrahmen für staatliche Umweltschutzbeihilfen, ABl. EG 2001, Nr. C 37/3, Rnr. 20; Sanchez Rydelski, EuZW 2001, S. 458 (460); kritisch zum neuen Gemeinschaftsrahmen Holmes, 3 EStAL (2004), S. 17ff.

85 Gemeinschaftsrahmen für staatliche Umweltschutzbeihilfen, ABl. EG 2001, Nr. C 37/3, Rnr. 20.

86 Gemeinschaftsrahmen für staatliche Umweltschutzbeihilfen, ABl. EG 2001, Nr. C 37/3, Rnr. 28.

87 Gemeinschaftsrahmen für staatliche Umweltschutzbeihilfen, ABl. EG 2001, Nr. C 37/3 Rnr. 4; vgl. dazu Apfelstedt, ZNER 2000, S. 236ff.

88 So auch Sanchez Rydelski, Antisubventionsrecht, S. 237; s. zur unterschiedlichen Konzeption der Vereinbarkeit von Umweltschutz und Freihandel Wiers, Trade and Environment, S. 18ff.

c. Folgen des Außerkrafttretens des Art. 8 SCMA

i Potentiell anfechtbare Beihilfen

Während im Gemeinschaftsrahmen für staatliche Forschungs- und Entwicklungsmaßnahmen explizit festgestellt wird, daß mit dessen Regelungen den Vorgaben durch das SCM Abkommen Rechnung getragen wird,[89] wurde im Bereich der Umweltschutzbeihilfen kein Bedarf zur Anpassung des alten Gemeinschaftsrahmens gesehen. Es scheint, daß im Bereich der Umweltschutzsubventionen weder die Vorgaben durch Art. 8 Abs. 2 c) SCMA noch die Konsequenzen seines Außerkrafttretens wahrgenommen worden sind.

Ein Vergleich des neuen Gemeinschaftsrahmens mit dem nunmehr geltenden Subventionsrecht der WTO ohne Bereichsausnahme für den Umweltschutz ergibt folgendes Bild. Im Bereich der Subventionierung zur Anpassung an dem Umweltschutz dienende Normen sind Beihilfen grundsätzlich nicht mehr genehmigungsfähig, so daß die Anfechtbarkeit der ehemals privilegierten Beihilfen bei Anpassung an bereits bestehende Vorschriften nicht mehr gegeben ist. Lediglich Beihilfen an kleine und mittlere Unternehmen können zu diesem Zweck noch freigestellt werden. Diese werden indes nur in Ausnahmesituationen die im SCM Abkommen vorausgesetzten nachteiligen Auswirkungen hervorrufen können, so daß eine Anfechtbarkeit in der Regel nicht in Betracht kommen wird.[90]

Demgegenüber hat sich die Rechtslage bei Beihilfen zur Förderung eigener Umweltschutzziele der Unternehmen durch das Außerkrafttreten des Art. 8 Abs. 2 c) SCMA nicht verändert. Nach wie vor stellen die von Art. 8 Abs. 2 c) SCMA nicht erfaßten Beihilfen, die losgelöst von gesetzlichen Verpflichtungen Umweltanstrengungen von Unternehmen prämieren, potentiell anfechtbare Subventionen nach WTO Recht dar. Dieser mögliche Konflikt zwischen beiden Subventionsrechtsordnungen hat seine Ursache in der jeweils unterschiedlichen Gewichtung des Umweltschutzes. Die Tätigkeiten der Gemeinschaft umfassen nach Art. 3 Abs. 1 l) EG „*eine Politik auf dem Gebiet der Umwelt*". Der Umweltschutz ist darüber hinaus aufgrund der Querschnittsklausel des Art. 6 EG bei Ausübung sämtlichen Gemeinschaftshandelns zu berücksichtigen,[91] die im Rahmen der Beihilfenaufsicht durch den Gemeinschaftsrahmen realisiert wird.[92] Demgegenüber beschränkt sich das GATT 1994 auf die Zielsetzung der Öffnung der Märkte und somit der Liberalisierung des Welthandels und sieht in dem da-

---

89 Gemeinschaftsrahmen für staatliche Forschungs- und Entwicklungsbeihilfen, ABl. EG 1996 Nr. C 45/5 Rnr. 1.11.

90 S. zu den Voraussetzungen der nachteiligen Auswirkungen im Einzelnen unten S. 207ff.

91 S. statt vieler Schwarze - Jahns-Böhm, Art. 6 EG Rnr. 10.

92 Vgl. dazu Wiers, Trade and Environment, S. 14ff.; Ruge, Umweltschutzsubventionen, S. 122ff.

durch geförderten Wirtschaftswachstum die wesentliche Voraussetzung für effektiven Umweltschutz.[93]
Die im Gemeinschaftsrahmen privilegierten Subventionsformen erweisen sich also als potentiell anfechtbar nach WTO Subventionsrecht.

ii Rechtfertigung durch Art. XX GATT 1994

Zu klären ist nunmehr, ob Umweltschutzsubventionen einer möglichen Anfechtung durch andere WTO Mitgliedstaaten dadurch entgehen können, daß sie durch die Ausnahmevorschrift des Art. XX GATT 1994 gerechtfertigt werden. Wie durch den Begriff der Ausnahme deutlich wird, werden die in Art. XX GATT 1994 genannten Maßnahmen grundsätzlich als Eingriffe in die Handelsfreiheit bewertet, die unter den genannten Voraussetzungen gerechtfertigt werden können. Es handelt sich bei Freihandel und den genannten (Schutz-) Politikfeldern nicht um gleichwertige Gemeinwohlwerte. Die einzelnen Ausnahmen des Art. XX GATT 1994 sind daher restriktiv zu interpretieren.[94] Explizit spricht Art. XX GATT 1994 zwar nicht von den Belangen der Umwelt, dennoch wird den Klauseln b) und g) nach allgemeiner Auffassung ein umweltrechtlicher Bezug zugesprochen.[95] Nach Art. XX b) GATT 1994 ist eine staatliche Maßnahme gerechtfertigt, wenn sie den Schutz der menschlichen Gesundheit, aber auch von tierischem und pflanzlichem Leben bezweckt oder ihm dient. Staatliche Maßnahmen, die der Erhaltung erschöpflicher Naturschätze dienen, können nach Art. XX g) GATT 1994 gerechtfertigt werden, sofern sie im Zusammenhang mit Beschränkungen der inländischen Produktion oder des inländischen Verbrauchs angewendet werden. Es ist also eine Gefährdung der genannten Schutzgüter darzulegen, die den engen Zusammenhang der staatlichen Maßnahme mit dem Umweltschutz sicherstellen soll.[96]
Die bisherigen zu diesen Klauseln ergangenen Entscheidungen der Streitbeilegungsorgane hatten keine Umweltschutzsubventionen zum Gegenstand. Es stand

---

[93] S. Studie des WTO Sekretariats „Trade and Environment"; die Grundthese ist zutreffend mit dem Satz zusammengefasst worden: „*Free trade is not an end in itself; it is a means to achieve economic and environmental efficiency.*" Bergeijk, 25 (6) JWT (1991), S. 105 (109); Brown Weiss, 86 AJIL (1992), S. 728ff.

[94] Hohmann, RIW 2000, S. 88 (95).

[95] Epiney, DVBl 2000, S. 77 (81); Gramlich, AVR 1995, S. 131 (150ff.); Wiers, Trade and Environment, S. 192ff.; Patterson, 26 (3) JWT (1992), S. 99 (106f.); Felke, Environmental Regulations, S. 123f.; Hilf, NVwZ 2000, S. 481ff.

[96] Für eine dem heutigen Verständnis von Umweltschutz entsprechende Auslegung der in Art. XX GATT gewählten Begrifflichkeiten spricht, daß im Jahre 1947 als das GATT verfasst wurde, der Begriff der Umwelt im Sinne von Natur noch nicht gebräuchlich war, weshalb Art. XX g) GATT von „*natural resources*" spricht, vgl. Schoenbaum, 91 AJIL (1997), S. 268 (273 Fn 37).

eine unilaterale Umweltschutzmaßnahme in Rede, deren Nichteinhaltung durch dritte Staaten ein Einfuhrverbot auf dem Markt des diesen Standard setzenden Staates zur Folge hatte. Die Beachtung dieses nationalen Umweltschutzstandards wurde durch Einführung einer Handelsrestriktion weltweit eingefordert.[97] Maßgebliche Bedeutung kam damit der Frage zu, ob Art. XX GATT 1994 einzelstaatliche Maßnahmen erfaßt, die aufgrund ihres Bezuges zu globalen Umweltproblemen einen exterritorialen Bezug der nationalen Rechtssetzung und Rechtsdurchsetzung aufweisen. Dabei wurde die Zulässigkeit derartiger Maßnahmen nicht grundsätzlich verneint,[98] sondern an bestimmte Bedingungen geknüpft. Zunächst wurde der in der Präambel des Art. XX GATT, der so genannten *chapeau - Klausel*, enthaltene Gedanke der Verhinderung des Rechtsmißbrauchs dahingehend ausgelegt, daß die handelsbeschränkende unilaterale Maßnahme am Grundsatz der Verhältnismäßigkeit zu messen sei.[99] Aus dem Diskriminierungsverbot der *chapeau - Klausel* folge des Weiteren, daß vor dem Einsatz unilateraler Maßnahme ein umfassender Versuch zu unternehmen sei, eine multilaterale Lösung zur Verwirklichung des jeweiligen Umweltschutzziels zu erreichen.[100] Zu klären ist, inwieweit sich diese Voraussetzungen auf Umweltschutzsubventionen übertragen lassen. Umweltschutzsubventionen unterscheiden sich von den bisher im Zusammenhang mit Art. XX GATT 1994 untersuchten staatlichen Maßnahmen insoweit, als daß die zu Grunde liegende Umweltschutzzielsetzung bei Subventionen keine Importbeschränkungen vergleichbare extraterritoriale Wirkung entfaltet. Denn im Falle der Gewährung geldwerter Vorteile an Unternehmen zur Verfolgung bestimmter Umweltschutzmaßnahmen, insbesondere im Produktionsprozeß, wird den Unternehmen ermöglicht, ihre Produkte günstiger anzubieten, als wenn sie die staatliche Unterstützung nicht erhalten hätten. Dies kann zu Wettbewerbsverzerrungen führen. Importe auf den Heimatmarkt des subventionierenden Staates werden je-

---

97 Appellate Body Bericht, *United States – Import Prohibition of Certain Shrimp and Shrimp Products*, WTO-Dok., WT/DS58/AB/R, zu ausführlichen Besprechungen dieses Falls s. Cone, 33 (2) JWT (1999), S. 51ff; Qureshi, 48 ICLQ (1999), S. 199ff.

98 Demgegenüber war das Panel im Shrimps/Turtle Fall davon ausgegangen, daß derartige Handelsbeschränkungen per se nicht mit dem multilateralen Charakter der WTO Rechtsordnung vereinbar seien, Panel Bericht, *United States – Import Prohibition of Certain Shrimp and Shrimp Products*, WTO-Dok., WT/DS58/R, Rnr. 7.44ff.; kritisch dazu Howse, 32 (5) JWT (1998), S. 73 (78ff.).

99 Appellate Body Bericht, *United States – Import Prohibition of Certain Shrimp and Shrimp Products*, WTO-Dok., WT/DS58/AB/R, Rnr. 159; s. zu den Einzelheiten der Verhältnismäßigkeitsprüfung Hilf, NVwZ 2000, S. 481 (485f.); Epiney, DVBl 2000, S. 77 (83ff.).

100 Appellate Body Bericht, *United States – Import Prohibition of Certain Shrimp and Shrimp Products*, WTO-Dok., WT/DS58/AB/R, Rnr. 166ff.; s. dazu Tietje, EuR 2000, S. 285 (292).

doch nicht beschränkt.[101] Der betroffene Staat kann diese Subventionen nicht allein durch Übernahme identischer Umweltstandards kompensieren, sondern müßte seinerseits Importbeschränkungen für Waren aus dem subventionierenden Staat verhängen oder seinen Unternehmen gleichartige staatliche Unterstützungen gewähren. Umweltschutzsubventionen wohnt also nicht die Gefahr inne, daß Staaten ihre Umweltschutzstandards exterritorial durchsetzen. Sie können aber zu einem Subventionswettlauf führen. Da Umweltschutzsubventionen im Gegensatz zu Importverboten keine Handelsbeschränkung immanent ist, erscheint eine Übernahme der für Importbeschränkungen entwickelten Voraussetzungen des Art. XX GATT 1994 nicht angezeigt. Jedoch ist zu berücksichtigen, daß das in der Entscheidung zu Grunde liegende Importverbot unstreitig gegen Art. XI Abs. 1 GATT 1994 verstieß und somit nur noch durch Art. XX GATT 1994 gerettet werden konnte,[102] während Umweltschutzsubventionen erst der Rechtfertigung durch Art. XX GATT 1994 bedürfen, wenn ihre schädlichen Auswirkungen im Einzelfall nachgewiesen sind.[103] Diese Einzelfallprüfung gewährleistet eine Schwelle akzeptabler Auswirkungen, unterhalb derer die Mitgliedstaaten umweltpolitische Zielsetzungen mittels Subventionen uneingeschränkt verfolgen können. Wird diese Schwelle überschritten, scheint es angemessen, Umweltschutzsubventionen nur unter den bereits entwickelten Voraussetzungen der Verhältnismäßigkeit und der Einhaltung des völkerrechtlichen Kooperationsprinzips zuzulassen.[104] Insofern sind die bisher für Handelsbeschränkungen entwickelten Voraussetzungen des Art. XX GATT 1994 auf Umweltschutzsubventionen zu übertragen: Damit kommt eine Rechtfertigung von anfechtbaren Umweltschutzsubventionen nur in Betracht, wenn diese verhält-

---

[101] Ruge, Umweltschutzsubventionen, S. 152.; bei Subventionen an Verbraucher zum Kauf bestimmter umweltfreundlicher Produkte wird der Anreiz zur Ausnutzung der erhöhten Nachfrage an diesen Produkten durch entsprechende Entwicklungen gleichermaßen an heimische wie ausländische Unternehmen gesetzt, so daß bereits der spezifische Vorteil entfällt.

[102] Appellate Body Bericht, *United States – Import Prohibition of Certain Shrimp and Shrimp Products*, WTO-Dok., WT/DS58/AB/R, Rnr. 34; s. zu Art. XI Abs. 1 GATT 1994 Tietje, Nichttarifäre Handelshemmnisse, S. 273ff.

[103] Es sei denn, sie stellen Exportsubventionen im Sinne des Art. 3 Abs. 1 a) SCMA dar, bei denen eine Umweltschutzzielsetzung praktisch ausscheidet. Bei diskriminierenden Subventionen, die gemäß Art. 3 Abs. 1 b) SCMA ebenfalls vom Nachweis nachteiliger Auswirkungen befreit sind, kommt eine Rechtfertigung wegen des Nichtdiskriminierungsgrundsatzes der *chapeau - Klausel* des Art. XX GATT 1994 in Betracht.

[104] Gerade das Kooperationsprinzip stellt in diesem Zusammenhang die Zusammenarbeit der Staaten außerhalb der WTO zur Lösung globaler Umweltprobleme sicher, denn diese ermöglichen die Privilegierung dazu erforderlicher Maßnahmen nach Art. XX GATT 1994. Vgl. Tietje, EuR 2000, S. 285 (296).

nismäßig sind und im Vorfeld Anstrengungen zu ihrer Lösung auf multilateraler Ebene unternommen worden sind.[105]
Betrachtet man daraufhin die oben gewählten Beispielsfälle (Ausgabe von handelbaren Zertifikaten bei Unterbietung von Luftschadstoffgrenzen, Steuerbegünstigungen für umweltfreundliche Technologien und Subventionen für die Verwendung von PVC - freiem Verpackungsmaterial), die nach Art. 8 Abs. 2 c) SCMA gerechtfertigt waren, fällt auf, daß in letzterem Fall eindeutig dem Kooperationsprinzip Rechnung getragen wurde, da die vor dem Hintergrund des Klimaschutzes entwickelte Idee der handelbaren Emissionszertifikate sich im Kyoto Protokoll niedergeschlagen hat.[106] Für die anderen beiden Sachverhalte kann in dieser Allgemeinheit keine Aussage über ihre Vereinbarkeit mit Art. XX GATT getroffen werden. Es zeigt sich, daß zwar in Einzelfällen anfechtbare Umweltschutzsubventionen auch nach dem Außerkrafttreten des Art. 8 Abs. 2 c) SCMA nicht gegen WTO Recht verstoßen können, indem sie nach Art. XX b) bzw. g) GATT gerechtfertigt werden können. Die Verpflichtung zu vorherigen multilateralen Lösungsversuchen der mit der Subvention verfolgten Umweltschutzzielsetzung bestand indes nach Art. 8 Abs. 2 c) SCMA nicht. Der mitgliedstaatliche Spielraum zur Durchsetzung eigener umweltpolitischer Zielsetzungen besteht also nur noch soweit, wie die Folgen der verwendeten Subventionen nicht die in Art. 6 SCMA bestimmte Schwelle überschreiten.

3. Weitere horizontale Subventionen

Während das Beihilfenrecht weitere Ausnahmeregelungen für Formen horizontaler Beihilfen kennt, erschöpfte sich die Regelung des Art. 8 Abs. 2 SCMA in den beiden analysierten horizontalen Subventionsformen. Dabei sind insbesondere Beihilfen für kleine und mittlere Unternehmen,[107] Rettungs- und Umstruk-

---

[105] A.A. Ruge, Umweltschutzsubventionen, S. 155, die zwar im Rahmen der bisherigen Auslegung des Art. XX GATT durch die Streitbeilegungsorgane auf das Koordinationserfordernis hinweist (S. 151), auf dieses im Zusammenhang mit Umweltschutzsubventionen indes nicht eingeht.

[106] Vgl. zur Frage der Vereinbarkeit von Klimaschutz und WTO Subventionsrecht Lodefalk/Storey, 39 (1) JWT (2005), S. 23ff., die zwar das Konfliktpotential gering einschätzen, die Frage der Rechtfertigung durch Art. XX GATT aber außer Betracht lassen. S. zum Klimaschutz und Beihilfenrecht Lorenz, 3 EStAL (2004), S. 399ff.; Koenig/Braun/Pfromm, ZWeR 2003, S. 153ff.

[107] Durchführungsverordnung zur Anwendung der Art. 87 und 88 EGV auf staatliche Beihilfen an kleine und mittlere Unternehmen, ABl. EG 2001, Nr. L 10/33; s. dazu Koenig/Kühling, DVBl. 2000, S. 1025ff.

turierungsbeihilfen[108] und Ausbildungsbeihilfen[109] zu nennen. Ist bei ersteren und letzteren davon auszugehen, daß diese die zu einer Anfechtbarkeit nach WTO Subventionsrecht erforderlichen Auswirkungen nicht zeitigen werden, sind Rettungs- und Umstrukturierungsbeihilfen als potentiell anfechtbar einzustufen.[110] Gleiches gilt für Subventionen im Bereich der Kultur. Sollten beispielsweise die Subventionen für die europäische Filmindustrie zu einem Gewinn an Marktanteilen gegenüber der auf dem Markt dominanten US Wirtschaft führen, könnte darin eine nachteilige Auswirkung im Sinne des SCM Abkommens zu sehen sein.[111]

III. Sektorale Subventionen

Subventionen, die an die Zugehörigkeit des Empfängerunternehmens zu einem bestimmten Wirtschaftszweig anknüpfen, können im Beihilfenrecht im Rahmen von Art. 87 Abs. 3 c) EG privilegiert werden. Danach sind Beihilfen *„zur Förderung der Entwicklung gewisser Wirtschaftszweige"* insoweit zulässig, *„als sie die Handelsbedingungen nicht in einer Weise verändern, die dem gemeinsamen Interesse zuwiderläuft."* Im WTO Subventionsrecht fehlt eine entsprechende Vorschrift zu Gunsten sektoraler Subventionen. Fraglich ist, ob sich aus diesem Umstand eine unterschiedliche Bewertung sektoraler Subventionen in den beiden Subventionsrechtssystemen ableiten läßt.

1. Beihilfenrecht

Grundsätzlich ist das Beihilfenrecht auf alle Wirtschaftszweige gleich anzuwenden, sektorspezifische Sondervorschriften für die Kontrolle von Beihilfenrecht sind abzulehnen. Es gilt der Grundsatz der intersektoralen Neutralität.[112] Beihilfen, die explizit mit der Zielsetzung gewährt werden, bestimmte Sektoren zu begünstigen, laufen daher dem gemeinsamen Interesse zuwider. Das bedeutet nicht, daß das unterschiedliche Wettbewerbsumfeld in den verschiedenen Wirtschaftzweigen nicht Berücksichtigung finden würde. Denn horizontale Subventionsformen, die faktisch starke sektorale Auswirkungen mit sich bringen, z. B. bei Förderung einer Region mit industrieller Monokultur, können je nach vor-

---

[108] Leitlinien für die Beurteilung von staatlichen Beihilfen zur Rettung und Umstrukturierung von Unternehmen in Schwierigkeiten, ABl. EG 1999 Nr. C 288/1; s. dazu Valle/van der Casteele, 3 EStAL (2004), S. 9ff.

[109] Durchführungsverordnung für die Anwendung der Art. 87 und 88 EGV auf Ausbildungsbeihilfen, ABl. EG 2001 Nr. L 10/20; s. dazu Bartosch, NJW 2001, S. 921 (925).

[110] Vgl. dazu die Entscheidung der Kommission, ABl. EG 2000 L 61/4, *Weida Leder*, Rnr. 50, in der auf mögliche Auswirkungen nach Art. 6 SCMA Bezug genommen wird.

[111] S. dazu Hahn, ZaöRV 1996, S. 315 (338).

[112] Leitlinien der Kommission für staatliche Beihilfen mit regionaler Zielsetzung, ABl. EG 1998 Nr. C-74/9, Rnr. 2.

herrschenden Wettbewerbsbedingungen in dem jeweiligen Sektor unterschiedlich zu würdigen sein. So kann wegen des Ziels der sektorspezifischen Neutralität des Beihilfenrechts eine identische Beihilfe an Unternehmen verschiedener Wirtschaftszweige unterschiedlich zu bewerten sein. Eine solche Einschätzung der individuellen Umstände eines jeden Wirtschaftszweiges muß sich indes an sektorübergreifenden Kriterien orientieren, um dem Ziel der sektorspezifischen Neutralität gerecht zu werden.[113] Dogmatisch hat die Berücksichtigung der sektorspezifischen Wettbewerbssituation im Rahmen der Analyse einer Wettbewerbsverfälschung stattzufinden, also bei Untersuchung der Auswirkungen der staatlichen Maßnahme.

2. WTO Subventionsrecht

Eine vergleichbare Sachlage findet sich im WTO Subventionsrecht. Aus dem Mangel eines Privilegierungstatbestandes für sektorale Subventionen folgt eine grundsätzlich ablehnende Haltung gegenüber dieser Form der Subventionierung. Jedoch können von einem Privilegierungstatbestand profitierende Subventionsformen faktisch sektorale Wirkungen hervorrufen. Diese staatlichen Maßnahmen stellen aufgrund ihrer faktischen Begünstigung bestimmter Unternehmen oder Wirtschaftszweige eine Subvention dar. Eine sektorbezogene Analyse erfolgt im WTO Recht auf der nachgelagerten Stufe im Rahmen der Feststellung der schädlichen Auswirkungen einer Subvention. Denn dort ist für die jeweilige Subvention ein sachlich und örtlich relevanter Markt zu definieren.[114] Die Frage ist ebenfalls bei Prüfung der Auswirkungen einer Subvention zu beantworten.

3. Folgen des Außerkrafttretens des Art. 8 SCMA

Der Bereich der sektoralen Subventionen wird daher in beiden Rechtsordnungen vergleichbar gehandhabt. Das Auslaufen des Art. 8 SCMA hat hier keinerlei Konsequenzen. Eine Rechtfertigung nach Art. XX GATT kommt nicht in Betracht.

C. Die Parallelität der privilegierten Subventionsformen und das Außerkrafttretens des Art. 8 SCMA

Die privilegierten Subventionsformen in Art. 87 Abs. 2 und 3 EG und ihr Pendant des Art. 8 SCMA weisen mehr als die anderen vorliegend untersuchten

[113] Diese wurden von der Kommission erstmals in ihrem multisektoralen Regionalbeihilfenrahmen für große Investitionsvorhaben eingeführt, ABl. EG 1998 Nr. C 107/7. Diese ist abgelöst durch den multisektoralen Regionalbeihilferahmen für große Investitionsvorhaben 2002, ABl. EG 2002 Nr. C-70/8, Rnr. 12ff.; s. dazu im Einzelnen, Schroeter/Jacob/Mederer - Mederer, Art. 87 Rnr. 309ff.

[114] S. dazu unten S. 192ff.

Strukturmerkmale eine deutliche Verwandtschaft auf.[115] Sie stimmen nicht nur in ihrer Konzeption, sondern bisweilen in Wortlaut und bestimmten Schwellenwerten überein. Diese parallele Entwicklung ist die Folge von Wechselwirkungen der beiden Subventionsrechtsordnungen. Die ursprüngliche Beurteilung regionaler Subventionen im SCM Abkommen ließ die Vorbildfunktion des Beihilfenrechts in diesem Bereich erkennen. Insbesondere die relevanten Indizes zur Ermittlung der Benachteiligung der Region waren weitgehend mit Art. 87 Abs. 3 c) EG identisch. Lediglich die Höhe der Subventionierung konnte im WTO Subventionsrecht nicht anhand der im Beihilfenrecht entwickelten Berechnungsmethode bestimmt werden. Demgegenüber zeigte sich im Bereich der Forschungs- und Entwicklungssubventionen eine entgegengesetzte Entwicklung. Hier folgte das Beihilfenrecht bisher dem WTO Subventionsrecht, indem sich die nach den entsprechenden Gemeinschaftsrahmen zulässigen Subventionen ausdrücklich innerhalb der seitens der WTO (bzw. des GATT) gesetzten Vorgaben bewegten. Das Beihilfenrecht zeichnete damit die durch das SCM Abkommen vollzogene Ausweitung der Zulässigkeit von Subventionen für Forschung und Entwicklung nach.[116]

Die Regelungen zu Umweltschutzsubventionen weisen gegenüber den soeben dargestellten Kategorien die geringsten Parallelen auf. Bereits Art. 8 Abs. 2 c) SCMA erfaßte Subventionen zur Anpassung an neue Umweltvorschriften und damit lediglich einen Teilbereich der zum Zeitpunkt des Inkrafttretens des SCM Abkommens privilegierten Beihilfen. Da in der Zwischenzeit diese Anpassungssubventionen nicht mehr als beihilfenrechtlich privilegiert eingestuft wurden, sondern nur noch ohne gesetzliche Verpflichtung verfolgte Umweltschutzziele vom Gemeinschaftsrahmen erfaßt wurden, regelten die Umweltausnahmen im WTO Recht und Beihilfenrecht unterschiedliche Sachverhalte.

Sektorale Subventionen werden in beiden Subventionsrechtsordnungen kritisch beurteilt. Art. 8 Abs. 2 SCMA enthält keinen Privilegierungstatbestand für sektorale Subventionen. Zwar sind nach Art. 87 Abs. 3 c) EG Beihilfen *„zur Förderung der Entwicklung gewisser Wirtschaftszweige"* privilegiert, jedoch betont die Kommission den Grundsatz der intersektoralen Neutralität.

Diese parallele Konzeption des Strukturmerkmals wurde nach Außerkrafttreten des Art. 8 SCMA aufgehoben, so daß privilegierte Beihilfen nach WTO Subventionsrecht potentiell anfechtbar sind. Während ohne Art. 8 SCMA die Privilegierung regionalspezifischer Subventionen und Subventionen für Forschung und Entwicklung ersatzlos wegfällt, können Subventionen zum Zwecke des Um-

---

[115] Vgl. Depayre, Subsidies, in: Bourgeois/Berrod/Gippini-Fournier, Uruguay Round Results, S. 247 (253); Thomas, 21 STI Rev. (1998), S. 25 (33); Wishlade, Subsidies and State Aids, S. 42; Lukas, EWS 2000, S. 203 (206).

[116] Calliess/Ruffert - Cremer, Art. 87 Rnr. 39.

weltschutzes nach Art. XX GATT 1994 gerechtfertigt werden, wenn das umweltpolitische Ziel bereits Gegenstand multilateraler Verhandlungen war.
Inwieweit die dargelegten Unterschiede genehmigte Beihilfen nach WTO Recht anfechtbar macht, kann abschließend erst nach Analyse der zu einer Anfechtbarkeit erforderlichen Auswirkungen und der räumlichen Anwendungsbereiche der beiden Subventionsrechtsordnungen festgestellt werden.

§ 6 Auswirkungen der Subvention

Beide Subventionsrechtsordnungen verstehen sich als auswirkungsbezogen, d. h. Grund für die rechtliche Reglementierung der als Subvention bzw. Beihilfe eingestuften staatlichen Maßnahme sind die dadurch ausgelösten oder antizipierten Auswirkungen. Der Zielsetzung des europäischen Wettbewerbsrechts folgend, werden all diejenigen Beihilfen erfaßt, die die Herstellung oder Erhaltung eines unverfälschten Wettbewerbs zwischen den Mitgliedstaaten gefährden. Diese werden als mit einem gemeinsamen Markt nicht vereinbar betrachtet.

Im WTO Subventionsrecht zeitigen nur Subventionen Rechtsfolgen, deren Auswirkungen auf den internationalen Handel unwiderleglich vermutet werden,[1] oder die nachteilige Auswirkungen auf die Interessen anderer Mitglieder verursachen.[2] Nachteilige Auswirkungen liegen nach Art. 5 b) SCMA zum einen vor, wenn die Subvention die einem anderen WTO Mitgliedsstaat aus dem GATT 1994 erwachsenen Vorteile, insbesondere diejenigen aus den gemäß Art. II GATT 1994 gebundenen Zugeständnissen, aufhebt[3] oder schmälert.[4] Dadurch

---

1 Art. 3 SCMA.

2 Art. 5 SCMA.

3 Anstatt des in der deutschen Übersetzung verwendeten Begriffs der „*Zunichtemachung*“ für den authentischen englischen Wortlaut „*nullification*“ wird hier von „*Aufhebung*“ gesprochen.

4 U.a. verbietet Art. II GATT 1994 die Überschreitung von festgelegten Zöllen, um die Zugangsschranken zu einem Markt eines Mitglieds zu begrenzen und zu vereinheitlichen. Auf den Fall der Subventionierung übertragen, bedeutet dies, daß eine Aufhebung oder Schmälerung vorliegt, wenn der erleichterte Marktzugang, den das Verbot der Überschreitung festgesetzter Zölle in Art. II Abs. 1 a GATT 1994 zum Ziel hat, durch Subventionierung unterminiert wird (Adamantopoulos/Pereyra-Friedrichsen, EU Anti-Subsidy Law, S. 15). Trifft das exportierende Unternehmen zusätzlich zu den gebundenen Zöllen nach Art. II GATT 1994 auf subventionierte Waren auf dem Zielmarkt trifft, die die Preise senken, wirkt dieses für das exportierende Unternehmen wie ein höherer Zoll. Das Zugeständnis des Art. II GATT 1994 würde so umgangen (vgl. Grave, Begriff der Subvention, S. 89). Daher ist im Einklang mit der bisherigen Praxis zum GATT 1947 von einer Schmälerung von Vorteilen auszugehen, wenn inländischen Unternehmen eine Subvention für eine Ware gewährt wird, die gebundenen Zöllen unterliegt (Beviglia Zampetti, 29 JWT (1995), S. 5 (22)). Dabei sind im Einklang mit Art. XXIII GATT 1994 (Fn 12 zu Art. 5 b SCMA bestimmt, daß Aufhebung und Schmälerung in demselben Sinne verwendet werden wie in den einschlägigen Bestimmungen des GATT 1994 und das Bestehen einer Aufhebung oder Schmälerung nach der üblichen Praxis dieser Bestimmungen festgestellt wird), der den Schutz von Zugeständnissen und sonstigen Vorteilen regelt, die folgenden Voraussetzungen zu erfüllen (Adamantopoulos/Pereyra-Friedrichsen, EU Anti-Subsidy Law, S. 15; Panel Bericht, *Japan – Photographic film and paper*, WTO-Dok.,

sichert das SCM Abkommen vereinbarte Liberalisierungen des Marktzugangs gegen eine Umgehung mittels Subventionierung ab. Darüber hinaus soll nicht nur das Untergraben von im GATT 1994 erzielten Liberalisierungsvorteilen verhindert werden, sondern das SCM Abkommen stellt seinerseits Maßstäbe auf, die eine Subvention nicht überschreiten darf, um unangreifbar zu bleiben. Dazu benennt es Sachverhalte, in denen subventionierte Waren auf nicht subventionierte Waren treffen, und definiert die Auswirkungen, die die Subventionierung in den verschiedenen Konstellationen auslösen muß, um als anfechtbar zu gelten. In diesen Fällen ist Bezugspunkt der Vorschriften über die Auswirkungen von Subventionen nicht die Einhaltung bestimmter Grundsätze des GATT 1994, sondern der Wettbewerb auf einem bestimmten Markt, der innerhalb der vom SCM Abkommen festgesetzten Grenzen nicht durch Subventionen beeinträchtigt werden darf. Es ist diese (potentielle) Beeinflussung des Wettbewerbs durch Subventionen, die im Folgenden in beiden Subventionsrechtsordnungen gegenübergestellt werden wird.[5] Dabei ist zu differenzieren, inwieweit das jeweilige Subventionsrecht die Darlegung der konkreten Wettbewerbssituation erfordert, auf die die subventionierte Ware trifft (unten A.). Sodann ist zu analysieren, welche Folgen auf das Wettbewerbsverhältnis von der Subvention ausgehen müssen, um vom Subventionsrecht erfaßt zu werden (unten B.).

A. Anforderungen an die Darlegung einer Wettbewerbssituation

Das bereits im Rahmen der Spezifitätsprüfung angedeutete Konzept des relevanten Marktes ist bei der Darlegung einer Wettbewerbssituation von zentraler Bedeutung.[6] Denn das durch die Subvention begünstigte Unternehmen steht im Wettbewerb, wenn es mit anderen nicht begünstigten Unternehmen konkurriert. Von einer Konkurrenz kann gesprochen werden, wenn diese Unternehmen auf demselben sachlichen und örtlichen Markt tätig sind. Die Feststellung einer

---

WTO/DS4/R; dazu Komuro, 32 (5) JWT (1998), S. 161 (181)). Zunächst muß die Kausalität zwischen der Maßnahme, hier der Subventionsgewährung, und der Schmälerung des Vorteils vorliegen. Dabei ist ausreichend, daß die angefochtene Maßnahme erheblich zur Schmälerung beigetragen hat; sie muß nicht ihr alleiniger Grund sein. Es kommen de iure und de facto Schmälerungen in Betracht. (Adamantopoulos/Pereyra-Friedrichsen, EU Anti-Subsidy Law, S. 15) Des Weiteren muß bei der Schmälerung des Vorteils nicht die Intention bestanden haben, diese Folge auszulösen. Sodann liegt eine Schmälerung von Vorteilen vor, die der Partei aus dem GATT 1994 erwachsen. Dieses wiederum ermächtigt zur Anfechtung der betreffenden Maßnahme.

5 Die Prüfung einer etwaigen Verletzung der aus dem GATT 1994 erwachsenen Vorteile stellt demgegenüber keine subventionsspezifische Problematik dar, so daß darauf im Rahmen dieser Untersuchung nicht näher eingegangen werden kann.

6 S. zum relevanten Markt im Rahmen der Spezifitätsprüfung oben S. 150.

Wettbewerbssituation setzt also die Abgrenzung eines sachlich und örtlich relevanten Marktes voraus.[7]

I. Sachlich relevanter Markt

1. Beihilfenrecht

Inwieweit das Beihilfenrecht die Bestimmung eines sachlich relevanten Marktes erfordert, ist umstritten.[8] Die ablehnende Ansicht verweist auf die strukturellen Unterschiede des Beihilfenrechts zu den eine Marktabgrenzung erfordernden Bereichen des Wettbewerbsrechts, wie Mißbrauchskontrolle oder Fusionskontrolle. Diesem Argument ist durch eine Differenzierung der Marktanalyse zu begegnen, wonach zwischen einer Untersuchung zum Zwecke der Darlegung der Existenz eines Wettbewerbsverhältnisses und einer Analyse, die auch die Struktur innerhalb eines Marktes mit einbezieht, zu unterscheiden ist.

Beihilfen sind mit dem gemeinsamen Markt unvereinbar, wenn sie den Wettbewerb verfälschen oder zu verfälschen drohen.[9] Die Erstreckung auf drohende Verfälschungen besagt zunächst, daß ein Wettbewerbsverhältnis nicht bereits vorliegen muß, sondern daß auch potentielle Wettbewerbsverhältnisse erfaßt werden.[10] Zugleich werden durch diese Formulierung staatliche Maßnahmen mit lediglich abstrakt denkmöglicher Eignung zur Verfälschung ausgegrenzt.[11] Wenn indes kein Wettbewerbsverhältnis besteht, muß dargelegt werden, daß ein solches mit hinreichender Wahrscheinlichkeit in absehbarer Zukunft eintreten kann.[12] Die bloße Vermutung eines Wettbewerbsverhältnisses ist nicht ausreichend.[13] Damit ist im Rahmen des Beihilfenrechts eine Marktabgrenzung insoweit vorzunehmen, als daß festgestellt werden muß, ob sich das begünstigte Un-

---

7 Calliess/Ruffert - Cremer, Art. 87 Rnr. 12; Koenig/Kühling, EuZW 1999, S. 517 (518, 522).

8 Dafür spricht sich insbesondere Koenig aus, s. Koenig, Market Economy Investor Test, in: Koenig/Roth/Schön, S. 9 (19ff.); Koenig/Kühling, EuZW 1999, S. 517 (518, 522); Koenig/Kühling/Ritter, EG-Beihilfenrecht, S. 84f.; vgl. auch Schroeter/Jacob/Mederer - Mederer, Art. 87 Rnr. 42; Calliess/Ruffert - Cremer, Art. 87 Rnr. 12f.; gegen das Erfordernis einer Marktabgrenzung insbesondere Heidenhain - Heidenhain, § 4 Rnr. 61.

9 Art. 87 Abs. 1 EG.

10 Da Subventionen schon die Entstehung eines Wettbewerbsverhältnisses und somit den Marktzugang vereiteln können, ist die Einbeziehung potentieller Wettbewerbsverhältnisse folgerichtig, vgl. Koenig/Kühling/Ritter, EG-Beihilfenrecht, S. 83.

11 Müller-Graff, 152 ZHR (1988), S. 403 (431f.); Rengeling, Beihilferecht, in: Börner/ Neundörfer, Beihilfen im Gemeinsamen Markt, S. 23 (30).

12 Schroeter/Jacob/Mederer - Mederer, Art. 87 Abs. 1 Rnr. 42.

13 Demgegenüber war die Kommission im XI. Wettbewerbsbericht 1981, Ziff. 176 noch der Auffassung, daß jede Beihilfengewährung per se den Wettbewerb verfälsche.

ternehmen überhaupt in einem Wettbewerbsverhältnis zu anderen Marktteilnehmern befindet oder befinden könnte.
In diesem Ziel der Marktabgrenzung liegt der Unterschied zur Marktanalyse im Rahmen der Fusionskontrolle nach der Fusionskontrollverordnung[14] und der Mißbrauchsaufsicht nach Art. 82 EG. Dort dient die Marktabgrenzung nicht nur der Darlegung eines Wettbewerbsverhältnisses, sondern gleichzeitig der Ermittlung der Marktmacht einzelner Unternehmen innerhalb dieses Marktes. Sind also die auf dem jeweiligen Markt wirkenden Kräfte in der Fusions- und Mißbrauchskontrolle entscheidend zur Feststellung eines Machtmißbrauchs, spielen diese Faktoren im Beihilfenrecht grundsätzlich keine Rolle.[15] Diese unterschiedliche Zielsetzung wird in der Bekanntmachung der Kommission über die Definition des relevanten Marktes im Sinne des Wettbewerbsrechts bestätigt. Danach stehen *„bei der Bewertung staatlicher Beihilfen (...) der Beihilfeempfänger und der betreffende Wirtschaftszweig im Vordergrund und nicht so sehr die Feststellung der Wettbewerbskräfte, denen der Beihilfeempfänger ausgesetzt ist."*[16] Daraus folgt, daß der Marktabgrenzung im Beihilfenrecht eine im Vergleich zum Fusions- und Mißbrauchskontrollrecht geringere Bedeutung zukommt, da die Marktstruktur nicht zu ermittelt werden braucht. Hingegen bedeutet dies nicht, daß das Konzept der Marktabgrenzung für das Beihilfenrecht ohne Anwendungsbereich wäre, da auch die Darlegung der bloßen Existenz eines Wettbewerbsverhältnisses eine Marktabgrenzung voraussetzt. Diese Unterscheidung zwischen Darlegung der Existenz eines Wettbewerbsverhältnisses und Analyse der Kräfteverteilung in diesem Wettbewerbsverhältnis ist zu beachten, um die Relevanz der Marktabgrenzung für das Beihilfenrecht richtig einzuordnen. Vor dem Hintergrund dieser Differenzierung ist nun die in der Praxis weitgehend ungeklärte Rolle der Marktabgrenzung zur Darlegung des zu verfälschenden Wettbewerbsverhältnisses im Rahmen des Art. 87 Abs. 1 EG zu bewerten.
Die Rechtsprechung des EuGH zur Rolle der Marktabgrenzung im Beihilfenrecht läßt keine klare Linie erkennen. So führte der EuGH im Fall *Leeuwarder Papierwarenfabriek* aus, daß eine Entscheidung der Kommission eine Aussage zur Situation des betroffenen Marktes, zum Anteil des die Beihilfe erhaltenen Unternehmens an diesem Markt, zu den Handelsströmen der fraglichen Erzeugnisse zwischen den Mitgliedstaaten und zu den Ausfuhren des Unternehmens zu

---

[14] Verordnung (EG) des Rates ABl. EG 2004, L 24/1.

[15] Lediglich im Rahmen der Ausnahmevorschriften des Art. 87 Abs. 3 EG sind diese von Relevanz, da die Kommission dort eine Abwägung zwischen den positiven Effekten einer Beihilfe und dem Maß der Wettbewerbsverfälschung durchzuführen hat, vgl. Koenig, Market Economy Investor Test, in: Koenig/Roth/Schön, S. 9 (21ff.); Lübbig/Martín-Ehlers, EU Beihilfenrecht, Rnr. 131ff.

[16] Bekanntmachung der Kommission über die Definition des relevanten Marktes im Sinne des Wettbewerbsrechts der Gemeinschaft ABl. EG C 372/5 Ziff. 1 Fn 1.

enthalten habe.[17] Indem der EuGH Aussagen über die Situation des jeweiligen Marktes einforderte, ging er über das vorliegend entwickelte Erfordernis der Marktabgrenzung zur Darlegung der Existenz eines Wettbewerbsverhältnisses hinaus und verkannte damit, daß lediglich die Existenz eines Wettbewerbsverhältnisses mittels einer Marktabgrenzung dargestellt zu werden braucht. Nach neuerer Rechtsprechung soll es demgegenüber ausreichend sein, „*daß die Kommission nachweist, daß die betreffenden Beihilfen geeignet sind, den Handel zwischen den Mitgliedstaaten zu beeinträchtigen und den Wettbewerb zu verfälschen drohen, ohne daß es erforderlich wäre, den Markt abzugrenzen und seine Struktur und die hieraus folgenden Wettbewerbsbeziehungen zu prüfen.*“[18] Damit bleibt der EuGH hinter dem hier vertretenen Erfordernis der Marktabgrenzung zurück. Forderte er in *Leeuwarder Papierwarenfabriek* noch die Analyse der Marktstruktur ein, sieht er die Bestimmung eines sachlich relevanten Marktes nunmehr als nicht zur Ermittlung der Wettbewerbsverfälschung relevant an. Offensichtlich differenziert der EuGH nicht zwischen einer Marktstrukturanalyse und der Prüfung eines Wettbewerbsverhältnisses mittels Marktsabgrenzung und gelangt so zu einer pauschalen Ablehnung der Marktabgrenzung.[19] Unklar bleibt, wie nach diesem Ansatz eine Wettbewerbsverfälschung festgestellt werden kann, wenn nicht zuvor die Existenz von Wettbewerb festgestellt worden ist. Einzig verbleibender Weg wäre eine bei Vorliegen der übrigen Tatbestandsmerkmale greifende Vermutung der Wettbewerbsverfälschung. Dieses verbietet sich indes, da zum einen der Wortlaut eine (drohende) Verfälschung verlangt und zum anderen das System des Art. 87 EG eine Darlegung voraussetzt, da der Grad der Wettbewerbsverfälschung im Rahmen der gemäß Art. 87 Abs. 3 EG erforderlichen Abwägung von Bedeutung ist.[20]

Zur Darlegung eines Wettbewerbsverhältnisses ist daher im Beihilfenrecht eine Marktabgrenzung vorzunehmen, die sich am so genannten Bedarfsmarktkonzept orientiert. Entscheidend ist die funktionale Austauschbarkeit des Produktes. Diese Frage der Substituierbarkeit ist aus Sicht der Marktgegenseite zu bestim-

---

[17] EuGH, Rs. 296 und 318/82, *Leeuwarder Papierwarenfabriek*, Slg. 1985, 809, Rnr. 24; vgl. auch EuGH, Rs. 62 und 72/87, *Exécutif Régional Wallon et Glaverbel*, Slg. 1988, 1573, Rnr. 17.

[18] EuG, Rs. T-298/97 u.a., *Alzetta Mauro*, Slg. 2000, II-2319, Rnr. 95; EuG, Rs. T-55/99, *CETM*, Slg. 2000, II-3207, Rnr. 102; EuG, Rs. T-288/97, *Friuli Venezia Giulia*, Slg. 2001, II-1169, Rnr. 47ff.

[19] Diesem Ansatz folgend Heidenhain - Heidenhain, § 4 Rnr. 61; differenzierend Ritter, Beihilfenrückforderung, S. 98f.

[20] Koenig/Kühling/Ritter, EG-Beihilfenrecht, S. 83; Lübbig/Martín-Ehlers, EU Beihilfenrecht, Rnr. 131; so auch Schlußanträge GA Capotorti, Rs. 730/79, *Philip Morris*, Slg. 1985, 809.

men.[21] Im Falle eines begünstigten Produktanbieters umfaßt der sachlich relevante Markt sämtliche Erzeugnisse, die von den Verbrauchern hinsichtlich ihrer Eigenschaften, Preise und ihres vorgesehenen Verwendungszwecks als austauschbar angesehen werden.[22] Da die Marktabgrenzung im Rahmen der tatbestandlichen Beihilfenprüfung nur auf die Feststellung gerichtet ist, ob überhaupt (potentieller) Wettbewerb besteht und die jeweiligen Marktkräfte unberücksichtigt bleiben können, ist die Abgrenzung anhand eines vergleichsweise groben Rasters vorzunehmen.[23] Eine potentiell mögliche Substituierbarkeit von Produkten verschiedener Anbieter durch Zuordnung eines Produkts zu einer Produktgruppe erscheint daher zur Annahme eines gemeinsamen sachlichen Marktes ausreichend.[24]

2. WTO Subventionsrecht

Im WTO Subventionsrecht nimmt die Marktabgrenzung einen im Vergleich zum Beihilfenrecht höheren Stellenwert ein. Dieses ist darauf zurückzuführen, daß die Marktabgrenzung im SCM Abkommen Grundlage für eine gegenüber dem Beihilfenrecht wesentlich umfangreichere Prüfung der Beeinträchtigungen des Marktes durch die Subvention ist.

a. Das Konzept der gleichartigen Ware

Von einem sachlich gleichen Markt ist auszugehen, wenn das subventionierte Produkt auf gleichartige nicht subventionierte Produkte trifft.[25] Die Tatbestände des Art. 5 SCMA setzen explizit[26] oder implizit[27] voraus, daß ein dem subventionierten Produkt gleichartiges inländisches zu definieren ist.[28] Die Festlegung des gleichartigen Produkts bestimmt den Kreis der Unternehmen, die aufgrund

---

[21] S. Koenig/Kühling/Ritter, EG-Beihilfenrecht, S. 85.

[22] Bekanntmachung der Kommission über die Definition des relevanten Marktes im Sinne des Wettbewerbsrechts der Gemeinschaft ABl. EG Nr. C 372/5 Ziff. 7.

[23] Koenig, Market Economy Investor Test, in: Koenig/Roth/Schön, S. 9 (23f.).

[24] Vgl. zur derartigen Praxis im Fusionskontrollrecht Drauz/Schroeder, Fusionskontrolle, S. 74f.

[25] Vgl. Dielmann, AG 1982, S. 233 (243).

[26] Art. 5 a) iVm Art. 15 Abs. 1 SCMA; Art. 5 c) iVm Art. 6 a)-c) SCMA.

[27] Art. 5 b) SCMA enthält zwar keine ausdrückliche Bezugnahme auf einen Vergleich mit gleichartigen Waren, aber auch in diesem Fall müssen die importierte Ware und die inländische subventionierte Ware auf dem gleichen sachlichen Markt agieren. Ansonsten wirkt sich die Subventionierung nicht wie eine faktische Erhöhung des in Art. II GATT 1994 gebundenen Zolls aus.

[28] Clarke/Bourgeois/Horlick, Subsidies, in: Ortino/Petersmann, WTO Dispute Settlement, S. 353 (367).

der Subventionierung die noch zu analysierenden Folgenwirkungen zu tragen haben.[29]

Der Begriff der gleichartigen Ware wird in mehreren Bereichen des WTO Rechts, so im Zusammenhang mit Art. III Abs. 2 GATT[30] und dem Meistbegünstigungsprinzip[31] diskutiert. Nur das SCM Abkommen enthält eine Definition des Begriffs der gleichartigen Ware. Danach gilt als gleichartige Ware „*eine Ware, die mit der betreffenden Ware identisch ist, d. h. ihr in jeder Hinsicht gleicht, oder, wenn es eine solche Ware nicht gibt, eine andere Ware, die zwar der betreffenden Ware nicht in jeder Hinsicht gleicht, aber Merkmale aufweist, die denen der betreffenden Ware sehr ähnlich sind*".[32] Es ist zunächst nach identischen Waren zu suchen. Nur falls solche nicht gefunden werden können, kann eine Ware herangezogen werden, die Eigenschaften besitzt, die der subventionierten Ware sehr ähnlich sind.[33] Bei dieser Definition, die der langjährigen Praxis zu Zeiten des GATT 1947 folgt,[34] fällt auf, daß die Gleichartigkeit der Ware vorrangig nicht aus Sicht der Käufer definiert wird, wie es etwa das Bedarfsmarktkonzept vorsieht, sondern daß die Merkmale der Ware im Vordergrund stehen. Die Ähnlichkeit der Merkmale erfordert daher eine physische Verwandtschaft der ähnlichen Waren.[35] Die Waren werden auf ihre materiellen Eigenschaften, die Bestandteile, das Material und den Herstellungsprozeß hin geprüft.[36] Zwar stellte ein Panel im Fall *Indonesia – Certain Measures Affecting the Automobile Industry* als einziger Entscheidung zum Begriff der gleichartigen

---

29 Grabitz/Bogdandy/Nettesheim, Aussenwirtschaftsrecht, S. 222f.; Beseler/Williams, Anti-Subsidy Law, S. 149f.; Lehmann, Produktionssubventionen, S. 141; Sanchez Rydelski, Antisubventionsrecht, S. 49.

30 Vgl. dazu Schön, RIW 2004, S. 50 (55ff.); Kuyper, 23 LIEI (1996), S. 129 (131ff.); Bronckers/McNelis, 33 (3) JWT (1999), S. 73ff.; Zarrilli, 37 (2) JWT (2002), S. 359 (372ff.).

31 Siebold, WTO und EG, S. 87f.

32 Art. 15 Abs. 1 SCMA Fn 46; zwar gehört Art. 15 SCMA zu den Vorschriften über die Berechnung von Ausgleichsmaßnahmen, Fn 46 stellt jedoch klar, daß die Definition des Begriffs der gleichartigen Ware für das gesamte SCM Abkommen gilt. In der deutschen amtlichen Übersetzung in ABl. EG 1994 L 336/156 fehlt Fn 46, die Übersetzung ist daher an die insoweit gleich lautende Vorschrift der Antisubventionsverordnung angelehnt, ABl. EG 1997 L 288/1.

33 Prieß/Berrisch - Pitschas B.I.12. Rnr. 47 Fn 128; vgl. auch Sanchez Rydelski, Antisubventionsrecht, S. 49.

34 Vgl. die Ausführungen im Panel Bericht, *Indonesia – Measures Affecting the Automobile Industry*, WTO-Dok., WT/DS54, 55, 59, 64/R, Rnr. 14.171.

35 Reszel, Schädigung, S. 102f.

36 Panel Bericht, *Indonesia – Measures Affecting the Automobile Industry*, WTO-Dok., WT/DS54, 55, 59, 64/R. Rnr. 14.173; Sanchez Rydelski, Antisubventionsrecht, S. 49.

Ware im Subventionsrecht klar, daß es sich bei Untersuchung der Ähnlichkeit nicht nur an physische Merkmale gebunden sehe und auch der Preis oder der Verwendungszweck aus Sicht des Käufers zu berücksichtigen seien.[37] Dennoch bleibt Ausgangspunkt der Analyse ein Vergleich der Produkteigenschaften und nicht die Austauschbarkeit der Produkte durch die Käufer. Insoweit besteht ein wesentlicher Unterschied zum Bedarfsmarktkonzept im europäischen Wettbewerbsrecht. Dieser Befund wird durch die weiteren Ausführungen in der gleichen Entscheidung untermauert, in denen betont wird, daß zur Interpretation der gleichartigen Waren auch die in anderen Regelungsbereichen ergangenen Auslegungen dieses Begriffs von Bedeutung sein können. In diesem Zusammenhang beruft sich das Panel insbesondere auf den zu Art. III Abs. 2 GATT ergangenen Fall *Japan – Taxes on Alcoholic Beverages*.[38] Danach teilt Art. III Abs. 2 GATT zunächst in S. 1 die Definition des gleichartigen Produktes mit dem SCM Abkommen,[39] unterscheidet davon aber in S. 2 ungleichartige, aber dennoch miteinander im Wettbewerb stehende Produkte.[40] Es liegt also nicht bereits ein gleichartiges Produkt vor, wenn direkter Wettbewerb zwischen den Produkten besteht.[41] Nicht jedes Wettbewerbsverhältnis erweist sich als ein solches zwischen gleichartigen Waren. Gleichartige Waren stellen lediglich einen Teilbereich aller Wettbewerbsverhältnisse dar, denn sie müssen zudem gleiche physische Merkmale aufweisen.[42] Für die Übertragung dieser zu Art. III Abs. 2 GATT entwickelten Dogmatik auf das SCM Abkommen spricht, daß mit der

---

37 Panel Bericht, *Indonesia – Measures Affecting the Automobile Industry*, WTO-Dok., WT/DS54, 55, 59, 64/R. Rnr. 14.173; s. zu diesem Fall Siuves, 31 LIEI (2004), S. 25 (36ff.).

38 Panel Bericht, *Indonesia – Measures Affecting the Automobile Industry*, WTO-Dok., WT/DS54, 55, 59, 64/R. Rnr. 14.174; Appellate Body Bericht, *Japan – Taxes on Alcoholic Beverages*, WTO-Dok., WT/DS8/11, DS10/11, DS11/8.

39 Appellate Body Bericht, *Japan – Taxes on Alcoholic Beverages*, WTO-Dok., WT/DS8/11, DS10/11, DS11/8 Abschnitt H.1.a.; s. auch Appellate Body Bericht, *Canada – Certain Measures concerning Periodicals*, WTO-Dok., WT/DS/AB/R Abschnitt V.A.

40 S. Anlage 1 zum GATT 1994; danach verstoßen Abgaben, die mit S. 1 vereinbar sind, also keine gleichartigen Produkte betreffen, gegen S. 2, wenn sie Waren belasten, die mit anderen unmittelbar oder zum gleichen Zweck geeigneten, aber nicht mit einer ähnlichen Abgabe belasteten Ware im Wettbewerb stehen.

41 So auch Schön, RIW 2004, S. 50 (55); Reszel, Schädigung, S. 57ff.; Lehmann, Produktionssubventionen, S. 213; Berg, 30 (2) JWT (1996), S. 195 (197ff.).

42 Appellate Body Bericht, *Japan – Taxes on Alcoholic Beverages*, WTO-Dok., WT/DS8/11, DS10/11, DS11/8, S. 22; vgl. zu dieser Unterscheidung Choi, Like Products, S. 21; Robra, Internationale Besteuerung, in: Tietje/Kraft/Sethe, Beiträge Transnat. WirtschaftsR., S. 14f.; Zarrilli, 37 (2) JWT (2002), S. 359 (372ff.); Beseler/Williams, Anti-Subsidy Law, S. 149.

Definition in Fußnote 46 zu Art. 15 Abs. 1 SCMA keine eigenständige Definition erfolgte, sondern die seit Beginn der 70er-Jahre entwickelte Begriffsbestimmung gleichartiger Produkte im GATT Recht explizit in das SCM Abkommen übernommen wurde.[43] Wäre eine stärkere Anlehnung an das Bedarfsmarktkonzept im Subventionsrecht gewollt gewesen, hätte dies in einer Abkehr vom Konzept der gleichartigen Waren zum Ausdruck kommen müssen. So ist aber von einer Übernahme des bereits im GATT/WTO Recht bekannten Konzepts auszugehen, so daß die Grundsätze der bisherigen Begriffsentwicklung für das SCM Abkommen zu berücksichtigen sind.[44]

Potentielle Wettbewerbsverhältnisse zwischen gleichartigen Waren werden im WTO Subventionsrecht nicht erfaßt. Das WTO Recht beurteilt diese Situation grundlegend anders als das Beihilfenrecht. Nach Art. 5 SCMA dürfen durch die Verwendung von Subventionen keine nachteiligen Auswirkungen verursacht werden. Es wird nicht eine grundsätzliche Wettbewerbsbeeinflussung durch Subventionen postuliert, sondern es werden bestimmte Tatbestände definiert, bei deren Vorliegen eine Beeinflussung des Wettbewerbs in Form nachteiliger Auswirkungen vorliegt. Diese Auswirkungen müssen bereits eingetreten sein, um rechtlich bewertet werden zu können. Potentielle Wettbewerbsverhältnisse sind demnach grundsätzlich nicht erfaßt. Zwar können nachteilige Auswirkungen in Form von drohenden Schädigungen eines Wirtschaftszweiges dargelegt werden.[45] Jedoch setzt dieses einen durch verschiedene Faktoren zu belegenden hohen Grad an Wahrscheinlichkeit für eine bedeutende Schädigung voraus, wie er bei lediglich potentiellen Wettbewerbsverhältnissen nur äußerst schwer ermittelt werden kann. Die dabei zu berücksichtigenden Faktoren bauen auf dem voraussichtlichen Anstieg der subventionierten Waren auf dem Markt auf,[46] setzen also ein bestehendes Wettbewerbsverhältnis bereits voraus. Die Prognoseentscheidung zu Gunsten einer drohenden Schädigung dürfte bei potentiellen Wettbewerbsverhältnissen daher nicht zu treffen sein.

---

43 Vgl. zur Entwicklung des Begriffs der gleichartigen Ware: Working Paper Report, Border Tax Adjustment, angenommen am 2. Dez. 1970, BISD, 18. Suppl., 1972, 97ff., 101f.; s. zur Entwicklung im Antidumping- und Subventionsrecht, Kennedy Round Agreement on Implementation of Article VI of the General Agreement on Tariffs and Trade, Article I.A(b); Tokyo Round Agreement on Implementation of Article VI of the General Agreement on Tariffs and Trade, Article 2.2; Agreement on Interpretation and Application of Articles VI, XVI and XXIII of the General Agreement on Tariffs and Trade, note 18 to Article 6; s. auch den Panel Bericht *Indonesia – Measures Affecting the Automobile Industry*, WTO-Dok., WT/DS54, 55, 59, 64/R. Rnr. 14.171, in dem das Panel in der Begriffsbestimmung im SCM Abkommen eine Übernahme dieser Praxis sah.

44 Vgl. Lehmann, Produktionssubventionen, S. 142.

45 Art. 5 a) iVm Fn 45 zu Art. 15 SCMA.

46 Art. 15 Abs. 7 ii) und iii) SCMA.

Der sachlich relevante Markt im SCM Abkommen ist durch die Beschränkung auf gleichartige Produkte gegenüber dem sich aus einem bloßen Wettbewerbsverhältnis ergebenen Markt im Beihilfenrecht wesentlich eingeschränkt.

b. Die Ausnahme vom Konzept der gleichartigen Ware im Fall *Korea – Measures Affecting Trade in Commercial Vessels*

Eine Ausnahme dieses Grundsatzes formulierte ein Panel im Fall *Korea – Measures Affecting Trade in Commercial Vessels.*[47] In Rede standen dabei nachteilige Auswirkungen in Form einer ernsthaften Schädigung nach Art. 6 Abs. 3 c) SCMA.[48] Danach müssen bestimmte Formen der ernsthaften Schädigung *„im Vergleich zum Preis einer gleichartigen Ware eines anderen Mitglieds auf demselben Markt"* vorliegen, während eine weitere Alternative nur im Vergleich zur Preisentwicklung *„auf demselben Markt"* festzustellen ist, ohne daß der Maßstab der gleichartigen Ware erwähnt wird. Da das Kriterium desselben Marktes im Gegensatz zu demjenigen der gleichartigen Ware explizit wiederholt werde, folgerte das Panel, daß letzteres in dieser Alternative der ernsthaften Schädigung nicht anwendbar sei und sich die Preisentwicklung folglich nicht an gleichartigen Waren messen lassen müsse.[49] Zwar leitete das Panel daraus zu Recht ab, daß die Definition des sachlichen Marktes für andere Faktoren als die Beschaffenheit der Ware offen sei, griff jedoch in diesem Zusammenhang nicht auf das Bedarfsmarktkonzept zurück, sondern blieb bei der Benennung von Faktoren äußerst vage.[50] Es erscheint unverständlich, warum das Panel nach dem Lösen von der Begrifflichkeit der gleichartigen Ware nicht die Gelegenheit ergriffen hat, um durch eine Einführung des Bedarfsmarktkonzepts im WTO Subventionsrecht eine marktwirtschaftliche Abgrenzung des sachlichen Marktes zu ermöglichen. Sollte in zukünftigen Entscheidungen daran festgehalten werden, daß im Rahmen des Art. 6 Abs. 3 c) SCMA keine gleichartigen Waren zu bestimmen sind, besteht erheblicher Klärungsbedarf über das an dessen Stelle tretende Konzept. Zu einer Klärung hat das Panel in *Korea – Measures Affecting Trade in Commercial Vessels* nicht beigetragen.

---

47 Panel Bericht, *Korea – Trade in Commercial Vessels*, WTO-Dok., WT/DS/R273, Rnr. 7.543ff.

48 S. zum Tatbestand der ernsthaften Schädigung nach Art. 6 Abs. 3 c) SCMA unten S. 213ff.

49 Panel Bericht, *Korea – Trade in Commercial Vessels*, WTO-Dok., WT/DS/R273, Rnr. 7.553.

50 Panel Bericht, *Korea – Trade in Commercial Vessels*, WTO-Dok., WT/DS/R273, Rnr. 7.560.

II. Örtlich relevanter Markt

Aus Zielsetzung und Regelungskompetenz beider internationaler Subventionskontrollsysteme folgt, daß Subventionen, die lediglich innerstaatliche Auswirkungen zeitigen, nicht erfaßt werden.[51] Daraus ergibt sich, daß sich das geographische Gebiet auf dem das oben festgestellte Wettbewerbsverhältnis besteht stets über den die Subvention gewährenden Staat hinaus erstrecken muß.

1. Die Beeinträchtigung des zwischenstaatlichen Handels im Beihilfenrecht

Der Voraussetzung, daß sich das (potentielle) Wettbewerbsverhältnis über den subventionierenden Mitgliedstaat hinaus erstrecken muß, wird im Beihilfenrecht durch das Tatbestandsmerkmal der Beeinträchtigung des zwischenstaatlichen Handels Rechnung getragen.

Nach der Rechtsprechung ist der gemeinschaftliche Handel beeinträchtigt, wenn eine von einem Mitgliedstaat gewährte Beihilfe die Stellung eines Unternehmens gegenüber anderen Wettbewerbern im Binnenmarkt verstärkt.[52] Es ist nicht erforderlich, daß der gesamte gemeinsame Markt betroffen ist.[53] Eine derartige Verstärkung der Marktposition wird bereits attestiert, wenn das Empfängerunternehmen regelmäßig in andere Mitgliedstaaten exportiert.[54] In diesem Fällen besteht eine tatsächliche Auswirkung auf den supranationalen Handel, indem die Erzeugnisse des subventionierten Unternehmens mit anderen Produkten auf demselben Markt konkurrieren. Schwieriger sind Fallgestaltungen zu beurteilen, in denen keine Exporttätigkeit vorliegt, sondern das betreffende Unternehmen lediglich lokal oder regional agiert. Der EuGH gelangt auch hier zu einer zwischenstaatlichen Relevanz, indem er auf potentielle Auswirkungen abstellt. Trägt eine Beihilfe dazu bei die inländische Erzeugung aufrechtzuerhalten bzw. zu erhöhen und werden somit die Chancen der in anderen Mitgliedstaaten niedergelassenen Unternehmen geschmälert, ihre Erzeugnisse auf dem Heimatmarkt dieses Unternehmens im Wege des Imports abzusetzen, liegt eine Beeinträchtigung des Handels zwischen den Mitgliedstaaten vor.[55] Demnach sind auch lediglich potentielle Auswirkungen auf den Handel zwischen den Mitgliedstaaten ausreichend. Aufgrund des potentiellen Imports durch Wettbewerber aus

---

[51] Beviglia Zampetti, 29 JWT (1995), S. 5 21.

[52] Lübbig/Martín-Ehlers, EU Beihilfenrecht, Rnr. 127.

[53] Koenig, Market Economy Investor Test, in: Koenig/Roth/Schön, S. 9 (20f.); Schroeter/Jacob/Mederer - Mederer, Art. 87 Abs. 1 Rnr. 42.

[54] EuGH, Rs. 730/79, *Phillip Morris*, Slg. 1980, 2671, Rnr.11.

[55] EuGH, verb. Rs. C-278/92 und C.280/92, *Spanien/Kommission*, Slg. 1994, I-4103, Rnr. 40; EuGH, Rs. C-75/97, *Maribel*, Slg. 1999, I-3671, Rnr. 47; dieses gilt unabhängig davon, ob im betreffenden Sektor Überkapazitäten vorhanden sind, s. EuG, Rs. T-288/97, *Friuli-Venezia Giulia*, Slg. 2001, II-1169, Rnr. 51.

anderen Mitgliedstaaten wird einer Beihilfe an ein lediglich regional tätiges Unternehmen eine supranationale Wirkung beigemessen.[56] Gleiches gilt für potentielle Konkurrenz durch Dienstleistungsimport.[57] Abgegrenzt werden müssen potentielle Konkurrenzsituationen von Fallgestaltungen, in denen eine Konkurrenz aus tatsächlichen oder rechtlichen Gründen nicht möglich ist. Hier scheidet eine europarechtliche Dimension der Beihilfe aus. Gemeint sind insbesondere Fälle einer rein lokalen Wirtschaftstätigkeit.[58] Ein plastisches Beispiel für eine nicht gegebene Konkurrenzsituation aus tatsächlichen Gründen sind Beihilfen zugunsten eines Freizeitbades, dessen begrenzter Einzugsbereich nicht die Annahme eines grenzüberschreitenden Angebots von Infrastrukturdienstleistungen zuläßt.[59] Als weiteres Beispiel dient eine regionale Tageszeitung.[60] Ist der Markt, auf dem ein Unternehmen tätig ist, aus Rechtsgründen keinem zwischenstaatlichen Wettbewerb geöffnet, scheidet eine beihilfenrechtliche Prüfung ebenfalls aus.
Besteht das Wettbewerbsverhältnis zu Unternehmen in Drittstaaten außerhalb der Gemeinschaft, muß eine darauf bezogene staatliche Maßnahme auf den innergemeinschaftlichen Markt zurückwirken, um für Art. 87 Abs. 1 EG relevant zu sein.[61] Dieses kann auf zweierlei Art geschehen. Zunächst kann sich durch die Drittlandsexporte die wirtschaftliche Lage des begünstigten Unternehmens verbessern, was die Wettbewerbssituation innerhalb der Gemeinschaft beeinflussen kann.[62] Des Weiteren besteht eine Rückwirkung, wenn die von Unternehmen außerhalb der EG erworbenen subventionierten Exportwaren in die Gemeinschaft zurückfließen und auf diese Weise das Marktgeschehen innerhalb der Gemeinschaft trotz des Umwegs des Exports beeinträchtigt werden kann.[63]
Genauso wie der EuGH bei regional tätigen Unternehmen in einer potentiellen Konkurrenzsituation den Anknüpfungspunkt für seine Prüfung sieht, stellt er bei Beihilfen zu Gunsten von Exporttätigkeiten in Drittländer außerhalb der EG auf die potentielle Wirkung auf den innergemeinschaftlichen Markt ab. Selbst wenn das begünstigte Unternehmen fast seine ganze Produktion außerhalb der Ge-

---

[56] Lübbig/Martín-Ehlers, EU Beihilfenrecht, Rnr. 129.

[57] Lübbig/Martín-Ehlers, EU Beihilfenrecht, Rnr. 129.

[58] Rengeling, Beihilferecht, in: Börner/Neundörfer, Beihilfen im Gemeinsamen Markt, S. 23 (31); Müller-Graff, 152 ZHR (1988), S. 403 (434).

[59] Entscheidung der Kommission vom 12.01.2001, Beihilfe 258/00, *Freizeitbad Dorsten*; dazu Koenig/Kühling/Ritter, S. 87; s. auch 29. Wettbewerbsbericht der Kommission 1999, Rnr. 242.

[60] Calliess/Ruffert - Cremer, Art. 87 Rnr. 17.

[61] Andernfalls kommt eine Anwendung der Art. 132, 133 EG in Betracht, Schroeter/Jacob/ Mederer - Mederer, Art. 87 Abs. 1 Rnr. 42.

[62] Schroeter/Jacob/Mederer - Mederer, Art. 87 Abs. 1 Rnr. 42.

[63] Schroeter/Jacob/Mederer - Mederer, Art. 87 Abs. 1 Rnr. 42.

meinschaft absetze, könne angesichts der Verflechtung der Märkte, auf denen die Unternehmen der Gemeinschaft tätig seien, eine innergemeinschaftliche Verfälschung des Wettbewerbs nicht ausgeschlossen werden.[64] Diese Argumentation erscheint im Sinne der lückenlosen Beihilfenkontrolle insoweit folgerichtig, als daß das begünstigte Unternehmen die Beihilfen bei sich verschlechternden Aussichten auf den Drittmärkten dazu verwenden könnte, seine Marktposition innerhalb der Gemeinschaft zu stärken.[65]
Zusammenfassend kann festgestellt werden, daß das grenzüberschreitende Element durch das Abstellen auf die mit jedem Geschäftsvorgang verbundenen potentiellen monetären Vorteile und deren mögliche Auswirkungen auf die stark verflochtenen europäischen Märkte bis auf Fallkonstellationen auf unterster regionaler Ebene immer bejaht wird. Der örtlich relevante Markt spielt im Rahmen der Beihilfenkontrolle daher eine zu vernachlässigende Rolle.[66]

2. WTO Subventionsrecht

Vor in Kraft treten des SCM Abkommens kam nur der Markt des beschwerdeführenden Mitglieds als örtlich relevanter Markt in Betracht. Denn dieser Mitgliedstaat suchte die Einfuhr subventionierter Waren durch Strafzölle auszugleichen.[67] Damit handelte es sich um eine Struktur des Antisubventionsrechts im Sinne der oben aufgezeigten Entwicklungsstufen. Nach dem SCM Abkommen werden als örtlich relevante Märkte neben dem Markt desjenigen WTO Mitglieds, das gegen die Subventionierung vorgeht,[68] der Heimatmarkt der subventionierten Waren[69] sowie Drittmärkte erfaßt, auf denen die subventionierten Waren mit denen des die Beschwerde führenden Staates zusammentreffen.[70] Auf diese Weise bietet sich die Möglichkeit, den Auswirkungen einer Subvention umfassend zu begegnen. Was die Abdeckung der örtlichen Märkte anbetrifft,

---

64 EuGH, Rs. 142/87, *Tubemeuse*, Slg. 1990, I-0959, Rz. 35; s. dazu unten S. 268ff.

65 Erhart, ecolex 1999, S. 224 (227).

66 Dennoch erscheint es nicht zutreffend, das Tatbestandsmerkmal mit Müller-Graff, 152 ZHR (1988), S. 403 (433) „*als anachronistisches Relikt aus der Gründerzeit*" zu bezeichnen, „*dem noch die Spuren eines in einzelstaatlich parzellierten Märkten befangenen Denkens anhaftet.*" Wenn auch das Ergebnis der Prüfung in den allermeisten Fällen zur Anwendbarkeit des Gemeinschaftsrechts führen wird, ist seine Existenz dennoch nicht Ausdruck befangenen Denkens, sondern notwendige Rechtfertigung der Anwendbarkeit (und des Vorrangs) des Gemeinschaftsrechts.

67 Collins-Williams/Salembier, 30 (1) JWT (1996), S. 5 (13).

68 Art. 3 Abs. 3 a) SCMA; so auch Cadsby/Woodside, 30 JWT (1996), S. 177(177); a. A. Collins-Williams/Salembier, 30 (1) JWT (1996), S. 5 (16) die diesen Fall als nicht von Art. 6 SCMA erfasst betrachten; s. zur Abgrenzung im Einzelnen unten S. 214ff.

69 Art. 3 Abs. 3 a) SCMA.

70 Art. 6 Abs. 3 b) SCMA.

stellt das SCM Abkommen damit eine Verbesserung gegenüber dem vorherigen Zustand dar.

B. Anforderungen an die Beeinträchtigung der Wettbewerbssituation

Ist in beiden Subventionsrechtsordnungen dargelegt, daß das durch die Subventionen begünstigte Unternehmen in einem (im beihilfenrechtlichen Kontext auch potentiellen) Wettbewerbsverhältnis steht, gilt es zu untersuchen, inwiefern beide Subventionsrechtordnungen voraussetzen, daß die Subventionsgewährung das Wettbewerbsverhältnis mit bestimmter Intensität beeinträchtigt.

I. Beihilfenrecht

Der Tatbestand des Art. 87 Abs. 1 EG setzt voraus, daß eine (potentielle) Wettbewerbssituation durch die Beihilfe verfälscht wird oder zu werden droht. Dem Tatbestand läßt sich nicht entnehmen, daß diese drohende Beeinflussung des Wettbewerbs eine bestimmte Intensitätsschwelle überschreiten muß. Die Beihilfenintensität muß ausreichen, um zu einer Verfälschung des Wettbewerbs führen zu können. Dies ist der Fall, wenn sie die Leistungsfähigkeit des begünstigten Unternehmens am Markt tatsächlich zu steigern vermag. Insofern scheiden diejenigen Beihilfen aus, die aufgrund ihrer geringen Intensität Unternehmen nicht in die Lage versetzen können, ihre Wettbewerbsposition merklich zu verbessern.[71] Fraglich ist, ob zum Herausfiltern dieser Beihilfen die Einführung einer Spürbarkeitsgrenze analog zu Art. 81 Abs. 1 EG zu fordern ist.[72] Im Rahmen des Art. 81 EG muß die Wettbewerbsverfälschung spürbar sein, um dem Verbot des Abs. 1 zu unterfallen. Maßstab zur Feststellung dieser Spürbarkeit ist der Marktanteil der betreffenden Unternehmen, der die Schwelle von 5% bei horizontalen und 10% bei vertikalen Vereinbarungen nicht überschreiten darf.[73] Die Ablehnung einer derartigen Prüfung im Beihilfenrecht wird zumeist damit begründet, daß an staatliche Maßnahmen der Wettbewerbsverfälschung ein strengerer Maßstab anzulegen sei, als an unternehmerisches Verhalten im Rahmen des Art. 81 EG.[74] Entscheidend für die Nichtübertragbarkeit dieser Regelung dürfte indes nicht der unterschiedliche Adressat, sondern die oben skizzierte unter-

---

71 Ritter, Beihilfenrückforderung, S. 90.

72 Zu dieser Frage bereits früh Caspari, Beihilfenregeln, in: Mestmäcker/Möller/Schwarz, FS v.d. Groeben, S. 69; für ein Spürbarkeitskriterium sprechen sich Groeben/Thiesing/Ehlermann - Wenig, Art. 92, Rnr. 21 (3. Aufl.); Keßler, DÖV 1977, S. 621f. aus.

73 Bekanntmachung der Kommission über Vereinbarungen von geringer Bedeutung, die nicht unter Art. 85 Abs. 1 EG fallen, die den Wettbewerb gem. Art. 81 Abs.1 EG nicht spürbar beschränken (*de-minimis*), ABl. 2001, C 368/13.

74 Lefèvre, Staatliche Ausfuhrförderung, S. 125; Rengeling, Beihilferecht, in: Börner/Neundörfer, Beihilfen im Gemeinsamen Markt, S. 23 (31).

schiedliche Zielsetzung der Marktabgrenzung sein.[75] Denn der Beihilfentatbestand erfordert lediglich, daß die Beihilfe Auswirkungen zeitigen kann, nicht aber, daß diese (in einer bestimmten Höhe) nachzuweisen sind. Dementsprechend beschränkt sich die Marktabgrenzung im Beihilfenrecht auf die Feststellung eines Wettbewerbsverhältnisses, ohne daß die Ermittlung der Wettbewerbskräfte in diesem Zusammenhang relevant wäre.[76] Der für Art. 81 EG entwickelte Maßstab der Bestimmung der Spürbarkeit durch Ermittlung von Marktanteilen wäre daher im Beihilfenrecht systemfremd.
Hinzu kommt, daß der Überlegung, Beihilfen von der Kontrolle auszunehmen, die nicht geeignet sind den Wettbewerb zu verfälschen, im Beihilfenrecht durch die bereits im Rahmen der Analyse des Subventionsbegriffs angesprochene *de-minimis* Verordnung Rechnung getragen worden ist. Danach werden Beihilfen, die den Betrag von 100.000 € innerhalb eines Zeitraums von drei Jahren nicht überschreiten, von der Beihilfenkontrolle ausgeschlossen.[77] Damit wird die Beihilfenintensität in Form eines Schwellenwertes ausgedrückt, unterhalb dessen staatlichen Maßnahmen die Fähigkeit zur Beeinflussung des Wettbewerbs abgesprochen wird.
Über diese bereits bestehende *de-minimis* Regelung hinausgehende Vorteile durch Einführung einer Spürbarkeitsschwelle sind nicht zu erkennen.[78] Wie bei der Analyse der Auswirkungsvorschriften im WTO Subventionsrecht noch zu sehen sein wird, erweist es sich gerade als Vorteil, daß im Beihilfenrecht keine aufwendige Analyse der Marktstruktur vorgenommen werden muß, sondern bereits die bloße Geeignetheit der Beihilfe in ein Wettbewerbsverhältnis einzugreifen, ausreicht. Diese Geeignetheit ist in der Praxis nur mit der in der *de-minimis* Verordnung enthaltenen Pauschalisierung zur Festsetzung eines bestimmten Beihilfenvolumens meßbar. Eine solche Regelung bringt Rechtssicherheit mit sich und verleitet die Mitgliedstaaten nicht dazu, die Grenzen eines Spürbarkeitskriteriums auszureizen, dessen Definition im Gegensatz zur *de-minimis* Schwelle zwangsläufig komplexer ist und Spielräume zuläßt.[79]
Somit muß die Beihilfe nur geeignet sein, Verfälschungen eines bereits dargelegten tatsächlichen oder potentiellen Wettbewerbsverhältnisses hervorrufen zu können. Oberhalb der in der *de-minimis* Verordnung festgesetzten Schwelle

---

75 S. zu den unterschiedlichen Zielsetzungen der Marktabgrenzung oben S. 194f.

76 Vgl. Bekanntmachung der Kommission über die Definition des relevanten Marktes im Sinne des Wettbewerbsrechts der Gemeinschaft ABl. EG Nr. C 372/5 , Rnr. 1 Fn 1.

77 Verordnung Nr. 69/2001, ABl. 2001, L 10/30, s. dazu Sinnaeve, EuZW 2001, S. 69 (75f.) und oben S. 91.

78 So insbesondere auch Ritter, Beihilfenrückforderung, S. 91.

79 Vgl. zu letzterem Argument Müller-Graff, 152 ZHR (1988), S. 403 (432); Lefèvre, Staatliche Ausfuhrförderung, S. 125f.

wird von einer derartigen Geeignetheit ausgegangen. Daneben werden an den Grad einer potentiellen Verfälschung keinerlei Anforderungen gestellt.[80]

II. WTO Subventionsrecht

Demgegenüber müssen die Auswirkungen, die die als Subvention klassifizierten staatlichen Maßnahmen auszulösen haben, um mit Rechtsfolgen belegt zu werden, im WTO Subventionsrecht eine bestimmte Qualität erreichen. Diese Analyse der Qualität der Wettbewerbsbeeinträchtigungen stellt im WTO Subventionsrecht einen sehr komplexen Prüfungspunkt dar und kann als einer der wesentlichen Unterschiede des materiellen Subventionsrechts in den beiden Rechtsordnungen verstanden werden.[81] Denn während die Beihilfe auf dem Gemeinschaftsmarkt nur geeignet sein muß, den Wettbewerb potentiell zu verfälschen, muß die Subvention nach WTO Subventionsrecht auf dem Markt des beschwerdeführenden Staates, des subventionierenden Staates oder eines Drittstaates ernsthafte Schädigungen verursacht haben. Es ist keine abstrakt feststellbare Beeinflussung der Wettbewerbssituation darzulegen, sondern konkrete durch die Subventionierung erlittene Nachteile.[82] Bei der Analyse der qualitativen Anforderungen dieser Nachteile werden diese zunächst der Struktur des Abkommens folgend dargestellt und anschließend im Wege des Vergleichs bewertet.[83]

1. Die einzelnen Tatbestände

a. Schädigung eines inländischen Wirtschaftszweigs eines anderen Mitglieds, Art. 5 a SCM Abkommen

Eine bedeutende Schädigung eines inländischen Wirtschaftszweiges im Sinne des Art. 5 a SCMA setzt voraus, daß *„ein inländischer Wirtschaftszweig bedeutend geschädigt wird oder geschädigt zu werden droht oder daß die Errichtung*

---

[80] Lübbig/Martín-Ehlers, EU Beihilfenrecht, Rnr. 134; Schroeter/Jacob/Mederer - Mederer, Art. 87 Abs. 1, Rnr. 45; Koenig/Kühling/Ritter, EG-Beihilfenrecht, S. 89; Müller-Graff, 152 ZHR (1988), S. 403 (432).

[81] Vgl. Adamantopoulos/Pereyra-Friedrichsen, EU Anti-Subsidy Law, S. 16.

[82] Reszel, Schädigung, S. 38; Reuter, Außenwirtschafts- und Exportkontrollrecht, Rnr. 372.

[83] Diese Nachteile müssen nicht durch eine einzige Subvention hervorgerufen werden. Obwohl der Begriff *„Subvention"* in Art. 5 und 6 (wie im gesamten übrigen SCM Abkommen) im Singular gebraucht wird, ist anerkannt, daß der Beschwerdeführer mehrere spezifische Subventionen für gleichartige Waren zusammenfassen kann, um so einfacher eine Auswirkung dieses Maßnahmenbündels nachzuweisen, vgl. Panel Bericht, *Indonesia – Measures affecting the Automobile Industry*, WTO-Dok., WT/DS54, 55, 59, 64/R., Rnr. 14.155, 14.207-14.234; s. auch Steinberg/Josling, 6 (2) JIEL (2003), S. 369 (388).

eines inländischen Wirtschaftszweigs erheblich verzögert wird.“[84] Von den drei Tatbestandsalternativen hat die Verzögerung der Errichtung eines inländischen Wirtschaftszweiges bisher keine praktische Bedeutung erlangt.[85] Diese Analyse konzentriert sich daher auf das Erfordernis der bereits verwirklichten Schädigung und das der zeitlich vorgelagerten Drohung einer Schädigung.[86]

i Bestehende Schädigung

Zur Darlegung der Schädigung eines inländischen Wirtschaftszweiges ist zunächst eine Steigerung der subventionierten Einfuhren nachzuweisen. Sodann ist eine zweiteilige Kausalitätsprüfung vorzunehmen. Dabei muß ein kausaler Zusammenhang zwischen Subventionierung und Preisgefüge auf dem relevanten Markt und zwischen dieser Beeinflussung des Marktpreises und Folgen für die inländischen Hersteller gleichartiger Waren dargelegt werden.[87]

Läßt sich die Erhöhung der Wareneinfuhr unschwer ermitteln, indem sich die Steigerung entweder absolut oder im Verhältnis zu Produktion oder Verbrauch im Einfuhrstaat ergibt,[88] erweist sich die Feststellung der Beeinflussung des Preises auf dem relevanten Markt durch diese Einfuhr subventionierter Produkte[89] als äußerst kompliziert. Denn es ist darzulegen, daß allein die Einfuhr subventionierter Ware und nicht andere Faktoren für den Preisdruck auf dem inländischen Markt des Mitgliedstaates verantwortlich ist.[90] Dieser Nachweis ist

---

84 Der Begriff der Schädigung eines inländischen Wirtschaftszweiges wird in Art. 5 SCMA in demselben Sinne verwendet wie in Teil V des SCM Abkommens, der die Modalitäten der Bestimmung von Ausgleichsmaßnahmen zum Gegenstand hat, s. Fn 45 zu Art. 15.

85 S. Luja, Tax Incentives in the EC and WTO, S. 139.

86 Diese Differenzierung wird auch in der Struktur des Art. 15 SCMA reflektiert, vgl. dessen Abs. 1 und Abs. 7.

87 Art. 15.1 SCM Abkommen; Adamantopoulos/Pereyra-Friedrichsen, EU Anti-Subsidy Law, S.14.

88 Einer solchen Erhöhung kommt noch keine Indizwirkung hinsichtlich des Vorliegens einer Schädigung zu. Dieses folgt aus dem eindeutigen Wortlaut des Art. 15 Abs. 1 SCMA; a. A. Sanchez Rydelski, Antisubventionsrecht, S. 52 für den Fall der Antisubventionsverordnung.

89 Als Formen der Preisbeeinflussung sieht Art. 15 Abs. 2 SCMA eine erhebliche Preisunterbietung, einen erheblichen Preisdruck auf andere Weise und die Verhinderung von Preiserhöhungen, die andernfalls eingetreten wären, vor.

90 Zu diesen Faktoren zählen Umfang und Preise nicht subventionierter Einfuhren, Nachfragerückgang oder Änderung der Verbrauchsgewohnheiten, handelsbeschränkende Praktiken der inländischen und ausländischen Hersteller und Wettbewerb zwischen diesen Herstellern, Entwicklungen in der Technologie und Ausfuhrleistung und Produktivität des inländischen Wirtschaftszweiges, wobei diese Faktoren als nicht abschließender Katalog zu

schwierig, da verstärkter Wettbewerb durch eine eingeführte Ware auch ohne deren Subventionierung das Preisgefüge auf dem jeweiligen Markt beeinflussen kann.[91] Die Kausalitätsprüfung kann daher nicht im Sinne der *condicio-sine-qua-non* Formel erfolgen, sondern es gilt, eine möglichst große Anzahl der oben aufgeführten Faktoren als ausschlaggebend auszuschließen.[92] Gelingt die Darlegung einer Kausalität zwischen Subventionierung und Preisentwicklung auf dem relevanten Markt, ist diese nicht „*notwendigerweise maßgeblich*",[93] da dem Streitbeilegungsorgan[94] die Möglichkeit eröffnet ist, dieses bei der Prüfung der ernsthaften Schädigung nicht zu berücksichtigen.[95] Bereits hier wird deutlich, daß es sich in Art. 5 Abs. 2 SCMA nicht um eine abschließende Definition des Begriffs der ernsthaften Schädigung handelt, sondern lediglich beispielhaft Faktoren benannt werden.
Ist der Nachweis des Preisdrucks durch die subventionierte Einfuhr geführt, muß diese Beeinflussung des Marktpreises zu Folgen für den inländischen Wirtschaftszweig geführt haben. Für die Bestimmung dieser Folgen nennt Art. 15 Abs. 4 SCMA relevante Wirtschaftsfaktoren und –indizes, die die Lage des jeweiligen Wirtschaftszweiges beeinflussen.[96] Auch diese aufgezählten Faktoren sind als nicht abschließend zu betrachten.[97] Der Begriff der ernsthaften

---

verstehen sind, vgl. Art. 15 Abs. 5 SCMA. („... *können unter anderem ... von Bedeutung sein ...*").

91 Jackson, World Trading System, S. 239.

92 S. zur Kausalitätsprüfung im Rahmen der EG Antisubventionsverordnung: Verordnung des Rates, ABl. EG 1987 L 54, S. 12 (19), *Antidumpingzolls auf Einfuhren von Normalpapierkopierern mit Ursprung in Japan*; Verordnung des Rates, ABl. EG 1988 L 317, S.33 (40), *Antidumpingzoll auf Einfuhren von Punkt-Matrix Druckern mit Ursprung in Japan.*

93 Art. 15 Abs.2 SCMA.

94 Bzw. der nationalen Behörde, die Ausgleichsmaßnahmen festsetzt.

95 Luja, Tax Incentives in the EC and WTO, S. 139; Benitah, Law of Subsidies, S. 14; zur gleichen Problematik im Rahmen des GATT 1947; vgl. auch Benitah, 33 (1) JWT (1999), S. 87 (88ff.).

96 Dazu zählen gem. Art 15 Abs. 4 SCMA insbesondere: Tatsächliche oder potentielle Verringerung des Absatzes, der Gewinne, der Produktion, des Marktanteils, der Produktivität, der Investitionserträge oder der Kapazitätsauslastung; Höhe der Subvention; tatsächliche und potentielle negative Auswirkungen und Cash-flow, Lagerbestände, Beschäftigung, Löhne, Wachstum, Kapitalbeschaffungs- oder Investitionsmöglichkeiten.

97 S. zum mit Art. 15 Abs. 4 SCMA identischen Art. 3 Abs. 4 Anti-Dumping Agreement, Panel Bericht, *Mexico –High Fructose Corn Syrup (HFCS) from the United States*, WTO-Dok., WT/DS132/R, Rnr. 5.429ff.; Panel Bericht *Thailand –Steel and H-beams from Poland*, WTO-Dok., WT/DS122/R, Rnr. 7.222; da Wortlaut und Sinn und Zweck der Bestimmungen im SCM Akommen und dem Anti-Dumping Abbkommen identisch sind, ist

Schädigung wird damit nicht durchgehend durch Tatbestandsmerkmale definiert, sondern durch beispielhaft aufgeführte Anhaltspunkte skizziert, deren Berücksichtigung und Gewichtung vom Einzelfall abhängt.[98]

ii Drohende Schädigung

Will ein Mitgliedstaat der WTO einer drohenden Schädigung eines heimischen Wirtschaftszweiges vorbeugen, hat er nachzuweisen, daß *„weitere subventionierte Ausfuhren unmittelbar bevorstehen und (...) eine bedeutende Schädigung"* zu verursachen drohen, wenn nicht Gegenmaßnahmen ergriffen werden.[99] Der die einschlägigen Voraussetzungen enthaltene Art. 15 Abs. 7 SCMA ist der einzige Tatbestand innerhalb der Auswirkungsregelungen des SCM Abkommens, der sich, bedingt durch seine Anknüpfung an einen zukünftigen Sachverhalt, nicht vollständig auf Fakten stützen kann, da diese begriffsnotwendig einen vergangenen oder gegenwärtigen Sachverhalt widerspiegeln. Mit einer derartigen Prognose ist immer ein gewisser Grad an Vermutung verbunden.[100] Dieser wird minimiert, da die Prognose auf Tatsachen beruhen muß, die den Eintritt einer Schädigung als klar voraussehbar und unmittelbar bevorstehend erscheinen lassen.[101] Die Tatsachen müssen sich bereits derart verdichtet haben, daß sich daraus das unmittelbare Bevorstehen einer bedeutenden Schädigung in naher Zukunft schließen läßt.[102] Dabei zu berücksichtigende Faktoren werden beispielhaft

---

diese Rechtsprechung auch auf subventionsrechtliche Fallgestaltungen anwendbar, so auch Chambovey, 36 (2) JWT (2002), S. 305 (322).

98 Diese Einzelfallabhängigkeit wird durch die von Benitah, Law of Subsidies, S. 94 zitierte Ausführung des US amerikanischen Gesetzgebers unterstrichen: *„The significance of the various factors affecting an industry will depend upon the facts of each particular case. Neither the presence or absence of any factor listed in the bill can necessarily give decisive guidance with respect to whether an industry ia materially injured, and the significance to be assigned to a particular factor is for the ITC to decide."* (S.REP. No.96-249, 96th Cong. 1st Sess. 88 (1979). H.R. REP. No. 96-317, 96th Cong.; 1st Sess. 46 (1979).

99 Art. 15 Abs. 7 SCMA; s. zum Begriff der drohenden Schädigung Appellate Body Bericht, *United States –Imports Meat from New Zealand and Australia,* WTO-Dok., WT/DS177AB/R, WT/DS178AB/R, Rnr. 125, 136; in diesem Fall wurde vom Appellate Body herausgearbeitet, daß der Terminus "ernsthafte Schädigung" einen höheren Grad an Schädigung voraussetzt als der Begriff der „bedeutenden Schädigung" des SCM Abkommens in Verbindung mit Art. VI GATT 1994, Rnr. 124.

100 Appellate Body Bericht, *United States –Imports Meat from New Zealand and Australia,* WTO-Dok., WT/DS177AB/R, WT/DS178AB/R, Rnr. 136.

101 Art. 15 Abs. 7 SCMA.

102 Appellate Body Bericht, *United States –Imports Meat from New Zealand and Australia,* WTO-Dok., WT/DS177AB/R, WT/DS178AB/R, Rnr. 125.

aufgezählt.[103] Sie müssen in einer Art Gesamtschau zu der Schlußfolgerung führen, daß weitere subventionierte Ausfuhren unmittelbar bevorstehen und dadurch eine bedeutende Schädigung einzutreten droht.
Auch hier werden zu berücksichtigende nicht abschließende Faktoren genannt, ohne daß Relevanz und Abstufungen zwischen einzelnen Faktoren bestimmt sind. Es zeigt sich damit im Rahmen des Begriffs der drohenden ernsthaften Schädigung das bereits oben festgestellte Phänomen. Der Tatbestand wird in das Ermessen der Anwender gestellt[104] und auf diese Weise einer flexiblen Handhabung durch die Mitgliedstaaten unterworfen.[105] In Anbetracht der einschränkenden Folgen für die Wirtschaftspolitik der Mitgliedsstaaten kann nur bei gleichförmiger Anwendung die Akzeptanz des internationalen Subventionsrechts sichergestellt werden. Die Regelung des Art. 5 a) SCMA Subventionsrecht trägt nicht zur Rechtssicherheit und damit zur internationalen Durchsetzungskraft des SCM Abkommens bei.

b. Ernsthafte Schädigung der Interessen eines anderen Mitglieds, Art. 5 c SCMA

Der Begriff der ernsthaften Schädigung der Interessen eines anderen Mitglieds wird in demselben Sinne verwandt wie in Art. XVI Abs. 1 GATT 1947 und umfaßt daher auch eine drohende ernsthafte Schädigung.[106] Bzgl. der Darlegung einer solchen Schädigung der Interessen eines anderen Mitglieds enthält Art. 6 SCMA, der den Begriff der ernsthaften Schädigung spezifiziert, zwei Alternativen.

[103] Bei dieser Annahme sind die *„Art der betreffenden Subvention und deren voraussichtliche Auswirkungen auf den Handel, eine erhebliche Steigerungsrate bei den subventionierten Einfuhren in den Inlandsmarkt als Indiz für einen voraussichtlichen Einfuhranstieg, genügend frei verfügbare Kapazitäten beim Ausführen oder eine unmittelbar bevorstehende, erhebliche Ausweitung seiner Kapazitäten als Indiz für einen voraussichtlichen erheblichen Anstieg der subventionierten Ausfuhren in das Einfuhrmitglied, wobei zu berücksichtigen ist, in welche Maße andere Ausfuhrmärkte zusätzliche Ausfuhren aufnehmen können, die Tatsache, daß die Einfuhren zu Preisen getätigt werden, die einen erheblichen Druck auf die Inlandspreise ausüben oder in erheblichen Maße eine Erhöhung der Inlandspreise verhindern und die Nachfrage nach weiteren Einfuhren voraussichtlich steigern dürfte“* sowie *„die Lagerbestände bei der fraglichen Ware“* zu berücksichtigen, s. Art. 15 Abs. 7 i) – iv) SCMA.

[104] Benitah, Law of Subsidies, S. 94.

[105] Jackson, World Trading System, S. 239.

[106] S. Fn 13 zu Art. 5 lit c. SCMA.

i Vermutung einer ernsthafte Schädigung nach Art. 6 Abs. 1 SCMA

Art. 6 Abs. 1 SCMA folgt nicht der Systematik des WTO Subventionsrechts, nach der Subventionen anfechtbar sind, wenn ihre Auswirkungen eine bestimmte Qualität erreichen. Vielmehr geht er bei bestimmten Subventionen per se von einer ernsthaften Schädigung aus und garantiert damit eine im Vergleich zur oben analysierten Vorschrift des Art. 5 a) SCMA stringente Handhabung. Diese Regelung ist außer Kraft getreten.[107] Eine kurze Auseinandersetzung ist indes gerechtfertigt, um mögliche Alternativen zur jetzigen Rechtslage erarbeiten zu können.

Nach Art. 6 Abs. 1 SCMA galt eine Vermutung einer ernsthaften Schädigung für bestimmte Formen der Subventionierung, wenn entweder *„die wertmäßige Subventionierung einer Ware insgesamt 5 % überschreitet“*[108] oder *„Subventionen zur Deckung von Betriebsverlusten eines Wirtschaftszweiges gewährt werden“*[109] oder *„Subventionen zur Deckung von Betriebsverlusten eines Unternehmens gewährt werden, ausgenommen einmalige, nicht wiederkehrende Maßnahmen, die für dieses Unternehmen nicht wiederholt werden können und nur getroffen werden, um Zeit für die Entwicklung langfristiger Lösungen zu gewinnen und akute soziale Probleme zu vermeiden“*[110] oder *„ein direkter Schuldenerlaß gewährt wird, d.h. Erlaß von Schulden gegenüber der Regierung und Zuschüsse zur Schuldenrückzahlung“*[111]. Bei Vorliegen dieser Voraussetzungen konnte eine ernsthafte Schädigung gem. Art. 6 Abs. 2 SCMA nur verneint werden, wenn das subventionierende Mitglied nachwies, daß die betreffende Subvention keine der in Art. 6 Abs. 3 SCMA genannten Auswirkungen zur Folge hatte.

Dieser Regelung konnte eine deutliche Anlehnung an eine Wertung des Beihilfenrechts entnommen werden, wonach Betriebsbeihilfen grundsätzlich als negativ, d. h. den Wettbewerb verfälschend eingeschätzt werden.[112]

---

[107] Art. 6 Abs. 1 SCMA galt wie die Bestimmungen der Art. 8 und 9 SCMA zu den privilegierten Subventionszwecken nur für die Dauer von 5 Jahren ab Inkrafttreten des SCM Abkommens, s. zum Auperkrafttreten des Art. 8 SCMA oben S. 167.

[108] Art. 6 Abs. 1 a) SCMA.

[109] Art. 6 Abs. 1 b) SCMA.

[110] Art. 6 Abs. 1 c) SCMA.

[111] Art. 6 Abs. 1 d) SCMA.

[112] Vgl. EuGH, Rs. C-156/98, *Deutschland/Kommission*, Rnr. 30; EuGH, Rs. 288/96, *Deutschland/Kommission*, Rnr. 77.

ii Ernsthafte Schädigung nach Art. 6 Abs. 3 SCMA

In der Fallpraxis der Streitbeilegungsorgane ist insbesondere die Darlegung der nachteiligen Auswirkungen einer Subvention in Form der ernsthaften Schädigung der Interessen eines anderen Mitglieds im Sinne des Art. 6 Abs. 3 SCMA relevant geworden.[113] Dieser Tatbestand gliedert sich in vier Alternativen, von denen die praktisch relevanten drei dargestellt werden sollen.[114]
Nach der ersten Tatbestandsalternative in Art. 6 Abs. 3 a) SCMA liegt eine ernsthafte Schädigung vor, wenn es durch die Subvention auf dem Heimatmarkt des subventionierenden Mitglieds zu einer Verdrängung oder Verhinderung von Einfuhren einer gleichartigen Ware eines anderen Mitglieds kommt. Nach Art. 6 Abs. 3 b) SCMA gilt dies auch, wenn diese Produkte auf einem Drittmarkt aufeinander treffen, d. h. wenn die subventionierte Ware die Ausfuhr gleichartiger Ware eines anderen Mitglieds außerhalb des Heimatstaaten der beiden Waren verdrängt oder verhindert.[115] In diesem Fall kann nach Art. 6 Abs. 4 SCMA eine Verdrängung oder Verhinderung angenommen werden, wenn sich die relativen Marktanteile zum Nachteil der nicht subventionierten Waren verändert haben.[116] Für die Verdrängung oder Verhinderung von Einfuhren auf den Heimatmarkt des subventionierenden Mitglieds stellt eine Verschiebung der Marktanteile zwar ein wesentliches Indiz dar, führt jedoch nicht ipso

---

[113] S. Appellate Body Bericht, *United States – Subsidies on Upland Cotton*, WTO-Dok., WT/DS267AB/R Rnr. 400ff.; Panel Bericht, *Korea – Trade in Commercial Vessels*, WTO-Dok., WT/DS273R, Rnr. 7.10ff.; Panel Bericht, *Indonesia – Measures Affecting the Automobile Industry*, WTO-Dok., WT/DS54, 55, 59, 64/R. Rnr. 8.259ff., 14.208ff.; die Vorschrift des Art. 6 Abs. 3 SCMA konnte neben der Begründung einer ernsthaften Schädigung bei Nachweis des Nichtvorliegens ihrer Voraussetzungen auch die Vermutung des Art. 6 Abs. 1 SCMA entkräften.

[114] Nach der vierten Alternative des Art. 6 Abs. 3 d) SCMA muß sich die Subvention in einer Zunahme des Weltmarktanteils des subventionierenden Mitglieds bei einem bestimmten subventionierten Grundstoff oder einer subventionierten Ware im Vergleich zu ihrem durchschnittlichen Anteil während des vorangegangenen Dreijahreszeitraums ausgewirkt haben, wobei diese Zunahme einem Trend entspricht, der über den Zeitraum, in dem Subventionen gewährt wurden, angehalten hat. Dabei ist zu berücksichtigen, daß die Regelung nicht gilt, wenn andere multilateral vereinbarte spezifische Regeln auf den Handel mit dem betreffenden Grundstoff oder der betreffenden Ware Anwendung finden, s. Fn 17 zu Art 6. Abs. 2 d) SCMA.

[115] Appellate Body Bericht, *United States - Subsidies on Upland Cotton*, WTO-Dok., WT/DS/267/ABR, Rnr. 406

[116] Dieses ist dann der Fall, wenn der Marktanteil der subventionierten Waren steigt, er unter Umständen unverändert bleibt, unter denen er ohne Subvention zurückgegangen wäre oder er langsamer zurückgeht, als dies ohne die Subvention der Fall gewesen wäre, s. Art. 6 Abs. 4 SCMA, dazu Steinberg/Josling, 6 (2) JIEL (2003), S. 369 (387).

facto zu deren Annahme.[117] Die dritte Tatbestandsalternative des Art. 6 Abs. 3 c) SCMA ist nicht auf einen bestimmten örtlichen Markt begrenzt, so daß sie auf Fallkonstellationen auf dem Markt des subventionierenden Staates, der Heimatstaates der gleichartigen Ware oder eines Drittstaates anwendbar ist.[118] Eine ernsthafte Schädigung ist schlüssig dargelegt, wenn es durch die subventionierte Ware im Vergleich zum Preis einer gleichartigen Ware zu einer bedeutenden Preisunterbietung, einem erheblicher Preisdruck, einem Preisrückgang oder Absatzverlust auf demselben Markt gekommen ist.[119]

Liegen diese Voraussetzungen vor, ist nicht zwingend von einer ernsthaften Schädigung auszugehen, diese kann aber *„in jedem Fall entstehen"*.[120] In der Praxis sind die Streitbeilegungsorgane bei Vorliegen einer der Tatbestände des Art. 6 Abs. 3 SCMA davon ausgegangen, daß eine ernsthafte Schädigung schlüssig dargelegt wurde.[121] Es war damit an der Gegenpartei, den Beweis des ersten Anscheins für eine Anfechtbarkeit der Subvention zu entkräften.[122] War Art. 5 a) SCMA noch wegen seiner flexiblen Handhabbarkeit kritisiert worden, stellt Art. 5 c) iVm Art. 6 Abs. 3 SCMA wesentlich klarere Kriterien auf.

2. Anforderungen an die Beeinträchtigung der Wettbewerbssituation zwischen vergleichbaren Produkten auf den verschiedenen örtlich relevanten Märkten

Die Anwendungsbereiche der Vorschriften zur Ermittlung einer ernsthaften Schädigung sind nicht voneinander abgegrenzt, so daß mehrere Vorschriften auf die Auswirkungen einer Subvention auf einen bestimmten Markt anwendbar sein können. Eine Bewertung der nachteiligen Auswirkungen im Sinne des

---

[117] Panel Bericht, *Indonesia – Measures Affecting the Automobile Industry*, WTO-Dok., WT/DS54, 55, 59, 64/R. Rnr. 14.210; s. dazu Siuves, 31 LIEI (2004), S. 25 (36f.).

[118] Appellate Body Bericht, *United States - Subsidies on Upland Cotton* WTO-Dok., WT/DS/267/ABR, Rnr. 401; auch der Weltmarkt kann den geographisch relevanten Markt bilden, Rnr. 410.

[119] Vgl. zu den Einzelheiten, Art. 6 Abs. 5 SCMA; Preisdruck meint den Umstand, daß Marktteilnehmer trotz veränderten Marktumfelds (z.B. Kostensteigerung durch Inflation) ihre Preise aufgrund der subventionierten Konkurrenzprodukte nicht entsprechend anheben können. Bei einem Preisrückgang sieht sich der Hersteller der gleichartigen Ware gezwungen, seinen Preis (auch unterhalb der Kosten) zu senken, um weiterhin im Verhältnis zu den subventionierten Produkten konkurrenzfähig zu bleiben, s. Luja, Tax Incentives in the EC and WTO, S. 141.

[120] Art. 6 Abs. 3 SCMA.

[121] *„Prima facie case"*, s. Panel Bericht, *Indonesia – Measures Affecting the Automobile Industry*, WTO-Dok., WT/DS54, 55, 59, 64/R. Rnr. 14.215.

[122] S. zu den Umständen, deren Darlegung zur Verneinung einer ernsthaften Schädigung führt, Art. 6 Abs. 7 SCMA.

Art. 5 SCMA hat sich aufgrund dessen vorrangig an deren Zuordnung zu bestimmten Sachverhaltskonstellationen zu orientieren.[123] Da sich der sachlich relevante Markt grundsätzlich auf gleichartige Waren bezieht,[124] ist nach den Auswirkungen auf die bereits oben unterschiedenen örtlich relevanten Märkte zu differenzieren.

a. Markt des Heimatstaates der gleichartigen nicht subventionierten Ware

In dieser Konstellation besteht für den Heimatstaat des mit der subventionierten Ware konkurrierenden gleichartigen Produktes die Möglichkeit, nach Art. 5 a) SCMA die Schädigung eines seiner inländischen Wirtschaftszweige nachzuweisen. Alternativ können von den drei Unterfällen der ernsthaften Schädigung der Interessen eines anderen Mitglieds nach Art. 5 c) iVm Art. 6 Abs. 3 SCMA die in Art. 6 Abs. 3 c) SCMA genannten Preisauswirkungen nachgewiesen werden. Die Modalitäten der Auswirkung in Form von Verdrängung oder Verhinderung von Einfuhren in Art. 6 Abs. 3 a) und b) SCMA sind nicht anwendbar, da sie sich nur auf den Heimatmarkt des subventionierenden Mitglieds bzw. den eines Drittstaates beziehen.[125] Es stellt sich die Frage, ob sich eine der beiden Vorschriften für den Heimatstaat des mit der subventionierten Ware gleichartigen Produkts als günstiger erweist.

Im Rahmen des Art. 5 a) SCMA sind neben den Auswirkungen der subventionierten Einfuhr auf die Preise gleichartiger Waren auf dem Inlandsmarkt die Folgen dieser Einfuhren für die inländischen Hersteller dieser gleichartigen Waren darzulegen.[126] Es sind demnach zwei Kausalitätsprüfungen durchzuführen: Zum einen ist der Zusammenhang zwischen Subventionierung und Marktpreis zu prüfen und zum anderen die Verknüpfung zwischen Erhöhung des Marktpreises und Folgen für andere Marktteilnehmer. Die Voraussetzungen des Art. 6 Abs. 3 c) SCMA hingegen beschränken sich auf den ersten Teil dieser Kausalitätsprüfung. Dort ist lediglich der Nachweis der Kausalität zwischen

[123] Diese nahe liegende, weil praxisorientierte Evaluierung der Vorschriften bzgl. nachteiliger Auswirkungen wird in der einschlägigen Literatur zu meist nicht vorgenommen. Einzig Steinberg/Josling, 6 (2) JIEL (2003), S. 369 vergleichen Teilbereiche.

[124] Eine Ausnahme bildet insoweit wie oben auf S. 201 gesehen nur die 2. Alternative des Art. 6 Abs. 3 c) SCMA.

[125] Art. 5 b) SCMA ist nicht anwendbar, da dieser davon ausgeht, daß die subventionierte Ware auf dem Heimatmarkt verbleibt, und das importierende Unternehmen zusätzlich zu den gebundenen Zöllen nach Art. II GATT 1994 noch auf subventionierte Waren auf dem importierenden Markt trifft, was im Ergebnis höheren Zöllen gleichkommt.

[126] Art. 15 Abs. 1 SCMA.

Subventionierung und Marktpreis erforderlich.[127] Diese Auswirkung auf den Preis der Ware kann in verschiedenen Formen, so z.B. durch eine Preisunterbietung vorliegen. Auf den Nachweis einer darüber hinausgehenden schädigenden Auswirkung auf die Hersteller konkurrierender Produkte wird im Gegensatz zu Art. 5 a) SCMA verzichtet.
Somit erscheint in dieser Sachverhaltskonstellation der Nachweis einer ernsthaften Schädigung der Interessen eines anderen Mitglieds im Rahmen des Art. 6 Abs. 3 c) SCMA gegenüber der Alternative des Art. 5 a) SCMA vorzugswürdig.[128] Sollen bereits eingetretene Auswirkungen bewiesen werden, ist kein Fall ersichtlich, der nur von Art. 5 a) SCMA, nicht jedoch von Art. 6 Abs. 3 c) SCMA erfaßt würde, so daß ein Rückgriff auf ersteren erforderlich wäre. Im Rahmen von Sachverhaltskonstellationen, in denen der Heimatstaat gleichartiger nicht subventionierter Waren gegen den Import von subventionierten Waren vorgeht, die bereits nachteilige Auswirkungen auf dessen Markt verursacht haben, ist Art. 5 a) SCMA als entbehrlich zu betrachten.
Lediglich für den Fall der drohenden Auswirkungen aufgrund von Subventionen besteht ein eigenständiger Anwendungsbereich des Art. 5 a) SCMA. Denn ist die Ware bereits exportiert und sind nachteilige Auswirkungen noch nicht eingetreten, stehen aber unmittelbar bevor, bietet nur Art. 5 a) iVm Art. 15 Abs. 7 SCMA die Möglichkeit einer Vorgehensweise.

b. Markt des subventionierenden Staates

In dieser Konstellation trifft die subventionierte Ware auf dem Markt des subventionierenden Staates mit gleichartigen Waren anderer Mitgliedstaaten aufeinander. Art. 5 a) SCMA ist nicht anwendbar, da dieser subventionierte Einfuhren voraussetzt, die Folgen auf die Preise gleichartiger Waren auf deren Heimatmarkt zeitigen. Die Alternative des Art. 5 c) iVm Art. 6 Abs. 3 b) SCMA scheidet aus, da diese nur im Falle des Exports auf einen Drittmarkt einschlägig

---

127 Panel Bericht, *Indonesia – Measures Affecting the Automobile Industry*, WTO-Dok., WT/DS54, 55, 59, 64/R. Rnr. 14.256.

128 So auch Steinberg/Josling, 6 (2) JIEL (2003), S. 369 (385); der Appellate Body stellte im Fall *United States –Imports Meat from New Zealand and Australia*, WTO-Dok., WT/DS177, 178AB/R, Rnr. 124 fest, daß im Rahmen eines Vergleichs dieser Begrifflichkeiten im Agreement on Safeguards mit dem Anti-Dumping Agreement und dem SCM Abkommen die Klassifizierung als „*ernsthaft*" einen höheren Grad an Schädigung voraussetze als die Einstufung als „*bedeutend*". Als einziger Grund wurde auf die Formulierungen der franz. und span. Fassungen verwiesen, die die Termini *dommage grave* und *dommage important* bzw. *daño grave* und *daño importante* verwenden (Fn 78). Dabei ist zu berücksichtigen, daß dieser graduelle Unterschied vor dem Hintergrund der Definition der „*ernsthaften Schädigung*" des Art. 4 Abs. 1 a) des *Agreement on Safeguards* festgestellt wurde.

ist. Anwendbar bleiben die beiden Unterfälle der ernsthaften Schädigung der Interessen eines anderen WTO Mitglieds nach Art. 5 c) iVm Art. 6 Abs. 3 a) und c) SCMA.

Nach Art. 6 Abs. 3 a) SCMA ist zur Feststellung einer Verdrängung oder Verhinderung nicht ausreichend, daß die Marktanteile des importierten gleichartigen Produkts in gleichem Maße abnehmen wie die des subventionierten inländischen Produkts steigen. Dieses Szenario läßt nicht automatisch den Rückschluß zu, die importierten Waren seien verdrängt oder verhindert worden. Denn Subventionen verändern das Marktumfeld, stimulieren beispielsweise zusätzlich die Nachfrage.[129] Um die Kausalität zwischen Subvention und Verdrängung oder Verhinderung darzulegen, muß vielmehr nachgewiesen werden, daß sich diese verlorenen bzw. nicht hinzugewonnenen Marktanteile als unmittelbares Ergebnis der Subvention darstellen, d.h. daß ohne die Subventionierung zusätzliche Exporterlöse erzielt worden wären und diese nicht erzielten Erlöse ausschließlich aufgrund der Subventionen ausgeblieben sind.[130] Dieses konnte vor den Streitschlichtungsorganen bisher nicht erfolgreich dargelegt werden.[131]

Im Rahmen des Art. 6 Abs. 3 c) SCMA muß aufgrund des unterschiedlich zu bestimmenden sachlich relevanten Marktes differenziert werden. Zunächst besteht die Möglichkeit, eine Preisunterbietung durch die subventionierte Ware im Vergleich zu einer gleichartigen Ware darzulegen. Dazu wird ein Preisvergleich durchgeführt.[132] Die Schwierigkeit dieses Vergleichs liegt darin, mögliche materielle[133] und immaterielle[134] Faktoren, die geeignet sind, Preisdifferenzierungen zu begründen, herauszufiltern. Es müssen daher Unterschiede zwischen subventionierter und nicht subventionierter Ware herausgearbeitet werden und in ihrer

---

[129] Im Fall *Indonesia – Automobile Industry* war der Marktanteil der europäischen Einfuhren zwar gesunken, die absoluten Verkaufszahlen aber konstant geblieben. Das Marktvolumen war nach der Einführung des subventionierten indonesischen Pkws gewachsen. Wegen der konstanten Verkäufe, hätten nachgewiesen werden müssen, dass die Verkäufe ohne die Subvention der indonesischen Autos gestiegen wären. Dieses konnte jedoch nicht dargelegt werden, Panel Bericht, *Indonesia – Measures Affecting the Automobile Industry*, WTO-Dok., WT/DS54, 55, 59, 64/R. Rnr. 14.220.

[130] Die in Art. 6 Abs. 4 SCMA enthaltene Vereinfachung des Nachweises der Verdrängung oder Verhinderung ist auf Art. 6 Abs. 3 a) SCMA nicht anwendbar, s. dazu sogleich unten S. 220 und Panel Bericht, *Indonesia – Measures Affecting the Automobile Industry*, WTO-Dok., WT/DS54, 55, 59, 64/R. Rnr. 14.209.

[131] Chambovey, 36 (2) JWT (2002), S. 305 (326).

[132] Art. 6 Abs. 5 SCMA.

[133] Materielle Faktoren stellen bei einem Pkw z.B. die Motorisierung, der Sicherheitsstandart und die sonstige Ausstattung dar.

[134] Zu den immateriellen Faktoren eines Pkw zählt vor allem die Marke.

Auswirkung auf den Preis quantifiziert werden.[135] Werden diese Faktoren nicht in ausreichendem Maße evaluiert, können sie nicht als Grund der Preisdifferenzierung ausgeschlossen werden und es mangelt an der Kausalität zwischen Preisdifferenz und Subvention.[136] Diese Problemfelder sind Teil einer exakten Definition des sachlichen Marktes und reflektieren die Problematik der Bestimmung einer gleichartigen Ware. Als Anforderung an die Beeinträchtigung des Wettbewerbsverhältnisses besteht lediglich das Erfordernis einer Preisdifferenz durch die Subventionierung.[137]

Die weitere Alternative des Art. 6 Abs. 3 c) SCMA besteht darin, einen erheblichen Preisdruck, Preisrückgang oder Absatzverlust auf demselben Markt darzulegen. Preisdruck meint dabei den Umstand, daß Marktteilnehmer trotz veränderten Marktumfelds (z.B. Kostensteigerung durch Inflation) ihre Preise aufgrund der subventionierten Konkurrenzprodukte nicht entsprechend anheben können. Bei einem Preisrückgang sehen sich die Hersteller auf den relevanten Markt gezwungen, ihren Preis (auch unterhalb der Kosten) zu senken, um weiterhin im Verhältnis zu den subventionierten Produkten konkurrenzfähig zu bleiben.[138]

Vergleicht man die dem Heimatstaat der gleichartigen Ware zur Verfügung stehenden Alternativen, stellt Art. 6 Abs. 3 c) SCMA die für den Beschwerdeführer günstigere Norm dar. Denn um von einer Verdrängung oder Verhinderung im Sinne des Art. 6 Abs. 3 a) SCMA ausgehen zu können, müssen Verluste an

---

135 Panel Bericht, *Indonesia – Measures Affecting the Automobile Industry*, WTO-Dok., WT/DS54, 55, 59, 64/R. Rnr. 14.247; Chambovey, 36 (2) JWT (2002), S. 305 (327).

136 S. Panel Bericht, *Indonesia – Measures Affecting the Automobile Industry*, WTO-Dok., WT/DS54, 55, 59, 64/R. Rnr. 14.247, in diesem Fall hatten die EG und die USA als Beschwerdeführer andere Faktoren als weitere mögliche Gründe für die Preisunterbietung als die Subventionierung nicht ausreichend in Betracht gezogen. Da jedoch die Subventionierung einen Verringerung des Preis des in Indonesien hergestellten Pkw um 33-38 % (Rnr. 14.255) ermöglichte, befand das Panel, daß potentielle Unterschiede zwischen den vergleichbaren Pkw aus Europa und Indonesien einen Preisunterschied dieser Größe nicht rechtfertigen könnten. Bei einer Subventionierung in geringerem Rahmen hätte die lückenhafte Darlegung der Beschwerdeführer jedoch zur Verneinung der Preisunterbietung durch die Subvention geführt.

137 Des weiteren setzt Art. 6 Abs. 3 c) SCMA voraus, daß es sich um eine *bedeutende* Preisunterbietung handelt. Bedeutend ist die Preisunterbietung nicht, wenn sie so gering ist, daß sie dem Import von Waren nicht entgegensteht, s. Panel Bericht, *Indonesia – Measures Affecting the Automobile Industry*, WTO-Dok., WT/DS54, 55, 59, 64/R. Rnr. 14.28, 14.254. Die Qualifizierung der Preisunterbietung als bedeutend, stellt demnach keine weitere Hürde auf dem Weg zum erfolgreichen Nachweis einer ernsthaften Schädigung, Siuves, 31 LIEI (2004), S. 25 (37).

138 Luja, Tax Incentives in the EC and WTO, S. 141.

Marktanteilen und in absoluten Zahlen vorliegen, die ausschließlich auf die Subvention zurückzuführen sind. In solchen Fallkonstellationen ist gleichzeitig eine Preisunterbietung durch die subventionierte Ware im Sinne des Art. 6 Abs. 3 c) SCMA zu bejahen. Umgekehrt liegen nicht bei jeder Preisunterbietung die Voraussetzungen des Art. 6 Abs. 3 a) SCMA vor. So wurde im Fall *Indonesia – Automobile Industry* eine Preisunterbietung gemäß Art. 6 Abs. 3 c) SCMA bejaht,[139] nicht jedoch die Voraussetzungen des Art. 6 Abs. 3 a SCMA.[140] Innerhalb des Art. 6 Abs. 3 c) SCMA dürfte die letztere Alternative aufgrund des Verzichtes auf die Bestimmung einer gleichartigen Ware den größeren Argumentationsspielraum bieten. Der Vorteil gegenüber der die Preisunterbietung voraussetzenden Alternative des Art. 6 Abs. 3 c) SCMA ist darin zu sehen, daß der sachliche Markt nicht im Hinblick auf gleichartige Waren bestimmt zu werden braucht. Vielmehr ist eine Anwendung des Bedarfsmarktkonzeptes gut vertretbar, die den sachlich relevanten Markt erweitern würde, da für die Nachfrager auch nicht gleichartige Waren als substituierbar gelten können.[141]

c. Markt eines Drittstaates

In dieser Fallkonstellation treffen die subventionierte Ware und gleichartige nicht subventionierte Waren aus einem anderen WTO Mitgliedsstaat auf dem Markt eines dritten WTO Mitgliedstaates aufeinander. Der Nachweis nachteiliger Auswirkungen nach Art. 5 a) SCMA scheidet wie in der vorherigen Konstellation aus, da dieser Importe auf den Markt des subventionierenden Staates voraussetzt.[142] Auswirkungen einer Subvention auf einem Drittmarkt als geogra-

---

[139] Panel Bericht, *Indonesia – Measures Affecting the Automobile Industry*, WTO-Dok., WT/DS54, 55, 59, 64/R. Rnr. 14.255.

[140] Panel Bericht, *Indonesia – Measures Affecting the Automobile Industry*, WTO-Dok., WT/DS54, 55, 59, 64/R. Rnr. 14.236; vgl. dazu Steinberg/Josling, 6 (2) JIEL (2003), S. 369 (385); Siuves, 31 LIEI (2004), S. 25 (37).

[141] S. zur Einführung des Bedarfsmarktkonzepts oben S. 197ff., sowie unten S. 227ff.

[142] Fraglich ist, ob sich der Heimatstaat der gleichartigen Ware hier auf Art. 5 b) SCMA berufen kann. Der erleichterte Marktzugang, den das Verbot der Überschreitung festgesetzter Zölle in Art. II Abs. 1 a) GATT 1994 mit sich bringt, wird durch Subventionierung untergraben. Die Hersteller der gleichartigen Ware treffen zusätzlich zu den gebundenen Zöllen nach Art. II GATT 1994 auf subventionierte Waren auf dem importierenden Markt. Letztendlich ist dieser Sachverhalt für Exporteure gleichartiger Waren gleichbedeutend mit einem höheren Zoll. Problematisch ist jedoch, daß die Subventionsgewährung und die Zollerhebung von zwei verschiedenen Staaten vorgenommen werden. Denn Sinn und Zweck der Vorschrift des Art. 5 b) SCMA ist die Einhaltung der im GATT 1994 enthaltenen Vorschriften zur Vereinheitlichung und Vereinfachung des Marktzugangs. Adressat der Vorschrift ist demnach der Staat, zu dessen Markt sich die die gleichartige Ware herstellenden

phisch relevantem Markt werden ausdrücklich von Art. 5 c) iVm Art. 6 Abs. 3 b) SCMA erfaßt. Des Weiteren ist Art. 5 c) iVm Art. 6 Abs. 3 c) SCMA anwendbar, da dieser wie gesehen nicht auf bestimmte geographisch relevante Märkte beschränkt ist.
Der Wortlaut des Art. 6 Abs. 3 b) SCMA unterscheidet sich von dem des Art. 6 Abs. 3 a) SCMA lediglich durch die Bestimmung eines anderen relevanten Marktes, indem er auf einen Drittmarkt abstellt. Kern des Art. 6 Abs. 3 b) SCMA ist wiederum die Feststellung einer Verdrängung oder Verhinderung, ohne daß die obige Wertung des Vergleichs zwischen einer Verdrängung oder Verhinderung im Sinne des Art. 6 Abs. 3 a) SCMA übertragen werden könnte. Denn Art. 6 Abs. 4 SCMA definiert die Begriffe der Verdrängung und Verhinderung für die Zwecke des Art. 6 Abs. 3 b) SCMA weiter. Danach liegt eine solche bereits vor, wenn nachgewiesen wurde, daß über einen Zeitraum von in der Regel mindestens einem Jahr eine Änderung der relativen Marktanteile zum Nachteil nicht subventionierter gleichartiger Waren eingetreten ist. Nehmen die Marktanteile der subventionierten Ware zu, wird das Erfordernis eines Kausalitätsnachweises auf den subventionierenden Staat übertragen.[143] Will er die Feststellung einer ernsthaften Schädigung verhindern, muß er nachweisen, daß einer der in Art. 6 Abs. 7 SCMA genannten Umstände vorlag, die zur Erhöhung der Marktanteile führten. Dieses bringt eine erhebliche Ver-

Unternehmen Zugang verschaffen wollen. Hier untergräbt indes nicht der Drittstaat durch eine zulässige Zollerhebung den Zugang zu seinem Markt, sondern die Subventionen eines Staates wirken sich auf dem Markt des unbeteiligten Staates aus. Kommt es daher durch ausländische Waren auf einem Markt zu Marktverzerrungen, ist dies keine Frage des Marktzugangs zu diesem Markt. Von einer Schmälerung von Vorteilen ist daher nur auszugehen, wenn *inländischen* Unternehmen eine Subvention für eine Ware gewährt wird, die gebundenen Zöllen unterliegt, subventionierender und den Zoll erhebender Staat somit identisch sind. Art. 5 b) SCMA scheidet hier demnach aus. Vgl. Beviglia Zampetti, 29 JWT (1995), S. 5 (21f.); Grave, Begriff der Subvention, S. 89.

[143] Bei den anderen Konstellationen einer Änderung der relativen Marktanteile stellt sich die bereits im Zusammenhang mit Art. 6 Abs. 3 a) SCMA erörterte Problematik des Nachweises der Kausalität, da der Sachverhalt mit der hypothetischen Marktentwicklung ohne die betreffende Subvention zu vergleichen ist. Denn nach Art. 6 Abs. 4 SCMA liegt eine Erhöhung der relativen Marktanteile vor, wenn der Marktanteil der subventionierten Ware zunimmt, der Marktanteil der subventionierten Ware unverändert bleibt unter Umständen, unter denen er ohne Subvention zurückgegangen wäre oder wenn der Marktanteil der subventionierten Ware zurückgeht, jedoch langsamer, als dies ohne die Subvention der Fall gewesen wäre. Dieser Nachweis der hypothetischen Marktentwicklung ist bei einem Anstieg des Marktanteils der subventionierten Ware nicht erforderlich.

einfachung bei der schlüssigen Darlegung der Voraussetzungen einer ernsthaften Schädigung für den Heimatstaat des gleichartigen Produktes mit sich.[144]
In der Frage der Kausalität spricht diese vergleichsweise geringe Darlegungslast für ein Vorgehen nach Art. 6 Abs. 3 b) SCMA. Denn nach Art. 6 Abs. 3 c) SCMA muß der Nachweis erbracht werden, daß die Preisentwicklung auf dem relevanten Markt gerade aus der Subventionierung folgt. Es gilt andere Faktoren auszuschließen, die geeignet sind, Preisdifferenzierungen hervorzurufen, um die erforderliche Kausalität nachweisen zu können. Demgegenüber spricht für Art. 6 Abs. 3 c) SCMA dessen Verzicht auf das Erfordernis der Bestimmung des sachlich relevanten Marktes anhand einer gleichartigen Ware. Die Wahl der Tatbestandsalternative der ernsthaften Schädigung ist in dieser Fallkonstellation vom gegen die Subventionierung vorgehenden Staat also vor dem Hintergrund der jeweiligen Sachverhaltsgestaltung zu treffen.

3. Zusammenfassende Analyse der verschiedenen Auswirkungsvorschriften

Die obige Analyse läßt folgende Rückschlüsse auf die Bedeutung der einzelnen Vorschriften für die jeweiligen Sachverhalte zu. In allen drei Fällen besteht die für den Beschwerdeführer günstigste Alternative in einer der Varianten des Art. 5 c) iVm Art. 6 Abs. 3 SCMA. Demgegenüber stellt Art. 5 a) SCMA höhere Anforderungen an den Begriff der nachteiligen Auswirkungen. Dieser Befund wird durch die bisherige Fallpraxis bestätigt.[145] Im Rahmen des Nachweises von bereits eingetretenen Auswirkungen ist keine Fallkonstellation ersichtlich, die nur unter die Alternativen des Art. 5 a) SCMA nicht jedoch unter Art. 5 c) SCMA fiele. Lediglich drohende Auswirkungen können nur unter Berufung auf Art. 5 a) SCMA zum Gegenstand des Verfahrens gemacht werden. Die Dreigliederung des Art. 5 SCMA verkompliziert somit die Regelungen über die Anfechtbarkeit von Subventionen ohne erkennbaren Mehrgewinn.
Vergleicht man die Anforderungen an die jeweiligen Auswirkungen, die je nach geographisch relevantem Markt dargelegt werden müssen, zeigt sich, daß diese bei Auswirkungen auf den Markt des Heimatstaates der gleichartigen nicht subventionierten Ware und dem des subventionierenden Staates identisch sind. Denn Art. 5 c) iVm Art. 6 Abs. 3 c) SCMA bildet jeweils den für den Heimat-

---

[144] Panel Bericht, *Indonesia – Measures Affecting the Automobile Industry*, WTO-Dok., WT/DS54, 55, 59, 64/R. Rnr. 14.209; Chambovey, 36 (2) JWT (2002), S. 305 (327); Vermulst/Graafima, WTO Disputes, S. 355; Steinberg/Josling, 6 (2) JIEL (2003), S. 369 (389).

[145] Panel Bericht, *Indonesia – Measures Affecting the Automobile Industry*, WTO-Dok., WT/DS54, 55, 59, 64/R. Rnr. 14.236, 14.255; Appellate Body Bericht, *United States - Subsidies on Upland Cotton* WTO-Dok., WT/DS/267/ABR, Rnr. 400ff.; Panel Bericht, *Korea – Trade in Commercial Vessels*, WT/DS/R273, Rnr. 7.543ff.

staat der gleichartigen Ware günstigsten Maßstab. Sobald subventionierte und nicht subventionierte Waren aber auf einem Drittlandsmarkt aufeinander treffen, kann eine derartige Einschätzung zu Gunsten dieser Vorschrift nicht vorgenommen werden, da für den in dieser Sachverhaltskonstellation ebenfalls anwendbaren Art. 5 b) iVm Art. 6 Abs. 3 b) SCMA die geringere Anforderungen an die Darlegung der Kausalität zwischen Subventionsgewährung und ernsthafte Schädigung nach Art. 6 Abs. 4 SCMA gelten.

C. Bewertung: Die Auswirkungsregelungen als Differenzierungskriterium zwischen Subventionsdisziplin und Subventionskontrolle

Der Grad der Auswirkungen und die Anforderungen an deren Nachweis bilden die Grenze zwischen staatlichen Maßnahmen, die zwar als Subventionen charakterisiert werden, aber dennoch nicht angreifbar sind, und denen, die konkrete Rechtsfolgen herbeiführen können. Die unterschiedlichen Anforderungen an die Auswirkungen einer Subvention im Beihilfenrecht und WTO Subventionsrecht erweisen sich als der wesentliche Unterschied des materiellen Subventionsrechts. Sie sind Ausdruck unterschiedlicher Entwicklungsstadien. Das Beihilfenrecht als Subventionskontrollrecht beinhaltet ein grundsätzliches Verbot der Subventionsvergabe, um den von Zöllen und sonstigen Einfuhrbeschränkungen befreiten Warenverkehr vor Verzerrungen durch Subventionen zu schützen.[146] Der Binnenmarkt reagiert im Vergleich zu einem nicht bzw. weniger liberalisierten Marktumfeld aufgrund der Abwesenheit von Einfuhrbeschränkungen sensibler auf Störungen der Marktmechanismen durch Subventionen, da sich die konkreten Folgen durch das Auftreten weiterer Handelshemmnisse nur schwer zuordnen lassen. Dementsprechend gering ist das Niveau der Auswirkungen, die das Eingreifen der Subventionskontrolle auslösen. Demgegenüber wird im Rahmen einer Subventionsdisziplin die Gewährung von Subventionen lediglich eingeschränkt. Die schädlichen Auswirkungen der Subventionen sind dabei die entscheidende Trennlinie zwischen erlaubten und von der Subventionsdisziplin erfaßten staatlichen Maßnahmen.
Die praktische Umsetzung der aus den verschiedenen Entwicklungsstadien folgenden Relevanz der Auswirkungsvorschriften bietet in beiden Rechtsordnungen (wenn auch in unterschiedlichem Umfang) Anlaß zu Kritik.

I. Subventionskontrolle und Bedeutung der Auswirkungen einer Beihilfe

Wurde früher in dem beihilfenrechtlichen Erfordernis der Beeinträchtigung des zwischenstaatlichen Handels eine *„konservative im GATT verhaftete Stelle"* des Art. 87 EG gesehen, das *„alles was nicht export- und importbeeinflussend"* sei,

[146] S. zum Entwicklungsstadium des Subventionskontrollrechts oben S. 32.

vom Anwendungsbereich des Subventionsrechts ausnehme,[147] hat die Kommission nunmehr lediglich die Geeignetheit der staatlichen Maßnahme darzulegen, den innergemeinschaftlichen Wettbewerb zu verfälschen. Die Bedeutung der Merkmale der Wettbewerbsverfälschung und der Beeinträchtigung des Handels zwischen den Mitgliedstaaten ist verglichen mit den Tatbestandsmerkmalen des Beihilfenbegriffs gering.[148] Ist eine staatliche Maßnahme als Beihilfe qualifiziert, ist sie in der Regel mit dem gemeinsamen Markt unvereinbar, es sei denn, sie dient den bereits erörterten privilegierten Subventionszwecken.[149]
Dennoch ist auch im Beihilfenrecht zur Darlegung eines Wettbewerbsverhältnisses eine Marktabgrenzung zu fordern, die sich am so genannten Bedarfsmarktkonzept orientiert. Denn es kann nur von einer Wettbewerbsverfälschung gesprochen werden, wenn zuvor (potentieller) Wettbewerb festgestellt worden ist. Dieses erfordert keine Marktstrukturanalyse wie in der Fusions- oder Mißbrauchskontrolle, wohl aber die Feststellung eines gemeinsamen sachlich relevanten Marktes. Die Rechtsprechung und Kommissionspraxis sind an dieser Stelle zu konkretisieren. Das Erfordernis einer Marktabgrenzung zeigt sich darüber hinaus darin, daß auch im Beihilfenrecht eine Konkretisierung und Bemessung der abstrakt möglichen Wettbewerbsverfälschung erforderlich sein kann. Denn bei als genehmigungsfähig eingestuften privilegierten Subventionszwecken nach Art. 87 Abs. 3 EG hat die Kommission eine Abwägung zwischen den mit der Subventionsvergabe verfolgten Zielen und den möglichen Folgen einer Genehmigung für den Wettbewerb durchzuführen.[150] Eine derartige Estimierung der Auswirkungen auf den Wettbewerb setzt die Bejahung eines Wettbewerbsverhältnisses und damit die Abgrenzung eines sachlich relevanten Marktes voraus.

II. Subventionsdisziplin und Bedeutung der Auswirkungen einer Subvention – Mängel der Regelungen im SCMA und Vorschläge de lege ferenda

Demgegenüber zeigt obige Analyse der Auswirkungsvorschriften im SCM Abkommen, daß im Gegensatz zu den Regelungen zum Subventionsbegriff und den privilegierten Subventionszwecken nur im Falle des mittlerweile außer Kraft getretenen Art. 6 Abs. 1 SCMA eine nennenswerte „*Verwandtschaft*" zum Beihilfenrecht festzustellen ist. Dies ist indes nicht darauf zurückzuführen, daß die Gemeinschaft in diesem Punkt während der Verhandlungen zum SCM Ab-

---

[147] Götz, Wirtschaftssubventionen, S. 105.

[148] Bei diesen Tatbestandsmerkmalen handelt es sich nicht um Bestandteile des Beihilfenbegriffs, sondern um Beurteilungskriterien für deren Zulässigkeit, s. Dauses - Götz, H.III. Rnr. 43; Koenig/Kühling, EuZW 1999, S. 517 (520).

[149] S. zu den privilegierten Subventionszwecken oben S. 166ff.

[150] Vgl. dazu auch Walther, Comment, in: Bourgeois, Subsidies and Int'l Trade, S. 17 (18f.).

kommen keinen entscheidenden Einfluß ausgeübt hätte. Im Gegenteil, es war die Gemeinschaft, die sich auf globaler Ebene gegen eine Verringerung der Anforderungen an die Auswirkungen von Subventionen wandte, die sie innergemeinschaftlich befürwortet.[151] Zunächst ist den Auswirkungsvorschriften ein Fortschritt zu denen im Subventionskodex von 1979 enthaltenen Vorschriften zu attestieren.[152] Nunmehr können auch Auswirkungen auf Drittmärkten oder dem Markt des subventionierenden Staates erfaßt werden. Diese Modifizierung fügt sich in die bisher festgestellte Entwicklung insoweit ein, als daß sich das WTO Subventionsrecht weg von einem Antisubventionsrecht als einem reinem Recht der Strafzölle hin zu einer Subventionsdisziplin entwickelt und Subventionen nicht nur punktuell auf dem Markt des Beschwerdeführers egalisiert werden sollen, sondern ihre Auswirkungen umfassend in die rechtliche Bewertung mit einfließen.[153] Die praktische Relevanz der Auswirkungsvorschriften in der Streitbeilegung erhöhte sich dadurch in relativ bescheidenem Umfang. Daher werden nachfolgend Vorschläge zur Modifizierung der Auswirkungsvorschriften skizziert und bewertet.

1. Ermittlung der nachteiligen Auswirkungen durch den Beschwerdeführer

Collins-Williams/Salembier[154] schlagen vor, einer drohenden Überlastung der Streitschlichtungsorgane durch die aufwendige Analyse von Datenmengen zur Feststellung einer ökonomisch nachteiligen Auswirkung durch eine Übertragung der umfassenden Ermittlung der streitgegenständlichen Maßnahme zu Grunde liegenden Fakten von den Streitschlichtungsorganen auf den jeweiligen Beschwerdeführer entgegenzuwirken. Denn die Feststellung der Fakten, die nachteilige Auswirkungen im Sinne des Art. 5 SCMA begründen können, ist gemäß Art. 11 DSU Aufgabe des Panels. Danach obliegt es dem Panel „*(to) make an objective assessment of the matter before it, including an objective assessment of the facts of the case*“. Die Ermittlung der Tatsachengrundlage zur Feststellung nachteiliger Auswirkungen in allen zuvor analysierten Nuancen stellt an sich bereits eine besonders komplexe ökonomische Analyse da.[155] Berücksichtigt man zudem noch die oben analysierte mangelnde Strukturiertheit

---

[151] S. dazu *Elements of the Negotiating Framework, Submission by the European Community*, GATT Doc. No. MTN.GNG/NG10/W/31, dazu auch Stewart, The Uruguay Round Vol. I, S. 863.

[152] So auch MacGovern, International Trade, § 11.33; Collins-Williams/Salembier, 30 (1) JWT (1996), S. 5 (13f.).

[153] S. zu dem hier verwendeten Begriff des Subventionskontrollrechts S. 32.

[154] Collins-Williams/Salembier, 30 (1) JWT (1996), S. 5 (15ff.).

[155] S. mit Darstellung der verschiedenen Modelle zur Errechnung einer nachteiligen Auswirkung: Steinberg/Josling, 6 (2) JIEL (2003), S. 369 (391ff.).

bei der Bewertung der Faktengrundlage zur Ermittlung der nachteiligen Auswirkungen, folgen daraus negative Konsequenzen für die Handhabbarkeit der Vorschriften über anfechtbare Subventionen, die eine transparente rechtliche Bewertung derartiger Vorgänge nachhaltig erschweren.[156] Dieser Vorschlag trägt dem Umstand Rechnung, daß der Kläger sein ohnehin gegebenes Interesse verfolgt, möglichst umfassende Beweise vorzulegen, und ermöglicht es dem Streitschlichtungsorgan, sich auf die rechtliche Beurteilung des Sachverhalts zu konzentrieren. Dieser Ansatz scheint mit dem Wortlaut des Art. 11 DSU unvereinbar. Zwar ist im Einzelfall seitens des Appellate Body festgestellt worden, daß Panels für eine umfassende Sachverhaltsermittlung nicht gerüstet seien,[157] jedoch kann diese Feststellung außerhalb des Kontexts des jeweiligen Streitfalles keine Allgemeingültigkeit beanspruchen.[158] Indem die Streitbeilegungsorgane den Streitparteien die Sachverhaltsermittlung übertragen, verletzen sie den Standard des *„objective assessment"* des Art. 11 DSU.[159] Darüber hinaus darf nicht übersehen werden, daß gerade das SCM Abkommen in Art. 10 SCMA bereits die Möglichkeit paralleler Verfahren auf Mitgliederebene und auf WTO Ebene vorsieht.[160] Dieses trägt zwar nicht zur Stärkung der multilateralen Streitschlichtung bei,[161] führt aber zu der von *Collins-Williams/Salembier* angemahnten Analyse des Sachverhalts durch die Mitglieder. Eine darüber hinausgehende Rückverlagerung der Pflicht zur Ermittlung des Sachverhalts zu den Mitgliedern würde zwar die vermeintliche Überbeanspruchung der Kapazitäten der Streitbeilegungsorgane beseitigen, aber zu einer solchen insbesondere bei Entwicklungsländern führen, die diesen Zustand bereits heute beklagen.[162] Des Weiteren geht dieser Kritikpunkt am eigentlichen Problem der Vorschriften über die nachteiligen Auswirkungen vorbei, nämlich deren (unnötig) komplizierter Struktur sowie deren bisweilen zu offener Wortlaut.

---

[156] So auch Collins-Williams/Salembier, 30 (1) JWT (1996), S. 5 (14), die daher die Gefahr einer Überbeanspruchung der Kapazitäten eines GATT/WTO Streitbeilegungsorgans sehen.

[157] Appellate Body Bericht, *European Communities – Meat and Meat Products (Hormones)*, WTO-Dok., WT/DS26,48/AB/R, Rnr. 117.

[158] Prieß/Berrisch - Ohlhoff, C.I.2. Rnr. 96.

[159] Prieß/Berrisch - Ohlhoff, C.I.2. Rnr. 96.

[160] S. Fn 35 zu Art. 10 SCMA, dazu auch Prieß/Berrisch - Ohlhoff, C.I.2. Rnr. 97.

[161] Cadsby/Woodside, 30 JWT (1996), S. 177 (180); ausführliche Kritik an den Auswirkungen dieser Vorschrift wird im Rahmen der Diskussion der Verfahren noch zu üben sein.

[162] Das, The WTO Agreements: Deficiencies, Imbalances and Required Changes, S. 51.

2. Einheitlicher Auswirkungstatbestand unabhängig vom geographisch relevanten Markt

Obige Analyse hat verdeutlicht, daß sich die Anwendungsbereiche der verschiedenen Auswirkungsregelungen nicht nur überschneiden, sondern der Maßstab bei Auswirkungen auf Drittmärkten von dem auf den Heimatmärkten der gleichartigen und der subventionierten Ware abweichen kann, da Art. 6 Abs. 3 b) SCMA nur in ersterem Fall anwendbar ist. Ein sachlicher Grund für diese Differenzierung ist nicht ersichtlich. Denn wird festgelegt, daß eine Subvention ab einer bestimmten Qualität ihrer Auswirkungen nicht mehr akzeptabel sein soll, kann es keinen Unterschied darstellen, auf welchem geographischen Markt die Subvention diese Auswirkungen zeitigt. Insofern erscheint es konsequent, im Rahmen der Auswirkungstatbestände nicht zwischen den geographisch relevanten Märkten zu differenzieren. Dieses hat nicht zur Folge, daß auf das Kriterium des geographisch relevanten Marktes zu verzichten wäre, denn ein solcher wäre weiterhin zu definieren, um die Auswirkungen feststellen zu können. Vielmehr soll sichergestellt werden, daß bei Beeinträchtigungen des Wettbewerbs auf verschiedenen geographischen Märkten gleich hohe Anforderungen an die Qualität der Subventionswirkungen gestellt werden.

3. Erfassung drohender Auswirkungen

Fälle, in denen Subventionen Unternehmen auf ihrem Heimatmarkt eine derart starke Position verleihen, daß den ausländischen Herstellern gleichartiger Waren der Markteintritt faktisch verwehrt wird oder in denen der Heimatstaat von Herstellern gleichartiger Waren dem drohenden Export subventionierter Waren auf seinen Markt entgegenwirken will, werden bislang größtenteils nicht erfaßt.[163] Hier besteht (noch) kein Wettbewerbsverhältnis, da die Unternehmen zwar auf demselben sachlichen, nicht aber auf demselben örtlichen Markt agieren. Wie oben erläutert, hindert das die Anwendung der EG Beihilfenvorschriften nicht, solange ein Wettbewerbsverhältnis mit hinreichender Wahrscheinlichkeit in absehbarer Zukunft eintreten kann.[164] Eine Einbeziehung potentieller Wettbewerbsverhältnisse wäre zwar zur Erhöhung der Effektivität des Subventionsrechts wünschenswert, läßt sich aber im Rahmen einer Subventionsdisziplin nicht verwirklichen. Denn Grundlage einer Subventionsdisziplin ist die Einigung der Mitgliedstaaten, die Subventionsvergabe bei bestimmten Subventionsformen oder bei bestimmten Auswirkungen der Subvention einzuschränken. Andernfalls bleiben Subventionen international akzeptierte Mittel der Wirt-

---

[163] In seiner jetzigen Fassung schließt nur Art. 5 a) iVm Art. 15 Abs. 7 SCMA drohende bedeutende Schädigungen mit ein.

[164] Schroeter/Jacob/Mederer - Mederer, Art. 87 Abs. 1 Rnr. 42.

schaftspolitik.[165] Werden drohende nachteilige Auswirkungen den vorliegenden nachteiligen Auswirkungen gleichgestellt, droht diese Unterscheidung zwischen aufgrund ihrer Auswirkungen untersagten und akzeptierten Subventionen zu verschwimmen. Die Streitbeilegungsorgane müßten bei der Einbeziehung drohender Auswirkungen Prognoseentscheidungen treffen. Diese sind in Anbetracht des erheblichen Aufwands, den bereits der Nachweis bestehender Auswirkungen erfordert, nicht nur als äußerst schwierig anzusehen, sondern es besteht die Gefahr, daß der mit einer Prognose verbundene höhere Ermessensspielraum die Akzeptanz der Entscheidungen der Streitbeilegungsorgane durch die Mitgliedstaaten schwächt.

4. Ersetzten des individuellen Nachweises nachteiliger Auswirkungen durch Kategorisierung bestimmter Subventionsformen als per se anfechtbar

Aus diesen Gründen ist neben einer systematischen Vereinfachung der Auswirkungsregelungen eine Rückkehr zu dem im außer Kraft getretenen Art. 6 Abs. 1 a) SCMA verfolgten Ansatz wünschenswert. Selbst wenn generell ein weitgehender Verzicht auf den Nachweis nachteiliger Auswirkungen als nicht durchsetzbar erscheinen muß, zeigt das Beispiel des Art. 6 Abs. 1 a) SCMA, daß grundsätzlich Einigungen auf Vermutungen zu Gunsten nachteiliger Auswirkungen bei bestimmten Subventionsformen unter den WTO Mitgliedern möglich sind.[166] Nach den Fortschritten bei der Definition einer Subvention würde eine entsprechende Vermutung der Anfechtbarkeit bestimmter Subventionsformen die konsequente Fortführung der Durchsetzbarkeit unverzerrten Wettbewerbs darstellen, die die praktische Anwendbarkeit und Relevanz des WTO Subventionsrechts wesentlich erhöhen würde.[167]

5. Einführung des Bedarfsmarktkonzepts

Der Ansatz der gleichartigen Ware im WTO Subventionsrecht ist durch das Bedarfsmarktkonzept abzulösen.[168] Dieses Konzept ist demjenigen der gleichartigen Ware überlegen, denn Ziel des Subventionsrechts ist der Schutz des Marktes vor Verzerrungen. Worin dieser Markt in sachlicher Hinsicht besteht, wird im Fall des Bedarfsmarktkonzeptes aus der Sicht von Marktteilnehmern, nämlich

---

165 Vgl. zum Begriff der international akzeptablen Subvention Rodi, Subventionsrechtsordnung, S. 105f.

166 Vgl. Chambovey, 36 (2) JWT (2002), S. 305 (330); Chang, 6 (4) JIEL (2003), S. 879 (903).

167 Vgl. Entscheidung der Kommission, ABl. EG 2000 L 61/4, *Weida Leder*, Rnr. 50, die zur Begründung der Rechtswidrigkeit einer Beihilfe für Unternehmen in Schwierigkeiten u. a. auf die Vorgaben des Art. 6 Abs. 1 SCMA verweist.

168 Zur Einführung des Bedarfsmarktkonzepts auch Reszel, Schädigung, S. 58f.

den Nachfragern bestimmt. Demgegenüber berücksichtigt eine Marktabgrenzung nach gleichartigen Waren nicht die Entscheidungen der Marktteilnehmer, sondern orientiert sich in erster Linie an der Beschaffenheit der Ware. Wettbewerbsverhältnisse zwischen nicht gleichartigen Waren, die dennoch miteinander im Wettbewerb stehen bleiben dabei unberücksichtigt.[169] Somit führt das Bedarfsmarktkonzept zu sachgerechteren Ergebnissen. Seine Einführung ist abgesehen vom Tatbestand des Art. 6 Abs. 3 c) 2. Alt. SCMA indes nur durch Änderung des Art. 6 SCMA möglich, da dieser das Konzept der gleichartigen Ware enthält.

169 S. zu den unterschiedlichen Anwendungsbereichen Reszel, Schädigung, S. 159f.

§ 7 An den Tatbestand der Subvention geknüpfte Rechtsfolgen

A. Die Systematik der Rechtsfolgen

Widerspricht eine Leistung dem materiellen Subventionsrecht, lassen sich die möglichen Rechtsfolgen in zwei Kategorien einteilen, die zugleich das unterschiedliche Entwicklungsstadium einer internationalen Subventionsrechtsordnung widerspiegeln.[1]

Zunächst kann die Rechtfolge an der „*Wurzel des Übels*" anknüpfen, indem der Subventionsgeber verpflichtet wird, die Subvention zurückzunehmen. Es wird in das Subventionsrechtsverhältnis zwischen der gewährenden Institution und dem Empfänger eingegriffen. Um auf dieses Rechtsverhältnis einwirken zu können, muß das internationale Subventionsrecht in der Rechtsordnung des Mitgliedstaates unmittelbar anwendbar sein. Diese Rechtsfolge setzt daher ein Entwicklungsstadium der Subventionsrechtsordnung voraus, daß eine Subventionsdisziplin gegenüber Staaten und Privaten erreicht hat.[2]

In der zweiten Kategorie wird nicht an die Gewährung der Subvention, sondern an deren Auswirkungen angeknüpft. Dabei werden Staaten, deren Märkte von der Einfuhr rechtwidrig subventionierter Waren betroffen sind, zu Ausgleichsmaßnahmen in Form von Zöllen ermächtigt. Der Vorteil, den die eingeführten ausländischen Waren aufgrund der Subvention genießen, wird hierbei durch die Ausgleichszölle egalisiert und die marktverzerrende Wirkung der Subvention kompensiert.[3] Die Subvention wird nicht als solche beseitigt, sondern unwirksam gemacht.[4] Der Anspruch des Staates auf Einhaltung der Subventionsregelungen wird durch das klassische Instrument der Selbstdurchsetzung verwirklicht. Es läßt die nationalen Entscheidungen unangetastet und bringt daher nicht den Souveränitätsverlust der Rechtsfolge der Rücknahme mit sich. Diese Rechtsfolge findet sich im Entwicklungsstadium des Antisubventionsrechts und der Subventionsdisziplin gegenüber Staaten.[5]

I. Entzug des Vorteils durch Rückforderung der Beihilfe

Die ausschließliche Rechtsfolge im Beihilfenrecht besteht gem. Art. 88 Abs. 2 EG in der Aufhebung oder Umgestaltung der Beihilfe. Obschon der Wortlaut des Art. 88 Abs. 2 EG nicht explizit von einer Rückforderung spricht, leitete der Gerichtshof aus dem Gedanken des „*effet utile*" ab, daß diese als

---

1 S. zu den Rechtsfolgen als Strukturmerkmal des Subventionsrechts oben S. 37.

2 S. zum Entwicklungsstadium der Subventionsdisziplin gegenüber Staaten und Privaten oben S.31.

3 Anderson/Husisian, Subsidies Agreement, in: Stewart, Multinational Trade Framework, S. 299 (321); Prieß/Berrisch - Pitschas, B. I.12. Rnr. 47.

4 Vgl. Fn 36 zu Art. 10 SCMA.

5 S. zu diesen Entwicklungsstadien oben S. 28, 29.

zwingende Notwendigkeit aus der Unvereinbarkeit der Beihilfe mit dem gemeinsamen Markt folge.[6] Nunmehr besteht mit Art. 14 Verfahrensverordnung[7] eine sekundärrechtliche Rechtsgrundlage, die die Rückforderung als einzige Rechtsfolge einer rechtswidrigen Beihilfe festschreibt.

II. Rechtsfolgen im SCM Abkommen

1. Die Kombination von Entzug und Kompensation des Vorteils

Demgegenüber sind im SCM Abkommen die beiden dargestellten Rechtsfolgen kombiniert.[8] Zum einen kann ein WTO Mitglied ein Streitbelegungsverfahren einleiten. Im Gegensatz zum Subventionskodex 1979, bei dem die Rechtsfolge einer verbotenen Subvention allein in der Ermächtigung zu Gegenmaßnahmen bestand, hat das Streitbeilegungsverfahren im Falle der Rechtwidrigkeit der Subvention nunmehr eine Rücknahmepflicht zur Folge. Im Fall verbotener Subventionen hat der gewährende Staat diese unverzüglich zurückzunehmen.[9] Anfechtbare Subventionen, die nachteilige Auswirkungen auf die Interessen anderer Mitglieder verursachen, sind gleichfalls zurückzunehmen oder ihre nachteiligen Auswirkungen sind durch geeignete Maßnahmen zu beseitigen.[10] Kommt der betreffende Staat der Verpflichtung zur Rücknahme nicht nach, wird der Beschwerdeführer zu Gegenmaßnahmen ermächtigt.[11] Solche Gegenmaßnahmen bestehen vor allem in der Aussetzung von Zugeständnissen.[12] Das klassische wirtschaftsvölkerrechtliche Instrument der Ermächtigung des Beschwerdeführers zu Gegenmaßnahmen dient hier der Durchsetzung der Rücknahmepflicht. Diese stellen nicht mehr die eigentliche Rechtsfolge eines Verstoßes gegen materielles Subventionsrecht dar, sondern dienen als Druckmittel zu deren Umsetzung.[13]

---

6 Grundlegend EuGH, Rs. 70/72, *Kommission/Deutschland*, Slg. 1973, 813, Rnr. 13; EuGH, Rs. C-142/87, *Tubemeuse*, Slg. 1990, I-959, Rnr. 61; EuGH, Rs. C-305/89, *Alfa Romeo*, Slg. 1991, I-1603, Rnr. 41.

7 Verordnung (EG), ABl. EG 1999, L 83/1 über besondere Vorschriften für die Anwendung des Art. 93 EG.

8 S. dazu Hahn, Beihilfenregime der WTO, in: Klein/Meng/Rode, Neue Welthandelsordnung, S. 97 (112ff.); Sanchez Rydelski, Antisubventionsrecht, S. 300ff.; Didier, WTO Trade Instruments, S. 248ff, 254ff.

9 Art. 4 Abs. 7 SCMA.

10 Art. 7 Abs. 8 SCMA; die Beseitigung der nachteiligen Auswirkungen wird in in der Regel nur durch Rücknahme der Subvention zu verwirklichen sein, s. dazu im einzelnen unten S. 232ff.

11 Art. 4 Abs. 10, 7 Abs. 9 SCMA.

12 S. Art. 22.1 DSU; s. dazu Hahn, Suspension von GATT-Verpflichtungen, S. 279ff.

13 S. zu dieser Entwicklung auch Charnovitz, 95 AJIL (2001), S. 792 (808).

Die Rolle von Gegenmaßnahmen wird dadurch verkompliziert, daß ein durch Subventionen eines anderen WTO Mitglieds betroffener Staat anstatt oder parallel zu einem Streitbeilegungsverfahren ein Verfahren zur Erhebung von Ausgleichszöllen durch seine nationalen Behörden durchführen lassen kann.[14] Die Voraussetzungen der Einleitung und die einzelnen Schritte der Durchführung sind detailliert im SCMA geregelt.[15] Wird eine Schädigung der einheimischen Industrie durch eine verbotene oder anfechtbare Subvention festgestellt, darf der betreffende Staat die subventionierten Einfuhren mit Ausgleichszöllen belasten.[16] Lauten bei paralleler Durchführung von Streitbeilegungsverfahren und nationalem Untersuchungsverfahren beide Entscheidungen zu Gunsten des Beschwerdeführers, können die Rechtsfolgen nicht kumulativ abgewendet werden. Aufgrund dieser Doppelgleisigkeit lassen sich die Rechtsfolgen erfolgreich angefochtener Subventionen keinem der oben skizzierten Entwicklungsstadien einer Subventionsrechtsordnung eindeutig zuordnen. Denn eine Subventionsdisziplin gegenüber Staaten und Privaten setzt voraus, daß die Subventionspraxis beendet wird. Das SCM Abkommen läßt indes weiterhin die althergebrachte Praxis zu, nach der Subventionen durch Gegenmaßnahmen egalisiert werden sollen.[17] Dieses stellt ein Merkmal einer Subventionsdisziplin gegenüber Staaten dar.[18] Diese strukturelle Schwachstelle des SCM Abkommens wird dadurch verstärkt, daß nicht bei allen Subventionen neben einer Rücknahme eine Kompensation in Frage kommt. Denn das SCM Abkommen macht Auswirkungen einer Subvention sowohl auf dem Markt des subventionierenden Staates als auch auf dem Heimatmarkt von mit der subventionierten Ware konkurrierenden Waren und auf Drittmärkten zum Gegenstand der Subventionsdisziplin. Die Rücknahme kann eine Reaktion auf Auswirkungen der Subvention auf all diesen Märkten darstellen, während Ausgleichszölle den Heimatstaat von Konkurrenzwaren nur vor subventionierten Einfuhren auf seinem Markt schützen.[19] Vor dem Hintergrund dieser konzeptionellen Überlegenheit und dem Entwicklungspotential, das eine Rücknahmeverpflichtung für eine Subventionsrechtsordnung beinhaltet,

---

[14] Fn 35 zu Art. 10 SCMA.

[15] Art. 11-23 SCMA.

[16] Art. 19 SCMA.

[17] So auch Rodi, Subventionsrechtsordnung, S. 124; Cadsby/Woodside, 30 JWT (1996), S. 177 (180); Langer, Internationale Wirtschaftsverfassung, S. 271ff.

[18] S. zu den Entwicklungsstadien der Subventionsdisziplin gegenüber Staaten und Privaten und nur gegenüber Staaten oben S. 29, 31.

[19] Anderson/Husisian, Subsidies Agreement, in: Stewart, Multinational Trade Framework, S. 299 (321); Langer, Internationale Wirtschaftsverfassung, S. 271.

wird die folgende Untersuchung auf die Rechtsfolge der Rücknahme konzentriert.[20]

2. Die Rücknahme rechtswidriger und anfechtbarer Subventionen

Wird eine Subvention von den Streitbeilegungsorganen aufgrund ihrer Exportabhängigkeit oder diskriminierenden Wirkung als verboten eingestuft, hat das betreffende WTO Mitglied diese Subvention gem. Art. 4 Abs. 7 SCMA unverzüglich zurückzunehmen. Gilt eine Subvention aufgrund ihrer nachteiligen Auswirkungen als anfechtbar, muß das Mitglied, das die Subvention gewährt oder beibehält gemäß Art. 7 Abs. 8 SCMA entweder geeignete Maßnahmen treffen, um die nachteiligen Auswirkungen zu beseitigen, oder es hat die Subvention zurückzunehmen. Die Auswahl zwischen Rücknahme und Beseitigung der nachteiligen Auswirkungen steht grundsätzlich im Ermessen des die Subvention gewährenden Staates.[21] Es erscheint fraglich, inwieweit von zwei unterschiedlichen Handlungsalternativen des subventionierenden Staates gesprochen werden kann. Denn die Besserstellung der heimischen Unternehmen auf einem bestimmten Markt und die damit einhergehenden nachteiligen Auswirkungen für andere auf diesem Markt agierende Teilnehmer sind gerade die Zielsetzung der staatlichen Unterstützung. Sie sind das Ergebnis von Marktprozessen, das nicht unmittelbar durch andere Gestaltung der staatlichen Förderung beeinflußt werden kann. Insofern ist nicht ersichtlich, wie eine Modifizierung einer Subvention, die nicht in einer Rücknahme derselben besteht, diese Auswirkungen beseitigen kann. Zur Handlungsalternative in Form der Verpflichtung zur Rücknahme besteht kein Unterschied. Die Bedeutung der Modifikation der Subvention zur Beseitigung der Auswirkungen neben der Rücknahme ergibt sich vielmehr aus der ursprünglichen Fassung der Auswirkungsvorschriften vor Außerkrafttreten des Art. 6 Abs. 1 SCMA. Diese knüpfte nicht an bestimmte Marktprozesse an, sondern sah eine ernsthafte Schädigung generell bei einer bestimmten wertmäßigen Subventionierung, der wiederkehrenden Deckung von Betriebsverlusten und einem direktem Schuldenerlaß vor.[22] Da in diesen Fällen an die staatliche Maßnahme selbst angeknüpft wurde, war es möglich, durch Senkung der wertmäßigen Subventionierung oder Umgestaltung der Förderungsmaßnahme, die Annahme nachteiliger Auswirkungen im Sinne des Art. 6 Abs. 1 SCMA zu beseitigen. Mit Außerkrafttreten dieser Möglichkeit ist eine eigenständige Bedeutung der Beseitigung der nachteiligen Auswirkungen neben der Rücknahme der Subvention nicht erkennbar. Dementsprechend besteht für den betreffenden

---

[20] S. eine ausführliche Darstellung des Rechts der Ausgleichszölle bei Adamantopoulos/Pereyra-Friedrichsen, EU Anti-Subsidy Law, S. 45; Lehmann, Produktionssubventionen, S. 118ff.

[21] Prieß/Berrisch - Pitschas, B. I.12. Rnr. 110.

[22] S. dazu oben S. 212.

Staat im Fall einer anfechtbaren Subvention nach Art. 7 Abs. 8 SCMA wie auch bei einer rechtswidrigen Subvention nach Art. 4 Abs.7 SCMA nur die Möglichkeit, die Subvention zurückzunehmen. Daher wird bei der folgenden Analyse grundsätzlich nicht zwischen der Rücknahme rechtswidriger und anfechtbarer Subventionen unterschieden. Lediglich im Rahmen der Umsetzungsfrist ist eine Differenzierung vorzunehmen, da die Rücknahme im Fall rechtswidriger Subventionen unverzüglich zu erfolgen hat.

B. Die Rücknahme der Leistung

Adressat der Verpflichtung zur Rücknahme ist in beiden Rechtsordnungen der jeweilige Mitgliedstaat, nicht das begünstigte Unternehmen. Der Mitgliedstaat seinerseits hat auf der Grundlage des jeweiligen nationalen Rechts die Rücknahme zu regeln.[23] Zunächst ist festzustellen, welchen Inhalt die Rücknahmeentscheidung durch die Kommission bzw. das Streitbeilegungsorgan hat, d. h. welche Vorgaben den Mitgliedsstaaten durch das internationale Subventionsrecht gemacht werden (unten I.). Sodann ist zu klären, wie der betroffene Mitgliedstaat die Rücknahmeentscheidung umsetzt (unten II.).

I. Inhalt der Rücknahmeentscheidung

1. Begünstigter der staatlichen Leistung

Der Begünstigte der staatlichen Leistung ist zwar nicht Adressat der Entscheidung. Mit Hilfe der Entscheidung muß sich aber bestimmen lassen, von wem die staatliche Maßnahme zurückzunehmen ist, da die Entscheidung ansonsten durch den Mitgliedstaat nicht umgesetzt werden kann. Diese Frage wird bisweilen im Rahmen der Rücknahme diskutiert.[24] Richtigerweise ist dieses bereits im Rahmen des Tatbestands der Subvention zu beantworten, denn eine Subvention setzt eine Begünstigung voraus und es kann nur derjenige Schuldner sein, der zugleich Begünstigter der Subvention ist. Nur wenn festgestellt ist, wer begünstigt wurde, kann von einer Subvention gesprochen werden, deren Vorliegen Voraussetzung für die hier zu diskutierende Frage der Rücknahme ist.[25] Insofern ist für die Frage, von wem die staatliche Maßnahme zurückzunehmen ist, auf die Ausführungen zum Vorteilsbegriff im Zusammenhang mit dem Begriff der Subvention zu verweisen.[26]

---

[23] EuGH, Rs. C-5/89, *BUG-Alutechnik*, Slg. 1990, I-3437, Rnr. 12.

[24] EuGH, Rs. C-382/99, *Niederlande/Kommission*, Slg. 2002, I-5163, Rnr. 87ff.; s. Heidenhain - Sinnaeve, § 34 Rnr. 23.

[25] So auch Heidenhain - Sinnaeve, § 34 Rnr. 23.

[26] S. oben S. 93ff.

2. Wirkungszeitpunkt

a. Die ex tunc Wirkung im Beihilfenrecht

Art. 14 Abs. 1 und 2 Verfahrensverordnung legen fest, daß die Beihilfe einschließlich Zinsen mit ex tunc Wirkung zurückzufordern ist. Anknüpfungspunkt für die Rückforderung ist damit die Beihilfe, d. h. der durch die staatliche Maßnahme hervorgerufene Vorteil.[27] Welche Zielsetzung hinter dieser Rückforderung der staatlichen Leistung steht, wird bisweilen nur unvollständig herausgearbeitet. Die Verfahrensverordnung sieht die Wiederherstellung des wirksamen Wettbewerbs als Ziel, das nur durch eine Verpflichtung zur Rückzahlung verwirklicht werden könne.[28] Auch der EuGH verweist darauf, daß das Ziel der Rückforderung einer zu Unrecht gezahlten Beihilfe darin bestehe, *„die Wettbewerbsverzerrung zu beseitigen, die durch den mit der rechtswidrigen Beihilfe verbundenen Wettbewerbsvorteil verursacht wurde.“*[29] Denn *„durch diese Rückforderung verliert der Empfänger (...) den Vorteil, den er auf dem Markt gegenüber seinen Mitbewerbern besaß, und die Lage vor Zahlung der Beihilfe wird wiederhergestellt.“*[30] Diese Restitutionswirkung der Beihilfenrückforderung wird in weiten Teilen der Literatur geteilt.[31] Indem der Vorteil entzogen wird, soll die Wettbewerbsverfälschung beseitigt und der status quo ante wiederhergestellt werden. Damit wird davon ausgegangen, daß die Wettbewerbsverfälschung der Höhe des gewährten Vorteils entspricht. Dies ist keineswegs zwingend. Denn der Wettbewerbsvorteil leitet sich nicht unmittelbar aus der Begünstigung ab, sondern folgt aus der Verwendung dieser Begünstigung durch das Unternehmen.[32] Das Maß in dem sich diese Nutzbarmachung des Kostenvorteils in einer Beeinflussung des Wettbewerbs widerspiegelt, kann beispielsweise niedriger sein als der dem Unternehmen zugewendete Betrag, wenn dieses daraus keinen Vorteil gegenüber seinen Konkurrenten zu generieren vermag. Die Rückforderung rechtswidriger Beihilfen erweist sich somit als Entzug des Vorteils und nicht als Mittel zur Restitution des Wettbewerbs.[33] Dieses Ergebnis wird dadurch unterstrichen, daß auch bei lediglich potentiellen Wettbewerbsverfälschungen rechtswidrige Beihilfen zurückzufordern sind. Eine Restitutions-

---

[27] S. dazu unten S. 246ff.

[28] Vorordnung des Rates, ABl. EG 1999 L 83/1, 13. Begründungserwägung.

[29] EuGH, Rs. C-277/00, *SMI*, Slg. 2004, I-3925, Rnr. 76.

[30] EuGH, Rs. C-348/93, *Alfa Romeo II*, Slg. 1995, I-673, Rnr. 27; EuGH Rs. C-310/99, *Italien/Kommission*, Slg. 2002, I-2289, Rnr. 99; EuGH, Rs. C-350/93, *ENI/Lanerossi II*, Slg. 1995, I-699, Rnr. 22.

[31] Sinnaeve, Rückforderung, S. 39f.; Reufels, Subventionskontrolle, S. 69; Koenig, EuZW 2001, S. 37 (41); Lübbig/Martín-Ehlers, EU Beihilfenrecht, S. 219ff.

[32] Vgl. Ritter, Beihilfenrückforderung, S. 108.

[33] So auch Ritter, Beihilfenrückforderung, S. 108.

wirkung kann der Rückforderung bereits deshalb nicht beigemessen werden, da im Beihilfenrecht entgegen dem WTO Subventionsrecht keine konkrete Beeinträchtigung des Wettbewerbs nachgewiesen werden muß, sondern lediglich eine abstrakt denkbare Wettbewerbsverfälschung als ausreichend angesehen wird.[34] Denn wird keine Wettbewerbsverfälschung dargelegt, kann die Rückforderung nicht damit begründet werden, daß eine bestimmte Beeinträchtigung des Wettbewerbs kompensiert werden müßte.

Zielsetzung der ex tunc Rückforderung rechtswidriger Beihilfen ist also der Entzug des gewährten Vorteils, nicht aber die Wiederherstellung des unverfälschten Wettbewerbs, da dessen tatsächliche Verfälschung nicht geprüft wurde. Die vielfach vertretene Restitutionstheorie rührt daher, daß im Beihilfenrecht vom Vorliegen eines Vorteils ohne weitergehende Prüfung auf die potentielle Verfälschung eines Wettbewerbsverhältnisses geschlossen wird. Diese Vereinfachung hat zur Folge, daß im Umkehrschluß im Entzug des Vorteils die Wiederherstellung des Wettbewerbs gesehen wird.

b. Der Wirkungszeitpunkt der „Rücknahme“ im WTO Subventionsrecht

Im Beihilfenrecht ist die hinter der ex tunc Wirkung der Rückforderung stehende Zielsetzung klärungsbedürftig, die ex tunc Wirkung als solche indes unbestritten. Demgegenüber stellt die Frage des Wirkungszeitpunkts der Rücknahme einer Subvention im WTO Subventionsrecht ein bislang weitgehend ungeklärtes Problem dar. Im Gegensatz zur insoweit eindeutigen Formulierung der Rück*forderung* in Art. 14 Abs. 1 Verfahrensverordnung, heißt es in Art. 4 Abs. 7 und Art. 7 Abs. 8 SCMA, die Subvention sei zurückzu*nehmen*. Der Streit entzündet sich an der Fragestellung, ob „*Rücknahme*“ einen rückwirkenden Entzug gewährter Vorteile meint oder lediglich als Einstellung der Subventionsvergabe zu interpretieren ist. Ersterer Ansicht ist ein Panel im Fall *Australia – Automotive Leather* gefolgt.[35] Australien war danach nicht nur verpflichtet, weitere Zahlungen zu unterlassen. Vielmehr hatte es vom Empfängerunternehmen den gesamten bereits ausgeschütteten Betrag zurückzufordern. Damit geht das WTO Subventionsrecht über das Entwicklungsstadium einer Subventionsdisziplin gegenüber Staaten im Sinne der oben entwickelten Kategorien hinaus und schreibt mit der Rückerstattungspflicht eine direkte Wirkung gegenüber Privaten fest.[36] Diese Entwicklung wird von einigen Mitgliedstaaten nicht geteilt.[37] Die Kritik

---

[34] S. dazu oben S.194.

[35] Panel Compliance Bericht, *Australia – Producers and Exporters of Automotive Leather*, WTO-Dok., WT/DS126/RW, Rnr. 6.18ff.

[36] S. zu den einzelnen Entwicklungsstufen oben S. 27ff.

[37] S. dazu die Diskussion im Dispute Settlement Body am 11. Februar 2000, WTO Doc. WT/DSB/M/75 und Goh/Ziegler, 6 (3) JIEL (2003), S. 545 (547f.).

aus Anlaß des Falles *Australia – Automotive Leather* richtete sich dabei neben der Auslegung des Rücknahmebegriffs auf den prozessualen Umstand, daß das Panel mit seiner Entscheidung den Grundsatz des non ultra petita verletzt hatte, da der Beschwerdeführer USA keine umfassende Rückerstattung gefordert hatte.[38] In der weiteren Spruchpraxis der Streitbeilegungsorgane fand diese retrospektive Rückforderung von Subventionen weder explizite Bestätigung noch Ablehnung.[39] In der Literatur wird eine Auslegung der Art. 4 Abs. 7 und Art. 7 Abs. 8 SCMA, die eine Rückforderung der bereits an den Empfänger ausgeschütteten Subventionen beinhaltet, zumeist kritisch gesehen.[40] Diese Streitfrage

---

38 Das Panel hatte sich mit der Argumentation über diesen Umstand hinweg gesetzt, da es in seiner Interpretation des SCM Abkommens nicht an die Argumente der Parteien gebunden sei. Es habe vielmehr all diejenigen Punkte zu berücksichtigen, die es zur Lösung des Konfliktes für erforderlich erachte (Rnr. 6.19). Dabei mißachtete es jedoch den Umstand, daß es zwar nicht durch die Argumente der Parteien, wohl aber durch deren Anträge beschränkt wird (s. zur Unterscheidung zwischen *„claims"* und *„arguments"* den Appellate Body Bericht, *European Commission – Regime for the Importation, Sale and Distribution of Bananas*, WTO-Dok., WT/DS27/AB/R, Rnr. 141). Das Ziel des Streitbeilegungsverfahrens liegt gem. Art. 3 Abs. 7 DSU in einer positiven Lösung einer Streitigkeit. Die Zuständigkeit des Panels wird damit entsprechend dem Grundsatz non ultra petita auf die Fragen tatsächlicher und rechtlicher Art beschränkt, die zwischen den Parteien streitig sind (s. dazu Vermulst/Graafma, WTO Disputes, S. 346f.). Dieses Ergebnis wird auch in Art. 21 Abs. 5 DSU widergespiegelt, der *„bei einer Meinungsverschiedenheit"* die Zuständigkeit der Streitbeilegungsorgane eröffnet (s. dazu auch Goh/Ziegler, 6 (3) JIEL (2003), S. 545 (550)). Eine solche Streitigkeit lag aber bzgl. der Frage einer vollständigen Rückerstattung gerade nicht vor. Die Entscheidung wäre vom Appellate Body demnach insoweit aufzuheben gewesen, als sie über den Antrag des Beschwerdeführers USA hinausging.

39 Die jeweiligen Beschwerdeführer haben in den darauf folgenden Verfahren nicht die Rückerstattung bereits ausgezahlter Subventionen beantragt. Die Panels haben daher nach Darlegung der Auslegung des Art. 4 Abs. 7 SCMA durch das *Australia- Automotive Leather* Panel stets eine Auseinandersetzung mit dieser Frage unter Verweis auf den Grundsatz non ultra petita abgelehnt (Panel Complaince Bericht, *Canada – Measures Affecting Civilian Aircraft*, WTO-Dok., WT/DS70/RW, Rnr. 5.47f.; Panel Compliance Bericht, *Brazil – Export Financing Programme for Aircraft*, WTO-Dok., WT/DS/46/RW, Rnr. 6.8 Fn 17), dabei jedoch betont, daß dieses nicht als Wertung für oder gegen eine Rückerstattungspflicht im Rahmen des Art. 4 Abs. 7 SCMA interpretiert werden dürfe.

40 S. Sanchez Rydelski, Antisubventionsrecht, S. 288; Goh/Ziegler, 6 (3) JIEL (2003), S. 545ff.; Prieß/Berrisch - Pitschas, B. I.12. Rnr. 104ff.; Pitschas, RIW 2001, S. 205 (213); Krmpotic, 33 Law & Pol. Int'l Bus. (2002), S. 653ff.; Moulis/O'Donnell, Int'l TL & Reg. 2000, S. 168ff.; McGuire, 16 Int'l Trade J. (2002), S. 319 (332); Showalter, 37 Vand. J. Transnat'l L. (2004), S. 587ff.; Showalter, 37 Vand. J. Transnat'l L. (2004), S. 587

ist anhand der sich an Art. 31 und 32 Wiener Vertragsrechtskonvention orientierenden allgemeinen völkergewohnheitsrechtlichen Interpretationsregeln unter Berücksichtigung der bisherigen Praxis der Streitbeilegungsorgane zu diskutieren.[41]

i Wortlaut der Rücknahmevorschriften

Es wohnt dem Wortlaut der Rücknahme (der authentische englische Wortlaut ist „*to withdraw*") nach dem üblichen Sprachgebrauch inne, daß etwas bereits Erhaltenes wieder abgegeben werden muß.[42] Im Gegensatz zu einer Einstellung, die sich auf noch nicht erbrachte zukünftige Handlungen bezieht, erstreckt sich eine Rücknahme auf bereits abgeschlossene Handlungen, die nunmehr rückabgewickelt werden. Der natürliche Sprachgebrauch sieht in einer Rücknahme also die Rückübertragung etwas bereits erhaltenen und beschränkt diese nicht auf eine Nichtvornahme zukünftiger Handlungen. Übertragen auf die Rücknahme einer Subvention bedeutet dies, daß der Wortlaut die Rückforderung bereits gezahlter Subventionen nahe legt.[43] In Anbetracht dessen sind in der Folge die gegen eine solche Auslegung vorgebrachten Argumente zu evaluieren.

ii Sinn und Zweck der Streitbeilegung und bisherige Fallpraxis

Der Rückwirkung von Entscheidungen der Streitbeilegungsorgane wird entgegengehalten, daß es sei nicht Zweck der WTO Rechtsordnung sei, bereits abgeschlossene Störungen des Wettbewerbs nachträglich zu sanktionieren. Vielmehr solle zukünftigen Störungen entgegengewirkt werden.[44] Diese Zweckrichtung manifestiere sich in der bisherigen Praxis der Streitbeilegungsorgane, die keine Rückwirkung vorsähen.[45] Denn weder die Entscheidungen der Streitbeilegungs-

---

(611ff.); für eine weite Auslegung des Rücknahmebegriffs nur Tietje, Current Developments under the SCMA, in: Tietje/Kraft/Sethe, Beiträge Transnat. WirtschaftsR., S. 12; Tietje, Sicht des WTO Rechts, in: Ehlers/Wolffgang/Pünder, Ausfuhrförderung, S. 9 (31); Luja, Tax Incentives in the EC and WTO, S. 144-148; Mavroidis, Reform of Art. 22 DSU, in: Ortino/Petersmann, WTO Dispute Settlement, S. 61 (72); Mavroidis, EJIL (2000), S. 763 (790); Bronckers/van den Broek, 8 (1) JIEL (2005), S. 101 (121ff.).

41 St. Praxis der Auslegung der Streitbeilegungsorgane, erstmals Appellate Body Bericht, *United States – Standards for Reformulated and Conventional Gasoline*, WT/DS/AB/R2, S. 11; s. dazu auch Lennard, 5 JIEL (2002), S. 17ff.

42 So Panel Compliance Bericht, *Australia – Producers and Exporters of Automotive Leather*, WTO-Dok., WT/DS126/RW, Rnr. 6.27.

43 Demgegenüber hebt Prieß/Berrisch - Pitschas, B. I.12. Rnr. 104 hervor, beide Auslegungen würden vom Wortlaut umfaßt.

44 So Goh/Ziegler, 6 (3) JIEL (2003), S. 545 (553f.).

45 „*One-time aberration of no precedential value*", Stellungnahme Kanadas bei der Sitzung des Dispute Settlement Body am 11. Februar 2000 zur Annahme des Panel Berichts im

organe unter dem GATT 1947, die gem. Art. XVI Abs. 1 WTO Übereinkommen zur Auslegung des SCM Abkommens weiterhin zu berücksichtigen sind, noch die WTO Praxis in Bereichen außerhalb des Subventionsrechts sehen eine Rückwirkung vor.[46]

Zunächst ist festzustellen, daß das allgemeine Völkerrecht bereits im *Chorzow Factories* Fall die Pflicht eines Staates anerkannt hat, nicht nur völkerrechtswidriges Handeln für die Zukunft zu unterlassen, sondern dessen bereits eingetretene Folgen so weit möglich zu beseitigen, um den status quo ante wiederherzustellen.[47] Auch der seitens der International Law Commission (ILC) entwickelte Entwurf von Regelungen zur Staatenverantwortlichkeit sieht in Art. 31 Abs. 1 die Pflicht des für einen völkerrechtswidrigen Akt verantwortlichen Staates vor, die entstandenen Schäden zu kompensieren.[48] Die weitgehende Wiederherstellung der Wettbewerbssituation läßt sich im Subventionsrecht nur durch Entzug des Vorteils gewährleisten,[49] so daß nach allgemeinem Völkerrecht eine Rückforderung der Subvention in Betracht kommt.[50] Eine Ablehnung dieser Grundsätze läßt sich nicht bereits mit einer „*besonderen Natur*" des WTO Rechts begründen,[51] denn das Recht der WTO stellt kein vom allgemeinen Völkerrecht isoliert zu betrachtendes Rechtsgebiet dar. Vielmehr hat der Appellate Body betont, daß der ILC Entwurf zur Staatenverantwortlichkeit bei der Auslegung der WTO Vorschriften zu berücksichtigen ist.[52]

Auch die Praxis unter dem GATT 1947 erweist sich bei genauerer Untersuchung als vielschichtig und keineswegs eindeutig gegen eine Rückwirkung gerichtet. Zwar hatte ein Panel im Fall *Norway – Procurement of Toll Collection Equip-*

Fall *Australia – Producers and Exporters of Automotive Leather*, WTO Doc. WT/DSB/M/75.

46 So Goh/Ziegler, 6 (3) JIEL (2003), S. 545 (551f.).

47 Permanent Court of International Justice (PCIJ), *Factory at Chorzów*, Series A, Nr. 17 (1928), S. 47.; s. zur Frage des Schadensersatzes, Riedel, Damages, in: Bernhardt, EPIL, S. 929ff.

48 S. Draft Articles on Responsibility of States for internationally wrongful acts, beschlossen von der International Law Commission (ILC) in ihrer 53. Sitzungsperiode, abrufbar unter http://www.un.org/law/ilc/; Carmody, 5 JIEL (2002), S. 307 (313ff.).

49 S. zum Unterschied zwischen Vorteilsentzug und Wiederherstellung des Wettbewerbs, oben S. 234.

50 So auch Tietje, Current Developments under the SCMA, in: Tietje/Kraft/Sethe, Beiträge Transnat. WirtschaftsR., S. 14.

51 So aber Goh/Ziegler, 6 (3) JIEL (2003), S. 545 (554).

52 Appellate Body Bericht, *United States – Imports of Carbon Quality Line Pipe from Korea*, WTO-Dok., WT/DS202/AB/R, Rnr. 259; Appellate Body Bericht, *United States – Combed Cotton Yarn from Pakistan*, WTO-Dok., WT/DS192/AB/R, Rnr. 120; s. zum Verhältnis von WTO Recht zum allgemeinem Völkerrecht Pauwelyn, 95 AJIL (2001), S. 535ff.

ment for the City of Trondheim festgestellt, daß es nicht der GATT Praxis entspreche, Empfehlungen zu bereits abgeschlossenen GATT widrigen Sachverhalten zu geben.[53] Demgegenüber sprachen Panel in je drei Entscheidungen zum Subventionskodex 1979[54] und Antidumpingkodex 1979[55] Empfehlungen aus, wonach der Beschwerdegegner bereits geleistete Zahlungen, zumeist in Form von Zöllen, zurückzuerstatten hatte.[56] Die Relevanz dieser Fälle für die Frage der Rückforderung von Subventionen ist nicht zu negieren.[57] Denn der diesen Entscheidungen zugrunde liegende Gedanke, daß zur Durchsetzung der GATT Vorschriften Rechtsfolgen an bereits abgeschlossene Tatbestände geknüpft werden können, läßt sich auf das Subventionsrecht übertragen.[58] Zwar war Adressat der Rückforderung in diesen Fällen der Staat, und nicht wie im Fall einer Subventionsrückforderung ein Privater, so daß ihnen kein Präzedenzcharakter für das SCM Abkommen beigemessen werden kann. Die Entscheidungen besitzen jedoch rückwirkenden Charakter, so daß sich die Praxis der Streitbeilegungsorgane nicht zur generellen Verneinung des Instituts der Rückwirkung anführen läßt.

iii Systematik der Umsetzung von Streitbeilegungsentscheidungen nach DSU und SCM Abkommen

Gegen eine Lesart der Art. 4 Abs. 7 und Art. 7 Abs. 8 SCMA, die eine Rückforderung von Subventionen ermöglicht, wird angeführt, sie widerspreche der Systematik der Vorschriften des DSU, insbesondere Art. 19 Abs. 1 und Art. 3

---

53 Panel Bericht, *Norway – Procurement of Toll Collection Equipment for the City of Trondheim*, GPR/DS2/R, Rnr. 4.17; s. dazu Mavroidis, 48 Aussenwirtschaft (1993), S. 77ff.; Grané, 4 JIEL (2001), S. 755 (766f.).

54 Panel Bericht, *Canada – Imposition of Countervailing Duties on Imports of Manufacturing Beef from the EEC*, Dok. SCM/85, Rnr. 5. 17; Panel Bericht, *United States – Countervailing Duties on Fresh, Chilled and Frozen Pork from Canada*, Dok. DS7/R 38S/30, Rnr. 5.2; Panel Bericht, *United States-Measures Affecting Imports of Softwood Lumber from Canada*, Dok. SCM/162, 40S/358, Rnr. 415.

55 Panel Bericht, *New Zealand – Imports of Electrical Transformers from Finland*, L/5814, 32S/55, Rnr. 4.11; Panel Bericht, *United States – Antidumping Duties on Gray Portland Cement and Cement Clinker from Mexico*, Dok. ADP/82, Rnr. 6.2; Panel Bericht, *United States – Imposition of Antidumping Duties on Imports of Seamless Stainless Steel Hollow Products from Sweden*, Dok. ADP/47, Rnr. 5.24.

56 Dazu Petersmann, 28 CMLRev. (1991), S. 69 (74ff.); Komuro/Vermulst, JWT 1997, S. 5 (25f.); Mavroidis, EJIL (2000), S. 763 (775).

57 So aber Goh/Ziegler, 6 (3) JIEL (2003), S. 545 (553).

58 So auch Tietje, Current Developments under the SCMA, in: Tietje/Kraft/Sethe, Beiträge Transnat. WirtschaftsR., S. 14; vgl. zu diesem Punkt auch Showalter, 37 Vand. J. Transnat'l L. (2004), S. 587 (611); Mavroidis, EJIL (2000), S. 763 (775f.).

Abs. 7 DSU.[59] Nach Art. 19 Abs. 1 DSU empfiehlt das Panel oder der Appellate Body dem unterlegenen Beschwerdegegner, *„die Maßnahme mit dem Übereinkommen in Einklang“* zu bringen. Nach dem insoweit eindeutigen Wortlaut wird der Partei auferlegt, den Widerspruch zur WTO Rechtsordnung zu beseitigen und so einen zukünftig WTO konformen Zustand herbeizuführen.[60] Ein Anknüpfen der Rücknahme der Maßnahme, hier der Subventionsgewährung, an einen bereits vor der Entscheidung liegenden Teil dieser Maßnahme geht dabei über ein *„in Einklang bringen“* im Sinne eines Anpassens der Maßnahme an das WTO Recht hinaus. Rückforderungen mit retrospektiver Wirkung scheiden daher nach Art. 19 Abs. 1 DSU aus.[61] Das bedeutet indes nicht, daß in einzelnen Handelsabkommen nicht abweichende Regelungen enthalten sein können. Die Regel des Art. 19 Abs. 1 DSU steht nämlich gemäß Art. 1 Abs. 2 DSU unter dem Vorbehalt besonderer und zusätzlicher Regeln und Verfahren über die Streitbeilegung, wie sie in den Handelsabkommen im Anhang 2 zum DSU geregelt sind und zu denen das SCM Abkommen zählt.[62] Es enthält Sondervorschriften zu den Rechtsfolgen dergestalt, daß verbotene und anfechtbare Subventionen zurückzunehmen sind, erstere sogar unverzüglich.[63] Es wird demnach nicht auf die Formulierung des *„in Einklang Bringens“* des Art. 19 Abs. 1 DSU verwiesen, sondern der Terminus der *„Rücknahme“* eingeführt. Für den Fall, daß die Auslegung dieser Vorschriften zu gegenüber Art. 19 Abs. 1 DSU weitergehenden Rechtsfolgen führen würde, ginge diese Auslegung der allgemeinen Norm des Art. 19 Abs. 1 DSU vor. Fraglich ist nun, ob vorliegend ein solcher Normkonflikt gegeben ist. Dabei ist nach der Praxis der Streitschlichtungsorgane vorrangig zu prüfen, ob nicht eine konforme Auslegung möglich ist.[64] Nur wenn die Rechtsfolge der einen Vorschrift, hier *„Rücknahme“* der Subvention, zu einem Widerspruch mit der nach der anderen Vorschrift zulässigen Rechtsfolge, hier *„in Einklang bringen“* mit den Vorschriften des SCM Abkommens, führen würde, ginge erstere Vorschrift vor.[65] Ein solcher Normkonflikt wird in systemati-

---

[59] So Goh/Ziegler, 6 (3) JIEL (2003), S. 545 (554f.); s. auch Ansicht Australiens im Panel Bericht, *Australia – Producers and Exporters of Automotive Leather*, WTO-Dok., WT/DS126/R, Rnr. 6.30; auch Prieß/Berrisch - Pitschas, B. I.12. Rnr. 105.

[60] Prieß/Berrisch - Pitschas, B. I.12. Rnr. 105.

[61] So auch das Panel und beide Parteien überstimmend in Panel Bericht, *Australia – Producers and Exporters of Automotive Leather*, WTO-Dok., WT/DS126/R.

[62] S. Anhang 2 zum DSU, Special or additional rules and procedures contained in the covered agreements.

[63] Art. 4 Abs. 7, Art. 7 Abs. 8 SCMA.

[64] Prieß/Berrisch - Ohlhoff, C. I.2. Rnr. 137.

[65] *"(It) is only where the provisions of the DSU and the special or additional rules and procedures of a covered agreement cannot be read as complementing each other that the special or additional provisions are to prevail. A special or additional provision should only*

scher Hinsicht teilweise mit Blick auf Art. 3 Abs. 7 DSU verneint.[66] Nach Art. 3 Abs. 7 DSU *„besteht das erste Ziel des Streitbeilegungsmechanismus gewöhnlich in der Rücknahme der betreffenden Maßnahmen, wenn diese als mit den Bestimmungen eines der unter die Vereinbarung fallenden Übereinkommen unvereinbar befunden werden.“* Das Ziel der Streitbeilegung ist demnach die Rücknahme der Leistung. Die Empfehlung der Streitbeilegungsorgane im Falle der Unvereinbarkeit einer Maßnahme lautet, die Maßnahme in Einklang mit dem Übereinkommen zu bringen. Da das Ziel der Streitbeilegung nicht über dasjenige hinausgehen kann, was die Streitbeilegungsorgane tatsächlich empfehlen dürfen, ist davon auszugehen, daß die Formulierungen *„Rücknahme“* und *„in Einklang bringen“* im DSU inhaltsgleich zu interpretieren sind, um Widersprüche innerhalb des DSU zu vermeiden.[67] *„Rücknahme“* im Sinne des Art. 3 Abs. 7 DSU ist damit im Sinne eines zukünftig WTO konformen Verhaltens zu verstehen und auf eine ex nunc Wirkung beschränkt.[68] Davon ausgehend wird der Formulierung *„Rücknahme“* im SCM Abkommen eine über den gleich lautenden Begriff in Art. 3 Abs. 7 DSU hinausgehende Wirkung abgesprochen.[69] Somit bestünde kein Normkonflikt mit Art. 19 Abs. 1 DSU und kein Anlaß für einen Vorrang der SCM Vorschriften nach Art. 1 Abs. 2 DSU. Dieses Argument ist keineswegs zwingend. Selbst wenn *„Rücknahme“* und *„in Einklang bringen“* im Sinne des DSU eine identische Bedeutung zukommt, folgt daraus nicht eine inhaltsgleiche Auslegung der Rücknahme in Art. 4 Abs. 7 SCMA.[70] Allein der

---

be found to prevail over a provision of the DSU in a situation where adherence to the one provision will lead to a violation of the other provision , that is, in the case of a conflict between them. An interpreter must, therefore, identify an inconsistency or a difference between a provision of the DSU and a special or additional provision of a covered agreement before concluding that the latter prevails and that the provision of the DSU does not apply", Appellate Body Bericht, *Guatemala – Anti-Dumping-Investigation Regarding Portland Cement from Mexico*, WTO-Dok., WT/DS60/AB/R, Rnr. 65.

66 So Goh/Ziegler, 6 (3) JIEL (2003), S. 545 (555).

67 Appellate Body Bericht, *Korea – Definitive Safeguard Measure on Imports of Certain Products*, WTO-Dok., WT/DS98/AB/R, Rnr. 81.

68 Panel Bericht, *EC – Regime for the Importation, Sale and Distribution of Bananas – Recourse by Ecuador*, WTO-Dok., WT/DS27/RW/ECU, Rnr. 6.105.

69 So Goh/Ziegler, 6 (3) JIEL (2003), S. 545 (555); s. auch die Position Australiens im Panel Compliance Bericht, *Australia – Producers and Exporters of Automotive Leather*, WTO-Dok., WT/DS126/R, Rnr. 6.30.

70 Panel Compliance Bericht, *Australia – Producers and Exporters of Automotive Leather*, WTO-Dok., WT/DS126/R, Rnr. 6.42; so differenzierte auch das Panel in dem Bericht *United States – Woven Wool Shirts and Blouses from India*, WTO-Dok., WT/DS33/R, Rnr. 3.4 zwischen der Terminologie des "*in Einklang Bringens*" und einer "*Rücknahme*"; s. dazu auch Grané, 4 JIEL (2001), S. 755 (761ff.).

Verweis auf die Auslegungen von Art. 19 Abs. 1 und Art. 3 Abs. 7 DSU ist zur Ablehnung einer retrospektiven Wirkung des Art. 4 Abs. 7 SCMA folglich nicht ausreichend.

Wiederum spricht bereits die bloße Existenz der Vorschriften im SCMA für eine von der allgemeinen Regel des Art. 19 Abs. 1 DSU abweichende Auslegung, da diese bei einer nicht von Art. 19 Abs. 1 DSU zu unterscheidenden Rechtsfolge überflüssig wären.[71] Nach dem von den Streitbeilegungsorganen anerkannten allgemeinen Rechtsgrundsatz des „*effet utile*" darf eine bestimmte Auslegung einer Regelung nicht zu deren Bedeutungslosigkeit im Vertragswerk führen.[72] Dem Begriff der Rücknahme würde ohne retrospektive Wirkung seine Bedeutung genommen, da sie sich mit der allgemeinen Vorschrift des DSU decken würde. Eine Rücknahme käme nur in Betracht, wenn sich die Subvention über den Zeitpunkt der DSB Rücknahmeentscheidung hinaus erstreckte. Wäre die Gewährung hingegen vor der Entscheidung abgeschlossen, würde eine Rückforderung ausscheiden.[73] Damit verlören die Regelungen des SCMA ihre eigenständige Bedeutung.[74]

Die Systematik der Vorschriften über die Umsetzung von Entscheidungen der Streitbeilegungsorgane im DSU und SCMA widerspricht also nicht einer die Subventionsrückforderung einschließenden Interpretation der Art. 4 Abs. 7 SCMA und Art. 7 Abs. 8 SCMA, sondern legt eine von der auf ex nunc Umsetzung begrenzten Regelung des Art. 19 Abs. 1 DSU abweichende Interpretation nahe, die der allgemeinen Regel des DSU gem. Art. 1 Abs. 2 DSU vorgeht.[75]

---

71 Panel Compliance Bericht, *Australia – Producers and Exporters of Automotive Leather*, WTO-Dok., WT/DS126/R, Rnr. 6.31.

72 Zum Grundsatz des effet utile bei der völkerrechtlichen Vertragsauslegung *Corfu Channel Case*, (1949) I.C.J. Reports, S. 24; *Territorial Dispute Case (Libyan Arab Jamahiriya v. Chad)*, (1994) I.C.J. Reports, S. 23; zum Grundsatz des effet utile in der WTO Streitbeilegung s. bereits Appellate Body Bericht, *United States – Standards for Reformulated and Conventional Gasoline*, WTO-Dok., WT/DS/AB/R2, S. 10; Appellate Body Bericht, *Japan – Taxes on Alcoholic Beverages*, WTO-Dok., WT/DS8/11, DS10/11, DS11/8, S. 12f.

73 Krmpotic, 33 Law & Pol. Int'l Bus. (2002), S. 653 (676); Panel Bericht, *Australia – Producers and Exporters of Automotive Leather*, WTO-Dok., WT/DS126/R, Rnr. 6.35-6.38.

74 S. Tietje, Current Developments under the SCMA, in: Tietje/Kraft/Sethe, Beiträge Transnat. WirtschaftsR., S. 13.

75 So auch der Appellate Body Bericht, *Brazil – Export Financing Programme for Aircraft*, WTO-Dok., WT/DS/46/ABR, Rnr. 191.

iv Systematik von Rücknahme und Gegenmaßnahme als parallel anwendbaren Rechtsfolgen im SCM Abkommen

Ein bisher in der Literatur nicht erörterter Problemkreis einer Subventionsrückforderung betrifft die Frage, ob eine Rückerstattungspflicht als Rechtsfolge des Streitbeilegungsverfahrens zu einem Wertungswiderspruch zwischen den beiden dem Beschwerdeführer zur Verfügung stehenden Reaktionsmöglichkeiten auf verbotene oder anfechtbare Subventionen führen würde. Denn wie bereits erläutert, steht einem WTO Mitglied neben der Durchführung eines Streitbeilegungsverfahrens die Möglichkeit eines nationalen Untersuchungsverfahrens offen. Beide Wege können parallel beschritten werden.[76] Die Ansicht des *Australia-Automotive Leather* Panels vorausgesetzt, wäre im Falle einer verbotenen Subvention die Rechtsfolge des ersten Weges eine vollständige Rückerstattungspflicht. Das nationale Untersuchungsverfahren als zweiter Weg sieht als Rechtsfolge nicht die Anordnung der Rücknahme der Subvention, sondern die Neutralisierung ihrer Auswirkungen durch Ausgleichszölle vor. Diese Ausgleichszölle können vom Beschwerdeführer grundsätzlich erst nach einem Beschluß der nationalen Behörden erhoben werden, der dem Abschluß eines den Vorgaben des Teil V des SCMA entsprechenden Untersuchungsverfahrens folgt.[77] Eine rückwirkende Erhebung von Ausgleichszöllen ist nur unter den Voraussetzungen des Art. 20 Abs. 6 SCMA möglich. Danach müssen hohe subventionierte Importe, die sowohl den Vorschriften des GATT 1994 als auch denen des SCMA widersprechen, innerhalb kurzer Zeit bereits eine schwer behebbare Schädigung auf dem Inlandsmarkt hervorgerufen haben und zukünftige derartige Schädigungen wahrscheinlich erscheinen lassen.[78] Liegen diese Erfordernisse vor, was nur bei Exportsubventionen der Fall sein dürfte,[79] ist die rückwirkende Anwendung der

---

[76] Fn 35 zu Art. 10 SCMA.

[77] Art. 19 SCMA; von Ausgleichszöllen sind vorläufige Maßnahmen zu unterscheiden, die bereits während der nationalen Untersuchung durch eine vorläufige Feststellung angewendet werden dürfen, die feststellt, daß eine Subvention vorliegt und ein inländischer Wirtschaftszweig dadurch geschädigt wird. Bei diesen vorläufigen Maßnahmen wird eine Sicherheitsleistung in Höhe der vorläufig berechneten Subvention erhoben, Art. 17 SCMA.

[78] Art. 20 Abs. 6 SCMA fehlt in der amtlichen deutschen Übersetzung. Er lautet: „*In critical circumstances where for the subsidized product in question the authorities find that injury which is difficult to repair is caused by massive imports in a relatively short period of a product benefiting from subsidies paid or bestowed inconsistently with the provisions of GATT 1994 and of this Agreement and where it is deemed necessary, in order to preclude the recurrence of such injury, to assess countervailing duties retroactively on those imports, the definitive countervailing duties may be assessed on imports which were entered for consumption not more than 90 days prior to the date of application of provisional measures.*"

[79] Vgl. Kuilwijk, World Trade Manual, S. 45.501, Rnr. 56-800.

Zölle auf 90 Tage beschränkt.[80] Dieser Rückwirkungstatbestand ist aus dem Subventionskodex 1979 übernommen und nicht wesentlich modifiziert worden.[81]
Da beide Reaktionsmöglichkeiten an die gleichen Voraussetzungen anknüpfen, sie parallel anwendbar sind und insoweit miteinander verwoben sind, als daß die Einhaltung der Vorschriften über Ausgleichszölle ihrerseits im Rahmen eines Streitbeilegungsverfahrens überwacht werden kann,[82] könnte es systematisch vorzugswürdig erscheinen, die hinter ihren Voraussetzungen und Rechtsfolgen stehenden Wertungen korrespondieren zu lassen. Dieses ist jedoch nicht der Fall, da das Streitbeilegungsverfahren in der Lesart von *Australia – Automotive Leather* eine Rückwirkung entfaltet, während ein nationales Untersuchungsverfahren nur unter bestimmten Voraussetzungen eine zeitlich begrenzte Rückwirkung vorsieht. Geht man also davon aus, daß Art. 4 Abs. 7 SCMA und Art. 7 Abs. 8 SCMA eine Rückforderung ermöglichen, wird die Symmetrie der beiden Sanktionsmechanismen gestört.
Grund dafür könnte die in den WTO Übereinkünften zum Ausdruck kommende Absicht zur Stärkung des Streitbeilegungsmechanismus sein,[83] indem die volle Rückwirkung nur bei Durchführung eines Streitbeilegungsverfahrens erzielt werden kann. In der Praxis dürfte das Gegenteil der Fall sein. Sieht sich der betroffene Staat im Falle der Nichtumsetzung der Rücknahmeentscheidung nicht

---

80 Art. 20 Abs. 6 SCMA.

81 Stewart, The Uruguay Round Vol IV, Annex II GATT Documents, Comparison of Subsidies and Countervailing Duties, Art. 20; im Gegensatz zur parallelen Vorschrift im Anti-Dumping Agreement ist Art. 20 Abs. 6 SCMA in seinen Voraussetzungen weniger präzise und daher in der Praxis weniger gut zu handhaben. Dieses zeigt sich auch in der Tatsache, daß die Voraussetzungen der Vorschrift bisher mangels Rechtsprechung nicht durch Auslegung präzisiert werden konnten, vgl. Didier, WTO Trade Instruments, S. 281; Vermulst/Graafma, WTO Disputes, S. 396.

82 Adamantopoulos/Pereyra-Friedrichsen, EU Anti-Subsidy Law, S. 28; Anderson/Husisian, Subsidies Agreement, in: Stewart, Multinational Trade Framework, S. 299 (325).

83 S. zur Stärkung des Streitbeilegungsverfahrens, Park/Panizzon, 5 (1) JIEL (2002), S. 221; Ohlhoff, EuZW 2002, S. 549; Hohmann, EuZW 2000, S. 421; Hohmann, RIW 2003, S. 352; Cameron/Campbell, Dispute Settlement in the WTO, S.28; Szodruch/Zoellner, 46 GYIL (2003), S. 675; zur Weiterentwicklung des Subventionsrecht durch das case law, Stewart/Dwyer, Handbook on WTO trade remedy disputes, S. 29ff., 162ff.; Ohlhoff, EuZW 2000, S. 645; Cunningham, 31 Law & Pol. Int'l Bus. (2000), S. 897; Clarke/Bourgeois/Horlick, Subsidies, in: Ortino/Petersmann, WTO Dispute Settlement, S. 353 (354ff.); Vermust/Graafma, WTO Disputes, S. 281ff.; Kuilwijk, World Trade Manual, Rnr. 52-000; zur Verrechtlichung des internationalen Wirtschaftsrechts im WTO Bereich, Nettesheim, Ordnungsformen des internationalen Wirtschaftsrechts, in: Classen/Dittmann/Fechner, et al., FS Oppermann, S. 381 (392f.).

mit entsprechenden Ausgleichszöllen konfrontiert,[84] müssen die Zölle als das „geringere Übel" erscheinen. Dieses ginge indes gerade zu Lasten der Durchsetzungskraft des Streitbelegungsmechanismus, so daß dessen Stärkung „gleichwertige Übel" für den WTO widrig handelnden Staat erfordert.

Führt diese mangelnde Symmetrie zwischen den beiden Alternativen der Reaktion auf anfechtbare bzw. verbotene Subventionen dazu, daß eine Rückwirkung der Entscheidung des Streitbeilegungsorgans zu verneinen ist? Wenngleich vertretbar, ist dieser Rückschluß m. E. verfrüht. Denn die Prämisse, daß Rücknahme und Gegenmaßnahme als die beiden Reaktionsmöglichkeiten auf eine rechtswidrige Subvention vollständig symmetrisch auszugestalten seien, wird an anderen Stellen des SCM Abkommens nicht bestätigt und der z. T. unterschiedlichen Natur der beiden Instrumente nicht gerecht.

Ein Beispiel für eine unterschiedliche Ausgestaltung der beiden Reaktionsmöglichkeiten ist die bereits erörterte „*de-minimis*" Schwelle.[85] Nach Art. 11 Abs. 9 SCMA sind Untersuchungen zur Feststellung einer anfechtbaren Subvention durch nationale Behörden zwecks Einführung eines Ausgleichszolls einzustellen, wenn die Subvention weniger als 1 % des Wertes der betreffenden Ware ausmacht. Dieser Schwellenwert kann nach der Entscheidung in *United States – Steel from Germany* nicht auf andere Bestimmungen des SCMA übertragen werden, um auf diesem Wege generell Subventionen von unter 1 % des Warenwertes von dem Subventionsrecht des SCMA auszunehmen.[86] Obwohl eine Ausgleichszolluntersuchung unterhalb dieses Schwellenwertes ausscheidet, ist die Einleitung eines Streitbeilegungsverfahrens mit dem Ziel der Rücknahmeverpflichtung weiterhin möglich. Nach der von *United States – Steel from Germany* gestützten Systematik existiert eine „*de-minimis*" Schwelle nur bei unilateralen Ausgleichszolluntersuchungen, nicht aber für Streitbeilegungsverfahren, so daß kein Gleichlauf der beiden Handlungsalternativen vorliegt.

Ein weiterer Grund gegen eine parallele Ausgestaltung von Rücknahmeverpflichtung und Gegenmaßnahmen sind deren unterschiedlichen Anwendungsbereiche. Es wurde bereits festgestellt, daß gegen nachteilige Auswirkungen einer Subvention durch Schädigung der heimischen Industrie auf einem Drittmarkt nur im Wege der Rücknahme, nicht jedoch durch Gegenmaßnahmen vorgegangen werden kann, da Gegenmaßnahmen des Heimatstaates der betroffenen Un-

---

84 Bei der Nichtumsetzung einer derartigen Entscheidung hat der Beschwerdeführer gem. Fn 35 zu Art. 10 die Wahl zwischen den Gegenmaßnahmen nach Art. 4 bzw. Art. 7 SCMA und den Ausgleichsmaßnahmen nach Art. 19 SCMA. Hier wird davon ausgegangen, daß sich der Beschwerdeführer für die Erhebung von Ausgleichszöllen entscheidet.

85 S. zum "*de-minimis*" Gedanken im SCM Abkommen auch oben S. 92.

86 Appellate Body Bericht, *United States – Steel Flat Products from Germany*, WTO-Dok., WT/DS213/AB/R, Rnr. 58ff.; s. dazu Meagher, 37 (2) JWT (2003), S. 417 (421ff.).

ternehmen nicht Störungen auf einem Drittmarkt entgegenwirken können.[87] Die Rücknahme ist gegenüber dem Ausgleichsansatz die systematisch überlegene Reaktion auf Subventionen. Gleiches gilt für den Bereich der Rückwirkung. Nur die Rücknahme mit rückwirkendem Charakter führt zum Entzug der Begünstigung. Dieses läßt sich zwar nicht mit der Wiederherstellung des status quo ante gleichsetzen,[88] stellt aber die praktisch beste Annäherung daran dar. Demgegenüber suchen Gegenmaßnahmen die Subvention mit einer weiteren Handelsbeschränkung zu kompensieren. Eine Berücksichtigung bereits erhaltener Subventionen hätte hier nur eine Erhöhung der Gegenmaßnahmen und damit weitere Handelsbeschränkungen zur Folge. Während die rückwirkende Entziehung von Subventionen die effektivste Möglichkeit der Durchsetzung internationalen Subventionsrechts ist, erscheint eine Ausweitung der Gegenmaßnahmen für das Ziel einer weiteren Liberalisierung kontraproduktiv. Die Weiterentwicklung einer Subventionsrechtsordnung bringt damit eine stärkere Gewichtung der Rücknahme gegenüber der die Subvention ausgleichenden Gegenmaßnahmen mit sich. Dieses mag in der Anwendung mitunter problematisch sein,[89] ist aber im Sinne der Fortentwicklung einer Subventionsdisziplin unausweichlich.
Die Forderung nach einer parallelen Ausgestaltung ist de lege ferenda zu unterstützen. Die Systematik des SCM Abkommens ist indes nicht konsequent auf einen Gleichlauf der beiden Handlungsalternativen gegen Subventionen ausgerichtet, so daß daraus kein Argument gegen eine Rückforderung von Subventionen hergeleitet werden kann.

v Zwischenergebnis

Zusammenfassend ist festzustellen, daß sowohl der Wortlaut als auch teleologische und systematische Gründe für eine Auslegung des Rückforderungsbegriffs sprechen, der eine Rückforderung von Subventionen mit einbezieht. Der Begriff der Rücknahme wird im Folgenden daher einheitlich für das Beihilfenrecht und das WTO Subventionsrecht verwendet.

3. Der finanzielle Beitrag und der damit einhergehende Vorteil als Anknüpfungspunkte zur Bestimmung der Höhe der Rücknahme

Zur Rücknahme der Subvention ist deren Höhe zu bestimmen. Die Höhe der Subvention richtet sich in beiden Rechtsordnungen nach dem aus der staatlichen Leistung folgenden Vorteil. Die Höhe des Vorteils wurde in den Ausführungen zum Vorteilsbegriff nicht bestimmt, da bereits die Existenz eines Vorteils zur

---

87 S. oben S. 231.

88 S. zur Unterscheidung zwischen Vorteilsentzug und Wiederherstellung des Wettbewerbs oben im Zusammenhang mit dem Beihilfenrecht S. 234; zu diesem Runkt im WTO Recht, Mavroidis, EJIL (2000), S. 763 (776).

89 Vgl. zu den Kritikpunkten Langer, Internationale Wirtschaftsverfassung, S.264ff.

Annahme der Subventionseigenschaft ausreicht.[90] Die Bestimmung der Höhe des Vorteils baut auf der Feststellung des selbigen auf, so daß die dort vorgenommene Systematisierung fortgeführt wird.
Nach ständiger Rechtsprechung des EuGH obliegt es nicht der Kommission in ihrer Entscheidung den genauen Betrag der Beihilfe festzustellen. Es ist ausreichend, wenn dieser aufgrund der Entscheidung bestimmbar ist und vom Mitgliedstaat ohne übermäßige Schwierigkeiten festgestellt werden kann.[91] Die Kommission beschränkt sich darauf, festzulegen wie der Betrag zu bestimmen ist. Diese Methode hat hinreichend präzise zu sein und darf dem Mitgliedstaat kein Ermessen lassen.[92] Die Pflicht zur Berechnung des zurückzufordernden Betrages folgt für den Mitgliedstaat aus der Pflicht zur loyalen Zusammenarbeit nach Art. 10 EG.[93]
In gleichem Maße wie die Frage der Rückwirkung einer Rücknahmeentscheidung, muß im WTO Recht die Bestimmung der Subventionshöhe als offen bezeichnet werden. Denn da die Bestimmung der Höhe der bereits erhaltenen Subvention nur für den Fall einer rückwirkenden Entscheidung der Streitbeilegungsorgane relevant ist, ist auch die Entscheidungspraxis zur Frage der Subventionshöhe geteilt. So bestimmt das Streitbeilegungsorgan bei Entscheidungen mit ex nunc Wirkung lediglich einen Zeitrahmen, innerhalb dessen die Entscheidung umzusetzen ist.[94] Im Fall *Australia – Automotive Leather* bestimmte das Panel hingegen den zurückzunehmenden Betrag.[95]

a. Der Markt als Parameter zur Berechnung des Vorteils

Zur Bestimmung der Höhe einer Beihilfe ist auf den *market economy investor* Test zurückzugreifen. Besteht der finanzielle Beitrag in der Zahlung oder Nichterhebung eines bestimmten Betrages, besteht der Vorteil in der Differenz zwischen den am Markt erhältlichen Konditionen und den vereinbarten Konditionen. Die Höhe der Begünstigung läßt sich so exakt berechnen. Es ist nicht erforderlich, die finanzielle Transaktion, deren begünstigender Charakter sie zu einer Subvention macht, quasi spiegelbildlich rückgängig zu machen.[96] Die Rück-

---

90 S. dazu oben S. 93.

91 EuGH, Rs. 102/87, *Fond Industriel de Modernisation*, Slg. 1988, 4067, Rnr. 32f.; EuGH, Rs. C-480/98, *Magefesa*, Slg. 2000, I-8717, Rnr. 25; EuGH, Rs. C-404/97, *Kommission/Portugal*, Slg. 2000, I-4897, Rnr. 41ff.; EuG, Rs. T-358/94, *Air France*, Slg. 1996, II-2109, Rnr. 165; EuG, Rs. T-67/94, *Ladbroke Racing*, Slg. 1998, II-1, Rnr. 187ff.

92 Heidenhain - Sinnaeve, § 34, Rnr. 19.

93 EuGH, C- 382/99, *Niederlande/Kommission*, Slg. 2002, I-5163, Rnr. 91.

94 S. dazu unten S. 251.

95 Panel Compliance Bericht, *Australia – Producers and Exporters of Automotive Leather*, WTO-Dok., WT/DS126/RW, Rnr. 6.43ff.

96 Vgl. Seidel, Auswirkungen des Beihilferechts, S. 76.

nahme beschränkt sich auf die Differenz zwischen für den finanziellen Beitrag gezahlten und dafür marktüblichen Betrag.[97] In diesem Fall stellt die Berechnung der Höhe des Vorteils also keine Schwierigkeit dar.

Der *market economy investor* Test führt nicht in allen Fallkonstellationen zu einer derart exakten Feststellung des Vorteils, was auch Folgen für die Bestimmung der Vorteilshöhe mit sich bringt. Nimmt der Staat selbst als Unternehmer am Marktgeschehen teil, indem er sich durch eine Eigenkapitalzufuhr an einem Unternehmen beteiligt, stufen beide Rechtsordnungen diese Beteiligung als subventionsrechtlichen Vorteil ein, wenn die Kosten der Beteiligung ihren Wert übersteigen und keinerlei strategische subjektive Ziele in den Investitionsplänen erkennbar sind. Die Schwierigkeit des *market economy investor* Tests besteht hier in der korrekten Evaluierung dieser subjektiven Ziele.[98] Die Höhe des Vorteils erschöpft sich nicht in der Differenz zwischen Wert der Beteiligung und Kosten für die öffentliche Hand, sondern zeigt sich in positiven Effekten, wie z. B. günstigeren Refinanzierungsmöglichkeiten. Dabei ist die Vielzahl der (zukünftigen) Reaktionen des Marktes auf das Engagement des Staates wertmäßig nicht zu beziffern. Ein Ausgleich der Differenz zwischen seitens des Staates gezahltem Preis und Marktpreis analog zum obigen Beispiel würde die Wettbewerbsbeeinflussung nicht vollständig beseitigen. Eine Kompensierung des Vorteils ist nicht möglich, da dieser nicht bezifferbar ist. Im Beihilfenrecht ist aus diesem Grund anerkannt, daß der (fortdauernde) Vorteil in derartigen Fällen nur entzogen werden kann, indem die gesamte staatliche Maßnahme rückabgewickelt wird, d.h. das eingebrachte Kapital zurückgezahlt wird.[99]

Gleiches muß für das WTO Subventionsrecht gelten. Denn gelten staatliche Investitionsentscheidungen, die der üblichen Investitionspraxis privater Investoren widersprechen, als subventionsrechtliche Vorteile und sind diese zurückzunehmen, bietet auch das WTO Subventionsrecht keine Handhabe, diesen Vorteil exakt zu estimieren, so daß zur Eliminierung des Vorteils nur die Rückgängigmachung des Geschäfts der öffentlichen Hand bleibt.

Dort wo der *market economy investor* Test an seine Grenzen stößt, da sich unternehmerische Entscheidungen nur begrenzt am Reißbrett nachzeichnen lassen, kann die Gesamthöhe der Vorteile im Falle staatlichen Handels nicht exakt be-

---

97 EuG, Rs. T 16/96, *Cityflyer Express*, Slg. 1998, II-757, Rnr. 88f.; Schohe/Arhold, EStAL 2002, S. 33 (76) sprechen in diesem Zusammenhang vom Regelfall der Vorteilsberechnung.

98 Vgl. Art. 14 a) SCMA und Mitteilung der Kommission ABl. 1993 C 307/3, Anwendung der Art. 92 und 93 EWG Vertrag und des Art. 5 der Kommissionsrichtlinie 80/723/EWG über öffentliche Unternehmen in der verarbeitenden Industrie", S. 12.; Schlußanträge des GA van Gerven, Rs. C-303/88, *ENI/Lanerossi*, Slg. 1991, I-1451, Rnr.14ff.; s. dazu oben S. 96.

99 S. dazu auch Seidel, Auswirkungen des Beihilferechts, S. 76.

stimmt werden, so daß die Maßnahme als solche zurückzunehmen ist. Insofern führen die oben analysierten Unzulänglichkeiten des *market economy investor* Tests zu einer Rücknahme des gesamten finanziellen Beitrags im Gegensatz zur grundsätzlich ausreichenden Rücknahme des daraus resultierenden Vorteils.

b. Nationales Recht als Parameter zur Berechnung des Vorteils

Im Beihilfenrecht gewähren mitgliedstaatliche Vorschriften einen Vorteil, wenn sie sich nicht als Ausdifferenzierung einer dem System oder dem inneren Aufbau der jeweiligen Rechtsmaterie, zumeist des Steuerrechts, folgenden Grundentscheidung des Gesetzgebers darstellen, sondern bestimmte Unternehmen oder Wirtschaftszweige begünstigen. Die Schwierigkeit besteht darin, diese Grundentscheidungen herauszuarbeiten.[100] Im vorliegenden Zusammenhang ist dieses Problem bereits gelöst, da zur Bestimmung der Rechtsfolgen eine Beihilfe vorliegen muß und daher bereits der Vorteil bejaht worden sein muß. Sind gesetzgeberische Grundentscheidung und davon abweichende spezifisch begünstigende Vorschrift identifiziert, läßt sich die Höhe dieser Begünstigung durch die Differenz zwischen der aufgrund dieser Regelung bestehenden Belastung und der aus den Grundentscheidungen folgenden berechnen. Die Problematik der Feststellung des Vorteils setzt sich ergo bei der Bestimmung dessen Höhe nicht fort.
Gleiches gilt im WTO Subventionsrecht. Dieses ermittelt Begünstigungen in steuerrechtlichen Vorschriften, indem es Sachverhalte bildet, die dem unter die in Rede stehende Vorschrift fallenden Sachverhalt inhaltlich vergleichbar sind. Erweist sich die rechtliche Bewertung dieser Fallkonstellationen insoweit als unterschiedlich, als daß die in Rede stehende Vorschrift den vergleichbaren Sachverhalt für die jeweils betroffenen Unternehmen oder Wirtschaftszweige günstiger regelt, stellt sie einen spezifischen Vorteil im Sinne des Subventionsbegriffs dar.[101] Das zur Feststellung des Vorteils korrekte Vergleichspaar herauszuarbeiten, bereitet auch mit dieser Methodik Schwierigkeiten.[102] Die Verpflichtung zur Rücknahme setzt die Subventionseigenschaft der staatlichen Maßnahme voraus, so daß deren begünstigender Charakter bereits bejaht worden sein muß und der in Rede stehenden Vorschrift ein geeigneter Vergleichssachverhalt gegenüber gestellt wird. Wie im Beihilfenrecht läßt sich die Höhe der Subvention durch die Differenz der den Unternehmen auferlegten Belastungen innerhalb dieses Vergleichspaars berechnen.
Im Gegensatz zu den Ausführungen zum *market economy investor* Test, spiegeln sich die Probleme im Rahmen der Feststellung eines Vorteils nicht wieder. Ist eine Begünstigung bejaht, läßt sich auch deren Höhe bestimmen.

---

[100] S. dazu oben S. 107ff.

[101] Appellate Body Compliance Bericht, *United States – Tax Treatment for Foreign Sales Corporations,* WTO-Dok., WT/DS108/ABRW, Rnr. 90f.

[102] S. oben S. 114.

c. Die Berechnung des Vorteils bei mittelbaren Subventionen

In beiden Subventionsrechtsordnungen sind grundsätzlich auch mittelbar erlangte Begünstigungen subventionsrechtlich relevant.[103] Die Bestimmung der Höhe der Subvention kann nicht nach dem oben angewandten Muster erfolgen. Bisher wurde die Höhe der Subvention anhand des dem Empfänger der staatlichen Leistung erwachsenen Vorteils bestimmt. Die staatliche Leistung wurde zu diesem Zweck mit einer auf dem Markt zu erlangenden bzw. nach nationalem Recht zu entrichtenden Leistung verglichen. Ein mittelbarer Vorteil besteht indes nicht in der Höhe der durch die staatliche Leistung hervorgerufenen Begünstigung, sondern lediglich in dem Maße, in dem der Empfänger dieser staatlichen Leistung die Begünstigung an den Dritten weitergegeben hat. War im Rahmen des Subventionsbegriffs festzustellen, daß die Begünstigung weitergegeben worden ist, ist nunmehr zu berechnen, in welcher Höhe dieses geschehen ist.

Im Beihilfenrecht ist dieses problematisch, da die Kommission bei der Untersuchung von Förderprogrammen den Schritt der Feststellung einer weitergegebenen Begünstigung dadurch vereinfacht, daß sie die rechtliche Ausgestaltung oder faktische Wirkung staatlicher Leistungen abstrakt auf eine Gewährung mittelbarer wirtschaftlicher Vorteile für bestimmte Unternehmen oder Produktionszweige prüft. Ist dies der Fall, wird bei darauf beruhenden Maßnahmen vom Vorliegen eines Vorteils ausgegangen.[104] Es wird mithin von der Geeignetheit staatlicher Förderprogramme mittelbare Vorteile hervorzurufen auf deren potentielles Vorliegen geschlossen. Ist eine mittelbare Begünstigung nicht konkret festgestellt worden, kann auch deren Höhe nicht berechnet werden. Diese bereits oben kritisierte konturlose Ausdehnung des Beihilfentatbestandes widerspricht damit der Systematik des Beihilfenrechts. Staatlichen Maßnahmen wird ein Beihilfencharakter attestiert, die konkrete Höhe der Begünstigung bei Dritten wird jedoch nicht dargelegt, was deren Rücknahme erschwert. Erst das Erfordernis der Berechnung des Vorteils verdeutlicht, warum sich im Rahmen des Tatbestands der Beihilfe Vermutungsregeln an Stelle konkreter Darlegungen verbieten.

Demgegenüber verlangt das WTO Subventionsrecht, wie erläutert, den konkreten Nachweis eines Vorteils bei Dritten. Es muß also z. B. festgestellt werden, daß die Nachfrage nach Waren des Empfängers durch einen aufgrund der Subvention unterhalb des Marktniveaus liegenden Preises angestiegen ist und die Nachfrager damit einen mittelbaren Vorteil erlangt haben.[105] Die Höhe der Subvention besteht in der Differenz zum Marktpreis. Durch eine derartige Begren-

---

[103] S. oben S. 115ff.

[104] S. oben S. 125; EuGH Rs. 248/84, *Deutschland/Kommission*, Slg. 1987, 4013, Rnr. 18; Entscheidung der Kommission, ABl. EG L 212/50, S. 53.

[105] S. oben S. 120ff.; Panel Bericht, *United States – Softwood Lumber from Canada*, WTO-Dok., WT/DS236R, Rnr. 7.71.

zung bei der Erfassung mittelbarer Vorteile lassen sich die im Beihilfenrecht festgestellten Probleme umgehen.

4. Zeitrahmen für die Rücknahme

a. Beihilfenrecht

Die Rückforderung einer Beihilfe setzt gemäß Art. 88 Abs. 2 EG eine Entscheidung der Kommission voraus, die eine Frist zur Umsetzung derselben enthält. Nunmehr legt Art. 14 der Verfahrensverordnung[106] fest, daß die Rückforderung unverzüglich zu erfolgen hat. Zu diesem Zweck unternehmen die jeweiligen Mitgliedstaaten im Falle eines Verfahrens vor nationalen Gerichten unbeschadet des Gemeinschaftsrechts alle in ihren jeweiligen Rechtsordnungen verfügbaren erforderlichen Schritte einschließlich vorläufiger Maßnahmen.

b. WTO Subventionsrecht

Die Umsetzungspflicht entsteht mit der Annahme des Panel bzw. Appellate Body Berichts durch den DSB. Innerhalb welcher Zeit die Entscheidung umzusetzen ist, wird in den beiden relevanten Vorschriften des SCM Abkommens unterschiedlich gehandhabt. Art. 7 Abs. 8 SCMA enthält keine zeitlichen Vorgaben für die Umsetzung, mit der Folge, daß die allgemeine Vorschrift des Art. 21 Abs. 3 DSU greift, der dem betreffenden Mitglied "*reasonable period of time*" einräumt, um die Entscheidung umzusetzen.[107] Dieser angemessene Zeitraum bemißt sich danach, wie schnell das betreffende Mitglied in der Lage ist, die Entscheidung umzusetzen. Vorrang wird dabei einer Vereinbarung der Streitparteien eingeräumt. Kommt eine solche nicht zustande, entscheidet ein bindendes Schiedsverfahren.[108] In der Praxis sind eine Reihe von derartigen Vereinbarungen getroffen worden, die Umsetzungsfristen zwischen acht und fünfzehn Monaten beinhalten.[109] Diese vereinbarten Fristen orientieren sich an dem Rahmen, der bei Scheitern der Vereinbarung im Schiedsverfahren zur Ver-

---

106 Verordnung (EG) des Rates, ABl. EG 1999, L 83/1, Besondere Vorschriften über die Anwendung des Art. 93 EG.

107 S. zum Begriff der „*reasonable period of time*“, Gleason/Walther, 31 Law & Policy Int'l Bus. S. 709 (715) (2000).

108 Art. 21 Abs. 3 a)-c) DSU.

109 S. Status Bericht Kanadas im Fall *Canada – Certain Measures affecting Periodicals*, WT/DS31/9: 15 Monate; Status Bericht Indiens im Fall *India – Patent Protection for Pharmaceutical and Agricultural Chemical Products*, WT/DS50/10: 15 Monate; Mitteilung der EG und Brasliens im Fall, *EC – Measures affecting Importation of certain Poultry Products*, WT/DS/69/9: 8,5 Monate; Mitteilung Argentiniens im Fall, *Argentina – Certain Measures Affecting Imorts of Footwear, textiles, Apparel and Other Items*, WT/DS56/14: 8 Monate.

fügung stehen würde.[110] Danach sollte die Frist fünfzehn Monate ab Annahme des Berichts nicht überschreiten, kann jedoch in Anbetracht besonderer Umstände verkürzt oder verlängert werden.[111] Im Fall des Art. 7 Abs. 8 SCMA wurde die Umsetzungsfrist im Fall *Indonesia – Automobiles*[112] auf zwölf Monate festgelegt. Zwar war der Schiedsrichter der Ansicht, daß Indonesien zu einer Umsetzung binnen sechs Monaten in der Lage sei, das Entwicklungsländerprivileg des Art. 21 Abs. 2 DSU führte indes zu einer Verlängerung.[113]
Demgegenüber besagt Art. 4 Abs. 7 SCMA, daß die erforderliche Rücknahme "*without delay*" zu erfolgen hat.[114] Es wird mithin kein bestimmter Zeitrahmen vorgegeben, sondern es steht im Ermessen des Panels in jedem einzelnen Fall festzulegen, innerhalb welcher Zeit eine Umsetzung der Entscheidung zu erfolgen hat.[115] Die Begrifflichkeit „*without delay*" wird dabei als unverzüglich, d.h. ohne schuldhaftes Zögern, interpretiert.[116] Bei der Bestimmung des jeweiligen Zeitrahmens haben die Panel ihr Ermessen dergestalt ausgeübt, daß sie die von den unterlegenen Beschwerdegegnern zur Umsetzung der Entscheidung erforderlichen Maßnahmen berücksichtigt haben. So wird zwischen Entscheidungen differenziert, die durch administrative Maßnahmen umgesetzt werden können, und solchen, die nur im Rahmen eines Gesetzgebungsverfahrens zu verwirklichen sind.[117] In ersteren Fällen ist die Umsetzungsfrist durchgehend auf neunzig Tage beginnend mit dem Tag der Annahme der (Berufungs-) Entscheidung[118]

---

[110] Stoll/Steinmann, 3 UNYB (1999), S. 407 (412).

[111] Art. 21 Abs. 3 c) DSU.

[112] Panel Bericht, *Indonesia – Measures Affecting the Automobile Industry*, WTO-Dok., WT/DS54, 55, 59, 64/R.

[113] S. Bericht des Schiedsrichters, *Indonesia – Measures Affecting the Automobile Industry*, WTO-Dok., WT/DS54/15, WT/DS55/14, 59/13, 64/12, Rnr. 25.

[114] Diese beiden Formulierungen in Art. 4 Abs. 7 SCMA und Art. 21 Abs. 3 DSU sind nicht nur unterschiedlich, sondern können zu einem Konflikt im Sinne des Art. 1 Abs. 2 DSU führen, da Art. 4 Abs. 7 SCMA eine kürzere Umsetzungsfrist zur Folge hat (s. Bericht des Schiedsrichters, *Canada – Measures affecting the Automotive Industry*, WTO-Dok., WT/DS/139/12, 142/12, Rnr. 53). Diese geht Art. 21.3 DSU bei Verfahren nach Art. 4 SCMA vor, s. Appellate Body Bericht, *Brazil – Export Financing Programme for Aircraft*, WTO-Dok., WT/DS/46/ABR, Rnr. 11.6.

[115] Panel Bericht, *Canada –Measures Affecting the Export of Civilian Aircraft*, WTO-Dok., WT/DS70/R, Rnr. 10.4.

[116] Panel Bericht, *Canada – Certain Measures affecting the Automotive Industry*, WTO-Dok., WT/DS 139R, Rnr. 11.6.

[117] Panel Bericht, *Canada – Certain Measures affecting the Automotive Industry*, WTO-Dok., WT/DS 139R, Rnr. 11.7; s. auch Rosas, 4 JIEL (2001), S. 131 (135).

[118] Art. 4 Abs. 10 SCMA.

festgelegt worden.[119] Im Gegensatz zur Bestimmung des angemessenen Zeitraums nach Art. 21 Abs. 3 DSU[120] bleiben im Rahmen des Art. 4 Abs. 7 SCMA die Auswirkungen der zurückzunehmenden Subvention und die erforderliche Zeit zu einer etwaigen Umgestaltung der Maßnahme unberücksichtigt.[121] Sind gesetzgeberische Maßnahmen erforderlich, hat das Panel im *Foreign Sales Corporations* Fall den USA ein Jahr zur Umsetzung der Entscheidung eingeräumt.[122]

5. Grenzen der Rücknahmeverpflichtung

Nach Art. 14 Abs. 1 S. 2 Verfahrensverordnung verlangt die Kommission die Rückforderung einer Beihilfe, wenn dieses gegen einen allgemeinen Grundsatz des Gemeinschaftsrechts verstoßen würde. Zu den im Rahmen der Rückforderung relevanten gemeinschaftsrechtlichen Prinzipien zählen der Schutz berechtigten Vertrauens[123] sowie der Grundsatz des *„impossibilum nulla est obligatio"*.[124]

Die Frage, inwieweit gegen die Rückforderung einer Subvention der Schutz berechtigten Vertrauens auf Seiten des Subventionsempfängers oder die Unmöglichkeit einer Rücknahme eingewendet werden kann, wird im WTO Recht erst

---

[119] Panel Bericht, *Australia – Producers and Exporters of Automotive Leather*, WTO-Dok., WT/DS126/R, Rnr. 10.7; Panel Bericht, *Brazil- Export Financing programme for Aircraft*, WTO-Dok., WT/DS46/R, Rnr. 8.5; Panel Bericht, *Canada –Measures Affecting the Export of Civilian Aircraft*, WTO-Dok., WT/DS70/R, Rnr. 10.4; Panel Bericht, *Canada – Certain Measures affecting the Automotive Industry*, WTO-Dok., WT/DS 139R, Rnr. 11.7.

[120] Monnier, JWT 35 (5) 825, 841 (2001).

[121] Panel Bericht, *Canada – Certain Measures affecting the Automotive Industry*, WTO-Dok., WT/DS 139R, Rnr. 11.6.

[122] Dabei legte das Panel jedoch Art. 4 Abs. 7, Art. 4 Abs. 10 SCMA keine Umsetzungsfrist beginnend mit der Annahme der endgültigen Entscheidung fest, sondern benannte ein konkretes Datum, Panel Bericht, *United States – Tax Treatment for Foreign Sales Corporations*", WTO-Dok., WT/DS108R, Rnr. 8.8) In Anbetracht der Möglichkeit einer Revision und der nicht ex ante bestimmbaren Dauer bis zur Annahme ist dieses Vorgehen nicht mit Art. 4 Abs. 7, Art. 4 Abs. 10 SCMA vereinbar, s. Monnier, 33 JWT (2001), S. 825 (832).

[123] Vgl. EuGH, Rs. 1/73, *Westzucker*, Slg. 1973, 723, Rnr. 5ff.; EuGH, Rs. 223/85, *RSV*, Slg. 1987, 4617, Rnr. 17; Geiss, Rechtsstaatliche Grundsätze, S. 166ff.; Borchardt, Vertrauensschutz, S. 60ff.; Heidenhain - Quardt, § 51 Rnr. 2; Gornig/Trüe, JZ 2000, S. 501(503).

[124] EuGH, Rs. C-75/97, *Maribel*, Slg. 1999, I-3671, Rnr. 86; EuGH, Rs. C-5/89, *BUG/Alutechnik*, Slg. 1990, I-3437, Rnr. 18; EuGH, Rs. C-261/99, *Kommission/Frankreich*, Slg. 2001, I-2537, Rnr. 23; EuGH, Rs. C-404/97, *Kommission/Portugal*, Slg. 2000, I-4897, Rnr. 22ff.; EuGH, Rs. C-350/93, *Kommission/Italien*, Slg. 1995, I-699, Rnr. 16.

vereinzelt diskutiert und ist weitgehend ungeklärt.[125] Dieser Umstand läßt sich nicht damit begründen, daß diese Frage nur bei der in der Literatur größtenteils abgelehnten Rückwirkung von DSB Entscheidungen relevant wäre. Vielmehr können Vertrauensschutz und Unmöglichkeit auch einer als Einstellung der Subventionspraxis verstandenen Rücknahme entgegengehalten werden. Ist die Subventionsvergabe einzustellen, dürfen zukünftig keine Subventionen mehr gewährt werden. Der Staat kann sich indes gegenüber dem Empfänger bereits zu Leistungen verpflichtet haben, die erst nach Annahme der diesbezüglichen Entscheidung des Streitbeilegungsorgans fällig werden.[126] Dazu darf die (vertragliche) Verpflichtung nicht bereits ihrerseits als „*Leistung einer finanziellen Beihilfe*" im Sinne des Art. 1 SCMA gelten. Denn damit läge ein in sich abgeschlossener Sachverhalt vor, der vom Verbot der rückwirkenden Erfassung von Sachverhalten eingeschlossen würde. Hier wird zwischen den Formen staatlicher Leistungen zu differenzieren sein. Bei einem direkten Transfer von Geldern (z. B. Zuschüsse, Kredite oder Kapitalzufuhren) liegt eine Leistung einer finanziellen Beihilfe erst zum Zeitpunkt des Transfers vor, so daß Verpflichtungen auf zukünftige Zahlungen noch keine Subvention im Sinne eines direkten Transfers von Geldern nach Art. 1 Abs. 1 a) Nr. 1 i) SCMA darstellen. Lediglich bei einem potentiellen direkten Transfer von Geldern oder Verbindlichkeiten (z.B. Kreditbürgschaften) fehlt es mitunter an einem solchen Transfer, da dieser nur bei Eintritt bestimmter Tatsachen zugesichert wird. Somit stellt bereits die Verpflichtung zur Leistung die eigentliche finanzielle Beihilfe dar.[127] Eine Einstellung der Subventionsvergabe erfaßt diese Sachverhalte nicht, so daß auch potentielle Einwendungen nicht zu diskutieren sind. Demgegenüber können Einwendungen des Vertrauensschutzes und der Unmöglichkeit bei einer auf eine ex nunc Wirkung begrenzten Auslegung des Rücknahmebegriffs immer relevant sein, wenn nicht eine bereits geleistete einmalige Zahlung, sondern ein laufendes Subventionsprogramm, das einen direkten Transfer von Geldern vorsieht, erfolgreich vor den Streitschlichtungsorganen angegriffen wird. Damit ist der Einwand des Vertrauensschutzes und der Unmöglichkeit unabhängig von der Auslegung des Begriffs der Rücknahme von Bedeutung.

---

[125] S. zum Vertrauensschutz im Subventionsrecht nur Robra, Internationale Besteuerung, in: Tietje/Kraft/Sethe, Beiträge Transnat. WirtschaftsR., S. 44; Tietje, Current Developments under the SCMA, in: Tietje/Kraft/Sethe, Beiträge Transnat. WirtschaftsR., S. 15; demgegenüber findet die Diskussion der Einführung eines Grundsatzes des „*good faith*" in das WTO Recht größere Anmerksamkeit, s. dazu unten S. 257ff.

[126] So in den folgenden Fallkonstellationen, Appellate Body Bericht, *Brazil – Export Financing Programme for Aircraft*, WTO-Dok., WT/DS46/AB/R; Panel Bericht, *Australia- Automotive Leather* WT/DS126/R; Panel Bericht, *Canada – Export Credits and Loan Guarantees for Regional Aircraft*, WT/DS222/R.

[127] So auch Grave, Begriff der Subvention, S. 127f.

a. Vertrauensschutz

i Beihilfenrecht

Das Vertrauen auf die Rechtmäßigkeit der Beihilfe ist nicht bereits berechtigt, wenn nationales Recht der Mitgliedstaaten einer Rückforderung entgegensteht. Nach ständiger Rechtsprechung des EuGH darf das nationale Recht die gemeinschaftsrechtlich gebotene Rückforderung nicht vereiteln. Andernfalls könne die praktische Durchsetzung des Gemeinschaftsrechts nicht sichergestellt werden.[128] Problematisch erscheint diese pauschale Irrelevanz nationaler Regelungen insbesondere im Fall gesetzlicher Belastungsminderungen, da die Interpretierbarkeit der Voraussetzungen für deren Beihilfencharakter eine vorherige Einschätzung erheblich erschwert.[129] Zudem kann die rückwirkende Belastung in den Mitgliedstaaten verfassungsrechtlich untersagt sein.[130] Der Ansicht, in derartigen Fällen dem Vertrauensschutz Vorrang einzuräumen,[131] ist der Gerichtshof mit der formelhaften Begründung entgegengetreten, nationale Vorschriften dürften eine Rückforderung nicht praktisch unmöglich machen, der Mitgliedstaat habe nach verfassungsrechtlich zulässigen Wegen zu suchen.[132]

Aus diesem Effizienzgebot leitet der EuGH ferner ab, daß das Handeln der mitgliedstaatlichen Behörden für den Beihilfenempfänger keinen Vertrauenstatbestand setzen könne. Denn erwachse nach nationalem Recht z. B. ein rechtswidriger Zuwendungsbescheid nach einer bestimmten Frist in Bestandskraft und könne deshalb nicht zurückgefordert werden, könne durch bewußtes Verstreichenlassen der Frist durch die nationale Behörde die Rückforderung der Beihilfe umgangen werden.[133] Dem Empfänger als *„sorgfältigen Gewerbetreibenden“* sei es zumutbar, sich selbst über die Einhaltung des beihilfenrechtlichen Verwaltungsverfahrens zu vergewissern, ohne das die Beihilfe nach Art. 88 Abs. 3 S. 3 EG nicht gewährt werden darf. Nur ein ordnungsgemäßes Beihilfenverfahren mit abschließender Entscheidung der Kommission kann einen Vertrauenstatbestand setzen. Ist eine Beihilfe entgegen diesem Durchführungsverbots nach Art. 88 Abs. 3 S. 3 EG gewährt worden, scheidet ein Vertrauensschutz aus.[134]

---

[128] EuGH, Rs. C-142/87, *Tubemeuse*, Slg. 1990, I-959 Rnr. 61; EuGH, Rs. C-24/95, *Alcan Deutschland*, Slg. 1997, I-1591, Rnr. 24.

[129] S. dazu oben S. 107ff..

[130] So die Argumentation Griechenlands in EuGH, Rs. C-183/91, *Kommission/Griechenland*, Slg. 1993, I-3131, Rnr. 11.

[131] So Koenig/Kühling/Ritter, EG-Beihilfenrecht, S. 229.

[132] EuGH, Rs. C-183/91, *Kommission/Griechenland*, Slg. 1993, I-3131, Rnr. 14ff.

[133] EuGH, Rs. C-24/95, *Alcan Deutschland*, Slg. 1997, I-1591, Rnr. 37.

[134] EuGH, Rs. C-24/95, *Alcan Deutschland*, Slg. 1997, I-1591, Rnr. 25; EuGH, Rs. C-5/89, *BUG-Alutechnik*, Slg. 1990, I-3437, Rnr. 14f.; EuGH, Rs. C-169/95, *Spanien/Kommission*, Slg. 1997, I-135, Rnr. 51; EuG, verb. Rs. T-126/96 und 127/96, *BMF und EFIM*, Slg.

Offen hat der Gerichtshof bislang gelassen, wie sich der Empfänger über die Rechtmäßigkeit des Beihilfeverfahrens zu vergewissern hat. Dabei werden die nationalen Behörden als Informationsquelle nicht ausreichen können, da gerade ihr Handeln im Beihilfeverfahren überprüft werden soll.[135] Letztlich kommt nur ein Verhalten der Kommission in Betracht, das einen Vertrauenstatbestand im Hinblick auf die Rechtmäßigkeit der Beihilfe setzen kann.[136] Welcher Gestalt das Verhalten der Kommission zu sein hat, um einen Vertrauensschutz zu begründen, ist nicht abschließend geklärt. Weder ein einfaches Schreiben der Generaldirektion Wettbewerb noch eine Stellungnahme eines Kommissionsmitglieds, die nicht auf dem Dienstweg über die nationalen Behörden übermittelt worden ist, sind als vertrauensbildend eingestuft worden.[137] Eine vorherige Entscheidung der Kommission, es handele sich bei der betreffenden Maßnahme nicht um eine Beihilfe,[138] sowie eine Antwort im Namen der Kommission auf eine Anfrage eines Europaabgeordneten[139] wurden demgegenüber als vertrauensbildend angesehen. Dieses ist für den Beihilfeempfänger insoweit von wenig Nutzen, als die Kommunikation in beihilfenrechtlichen Verfahrensfragen auf die Kommission und den Mitgliedstaat beschränkt ist, und dem Empfänger keinerlei Informationsrechte zustehen.[140]

Zusammenfassend kann festgestellt werden, daß die Relevanz des Schutzes berechtigten Vertrauens als Grundsatz des Gemeinschaftsrechts weitestgehend ausgehöhlt wurde. Der Empfänger muß sich selbst der gemeinschaftlichen Rechtmäßigkeit der Beihilfenvergabe vergewissern. Es sind weder Regelungen des mitgliedstaatlichen Rechts noch einzelne Verfahrenshandlungen vertrauensbildend, sondern nur die abschließende Entscheidung der Kommission. Dazu muß aber nicht der Grundsatz des Schutzes berechtigen Vertrauens herangezo-

---

1998, II-3437, Rnr.; EuG, Rs. T-298/97 u.a., *Alzetta Mauro*, Slg. 2000, II-2319, Rnr. 11; EuG, Rs. T-288/97, *Friuli Venezia Giulia*, Slg. 2001, Rnr. 107f; EuG, Rs. T-127/99, *Territorio Histórico*, Slg. 2002, II-1275, Rnr. 15.

[135] So auch Heidenhain - Quardt, § 51, Rnr. 11.

[136] S. dazu 30.Wettbewerbsbericht der Kommission 2000, Ziff. 423; Geiss, Rechtsstaatliche Grundsätze, S. 176; Entscheidung der Kommission vom 21.11.2001 über Steuervergünstigungen Frankreichs für Auslandsniederlassungen von Unternehmen, ABl. 2002, L126/27, Rnr. 33; Entscheidung der Kommission vom 31.10.2000 über spanische Körperschaftssteuervorschriften, ABl. 2001, L60/57, Rnr. 28.

[137] So im Fall EuG, Rs. T-129/96, *Preussag Stahl*, Slg. 1998, II-609, Rnr. 15, dazu Geiss, Rechtsstaatliche Grundsätze, S. 171.

[138] Entscheidung der Kommission, ABl. EG 2002, L126/27, *Steuervergünstigungen Frankreichs für Auslandsniederlassungen von Unternehmen*, Rnr. 33.

[139] Entscheidung der Kommission, ABl. EG 2001, L60/57, *Spanische Körperschaftssteuervorschriften*, Rnr. 28.

[140] S. dazu Heidenhain - Quardt, § 51 Rnr. 11.

gen werden, denn diese Wirkung folgt bereits aus der Verbindlichkeit von Kommissionsentscheidungen nach Art. 249 EG.[141]

ii WTO Subventionsrecht

Der Appellate Body hat zur Vertrauensbildung durch nationales Recht festgestellt, daß ein Anspruch auf die staatliche Leistung nach nationalem Recht der Rücknahme nicht entgegenstehen könne. Die Beschwerdegegner hatten sich wiederholt darauf berufen, daß die WTO Widrigkeit der Maßnahme nach dem jeweiligen nationalen Recht gegenüber dem Empfänger keinen Auflösungsgrund für das bestehende Rechtsverhältnis darstelle. Vielmehr gebiete der innerstaatliche Vertrauensschutz den Vollzug der Verpflichtungen, da andernfalls Schadensersatzansprüche ausgelöst würden.[142] Zu dieser Argumentation nahmen die Streitschlichtungsorgane entweder gar nicht Stellung,[143] verwiesen darauf, daß mögliche Konflikte mit Rechtspositionen Privater nicht die Interpretation der WTO Übereinkommen beeinflussen könne[144] oder stellten fest, daß sich ein Staat gemäß Art. 27 Wiener Vertragsrechtskonvention nicht unter Hinweis auf innerstaatliches Recht Verpflichtungen entziehen könne, die er durch völkerrechtliche Verträge eingegangen sei.[145] Zutreffenderweise wird dargelegt, daß nationale Regelungen nicht der Durchsetzung der auf Ebene der WTO eingegangenen Verpflichtungen entgegenstehen dürfen. Die Frage eines Vertrauensschutzes bei Subventionsrücknahmen ist damit keineswegs erschöpfend gewürdigt. Denn neben der Ablehnung nationaler Vertrauensschutzvorschriften muß gefragt werden, ob nicht die eingegangenen internationalen Verpflichtungen selbst einen Schutz berechtigten Vertrauens enthalten. Somit ist zu klären, ob das WTO Recht einen Grundsatz des Vertrauensschutzes enthält, der einer Rückforderung entgegenstehen könnte.

---

[141] Vgl. zur Verbindlichkeit von Kommissionsentscheidungen, Schwarze - Biervert, Art. 249 Rnr. 34.

[142] So die Argumentation Brasiliens, Appellate Body Bericht, *Brazil – Export Financing Programme for Aircraft*, WTO-Dok., WT/DS/46/ABR, Rnr. 27; der USA, Panel Compliance Bericht, *United States – Tax Treatment for Foreign Sales Corporations*, WTO-Dok., WT/DS108/AB/RW, Rnr. 228 und Australiens sowie der EG, Panel Compliance Bericht, *Australia – Producers and Exporters of Automotive Leather*, WTO-Dok., WT/DS126/RW, Rnr. 6.14, 6.23; s. dazu Jansen, EuZW 2000, S. 577.

[143] So im Appellate Body Bericht, *Brazil – Export Financing Programme for Aircraft*, WTO-Dok., WT/DS/46/ABR.

[144] Panel Compliance Bericht, *Australia – Producers and Exporters of Automotive Leather*, WTO-Dok., WT/DS126/RW, Rnr. 6.23.

[145] Panel Compliance Bericht, *United States – Tax Treatment for Foreign Sales Corporations*, WTO-Dok., WT/DS108/AB/RW, Rnr. 230.

Nach der Präambel zum WTO Übereinkommen haben die Mitgliedstaaten, „*die fundamentalen Grundsätze dieses multilateralen Handelsabkommens zu wahren und die Verwirklichung seiner Ziele zu fördern.*" Der Praxis der Streitbeilegungsorgane läßt sich entnehmen, daß unter diesen das WTO System tragenden fundamentalen Grundsätzen nicht nur die ökonomischen Zielsetzungen wie Marktöffnung und Nichtdiskriminierung zu verstehen sind, sondern auch allgemeine Grundsätze wie Rechtsstaatlichkeit und Schutz des guten Glaubens dazu zählen.[146] An die Streitbeilegungsorgane gerichtet, enthält Art. 3 Abs. 2 DSU die Verpflichtung, die Rechte und Pflichten der Mitglieder im Einklang „*mit den herkömmlichen Regeln der Auslegung des Völkerrechts zu klären.*" Unter diese Regeln wird unter Verweis auf Art. 31 Wiener Vertragsrechtskonvention sowohl von den Streitbeilegungsorganen[147] als auch von der Literatur[148] der Schutz des guten Glaubens subsumiert. Bei der Pflicht zur Rücknahme einer Subvention ist demnach der Schutz des guten Glaubens der Subventionsempfänger zu berücksichtigen. Dieses erlaubt es, dem über die allgemeine Pflicht zur Anpassung der staatlichen Maßnahme aus Art. 19 Abs. 2 DSU hinausgehenden Begriff der Subventionsrücknahme Rechnung zu tragen und gleichwohl Rechtssicherheit für Mitgliedstaaten und Private als potentielle Subventionsempfänger zu gewährleisten, um die Akzeptanz des Subventionsrechts sicherzustellen. Insbesondere in Fällen, in denen gesetzliche Regelungen als Subventionen eingestuft werden, so z. B. bei Belastungsminderungen im Steuerrecht, muß das Vertrauen auf bestehende gesetzliche Regelungen Vorrang vor einer rückwirkenden Umsetzung der Entscheidung erhalten. Andernfalls müßte der von der steuerlichen Regelung Begünstigte nachträglich gemäß Art. 1 Abs. 1 a) Nr. 1 ii) SCMA mit der „*nor-*

---

[146] Appellate Body Bericht, *European Communities – Customs Classifications of Certain Computer Equipment*, WTO-Dok., WT/DS62/AB/R, Rnr. 79, 83; Appellate Body Bericht, *Australia – Measures Affecting Importation of Salmon*, WTO-Dok., WT/DS18/AB/R, Rnr. 37, 264, 266; Appellate Body Bericht, *United States – Import Prohibition of Certain Shrimp and Shrimp Products*, WTO-Dok., WT/DS58/AB/R, Rnr. 158; s. auch Hilf, 4 JIEL (2001), S. 111 (112).

[147] Appellate Body Bericht, *Japan – Alcoholic Beverages*, WTO-Dok., WT/DS 8, 10, 11/AB/R, S. 7ff; Appellate Body Bericht, *Brazil – Measures Affecting Desiccated Coconut* , WTO-Dok., WT/DS22/AB/R, S. 5; Appellate Body Bericht, *European Communities – Customs Classifications of Certain Computer Equipment*, WTO-Dok., WT/DS62/AB/R, Rnr. 83; Appellate Body Bericht, *Guatemala – Anti Dumping Investigation Regarding Portland Cement from Mexico*, WTO-Dok., WT/DS60/AB/R, Rnr. 70; Appellate Body Bericht, *United States – Import Prohibition of Certain Shrimp and Shrimp Products*, WTO-Dok., WT/DS58/AB/R, Rnr. 158.

[148] Mercurio, 38 (5) JWT (2004), S. 795 (837); Petersmann, 3 JIEL (2000), S. 19ff.; Petersmann, 7 JIEL (2004), S. 605 (626); Göttsche, Rechtsprinzipien in der WTO Spruchpraxis, S. 329ff.

malerweise zu entrichtenden Abgabe" belastet werden. Die Schwierigkeit liegt in der Ermittlung der an Stelle streitigen Vorschrift greifenden Regelung. Denkbar ist, daß keine Rechtsgrundlage für eine Besteuerung an Stelle der als verbotene Subvention eingestuften Regelung besteht. Dieses hätte die völlige Steuerfreiheit zur Folge.[149] Die handelsverzerrende Wirkung der Belastungsminderung würde dadurch verstärkt und die Zielsetzung des Subventionsrechts ad absurdum geführt. Selbst wenn die alternative Besteuerung feststellbar wäre, stellt sich das im Rahmen des Beihilfenrechts von den Mitgliedstaaten angeführte verfassungsrechtliche Problem rückwirkender Belastungen. Ist die Subventionseigenschaft wenig vorhersehbar, was insbesondere bei Belastungsminderungen durch Gesetze der Fall ist, hat aus Gründen der Rechtssicherheit der Vertrauensschutz Vorrang vor einer rückwirkenden Durchsetzung der Subventionsdisziplin so wie es auch für das Beihilfenrecht vertreten wird.[150] Bei der Gewährung staatlicher Leistungen, deren begünstigender Charakter sich dem Empfänger bereits durch Vergleich mit den am Markt erhältlichen Konditionen erschließt, erscheint ein entsprechender allgemeiner Vorrang des Vertrauens auf die Rechtmäßigkeit des geldwerten Vorteils weniger angezeigt. Hier obliegt es dem Subventionsnehmer besondere Umstände darzulegen, die sein Vertrauen als berechtigt ausweisen.[151] Dabei ist zu berücksichtigen, daß die Rechtmäßigkeit der Subventionen auf Ebene der WTO nicht, wie im Rahmen des Beihilfenrechts durch Art. 88 Abs. 3 EG vorgesehen, einer ihrer Gewährung vorgelagerten präventiven Prüfung unterliegt, so daß die rechtliche Beurteilung für den Begünstigten ungleich schwerer sein kann.[152] Die Streitbeilegungsorgane haben zwischen den individuellen Rechtssicherheitsinteressen und den im SCM Abkommen enthaltenen Wertungen der Rücknahme handelsbeeinträchtigender Subventionen abzuwägen. Für den Subventionsgeber empfiehlt sich in diesen Fällen im Falle der Anwendbarkeit von Zivilrecht die Vereinbarung einer Rücktrittsklausel und bei Anwendbarkeit öffentlichen Rechts, den Zuwendungsbescheid mit einem Widerrufsvorbehalt nach §§ 36 Abs. 2 Nr. 3, 49 Abs. 2 Nr. 1 VwVfG zu versehen,

---

[149] Vgl. Robra, Internationale Besteuerung, in: Tietje/Kraft/Sethe, Beiträge Transnat. WirtschaftsR., S. 43f.

[150] Koenig/Kühling/Ritter, EG-Beihilfenrecht, S. 228; demgegenüber sehen Prieß/Berrisch - Pitschas, B. I. 12. Rnr. 106 in den Folgen der Rückabwicklung derartiger Fälle ein Argument gegen die Rückwirkung im Subventionsrecht im allgemeinen.

[151] Vgl. Bronckers/van den Broek, 8 (1) JIEL (2005), S. 101 (122); van den Broek, 37 (1) JWT (2003), S. 127 (159).

[152] Vgl. Robra, Internationale Besteuerung, in: Tietje/Kraft/Sethe, Beiträge Transnat. WirtschaftsR., S. 65.

um seiner Verpflichtung zur Rücknahme gegenüber dem Empfänger nachkommen zu können.[153]
Somit ist insbesondere bei als Subvention eingestuften gesetzlichen Regelungen dem Vertrauensschutz Vorrang einzuräumen. Im Übrigen wird dessen Stellenwert vom Einzelfall abhängen. Zwar kommen die Streitbeilegungsorgane einer solchen Wertung dadurch nahe, daß sie bei gesetzgeberischen Maßnahmen längere Fristen zur Umsetzung einer Entscheidung gewährt haben, dieses wurde aber mit der für den Subventionsgeber dazu erforderlichen Zeit und nicht mit dem Schutz des Subventionsnehmers begründet.[154] Überzeugender erscheint ein Abstellen auf den Schutz des guten Glaubens auf Seiten Empfängers. Es erstaunt, daß die Diskussion um die Rolle des Völkergewohnheitsrechts und allgemeiner Rechtsgrundsätze sich noch nicht in einer Diskussion des Vertrauensschutzes in subventionsrechtlichen Streitbeilegungsentscheidungen niedergeschlagen hat.

b. Unmöglichkeit

i Beihilfenrecht

Als weiteren Grundsatz des Gemeinschaftsrechts im Sinne des Art. 14 Abs. 1 S. 2 Verfahrensverordnung erkennt der EuGH an, daß eine Entscheidung der Kommission ungültig ist, wenn deren Erfüllung von Anfang an objektiv und absolut unmöglich ist.[155] Wann die Rücknahme einer Beihilfe objektiv und absolut unmöglich ist, hat der Gerichtshof bislang nicht positiv definiert.
Entsprechend dem bereits im Rahmen des Vertrauensschutzes erwähnten Vereitelungsverbots stellt rechtliche Unmöglichkeit keinen Fall der absoluten Unmöglichkeit dar. Der Mitgliedstaat kann sich nicht auf Bestimmungen des nationalen Rechts berufen, um sich der Rückforderungspflicht zu entziehen.[156] Dieses gilt nach Auffassung des Gerichtshofs, wie oben erwähnt,[157] auch für verfassungs-

---

[153] Vgl. Tietje, Sicht des WTO Rechts, in: Ehlers/Wolffgang/Pünder, Ausfuhrförderung, S. 9 (32).

[154] Panel Bericht, *Canada – Certain Measures affecting the Automotive Industry*, WTO-Dok., WT/DS/139R, Rnr. 11.6; Rosas, 4 JIEL (2001), S. 131 (135).

[155] EuGH, Rs. C-75/97, *Maribel*, Slg. 1999, I-3671, Rnr. 86; EuGH, Rs. C-5/89, *BUG/Alutechnik*, Slg. 1990, I-3437, Rnr. 18; EuGH, Rs. C-261/99, *Kommission/Frankreich*, Slg. 2001, I-2537, Rnr. 23; EuGH, Rs. C-404/97, *Kommission/Portugal*, Slg. 2000, I-4897, Rnr. 22ff.; EuGH, Rs. C-350/93, *Kommission/Italien*, Slg. 1995, I-699, Rnr. 16.

[156] EuGH, Rs. C-5/89, *BUG/Alutechnik*, Slg. 1990, I-3437, Rnr. 18; EuGH, Rs. C-142/87, *Tubemeuse*, Slg. 1990. I-969, Rnr. 61; EuGH Rs. C-75/97, *Maribel*, Slg. 1999, I-3671 Rnr. 86; EuGH, Rs. C-6/97, *Italien/Kommission*, Slg. 1999, I-2981, Rnr. 32ff.; Schwarze - Bär-Bouyssière, Art. 88, Rnr. 31.

[157] S. oben S. 255.

rechtliche Vorgaben der Mitgliedstaaten.[158] Bestehende privatrechtliche oder öffentlich-rechtliche Verträge können einer Durchsetzung der Rücknahme ebenfalls nicht entgegenstehen. Aus der Rückforderungsentscheidung der Kommission ergibt sich die Verpflichtung für den Mitgliedstaat, in diese entgegenstehende Verträge einzugreifen.[159]

Tatsächliche Schwierigkeiten bei der Rücknahme der Beihilfe stellen grundsätzlich keinen Fall der Unmöglichkeit dar. So war im Zusammenhang mit der seitens der Kommission geforderten Rückabwicklung von rechtswidrigen Steuervergünstigungen vorgebracht worden, daß wegen des weiten Anwendungsbereichs eine Prüfung aller potentiellen Beihilfeempfänger tatsächlich unmöglich sei.[160] Administrative und praktische Schwierigkeiten bei der Rückforderung reichten dem EuGH indes zum Beweis einer tatsächlichen Unmöglichkeit nicht aus. Gleiches gilt, wenn das betreffende Unternehmen aufgrund der Rückforderung aus dem Markt ausscheidet, etwa weil es wegen Rückabwicklung einer staatlichen Kapitalbeteiligung aufgelöst werden muß,[161] oder weil es in Anbetracht der Höhe der Rückforderung Insolvenz anmelden muß.[162] Vielmehr betont die Kommission die marktbereinigende Wirkung der Liquidation, da die benachteiligten Wettbewerber die entstandene Lücke auffüllen könnten.[163] Der Mitgliedstaat genieße in einem Insolvenzverfahren zwar keine Vorzugsrechte im Bezug auf die rückzufordernde Beihilfe,[164] habe diese aber wie ein privater Gläubiger zu verfolgen.[165]

Damit ist die Einwendung der Unmöglichkeit gegen eine Rückforderung praktisch irrelevant. Sie greift lediglich für den in einem Insolvenzverfahren nicht

---

158 EuGH, Rs. C-183/91, *Kommission/Griechenland*, Slg. 1993, I-3131, Rnr. 14ff.

159 S. Entscheidung der Kommission, ABl. EG 1999 L 107/21, Flächenerwerb in den neuen Bundesländern nach dem Ausgleichsgesetz; dazu Pechstein, NJW 1999, S. 1429ff.

160 EuGH, Rs. C-75/97, *Maribel*, Slg. 1999, I-3671, Rnr. 90; vgl. auch EuGH, Rs. C-183/91, *Kommission/Griechenland*, Slg. 1993, I-3131, Rnr. 4; EuGH, Rs. C-280/95, *Kommission/Italien*, Slg. 1988, I-259, Rnr. 8.

161 Zu einer Auflösung kann es in diesem Zusammenhang insbesondere wegen dem Konflikt zwischen Rückforderung und den Kapitalerhaltungspflichten der Gesellschafter kommen, vgl. Schroeder, 161 ZHR (1997), S. 805 (812f.); Sinnaeve, Rückforderung, S. 108ff.

162 So im Fall EuGH, Rs. 52/84, *Kommission/Belgien*, Slg. 1986, 89 Rnr. 14; vgl. Sinnaeve, Rückforderung, S. 156ff.

163 Entscheidung der Kommission, ABl. EG 2000 L 227/24, *Seleco SpA*, Rnr. 113.

164 EuGH, Rs. 142/87, *Tubemeuse*, Slg. 1990, I-959 Rnr. 60ff.; Entscheidung der Kommission, ABl. EG 1998 C-20/3, *Duferco Clabecq*, S. 6.

165 Vgl. Borchardt, ZIP 2001, S. 1301 (1302f.); Koenig/Kühling/Ritter, EG-Beihilfenrecht, S. 233.

realisierbaren Teil der Beihilfe und wenn ein Insolvenzverfahren mangels Masse abgelehnt worden ist.[166]

ii WTO Subventionsrecht

Haben die Streitbeilegungsorgane gemäß Art. 3 Abs. 2 DSU allgemeine Prinzipien des Völkerrechts bei der Auslegung der Vorschriften des SCM Abkommens zu berücksichtigen, zählt dazu auch der Grundsatz „*impossibilum nulla est obligatio*", so daß, wie auch seitens des EuGH anerkannt, die absolute und objektive Unmöglichkeit eine Rücknahme ausschließt. Die rechtliche Unmöglichkeit der Rücknahme durch Konflikte mit der nationalen Rechtsordnung haben die Streitbeilegungsorgane mit einer an die *effet utile* Argumentation der EuGH erinnernden Begründung für unbeachtlich erklärt. Die aus den Regelungen des SCM Abkommens abgeleiteten Pflichten seien unabhängig von möglichen Konflikten mit nationalem Recht zu bestimmen. Andernfalls würden entgegenstehende Vorschriften des nationalen Rechts zu einem Vorwand, sich den WTO Verpflichtungen zu entziehen.[167] Diese Argumentation steht mit Art. 27 Wiener Vertragsrechtskonvention im Einklang.[168] Eine konsequente Anwendung dieser Sichtweise würde analog zum Beihilfenrecht jegliche Einwendungen aus Sicht der WTO irrelevant erscheinen lassen. Jedoch ist, wie für den Vertrauensschutz im WTO Recht, eine weniger absolute Sichtweise angezeigt. Die Fälle einer durch die Rückforderung drohenden Insolvenz verdeutlichen, daß unter diesen Umständen die Akzeptanz derartige Entscheidungen unter den Mitgliedstaaten rasch schwinden würde. Umstände wie eine drohende Insolvenz sind daher in die Abwägung mit der im SCM Abkommen enthaltenen Wertung der Rücknahme handelsbeeinträchtigender Subventionen einzubeziehen.

II. Umsetzung der Rücknahmeentscheidung durch nationales Recht der Mitgliedstaaten

Bei der Umsetzung der Rücknahmeentscheidung sieht das Beihilfenrecht keinen Durchgriff auf den Begünstigten vor. Die Verfahrensverordnung bestimmt vielmehr, daß sich die Rückforderung nach den Verfahren des jeweiligen Mitgliedsstaates zu richten hat.[169] Auch das WTO Recht als völkerrechtliche Rechtsord-

---

[166] Zu letzterem Fall Heidenhain - Quardt, § 51 Rnr. 19, 28

[167] Appellate Body Compliance Bericht, *United States – Tax Treatment for Foreign Sales Corporations*, WT/DS108/AB/RW, Rnr. 230; Panel Compliance Bericht, *Australia – Producers and Exporters of Automotive Leather*, WTO-Dok., WT/DS126/RW, Rnr. 6.23.

[168] Dazu Tietje, Current Developments under the SCMA, in: Tietje/Kraft/Sethe, Beiträge Transnat. WirtschaftsR., S. 12.

[169] Art. 14 Abs. 3 VerfahrensVO.

nung überträgt die Durchführung den jeweils verpflichteten Staaten, die es durch ihre Organe zur Anwendung zu bringen haben.[170]

1. Beihilfenrecht

Die Rückforderung rechtswidriger Beihilfen hat nach den nationalen Vorschriften des betroffenen Mitgliedstaates zu erfolgen. Es handelt sich um einen unmittelbaren Vollzug des Gemeinschaftsrechts durch die Mitgliedstaaten. Dabei muß der Mitgliedstaat auf alle im nationalen Recht zur Verfügung stehenden Mittel, einschließlich vorläufiger Maßnahmen, zurückgreifen, um sicherzustellen, daß der Begünstigte die zu Unrecht erhaltenen Beihilfen sofort und tatsächlich zurückgewährt.[171] Dieser Rückgriff auf die jeweiligen nationalen Rechtsordnungen führt zwangsläufig zu unterschiedlichen Modalitäten der Rückabwicklung in den einzelnen Mitgliedstaaten.[172] Wie im Rahmen der Ablehnung einer rechtlichen Unmöglichkeit dargelegt, müssen die Mitgliedstaaten sicherstellen, daß die nationalen Behörden bei der Anwendung nationalen Rechts dem Erfordernis der einheitlichen Anwendung des Gemeinschaftsrechts Rechnung tragen.[173] Die Wirksamkeit und Durchsetzbarkeit des Beihilfenrechts dürfen nicht in Frage gestellt werden.[174]

2. WTO Subventionsrecht

Die Vorschriften des WTO Subventionsrechts zur Rücknahme von Subventionen sind in den Mitgliedstaaten der EG nicht unmittelbar anwendbar.[175] Die Rechtmäßigkeit nationaler und gemeinschaftlicher Rechtsakte ist daher nicht am Maßstab des WTO Rechts zu messen. Wären das WTO Recht und die Entscheidungen des DSB unmittelbar anwendbar, stünden diese im Rang zwischen gemeinschaftlichem Primär- und Sekundärrecht.[176] Das WTO Recht würde damit

[170] Groeben/Thiesing/Ehlermann - Tomuschat, Art. 228 EG, Rz. 63; Verdross/Simma, Universelles Völkerrecht, § 848, S. 539f.

[171] Heidenhain - Quardt, § 50 Rnr. 6.

[172] Schroeter/Jacob/Mederer - Mederer, Art. 88, Rnr. 64.

[173] EuGH – Schlüter, Rs. 94/721, Slg. 1972, 307.

[174] Art. 14 Abs. 3 VerfahrensVO.

[175] S. dazu oben S. 41ff.

[176] Nach der Rechtsprechung des EuGH zur unmittelbaren Anwendbarkeit von der Gemeinschaft abgeschlossener völkerrechtlicher Verträge ist nach Bejahung der grundsätzlichen Geeignetheit der Rechtsordnung zu einer unmittelbaren Anwendbarkeit ist in einem zweiten Schritt die Präzision einer jeden Einzelvorschrift im Hinblick auf ihre Vollzugsfähigkeit zu prüfen. Entscheidend ist dabei, ob sie klar, eindeutig und unbedingt ist, so daß ihre Anwendbarkeit nicht vom vorherigen Erlaß eines Gemeinschaftsrechtsaktes abhängt (EuGH, C-192/89, *Sevince*, Slg. 1990, I-3497, Rnr. 15; EuGH, C-18/90, *Kziber*, Slg. 1991, I-221, Rnr. 15; EuGH C-58/93, *Yousfi*, Slg. 1994 I- 1363, Rnr. 16; EuGH, C432/92, *A-*

ohne weiteren Umsetzungsakt zu einem Teil des Gemeinschaftsrechts und würde an dessen Vorrangstellung vor dem nationalen Recht der Mitgliedstaaten teilhaben. Nach nationalem Recht rechtmäßige Subventionen widersprächen damit unmittelbar geltendem Recht. Bei öffentlich rechtlich ausgestalteten Subventionsrechtsverhältnissen wäre der zugrunde liegende Verwaltungsakt rechtswidrig im Sinne von § 48 Abs. 1 VwVfG. Handelt es sich dagegen um eine privatrechtliche Beziehung, müßte der Problematik nachgegangen werden, ob das Schuldverhältnis nach § 134 BGB oder § 138 BGB nichtig ist, ein Leistungshindernis nach § 311a BGB vorliegt oder welche Grundsätze der Pflichtverletzung nach den §§ 280 ff. BGB zur Anwendung kommen könnten.[177]
Ohne unmittelbare Anwendbarkeit bleibt für den WTO Mitgliedsstaat, der völkerrechtlich zur Umsetzung der Rücknahmeentscheidung verpflichtet ist, die Völkerrechtswidrigkeit der Subvention ohne Folge auf das nationale Recht. Die Subvention bleibt nach mitgliedstaatlichem Recht rechtmäßig.[178] Hat der Subventionsgeber nicht bei Vergabe ein entsprechendes Rücktrittsrecht und Widerrufsvorbehalt vereinbart, besteht keine Möglichkeit, die WTO Widrigkeit gegenüber dem Begünstigten durchzusetzen.
Die mittelbare Anwendbarkeit des WTO Subventionsrechts durch die Antisubventionsverordnung und die Handelshemmnisverordnung führt hier nicht weiter, da in ihnen die Vorschriften der Art. 4 und 7 SCMA zur Umsetzung von DSB Entscheidungen in dem die Subvention gewährenden Staat nicht in Gemeinschaftsrecht umgesetzt wurden. Vielmehr dienen diese Instrumente nur der Abwehr der Auswirkungen von Subventionen in Drittstaaten.[179]
Bei der Umsetzung von Rücknahmeentscheidungen ist der verpflichtete Mitgliedstaat damit auf eine Einigung mit dem Subventionsempfänger auf dem Verhandlungswege angewiesen.[180] Eine rechtliche Handhabe zur Umsetzung der Entscheidung der Streitbeilegungsorgane gegenüber dem Begünstigten steht

nastasiou, Slg. 1994, I-3116, Rnr. 23). In den Fällen der Art. 4 Abs. 7 SCMA und Art. 7 Abs. 8 SCMA bedarf es einer Entscheidung des Streitschlichtungsorgans, um die Rechtsfolge der Vorschriften auszulösen. Isoliert sind diese Normen mangels Rechtsfolge demzufolge nicht anwendbar, so daß es einer zusätzlichen unmittelbaren Anwendbarkeit der DSB Entscheidungen bedarf.

177 Vgl. dazu Tietje, Sicht des WTO Rechts, in: Ehlers/Wolffgang/Pünder, Ausfuhrförderung, S. 9 (32ff.).

178 A.A. Tietje, Sicht des WTO Rechts, in: Ehlers/Wolffgang/Pünder, Ausfuhrförderung, S. 9 (35, 39) der darauf abstellt, dass § 48 VwVfG von einem absoluten Rechtmäßigkeitsbegriff ausgehe.

179 S. dazu oben S. 69ff.

180 So praktiziert im Fall *Australia – Producers and Exporters of Automotive Leather*, WTO-Dok., WT/DS126/R; s. zur Verhandlungslösung Moulis/O'Donnell, Int'l TL & Reg. 2000, S. 168ff.

nicht zur Verfügung.[181] Auf der Ebene der Durchsetzung von WTO Recht kann nicht von einer im Rahmen der Rechtsetzung attestierten Loslösung von politischen Einflüssen ausgegangen werden.[182]

III. Bewertung: Die Rücknahmeverpflichtung im SCM Abkommen Strukturmerkmal einer Subventionsdisziplin gegenüber Staaten und Privaten

Mit der Verpflichtung der Mitgliedstaaten, vor den Streitbeilegungsorganen erfolgreich angefochtene Subventionen zurückzunehmen, betritt das internationale Subventionsrecht auf Ebene der WTO Neuland. Die Verpflichtung zur Rücknahme bewirkt eine Verzahnung von innerstaatlichem bzw. europäischem Recht und der WTO Rechtsordnung.[183] Dieses ist nicht allein der hier vertretenen ex tunc Wirkung der Rücknahmeverpflichtung geschuldet. Wie gesehen bringt die Rechtsfolge der Rücknahme auch bei nicht rückwirkender Auslegung Eingriffe in innerstaatliche Rechtbeziehungen zwischen Subventionsgeber und Subventionsnehmer mit sich.[184] Damit enthält das WTO Recht ein Strukturmerkmal einer Subventionsdisziplin gegenüber Staaten und Privaten. Mit der Verpflichtung zur Rücknahme der Subvention wird eine Subventionsrechtsordnung Teil des nationalen Wirtschaftsrechts, das die Handlungsspielräume nationaler Subventionspolitik beschränkt.[185] Die vollständige Ausschöpfung dieses Ansatzes begegnet aber sowohl im Hinblick auf das Entwicklungsstadium des WTO Rechts im allgemeinen als auch im Hinblick auf die Systematik der Rechtsfolgen im SCM Abkommen Schwierigkeiten.

Neben oder anstatt eines Streitbeilegungsverfahrens mit dem Ziel der Verpflichtung zur Rücknahme für den beschwerdeführenden Staat, besteht die Möglichkeit eines nationalen Untersuchungsverfahrens auf behördlicher Ebene zur Erhebung von Ausgleichszöllen. Eine solche Vorgehensweise rührt aus dem Stadi-

---

[181] Damit wird nicht das Argument des EuGH von der Verhandlungsorientiertheit der WTO Rechtsordnung gestützt (s. oben S. 49ff.). Denn die hier attestierte Erforderlichkeit von Verhandlungen basiert nicht auf der Struktur der WTO Rechtsordnung, sondern ist Folge der Ablehnung ihrer unmittelbaren Anwendbarkeit.

[182] Nettesheim, Ordnungsformen des internationalen Wirtschaftsrechts, in: Classen/Dittmann/Fechner, et al., FS Oppermann, S. 381 (396).

[183] Prieß/Berrisch - Tietje A.II. Rnr. 32ff.

[184] So auch Luja, Tax Incentives in the EC and WTO, S. 144-148; Tietje, Sicht des WTO Rechts, in: Ehlers/Wolffgang/Pünder, Ausfuhrförderung, S. 9S. 9 (31); Tietje, Current Developments under the SCMA, in: Tietje/Kraft/Sethe, Beiträge Transnat. WirtschaftsR., S. 12.

[185] Prieß/Berrisch - Tietje, Teil A. II. Rnr. 36; mit Blick auf die WTO Rechtsordnung allgemein, Molsberger, WTO und wirtschaftspolitische Autonomie, in: Classen/Dittmann/Fechner, et al., FS Oppermann, S. 533.

um des Antisubventionsrechts und findet sich lediglich in einer Subventionsdisziplin gegenüber Staaten.[186] Damit enthält das SCM Abkommen im Bereich der Rechtsfolgen Strukturmerkmale aus zwei der oben skizzierten Entwicklungsstadien. Der Umstand, daß die Kompensation einer Wettbewerbsschädigung in Form von Subventionen durch Ausgleichszölle als Hindernis des internationalen Handels weiterhin als rechtmäßige Reaktion erlaubt ist, wird in der Literatur vielfach kritisiert.[187] Dabei ist zu differenzieren. Im derzeitigen Entwicklungsstadium des WTO Subventionsrechts stellt die Ermächtigung zu Gegenmaßnahmen ein notwendiges, die Rücknahmeverpflichtung flankierendes, Instrument dar, um deren Durchsetzbarkeit zu ermöglichen. Denn das WTO Recht ist nicht unmittelbar anwendbar, d. h. wie oben festgestellt, daß der zur Rücknahme verpflichtete Staat und benachteiligte Konkurrenten keinerlei rechtliche Handhabe gegenüber den begünstigten Unternehmen haben. Allein durch die Möglichkeit etwaiger Gegenmaßnahmen, kann sich der Empfänger zur Rückerstattung der Subvention veranlaßt sehen. Ohne eine unmittelbare Anwendbarkeit als Teil einer Subventionsdisziplin gegenüber Staaten und Privaten ist daher die Ermächtigung zu Gegenmaßnahmen erforderlich, um die Rücknahmeverpflichtung durchsetzen zu können. Selbst wenn eine unmittelbare Anwendbarkeit bestünde, wird das WTO Recht nicht auf die Gegenmaßnahmen verzichten können, da in diesem Fall zwar sichergestellt ist, daß der betreffende Staat die Subvention gegenüber dem Empfänger zurücknehmen könnte, nicht aber, daß dieser davon tatsächlich Gebrauch macht. Insofern bleibt die Ermächtigung zu Gegenmaßnahmen im Rahmen der Durchsetzung von WTO Recht unverzichtbar. Zu kritisieren ist, daß diese im SCM Abkommen nicht ausschließlich der Durchsetzung einer durch die Streitbeilegungsorgane getroffenen Rücknahmeentscheidung dienen, sondern anstatt eines solchen Verfahrens nach einer Untersuchung durch nationale Behörden angewandt werden können. Zwar können diese Entscheidungen nationaler Behörden ihrerseits zum Gegenstand eines Streitbeilegungsverfahrens gemacht werden, die Weiterentwicklung der WTO Subventionsdisziplin durch eine gegenüber dem Subventionsempfänger durchzusetzende Verpflichtung zur Rücknahme der Subvention wird aber durch diese parallele Möglichkeit eines unilateralen Vorgehens gehemmt.

Die Ausgestaltung des Inhalts der Rücknahmeverpflichtung steht in der Praxis der Streitbeilegungsorgane und in der Literatur noch am Anfang. Insbesondere Grenzen einer Rückforderung werden in der Praxis zu präzisieren sein. Die in Anlehnung an den EuGH vertretene Argumentation der Streitbeilegungsorgane, Vertrauensschutz und Unmöglichkeit könnten einer Rücknahme ebenso wenig wie im Beihilfenrecht entgegenstehen, ist für das WTO Subventionsrecht nicht

---

[186] S. dazu oben S. 28ff.

[187] So insbesondere Langer, Internationale Wirtschaftsverfassung, S. 271ff.; Rodi, Subventionsrechtsordnung, S. 124; Cadsby/Woodside, 30 JWT (1996), S. 177 (180).

durchsetzbar. Vielmehr ist an die Diskussion um die Rolle von allgemeinen Prinzipien des Völkerrechts im WTO Recht anzuknüpfen.

§ 8 Schnittstellen der beiden Subventionsrechtsordnungen

Wie bei der Frage der Vorgaben des WTO Subventionsrechts für das Beihilfenrecht erläutert, stehen beide Rechtsordnungen nicht isoliert nebeneinander. Ihre Anwendungsbereiche umfassen die von den jeweiligen Mitgliedstaaten gewährten Subventionen. Mitglied der WTO sind sowohl die Mitgliedstaaten der EG als auch die EG selbst.[1] Insofern ist eine Überschneidung der Anwendungsbereiche nicht ausgeschlossen. Der Vergleich der beiden Subventionsrechtsordnungen hat vielfach eine unterschiedliche Bewertung staatlicher Leistungen ergeben. Es gilt zu untersuchen, in welchen Fallkonstellationen eine parallele Anwendbarkeit der beiden Rechtsordnungen vorliegt, und ob dabei aufgrund divergierender Einstufung einer staatlichen Leistung Konflikte zwischen Beihilfenrecht und WTO Subventionsrecht denkbar sind.

A. Potentielle Konstellationen paralleler Anwendbarkeit des Beihilfenrechts und des WTO Subventionsrechts

I. Anwendbarkeit des WTO Subventionsrechts auf Beihilfen innerhalb der EG

Innerhalb der EG besteht keine parallele Anwendbarkeit des Subventionsrechts der EG und der WTO trotz paralleler Mitgliedschaft der Staaten. Denn eine unmittelbare Anwendbarkeitdas WTO Subventionsrechts innerhalb der EG wird vom EuGH grundsätzlich abgelehnt und bezüglich innerhalb der EG gewährter Subventionen greifen auch die Ausnahmen der *Nakajima* und *Fediol* Rechtsprechung nicht.[2] Daher kann sich ein Mitgliedstaat der Gemeinschaft oder eine natürliche oder juristische Person eines EG Mitgliedstaates nicht gegen die Genehmigung einer Beihilfe eines EG Mitglieds wegen Verstoßes gegen das SCM Abkommen zur Wehr setzen.[3] Für die Kommission stellt das SCM Abkommen keinen Maßstab für die Rechtmäßigkeit ihrer Genehmigung dar.

II. Anwendbarkeit des WTO Subventionsrechts auf Beihilfen aufgrund eines Bezuges außerhalb der EG

Ein WTO Mitglied, das nicht auch Mitglied der EG ist, kann bei einem Verstoß eines EG Mitgliedstaates gegen das SCM Abkommen direkt gegen diesen EG Mitgliedstaat vorgehen. Dazu muß die Subvention einen Bezug zum Markt dieses WTO Mitglieds aufweisen, indem sie den Export in diesen Staat fördert,

---

1 S. dazu oben S. 39ff.

2 S. zur grundsätzlichen Ablehnung der unmittelbaren Anwendbarkeit durch den EuGH oben S. 45ff., zur *Nakajima* Ausnahme oben S. 59ff. und zur *Fediol* Ausnahme oben S.67ff.

3 Luja, Tax Incentives in the EC and WTO, S. 188; Robra, Internationale Besteuerung, in: Tietje/Kraft/Sethe, Beiträge Transnat. WirtschaftsR., S. 57f.

Waren aus diesem Staat diskriminiert oder außerhalb der EG die im SCM Abkommen festgelegten nachteiligen Auswirkungen verursacht. Das Beihilfenrecht bleibt daneben anwendbar, da es sich um eine von einem EG Mitgliedstaat gewährte Beihilfe handelt und Auswirkungen auf den gemeinsamen Markt nicht ausgeschlossen werden können.

III. Anwendungsbereich der Antisubventionsverordnung

Gewährt ein WTO Mitgliedstaat eine Subvention, die den Export in die EG fördert, Waren aus der EG diskriminiert oder innerhalb der EG die im SCM Abkommen festgelegten nachteiligen Auswirkungen verursacht, kann ein Mitgliedstaat der EG nicht selbst ein Streitbeilegungsverfahren gegen das betreffende WTO Mitglied anstrengen. Ein Vorgehen gegen innergemeinschaftliche Auswirkungen von Subventionen aus Drittstaaten gehört nach Art. 133 Abs. 1 EG zur gemeinsamen Handelspolitik. Aufgrund dieser gemeinsamen Handelspolitik ist die EG Mitglied der WTO und hat die zum Ergreifen von Schutzmaßnahmen erforderlichen Regelungen des SCM Abkommens in der so genannten Antisubventionsverordnung umgesetzt.[4] Danach leitet die Kommission auf Antrag eines Mitgliedstaates oder einer natürlichen oder juristischen Person im Namen eines Wirtschaftszweiges ein Untersuchungsverfahren ein, das zur Einführung von Ausgleichszöllen führen kann.[5] Somit können Wirtschaftsteilnehmer und Mitgliedstaaten der Gemeinschaft Maßnahmen dritter WTO Mitglieder und die diese betreffenden Handlungen der Gemeinschaftsorgane auf ihre Vereinbarkeit mit dem WTO Recht überprüfen lassen.[6] Eine Anwendbarkeit des Beihilfenrechts scheidet aus, da es sich nicht um eine von einem EG Mitgliedstaat gewährte Subvention handelt.

IV. Ergebnis

Was Maßnahmen der EG Mitgliedstaaten anbetrifft, verbleibt das unbefriedigende Ergebnis, daß diese anhand des SCM Abkommens überprüft werden können, wenn ihre Folgen über den Markt der Gemeinschaft hinausreichen. Diese Auswirkungen der innerhalb der Gemeinschaft gewährten Beihilfe auf den Markt eines WTO Mitgliedstaates stellen den Anknüpfungspunkt dar, um das Forum des WTO Rechts zu eröffnen. Innerhalb der EG können Handlungen der Gemeinschaftsorgane und Mitgliedstaaten indes nicht am Maßstab des SCM

---

4 Verordnung (EG) Nr. 2026/97 des Rates vom 6. Oktober 1997 über den Schutz gegen subventionierte Einfuhren aus nicht zur Europaeischen Gemeinschaft gehörenden Ländern ABl. Nr. L 288 vom 21/10/1997 S. 1ff.; S. dazu oben S. 60ff.

5 Art. 10 der Verordnung (EG) Nr. 2026/97.

6 Lediglich begrenzt durch das Beurteilungsermessen der Kommission hinsichtlich des Vorliegens des Verfolgungsinteresses, Art. 10 Abs. 3 der Verordnung (EG) Nr. 2026/97.

Abkommens gemessen werden.[7] Grund dafür ist die mangelnde unmittelbare Anwendbarkeit.

Beihilfenrecht und WTO Subventionsrecht können parallel auf eine bestimmte staatliche Maßnahme angewendet werden, wenn innerhalb der EG gewährte Subventionen als Exportsubvention im Drittstaat verboten sind (unten B. I.), Waren aus einem Drittstaat diskriminieren (unten B. II.) oder zu nachteiligen Auswirkungen im Sinne des Art. 5 SCMA auf dem Markt eines WTO Mitglieds führen (unten B. III.). An dieser Schnittstelle ist zu überprüfen, inwieweit es aufgrund einer im Rahmen der Gegenüberstellung der beiden Subventionsrechtsordnungen festgestellten, unterschiedlichen Beurteilung derselben staatlichen Leistungsgewährung zu Konflikten der beiden Rechtsordnungen kommen könnte.

B. Unterschiedliche rechtliche Beurteilung dieser Konstellationen

Das Beihilfenrecht kann eine staatliche Maßnahme insoweit anders als das WTO Recht bewerten, als es mit seiner Subventionskontrolle über das Niveau des SCM Abkommens hinausgeht. Die Europäische Gemeinschaft stellt ein regionales Bündnis gem. Art. XXIV Abs. 5 GATT 1994 dar. Dieser regelt, daß WTO Recht keine Anwendung findet, wenn regionale Zusammenschlüsse eine gegenüber dem WTO Recht weitergehende Liberalisierung des Handels vorsehen. Geht das Beihilfenrecht damit über die WTO Vorgaben hinaus, findet das SCM Abkommen gem. Art. XXIV Abs. 5 GATT 1994 keine Anwendung. Bleibt das Beihilfenrecht hinter WTO Vorgaben zurück, ist WTO Recht zu beachten.[8]
Mögliche Konflikte zwischen Beihilfenrecht und WTO Subventionsrecht liegen vor, wenn die beiden Subventionsrechtsordnungen eine staatliche Maßnahme insoweit unterschiedlich bewerten, als daß WTO Subventionsrecht die in Rede stehenden staatlichen Maßnahmen für rechtswidrig bzw. anfechtbar erachtet, während diese nach Beihilfenrecht zulässig sind.

---

7 Vgl. Hilf/Schorkopf, EuR 2000, S. 74 (91); Luja, Tax Incentives in the EC and WTO, S. 191; Robra, Internationale Besteuerung, in: Tietje/Kraft/Sethe, Beiträge Transnat. WirtschaftsR., S. 58.

8 A.A. Becker, Subventionsübereinkommen, S. 234, der davon ausgeht, daß Art. XXIV GATT 1994 die Regelungen des GATT für Mitglieder von Zollunionen und Freihandelszonen im Verhältnis zueinander aufhebt. Dies kann aber nach Sinn und Zweck des Art. XXIV GATT 1994 nur der Fall sein, wenn diese Zollunionen und Freihandelszonen im Einzelfall die von Art. XXIV Abs. 4 GATT 1994 geforderte größere Freiheit des Handels herbeiführen.

I. Export in ein nicht zur Gemeinschaft gehörendes WTO Mitglied

Werden von einem EG Mitgliedstaat Beihilfen gewährt, die gesetzlich oder tatsächlich von der Ausfuhrleistung in einen WTO Mitgliedstaat abhängig sind, so sind diese nach Art. 3 Abs. 1 a) SCMA verboten.[9] Anknüpfungspunkt für die Anwendbarkeit des WTO Rechts ist der Umstand, daß die Warenausfuhr zu Preisen ermöglicht wird, die unterhalb gleicher Inlandserzeugnisse liegen. Der Wettbewerb auf dem Markt des WTO Mitglieds außerhalb der EG wird damit verfälscht.

Auch das Beihilfenrecht untersagt Exportbeihilfen.[10] Da innerhalb der Gemeinschaft gewährte Ausfuhrbeihilfen unter das grundsätzliche Verbot des Art. 87 EG fallen, könnten diese staatlichen Leistungen in beiden Rechtsordnungen verboten sein. Ein Konflikt würde ausscheiden. An der Anwendbarkeit des Beihilfenrechts bestehen in diesem Fall Zweifel, da dessen Ziel der Schutz des gemeinschaftlichen Marktes vor Wettbewerbsverzerrungen ist. Das Verbot bezieht sich zunächst nur auf Ausfuhren in andere Mitgliedstaaten der Gemeinschaft. In der vorliegenden Fallkonstellation wird aber der Wettbewerb auf dem Markt außerhalb der Gemeinschaft verfälscht. Die Wettbewerbsgleichheit der Unternehmen der Gemeinschaft auf Drittmärkten wird auf Basis der gemeinsamen Handelspolitik nach den Art. 131ff. EG geregelt. Beihilfenrecht und gemeinsame Handelspolitik regeln grundsätzlich die Wettbewerbsverhältnisse auf verschiedenen Märkten. Der EuGH will die Anwendungsbereiche des Beihilfenrechts und der gemeinsamen Handelspolitik jedoch als sich überschneidende Kreise verstanden wissen.[11] Er stellte in der *Tubemeuse* Entscheidung fest, daß es nicht ausgeschlossen sei, daß auch eine Ausfuhrbeihilfe auf den Markt eines Drittstaates den Handel zwischen den Mitgliedstaaten beeinträchtige.[12] Grundsätzlich postuliert der EuGH generell die potentiell wettbewerbsverfälschende Wirkung einer Beihilfe, ohne ein potentielles Wettbewerbsverhältnis zu anderen Gemeinschaftsunternehmen darzulegen.[13] Dieser normative Rückschluß von der Gewährung eines Vorteils auf eine daraus folgende Wettbewerbsverfälschung

---

9 S. dazu oben S. 163.

10 EuGH, Rs. 6/69 u.a., *Frankreich/Kommission*, Slg. 1969, 523, Rnr. 20f.; Heidenhain - Repplinger-Hach, § 17 Rnr. 193; Schroeter/Jacob/Mederer - Mederer, Art. 87 Rnr. 345; Calliess/Ruffert - Cremer, Art. 87 Rnr. 42; s. dazu oben S. 163ff.

11 Vgl. Müller-Ibold, Sicht der EG, in: Ehlers/Wolffgang/Pünder, Ausfuhrförderung, S. 41 (60).

12 EuGH, Rs. 142/87, *Tubemeuse*, Slg. 1990, I-959, Rnr. 32; Mitteilung der Kommission an die Mitgliedstaaten nach Art. 93 Absatz 1 EG-Vertrag zur Anwendung der Artikel 92 und 93 EG-Vertrag auf die kurzfristige Exportkreditversicherung, ABl. EG 1997, C281/4 geändert durch Mitteilung der Kommission, ABl. EG 2001, C-217/2; s. auch 27. Wettbewerbsbericht der Kommission (1997), Rnr. 304f.

13 S. zu dieser Praxis und den Kritikpunkten daran S. 205ff.

könnte zur Darlegung einer Beeinträchtigung des Wettbewerbs ausschließlich auf dem Markt des Drittstaates führen. Denn der Vorteil ist mit dem Angebot der Waren auf dem Markt des Drittstaates verknüpft und hat direkt keinerlei Auswirkungen auf die Wettbewerbssituation auf den Gemeinschaftsmarkt als Heimatmarkt des Begünstigten. Gehen Kommission und EuGH davon aus, daß durch Ausfuhrbeihilfen neben dieser Primärwirkung auf dem Drittmarkt auch Sekundärwirkungen auf dem Gemeinschaftsmarkt eintreten können, verbietet sich eine gleichsam generelle Annahme dieser Nebenfolgen, da die Grenzen zwischen dem durch die gemeinsame Handelspolitik geregelten Außenwirtschaftsrecht und dem Beihilfenrecht als Teil des europäischen Wettbewerbsrechts verwischt würden. Der Anwendungsbereich der Beihilfenvorschriften kann nicht allein dadurch eröffnet werden, daß auf die besondere Schädlichkeit von Exportbeihilfen für den internationalen Wettbewerb hingewiesen wird „*egal, ob die Beihilfen Exporte für Länder außerhalb der EU oder Exporte für andere Mitgliedstaaten der EU fördern.*“[14] Damit würde das Tatbestandsmerkmal der Beeinträchtigung des gemeinschaftlichen Wettbewerbs faktisch aufgegeben und zu einem fast unbeschränkten Anwendungsbereich des Beihilfenrechts führen.[15] Soll das Beihilfenrecht auf Ausfuhrbeihilfen anwendbar sein, müssen deren potentielle Auswirkungen auf Wettbewerbsverhältnisse auf dem gemeinschaftlichen Markt dargelegt werden. Diese Ansicht wird auch von der Kommission geteilt, die derartige Auswirkungen aufgrund zweier Begründungsansätze vertritt. Zum einen wird ausgehend vom Fall *Tubemeuse* davon ausgegangen, daß ein Unternehmen seine Kapazitätsauslastung durch geförderte Ausfuhren verbessern oder zumindest sichern kann. Aufgrund dieser verbesserten Kapazitätsauslastung wird es in der Lage sein, den Nachfragern auf dem Gemeinschaftsmarkt bessere Angebote machen zu können.[16] Zum anderen könnte das Unternehmen durch staatliche Förderung seine Betriebskosten verringern und diesen Kostenvorteil für beliebige Zwecke nutzen. Soweit das begünstigte Unternehmen auf dem gemeinsamen Markt tätig sei, könne nicht ausgeschlossen werden, daß es diese Vorteile zu einer Verbesserung der Wettbewerbsposition im gemeinsamen Markt nutze.[17] Dieser Argumentation folgend, wurden in Frankreich und Spanien gewährte Steuererleichterungen für Tochterunterneh-

---

[14] Kommission, Aufforderung zur Abgabe einer Stellungnahme gem. Art. 88 Abs. 2 EG, ABl. EG 2002 C-170/2, *Unterstützung des Absatzes und Exports von Produkten aus Mecklenburg-Vorpommern*, Rnr. 15.

[15] Vgl. Müller-Ibold, Sicht der EG, in: Ehlers/Wolffgang/Pünder, Ausfuhrförderung, S. 41 (72).

[16] EuGH, Rs. 142/87, *Tubemeuse*, Slg. 1990, I-959, Rnr. 38.

[17] Vgl. Müller-Ibold, Sicht der EG, in: Ehlers/Wolffgang/Pünder, Ausfuhrförderung, S. 41 (72): „*money is fungible*“.

men in Drittstaaten[18] und die Bezuschussung eines Büros in einem Drittstaat sowie eines Außenwirtschaftsassistenten als Exportbeihilfen angesehen.[19] Damit werden de facto alle Ausfuhrbeihilfen vom Beihilfenrecht erfaßt, da die Tatbestandsvoraussetzung der potentiellen Wettbewerbsbeeinträchtigung auf ein bloßes Tätigsein des begünstigten Unternehmens auf dem Gemeinschaftsmarkt verkürzt wird.

Beihilfen für Ausfuhren aus der EG in Drittstaaten sind daher sowohl nach Beihilfenrecht als auch nach WTO Subventionsrecht verboten. Auch eine Genehmigung nach Art. 87 Abs. 3 EG scheidet aus. Ausfuhrbeihilfen werden weder unterhalb der *de-minimis* Schwelle von Art. 87 EG befreit[20] noch sind in diesem Fall die privilegierenden Regelungen für kleinere und mittlere Unternehmen anwendbar.[21] Ein Konflikt der beiden Subventionsrechtsordnungen bei Exportbeihilfen zur Ausfuhr in nicht der EG angehörende WTO Mitgliedstaaten besteht nicht.

II. Diskriminierende Wirkung auf Waren aus einem WTO Mitgliedstaat

Beihilfen, die Waren aus WTO Mitgliedstaaten diskriminieren, sind gem. Art. 3 Abs. 1 b) SCMA verboten. Diskriminierung und spezifische Begünstigung sind die Kehrseiten einer Medaille. Jegliche staatliche Maßnahme, die einen diskriminierenden Charakter aufweist, bevorzugt bestimmte Unternehmen oder Wirtschaftszweige und stellt damit eine spezifische Begünstigung dar.[22] Somit fallen diskriminierende staatliche Begünstigungen unter das Beihilfenverbot. Die Diskriminierung von Waren aus WTO Mitgliedstaaten innerhalb der EG ist vom Beihilfenverbot erfaßt. Ein Konflikt mit dem WTO Subventionsrecht scheidet daher aus.

---

18 Entscheidung der Kommission, ABl. EG 2002, L 126/27, *Steuervergünstigungen Frankreichs für Auslandsniederlassungen von Unternehmen*; Entscheidung der Kommission, ABl. EG 2001, L60/57, *spanische Körperschaftssteuervorschriften.*

19 Entscheidung der Kommission, ABl. EG 2003, L 202/15, *Unterstützung des Absatzes und Exports von Produkten aus Mecklenburg-Vorpommern*, Rnr. 33ff.

20 Verordnung (EG) Nr. 9/2001 der Kommission vom 12. Januar 2001 über die Anwendung der Artikel 87 und 88 EG-Vertrag auf „De-minimis"-Beihilfen, ABl. EG 2001 L 10/30, Art. 1 b.

21 Verordnung (EG) der Kommission, ABl. EG 2001 L10/33, Anwendung des Beihilfenrecht auf kleine und mittlere Unternehmen, Art. 1 Abs. 2 b; nicht als Exportbeihilfe zu qualifizieren sind die Teilnahme an Messen sowie für Studien und Beratungsmaßnahmen, die zur Produkteinführung erforderlich sind, Art. 5.

22 S. zum Begriff der Spezifität oben S. 146ff.

III. Auswirkungen auf den Markt eines WTO Mitgliedstaats

Der dritte potentielle Schnittpunkt zwischen den beiden Subventionsrechtsordnungen sind die durch Beihilfen verursachten Auswirkungen auf die Märkte von nicht zur Gemeinschaft gehörenden WTO Mitgliedern.

Die Auswirkungen auf Märkten von WTO Mitgliedern müssen die in den Art. 5 ff. SCMA festgesetzte Qualität erreichen, um als anfechtbar zu gelten. Bei der Analyse der Auswirkungsregelungen ist bei für den beschwerdeführenden Staat günstigen Tatbeständen zwischen den örtlich betroffenen Märkten zu differenzieren. Um Auswirkungen auf dem Markt des beschwerdeführenden Staates darzulegen, wurde oben Art. 6 Abs. 3 c) SCMA als für den Beschwerdeführer günstigste Vorschrift identifiziert.[23]. Dazu muß Kausalität zwischen Subventionierung und deren Auswirkung auf den Preis der Ware etwa durch eine Preisunterbietung dargelegt werden. Geht der beschwerdeführende Staat aber gegen Auswirkungen der Beihilfe auf einem andern als seinem Heimatmarkt vor, stellt Art. 6 Abs. 4 SCMA geringere Anforderungen an die Darlegung der Kausalität zwischen Subventionsgewährung und ernsthafte Schädigung nach Art. 6 Abs. 4 SCMA, da die Begriffe der Verdrängung und Verhinderung für die Zwecke des Art. 6 Abs. 3 b) SCMA weiter definiert werden. Diese Kausalität liegt vor, wenn über einen Zeitraum von in der Regel mindestens einem Jahr eine Änderung der relativen Marktanteile zum Nachteil nicht subventionierter gleichartiger Waren nachgewiesen wurde.[24]

Die Merkmale des Subventionsrechts, bei denen sich das SCM Abkommen als die die Subventionsvergabe im Vergleich zum Beihilfenrecht weitergehender einschränkende Subventionsrechtsordnung erwiesen hat, sind daraufhin zu untersuchen, inwieweit in diesen Konstellationen die genannten Auswirkungen ausgelöst werden können. Dabei lassen sich zwei Gruppen bilden. Zum einen geht die Subventionsdisziplin des SCM Abkommens bei der Frage der Privilegierung bestimmter Subventionsformen über das Beihilfenrecht hinaus, da nach Außerkrafttreten des Art. 8 SCMA keinerlei Privilegierungstatbestände mehr im SCM Abkommen vorhanden sind, wohingegen Art. 87 Abs. 2 und 3 EG bestimmte Subventionsformen weiterhin privilegieren.[25] Dazu zählen die oben analysierten Regionalbeihilfen, Beihilfen für Forschung und Entwicklung sowie Umweltschutzbeihilfen (unten 1.). Zum anderen erfaßt der Subventionsbegriff des SCM Abkommens Konstellationen, in denen keine Beihilfeneigenschaft vorliegt.[26] Der Subventionsbegriff kennt keine *de-minimis* Regelung und wird bei den Fragen nichstaatlicher Institutionen als Subventionsgeber und dem Tat-

---

[23] S. oben S. 221ff.

[24] S. oben S. 221ff.

[25] S. oben S. 166ff.

[26] S. oben S. 75ff.

bestandsmerkmal staatlicher Mittelzufuhr weiter ausgelegt als der Beihilfenbegriff (unten 2.).

1. Privilegierte Beihilfen

a. Regionalbeihilfen

Nach dem Außerkrafttreten des Art. 8 Abs. 2 b) SCMA gelten auch Subventionen als anfechtbar im Sinne des SCM Abkommens, die dem Ziel der Nivellierung wirtschaftlicher Bedingungen in unterschiedlich entwickelten Regionen dienen.[27] Um derartige Beihilfen erfolgreich anfechten zu können, bedarf es des Nachweises einer Preisbeeinflussung etwa in Form einer Preisunterbietung durch Waren der subventionierten Unternehmen auf dem Markt des beschwerdeführenden Staates oder einer Änderung der relativen Marktanteile zum Nachteil nicht subventionierter gleichartiger Waren auf einem Drittmarkt eines WTO Mitglieds außerhalb der EG. Die Regionalbeihilfe müßte sich auf einen bestimmten sachlich relevanten Markt auswirken, indem sie zu Preisunterbietungen oder Änderung der Marktanteile führt. Dazu müßten zur Entwicklung einer bestimmten Region gezielt wenige Industriezweige gefördert werden, um durch die Konzentration der Mittel eine nachhaltige Marktbeeinflussung sicherzustellen. Eine solche Beihilfenvergabe widerspricht jedoch dem Grundsatz der intersektoralen Neutralität. Danach ist anerkannt, daß Beihilfen, die auf einen oder wenige Wirtschaftszweige begrenzt werden, erhebliche Auswirkungen auf den Wettbewerb in dem betroffenen Markt haben können, aber nur geringfügig zur regionalen Entwicklung beitragen. Derartige punktuelle oder sektorale industriepolitische Maßnahmen weichen vom Sinn und Zweck der eigentlichen Regionalbeihilfepolitik ab, die hinsichtlich der intersektoralen Allokation der wirtschaftlichen Ressourcen neutral bleiben muß.[28] Eine Konzentration von Beihilfen für Unternehmen in einer Region zur Beeinflussung bestimmter sachlicher Märkte steht nicht mit der Politik der Kommission zur Genehmigung von Regionalbeihilfen in Einklang. Regionalbeihilfen, die die nach dem SCM Abkommen erforderlichen Auswirkungen hervorrufen, unterfallen damit dem Beihilfenverbot.

b. Beihilfen für Forschung und Entwicklung

Die Regelungen zu Subventionen für Forschung und Entwicklung folgen in der Ausgestaltung des Art. 87 Abs. 3 c) Alt. 1 EG *„zur Förderung der Entwicklung gewisser Wirtschaftszweige"* sowie in der außer Kraft getretenen Vorschrift des

---

[27] S. dazu oben, S. 173; Ausnahme ist hier Art. 27 SCMA, der die Sonderbehandlung für Entwicklungsländer regelt, s. dazu Benitah, Law of Subsidies, S. 35ff.; Adamantopoulos, Subventionsrecht des GATT, S. 23ff.

[28] Mitteilung der Kommission, ABl. EG 1998, C-74/9, *Leitlinien für staatliche Beihilfen mit regionaler Zielsetzung*, Rnr. 2.

Art. 8 Abs. 2 a) SCMA dem Grundsatz, je eher ein Forschungsvorhaben auf dem Markt verwertbar sei, desto größer sei seine potentiell wettbewerbsbeeinflussende Wirkung.[29] Im Rahmen der Frage, inwieweit Beihilfen für Forschung und Entwicklung zu nachteiligen Auswirkungen für WTO Mitgliedstaaten führen können, ist daher die Förderung marktnaher Forschungsstufe relevant. Dazu zählt die vorwettbewerbliche Entwicklung, d.h. die Umsetzung der Erkenntnisse der industriellen Forschung für neue, geänderte oder verbesserte Produkte oder Verfahren.[30] Das Beihilfenrecht sieht eine staatliche Förderung von bis zu 25 % der Forschungskosten vor.

Bei Subventionen für marktnahe Forschung und Entwicklung wird die Förderung auf bestimmte Verfahren oder Produkte konzentriert. Im Gegensatz zu den oben diskutierten Regionalsubventionen ist im Fall der Förderung zur Entwicklung neuer Produkte das Ziel der staatlichen Maßnahme die Beeinflussung der Marktprozesse auf einem bestimmten sachlichen Markt. Wird diese Zielsetzung in Form der Preisunterbietung durch die neuartigen Waren oder eine Änderung der relativen Marktanteile zum Nachteil nicht subventionierter Waren auf dem sachlich relevanten Markt erreicht, erfüllen diese Beihilfen die nach Art. 6 Abs. 3 c) bzw. Art. 6 Abs. 3 b) SCMA erforderliche Auswirkungsqualität. Voraussetzung für die Anfechtbarkeit ist der Nachweis der Kausalität zwischen der Subventionierung und deren Auswirkung. Problematisch bei einer Anfechtbarkeit dieser Beihilfen könnte sein, ob es sich bei den mit Hilfe der Forschungsbeihilfen entwickelten neuartigen Produkten um ein „*gleichartiges Produkt*“ handelt.[31] Würde z.B. die Entwicklung des den Verbrennungsmotor ersetzenden Hybridantriebs für Pkw bei Automobilherstellern durch deren Heimatstaat gefördert, wären Pkw mit den beiden Antriebsarten für Verbraucher substituierbar, so daß nach dem Bedarfsmarktkonzept ein sachlich relevanter Markt vorläge. Die technischen Merkmale wären aber in einem Maße unterschiedlich, das die Annahme eines gleichartigen Produktes unmöglich machte.[32] Ohne die Feststellung gleichartiger Produkteigenschaften, die durch die beihilfenbedingte Weiterentwicklung in Frage gestellt werden könnte, gehören die Pkw nicht einem sachlichen Markt an, so daß keine Änderung der relativen Anteile auf einem Markt im Sinne des Art. 6 Abs. 3 b) SCMA festgestellt werden kann.[33] Für den Fall des Art. 6 Abs. 3 c) SCMA stellte ein Panel im Fall *Korea – Measures*

---

[29] S. oben S. 177ff.

[30] S. oben S. 179.

[31] S. zum Konzept der gleichartigen Ware oben S. 201ff.

[32] Damit stellen gleichartige Waren nur einen Teilbereich aller Wettbewerbsverhältnisse dar, da sie gleiche physische Merkmale aufweisen müssen, s. oben S. 199; in dieser Einengung des sachlich relevanten Marktes liegt ein Kritikpunkt an dem Konzept der „gleichartigen Ware“, s. dazu oben S. 227.

[33] S. zur Bedeutung der Konzeptes der gleichartigen Ware oben S. 197ff.

Affecting Trade in Commercial Vessels[34] fest, daß die Bestimmung des sachlich relevanten Marktes keine Definition einer gleichartigen Ware voraussetzt.[35] Somit kann im Fall der Anfechtbarkeit von Forschungs- und Entwicklungsbeihilfen abweichend vom im Rahmen der Analyse der Auswirkungsvorschriften aufgestellten Grundsatz[36] auch im Fall von Auswirkungen auf einem Drittmarkt Art. 6 Abs. 3 c) SCMA eine für den Beschwerdeführer günstige Alternative zu Art. 6 Abs. 3 b) SCMA darstellen, wenn das durch die Beihilfen entwickelte Produkt nicht als „*gleichartig*" im Sinne des Art. 6 Abs. 3 b) SCMA bezeichnet werden kann.[37]
Beihilfen für Forschung und Entwicklung erweisen sich sich als nach WTO Recht anfechtbar, wenn ein Zusammenhang zu einer Veränderung des Preises auf dem Markt des beschwerdeführenden oder jedes anderen WTO Mitglieds nachgewiesen werden kann.

c. Umweltschutzbeihilfen

Maßnahmen, die darauf abzielen „*einer Beeinträchtigung der natürlichen Umwelt oder der natürlichen Ressourcen abzuhelfen oder vorzubeugen oder eine rationelle Nutzung dieser Ressourcen zu fördern*" können mit Beihilfen gefördert werden.[38] Zu derartigen Umweltschutzmaßnahmen können insbesondere solche zählen, die Energieeinsparungen oder die Förderung erneuerbarer Energieträger zum Ziel haben.[39] Fraglich ist, inwieweit diese Beihilfen Auswirkungen auf Unternehmen anderer WTO Mitglieder außerhalb der EG zeitigen können. Denkbar wäre der Fall sinkenden Imports russischen Erdgases aufgrund der Förderung alternativer Formen der Wärmeerzeugung z.B. durch Biomasse. Geht Rußland nach Art. 6 Abs. 3 c) SCMA vor, muß die Kausalität zwischen Fördermaßnahmen und Preisentwicklung auf dem Markt für Erdgas darlegen. Diese wird sich aufgrund der Komplexität der Preisentwicklung auf internationalen

---

[34] Panel Bericht, *Korea – Trade in Commercial Vessels*, WTO-Dok., WT/DS/R273, Rnr. 7.543ff.

[35] S. oben S. 201.

[36] S. oben S. 221ff.

[37] Offen blieb im Fall *Korea – Trade in Commercial Vessels*, WTO-Dok., WT/DS/R273, wie der sachlich relevante Markt an Stelle des Konzeptes der gleichartigen Ware zu bestimmen ist, s. oben S. 201.

[38] Gemeinschaftsrahmen für staatliche Umweltschutzbeihilfen, ABl. EG 2001, Nr. C 37/3.

[39] Gemeinschaftsrahmen für staatliche Umweltschutzbeihilfen, ABl. EG 2001, Nr. C 37/3 Rnr. 4; Beihilfen zur Anpassung an den Umweltschutz dienende Normen sind grundsätzlich nicht genehmigungsfähig. Lediglich kleine und mittlere Unternehmen können zu diesem Zweck staatliche Unterstützung erhalten. In diesen Fällen ist das Beihilfenvolumen als zu gering einzustufen, um Preis und Anteile auf dem jeweiligen Markt in einem Maße zu beeinflussen, daß eine Anfechtbarkeit der Beihilfe nach WTO Recht in Betracht käme.

Energiemärkten nicht nachweisen lassen. Wählt Rußland die Alternative des Art. 6 Abs. 3 b) SCMA iVm Art. 6 Abs. 4 SCMA, hat es über einen Zeitraum von in der Regel mindestens einem Jahr eine Änderung der relativen Marktanteile zum Nachteil nicht subventionierter gleichartiger Waren nachzuweisen.[40] Neben der Problematik, ob es sich bei den Energieträgern um *„gleichartige Waren"* handelt, wird eine Änderung der Marktanteile auf dem Energiemarkt nur bei bei hoher und langanhaltender staatlicher Förderung zu erreichen sein. Somit wird der Großteil staatlicher Umweltschutzförderung nicht als anfechtbar im Sine des Art. 5 SCMA gelten.

2. Keine Beihilfe, aber Subvention im Sinne des SCMA

a. De minimis Beihilfen

Beihilfen, die den Betrag von € 100.000,- innerhalb von drei Jahren nicht überschreiten, sind nach der so genannten *„de-minimis"* Verordnung von der Beihilfenkontrolle freigestellt. Im WTO Subventionsrecht existiert eine solche Untergrenze nicht.[41]

Daher ist fraglich, ob staatliche Maßnahmen, die aufgrund der *„de-minimis"* Verordnung beihilfenrechtlich ohne Konsequenzen bleiben, trotzdem Rechtsfolgen nach dem SCM Abkommen auslösen können. Dazu müßten staatliche Leistungen unter € 100.000,- zu den in den Art. 5 und 6 SCMA aufgeführten nachteiligen Auswirkungen führen, da Exportsubventionen und Beihilfen, die von der Verwendung heimischer Erzeugnisse zu Lasten von Importwaren abhängig gemacht werden, für die der Nachweis dieser Auswirkungen nicht erforderlich ist, bereits vom Geltungsbereich der *„de-minimis"* Verordnung ausgenommen sind,[42] um nicht mit dem SCM Abkommen in Widerspruch zu treten.[43] Zwar ist nicht auszuschließen, daß auch Beihilfen in dieser Höhe Auswirkungen auf die Märkte von WTO Mitgliedstaaten zeitigen. Dennoch ist ihre Höhe zu gering, als daß sie nach Art. 5 und 6 SCMA erforderliche Verdrängung oder Verhinderung von Ein- bzw. Ausfuhren einer gleichartigen Ware durch eine Subvention dieser Größenordnung bewirken können, so daß der im SCMA erforderliche Grad an Auswirkungen nicht erreicht wird.

---

[40] S. oben S. 221ff.

[41] S. dazu oben S. 92.

[42] Verordnung (EG) Nr. 9/2001 der Kommission über die Anwendung der Artikel 87 und 88 EG-Vertrag auf *„De-minimis"*-Beihilfen, ABl. EG 2001 L 10/30, Art. 1 b), c).

[43] Schroeter/Jacob/Mederer - Mederer/Strohschneider, Art. 87 Abs. 1 Rnr. 53; Verordnung (EG) der Kommission vom 12. Januar 2001 über die Anwendung der Artikel 87 und 88 EG-Vertrag auf *„De-minimis"*-Beihilfen, ABl. EG 2001 L 10/30 vom 13.01.2001, Rnr. 4.

Die aufgrund der „*de-minimis*" Verordnung von der Beihilfenkontrolle befreiten Subventionen werden vom SCMA daher nicht erfaßt.[44]

b. Nichtstaatliche Institutionen als Subventionsgeber

Der EuGH setzt eine konkrete Einflußnahme des Staates auf öffentliche Unternehmen voraus, damit deren Mittelverwendung als finanzieller Beitrag im Sinne des Subventionsrechts angesehen werden kann.[45] Demgegenüber ist im WTO Subventionsrecht ein Delegieren einer bestimmten normalerweise vom Staat übernommenen Aufgabe ausreichend. Nach der Appellate Body Entscheidung im Fall *United States – Semiconductors from Korea*[46] muß dieser Delegationsakt nicht ausdrücklich erfolgen.[47] So war nach hier vertretener Auffassung die vom EuGH nicht als Beihilfe klassifizierte Kapitalerhöhung zugunsten des Unternehmens *Stardust Marine* durch eine Tochtergesellschaft einer seitens des französischen Staates kontrollierten Bank als Subvention im Sinne des SCM Abkommens einzustufen.[48] Damit diese Subvention anfechtbar im Sinne des Art. 5 SCMA ist, bedarf es den genannten Bezügen zu Unternehmen bzw. Wirtschaftszweigen aus nicht zur EG gehörenden WTO Mitgliedstaaten. Eine solche Auswirkung ist im Fall *Stardust Marine* nicht bekannt. Es ist jedoch denkbar, daß Unternehmen aus der EG durch derartige Subventionen ihre Präsens auf Märkten anderer WTO Mitglieder derart ausbauen, daß dies Auswirkungen auf die Marktanteile im Sinne des Art. 6 Abs. 3 b) SCMA bzw. auf den Marktpreis im Sinne des Art. 6 Abs. 3 c) SCMA zur Folge hat.

Wie in den Konstellationen privilegierter Beihilfen, wird es sich dabei um Beihilfen beträchtlicher Höhe handeln müssen, um die Marktsituation spürbar zu beeinflussen. Des weiteren ist der dargestellte Unterschied in der Kausalitätsprüfung zwischen Art. 6 Abs. 3 b) SCMA und Art. 6 Abs. 3 c) SCMA von Bedeutung. Letzterer erfordert einen Kausalitätsnachweis zwischen Entwicklung des Preises auf dem jeweiligen Markt und der Beihilfengewährung. Es ist davon auszugehen, daß der finanzielle Beitrag nicht zum Zweck der Expansion auf ausländischen Märkten gewährt wird, da er in diesem Fall als Exportsubvention nach Art. 3 Abs. 1 a) SCMA verboten wäre, ohne daß es der Darlegung einer Ursächlichkeit zu nachteiligen Auswirkungen bedürfte. Der Bezug der durch nichtstaatliche Institutionen gewährten Beihilfe zum Markt des außerhalb der

---

44 A. A. Luja, 27 Intertax (1999), S. 207 (218); Luja, Tax Incentives in the EC and WTO, S. 193 der die grundsätzliche Anfechtbarkeit von „*de-minimis*" Beihilfen bejaht, ohne die einzelnen Voraussetzungen der Art. 5 und 6 SCMA zu prüfen.

45 S. oben S. 81ff.

46 Appellate Body Bericht, *United States – Semiconductors from Korea*, WTO-Dok., WT/DS296/R.

47 S. oben S. 84ff.

48 S. oben S. 86ff.

EG liegenden WTO Mitgliedstaates ist vielmehr darin zu sehen, daß die staatliche Förderung die Betriebskosten des begünstigten Unternehmens senkt und es diesen Kostenvorteil auf dem Markt des WTO Mitgliedstaates nutzt. Um den Voraussetzungen des Art. 6 Abs. 3 c) SCMA Genüge zu tun, müßte dargelegt werden, daß der durch die Beihilfe erlangte Kostenvorteil ursächlich für Preisveränderungen zu Lasten der heimischen Hersteller eines anderen WTO Mitgliedstaats ist. Dieser Nachweis wird praktisch nicht zu führen sein. Im Rahmen des Art. 6 Abs. 3 b) SCMA iVm Art. 6 Abs. 4 SCMA wird der Ursächlichkeitszusammenhang unterstellt, wenn sich die Marktanteile zu Gunsten der Waren des begünstigten Herstellers auf Kosten der Unternehmen des beschwerdeführenden WTO Mitglieds verschoben haben. Daher ist diese Alternative zum Nachweis nachteiliger Auswirkungen in der vorliegenden Fallkonstellation vorzuziehen.
Die unterschiedliche Bewertung nichtstaatlicher Institutionen als Subventionsgeber kann bei hohen Beihilfen zu deren Anfechtbarkeit nach Art. 5 SCMA führen.

c. Mittelzufuhr des Staates

Die Fallkonstellation in *Preussen Elektra* ist nach hier vertretener Ansicht trotz seitens des EuGH verneinter Beihilfenqualität als Subvention nach dem SCM Abkommen zu qualifizieren.[49] Dieser Fall wies wie *Stardust Marine* keinerlei Bezug zu Märkten von WTO Mitgliedstaaten außerhalb der EG auf. Auch in dieser Konstellation sind Fälle mit Auswirkungen im Sinne des Art. 6 Abs. 3 c) SCMA und Art. 6 Abs. 3 b) SCMA denkbar. Die Schwierigkeiten beim Nachweis der nachteiligen Auswirkungen liegen wie bei dem Unterschied der Subventionsbegriffe bei nichtstaatlichen Subventionsgebern im Kausalitätserfordernis des Art. 6 Abs. 3 c) SCMA und der erforderlichen Beihilfenintensität zur Darlegung einer Verschiebung der Marktanteile nach Art. 6 Abs. 3 b) SCMA.[50]

IV. Ergebnis

Obschon die Regelungen zu privilegierten Subventionsformen im Beihilfenrecht und WTO Subventionsrecht einen hohen Grad an Ähnlichkeit aufwiesen, erfaßt das WTO Subventionsrecht nach dem Außerkrafttreten des Art. 8 SCMA privilegierte Beihilfen nur in geringem Umfang. Grund dafür ist zum einen, daß die Qualität der nach den Art. 5ff. SCMA erforderlichen Auswirkungen hohe und anhaltende Beihilfen voraussetzt, um einen bestimmten Markt in dem erforderlichen Umfang zu beeinflussen. Dabei handelt es sich um eine politische Entscheidung zur Reichweite der Subventionsdisziplin auf Ebene der WTO. Zum

---

[49] S. oben S. 141ff.

[50] S. oben S. 279.

anderen verhindern die im Rahmen der Analyse der Auswirkungsvorschriften herausgearbeiteten Schwachstellen des SCM Abkommens eine ökonomisch sinnvolle Erfassung von Subventionen. Das Konzept der Festlegung des sachlich relevanten Marktes mittels Bestimmung einer gleichartigen Ware verhindert die Einbeziehung von z.B. durch Weiterentwicklungen unterschiedlichen, aber aus Sicht der Nachfrager substituierbaren Waren.[51] Die verschiedenen Auswirkungsvorschriften behindern eine transparente Subventionsdisziplin mit ihren unterschiedlichen Anforderungen an die Qualität der Marktbeeinträchtigung durch die Subvention und den divergierenden Kausalitätserfordernissen zwischen beiden.[52]

[51] S. oben S. 227.

[52] S. oben S. 226.

§ 9 Zusammenfassende Thesen

1. Ausgangspunkt der Untersuchung internationalen Subventionsrechts sind dessen verschiedene Entwicklungsstadien. Diese manifestieren sich in bestimmten Strukturmerkmalen. Dazu zählt das Verhältnis der beiden Subventionsrechtsordnungen zueinander, d.h. die Frage der unmittelbaren Anwendbarkeit des WTO Rechts innerhalb der EG, die Begriffsbestimmung der Subvention, verbotene und privilegierte Subventionsformen, Auswirkungen der Subvention und an den Tatbestand der Subvention geknüpfte Rechtsfolgen. Der Vergleich konzentriert sich auf diese Strukturen.

2. Die Ablehnung der unmittelbaren Anwendbarkeit des WTO Rechts innerhalb der EG durch den EuGH kann in ihrer Argumentation nicht überzeugen. Weder kann die Rolle von Verhandlungslösungen im Streitbeilegungsverfahren gegen eine unmittelbare Wirkung angeführt werden noch weisen die WTO Übereinkommen eine gegenüber anderen Freihandels- oder Assoziierungsabkommen gesteigerte Bedeutung des Gegenseitigkeitsprinzips auf. Nach hier vertretener Ansicht steht einer unmittelbaren Anwendbarkeit des WTO Rechts entgegen, daß die Vertragsparteien dieses nicht mit einem prozessualen Rechtsinstitut ausgestattet haben, das Widersprüchen in der Auslegung des WTO Rechts durch seine Streitbeilegungsorgane und nationale Gerichte vorbeugt und so die Funktion des Vorabentscheidungsverfahrens im EG Vertrag wahrnimmt.

3. Nach der *Nakajima* Rechtsprechung des EuGH ist das SCM Abkommen insoweit Maßstab für die Rechtmäßigkeit von sekundärem Gemeinschaftsrecht als es durch die Antisubventionsverordnung umgesetzt worden ist. Damit widerspricht der EuGH seiner Argumentation zur Ablehnung einer unmittelbaren Wirksamkeit, die auf der generellen Ungeeignetheit des SCM Abkommens zur unmittelbaren Anwendbarkeit fußt. Selbst wenn man diesem Ansatz folgt, ist die *Nakajima* Rechtsprechung aufgrund ihrer Konturlosigkeit und mangelnden Einbeziehung der das umgesetzte Abkommen interpretierenden Streitbeilegungsentscheidungen abzulehnen.

4. Auch die *Fediol* Rechtsprechung des EuGH, nach der WTO Recht mittels Verweisung in einem Sekundärrechtsakt (z.B. der Handelshemmnisverordnung) unmittelbar anwendbar wird, ist abzulehnen. Zunächst widerspricht der EuGH wie bei *Nakajima* seinen Argumenten der grundsätzlichen Ablehnung einer unmittelbaren Wirksamkeit. Darüber hinaus ist zu kritisieren, daß völkerrechtliche Abkommen nach *Fediol* Teil des gemein-

schaftlichen Sekundärrechts werden und ihnen damit der in Art. 300 Abs. 6 EG eingeräumte Status zwischen Primär- und Sekundärrecht nicht zu Teil wird.
Sowohl die Antisubventionsverordnung als auch die Handelshemmnisverordnung setzen das SCM Abkommen nur bezüglich von nicht EG Mitgliedstaaten gewährten Subventionen um. Das WTO Subventionsrecht beinhaltet daher keine durchsetzbaren Vorgaben für das Beihilfenrecht.

5. Die Ansicht des EuGH, der Begriff der Beihilfe sei weiter als derjenige der Subvention, läßt sich nach der Definition der Subvention in Art. 1 SCMA nicht mehr aufrechterhalten.

6. Der EuGH verlangt eine intensivere Einflußnahme des Staates auf öffentliche Unternehmen oder private Institutionen, um deren Mittelvergabe dem Beihilfenrecht zu unterwerfen, als dieses nach dem SCM Abkommen der Fall ist. So wäre in der beihilfenrechtlichen Leitentscheidung *Stardust Marine* in der der staatliche Einfluß auf ein öffentliches Unternehmen vom EuGH als nicht ausreichend erachtet wurde, unter Zugrundelegung von WTO Recht eine Subvention zu bejahen gewesen.

7. Beide Rechtsordnungen bejahen einen subventionsrechtlich relevanten Vorteil, wenn mitgliedstaatliches Steuerrecht Grundentscheidungen nicht sachgerecht ausdifferenziert, so daß bestimmte Wirtschaftszweige begünstigt werden. Zur Bestimmung dieser Grundentscheidungen wählt das Beihilfenrecht einen systematischen Ansatz, dem sich der kausale Ansatz des WTO Subventionsrechts nunmehr angenähert hat. Nicht geklärt ist indes nach beiden Ansätzen der Umfang souveräner Grundentscheidungen, die sich dem Einfluß des Subventionsrechts entziehen. Diese Grundentscheidungen sind nicht auf das Leistungsfähigkeitsprinzip zu begrenzen, sondern es sind auch wirtschaftspolitische Zielsetzungen zu berücksichtigen.

8. Beide Subventionsrechtsordnungen erfassen mittelbare Vorteile. Während das WTO Subventionsrecht dieses an die Vorgabe knüpft, daß der Mittler mit Weitergabe der Begünstigung betraut oder dazu angewiesen sein muß, läßt das Beihilfenrecht jegliche verallgemeinerbare Grundsätze vermissen. Dabei wird die Darlegungslast für den Vorteilsbegriff umgekehrt. Die Weitergabe des Vorteils wird vermutet und es obliegt dem Subventionsgeber, dieses zu widerlegen. Diese Praxis ist abzulehnen. Es erscheint absurd, gerade in den Fällen, in denen sich der Nachweis eines Vorteils besonders aufwendig gestaltet, vom generellen Vorliegen eines solchen ausgehen zu dürfen, nur um die Darlegungslast abzuwälzen.

9. Nach der *Preussen Elektra* Entscheidung des EuGH setzt eine Beihilfe stets Kosten für den Staatshaushalt voraus. Dieses widerspricht dem ansonsten seitens des EuGH postulierten Grundsatz, daß die Wirkungen einer staatlichen Maßnahme entscheidend für deren Beihilfencharakter sind. Demgegenüber verlangt das WTO Subventionsrecht nach der Entscheidung *Canada – Civilian Aircraft* keinerlei Belastung des Staatshaushalts und geht damit über den Beihilfenbegriff hinaus.

10. Das Tatbestandsmerkmal der Spezifität hat nach hier vertretenem Verständnis nur einen über die bereits beim Vorteilsbegriff erfolgte Prüfung hinausgehenden Inhalt, wenn die Begünstigung aus einem Vergleich mit dem Markt und nicht anhand nationalen Rechts hergeleitet wurde.

11. Das WTO Subventionsrecht erweist sich im Rahmen der Feststellung der Differenzierungskriterien als komplexer, läßt aber faktische Spezifität in einem dem Beihilfenrecht vergleichbaren Umfang zu. Lediglich die Einschränkung des örtlich relevanten Marktes auf den Zuständigkeitsbereich der gewährenden Behörde erweist sich als Einfallstor zur Umgehung des Subventionsrechts.

12. Nach Außerkrafttreten des Art. 8 SCMA gibt es im WTO Subventionsrecht keinerlei privilegierte Subventionsformen mehr, so daß die nach Art. 87 Abs. 2 und 3 EG privilegierten Beihilfen potentiell anfechtbar sind. Dieses gilt für Regionalbeihilfen sowie für Forschungs- und Entwicklungsbeihilfen, bei denen die größtenteils parallel zum Beihilfenrecht entwickelten Privilegierungstatbestände ersatzlos weggefallen sind. Auch aufgrund ihrer Umweltschutzzielsetzung privilegierte Beihilfen sind nach WTO Subventionsrecht potentiell anfechtbar, können jedoch nach Art. XX GATT gerechtfertigt werden, wenn das umweltpolitische Ziel bereits Gegenstand multilateraler Verhandlungen war.

13. Zur Darlegung eines Wettbewerbsverhältnisses ist im Beihilfenrecht eine Marktabgrenzung vorzunehmen, die sich am Bedarfsmarktkonzept orientiert. Es kann nur von einer Wettbewerbsverfälschung gesprochen werden, wenn zuvor (potentieller) Wettbewerb festgestellt worden ist. Dieses erfordert keine Marktstrukturanalyse wie in der Fusions- oder Mißbrauchskontrolle, wohl aber die Feststellung eines gemeinsamen sachlich relevanten Marktes. Die Rechtsprechung und Kommissionspraxis sind an dieser Stelle zu konkretisieren.

14. Das Konzept der *„gleichartigen Ware“* zur Bestimmung des sachlich relevanten Marktes im WTO Subventionsrecht ist durch das Bedarfsmarkt-

konzept abzulösen. Das Abstellen auf die physische Verwandtschaft von Waren läßt die Frage der Substituierbarkeit aus Sicht der Nachfrager unberücksichtigt. Nicht *„gleichartige Waren“*, die dennoch miteinander im Wettbewerb stehen, bleiben außer Betracht und die Marktdefinition wird unsachgemäß verengt.

15. Das Beihilfenrecht bedarf keines Spürbarkeitskriteriums, da die Beihilfe nur geeignet sein muß, Verfälschungen eines bereits dargelegten tatsächlichen oder potentiellen Wettbewerbsverhältnisses hervorrufen zu können. Oberhalb der in der *de-minimis* Verordnung festgesetzten Schwelle ist von einer derartigen Geeignetheit auszugehen.

16. Die Dreigliederung des Art. 5 SCMA verkompliziert die Regelungen über die Anfechtbarkeit von Subventionen ohne erkennbaren Mehrgewinn. Für den Beschwerdeführer besteht die günstigste Alternative stets in einer der Varianten des Art. 5 c) iVm Art. 6 Abs. 3 SCMA.

17. Die Unterscheidung in Art. 5 c) iVm Art. 6 Abs. 3 SCMA, auf welchem geographischen Markt die Subvention Auswirkungen zeitigt, ist aufzuheben. Wird festgelegt, daß eine Subvention ab einer bestimmten Qualität ihrer Auswirkungen nicht mehr akzeptabel sein soll, ist es konsequent, im Rahmen der Auswirkungstatbestände nicht zwischen den geographisch relevanten Märkten zu differenzieren.

18. Eine Vermutung der Anfechtbarkeit bestimmter Subventionsformen würde die konsequente Fortführung der Durchsetzbarkeit unverzerrten Wettbewerbs darstellen und die praktische Anwendbarkeit und Relevanz des WTO Subventionsrechts wesentlich erhöhen. Auch wenn ein weitgehender Verzicht auf den Nachweis nachteiliger Auswirkungen als nicht durchsetzbar erscheinen muß, zeigt das Beispiel des Art. 6 Abs. 1 a) SCMA, daß grundsätzlich Einigungen auf Vermutungen zu Gunsten nachteiliger Auswirkungen bei bestimmten Subventionsformen unter den WTO Mitgliedern möglich sind.

19. Der Begriff der Rücknahme der Subvention in Art. 4 Abs. 7 SCMA und Art. 7 Abs. 8 SCMA schließt eine ex tunc Rückforderung von Subventionen mit ein.

20. Im Rahmen einer Rückforderung ist der Grundsatz des Vertrauensschutzes zu berücksichtigen. Die von Seiten des Appellate Body vertretene generelle Unbeachtlichkeit einer Rücknahme entgegenstehenden nationalen Rechts ist einzuschränken. So ist bei als Subvention eingestuften gesetzli-

chen Regelungen dem Vertrauensschutz bei der Rückforderung Vorrang einzuräumen.

21. Schnittstellen der beiden Subventionsrechtsordnungen können sich ergeben, wenn innerhalb der EG gewährte Beihilfen Auswirkungen auf Märkte anderer WTO Mitgliedstaaten zeitigen. Danach sind die nach Art. 87 Abs. 2 und 3 EG privilegierten Beihilfen sowie die nicht als Beihilfe aber als Subvention im Sinne des SCM Abkommens eingestuften staatlichen Maßnahmen potentiell anfechtbar. Jedoch erfaßt das SCM Abkommen diese Subventionen nur in geringem Umfang. Grund dafür ist zum einen, daß die Qualität der nach den Art. 5ff. SCMA erforderlichen Auswirkungen hohe und anhaltende Beihilfen voraussetzt, um einen bestimmten Markt in dem erforderlichen Umfang zu beeinflussen. Zum anderen verhindert die Systematik der Auswirkungsvorschriften z.B. durch das Konzept der „*gleichartigen Ware*" eine Anfechtbarkeit.

Literaturverzeichnis

Adamantopoulos, Konstantinos: Das Subventionsrecht des GATT in der EWG, Köln, Berlin, Bonn, München 1987

Adamantopoulos, Konstantinos/Pereyra-Friedrichsen, Maria J.: EU Anti-Subsidy Law & Practice, Bembridge 2001

Alemanno, Alberto: Judicial Enforcement of the WTO Hormones Ruling Within the European Community: Toward EC Liability for the Non-Implementation of WTO Dispute Settlement Decisions?, 45 Harv. Int'l L.J. (2004), S. 547

Alessandrini, S.: Subsidies, Strategic Trade Policies and GATT, in: Bourgeois, J. H. J.: Subsidies and International Trade, Deventer 1991

Anderson, M. Jean/Husisian, Gregory: The Subsidies Agreement, in: Stewart, T. P.: The World Trade Organization The Multinational Trade Framework For the 21st Century and U.S. Implementing Legislation, Washington D.C. 1996

Annand, Mel/Buckingham, Donald F./Kerr, William A.: Export Subsidies and the World Trade Organisation, Saskatoon, SK (CAN) 2001

Apfelstedt, Gert: Der Gemeinschaftsrahmen für staatliche Umweltschutzbeihilfen im Verhältnis zu mitgliedstaatlichen Regelungen über Umweltschutzpflichten zum Einsatz von Umwelt(energie)dienstleistungen an Stelle von konventionell erzeugter Energie, ZNER 2000, S. 236

Arup, Christopher: The State of Play of Dispute Settlement "Law" at the World Trade Organization, 37 (5) JWT (2003) S. 897

Bacon, Kelyn: State Aids and General Measures, YEL (1997), S. 269

Barceló, John J.: Subsidies and Countervailing Duties - Analysis and a Proposal, 9 Law & Pol. Int'l Bus. (1977), S. 779

Bartelt, Sandra: Die Haftung der Gemeinschaft bei Nichtumsetzung von Entscheidungen des WTO-Streitbeilegungsgremiums, EuR 2003, S. 1077

Bartosch, Andreas: Verschärft sich die Spruchpraxis zum Europäischen Beihilfenrecht?, ZIP 2000, S. 2010 *ders.*: Die neuen Gruppenfreistellungsverordnungen im EG-Beihilfenrecht, NJW 2001, S. 921

Bebr, Gerhard: Gemeinschaftsabkommen und ihre mögliche unmittelbare Wirksamkeit, EuR 1983, S. 128

Becker, Tim: Das WTO Subventionsübereinkommen, Frankfurt 2001

Becker-Celik, Astrid: Ist die Ablehnung der unmittelbaren Anwendbarkeit der GATT Vorschriften durch den EuGH heute noch gerechtfertigt?, EWS 1997, S. 12

Behboodi, Rambod: Industrial Subsidies and and Friction in World Trade: Trade Policy or Trade Politics?, London, New York 1994

Behrens, Peter: Integrationstheorie - Internationale wirtschaftliche Integration als Gegenstand politologischer, ökonomischer und juristischer Forschung, 45 RabelsZ (1981), S. 8

Beneyto, José Maria: The EU and the WTO Direct Effect of the New Dispute Settlement System?, EuZW 1996, S. 295

Benitah, Marc: From Economic Complexity to Legal Indeterminacy - Causality between Subsidy and Injury, 33 (1) JWT (1999) S. 87

ders.: The Law of Subsidies under the GATT/WTO System, 2001

Benyon, Frank/Bourgeois, Jacques H.J.: The European Community - United States Steel Arrangement, 21 CMLRev. (1984), S. 305

Berg, Gerald C.: An Economic Interpretation of "Like-Product", 30 (2) JWT (1996) S. 195

Berg, Werner: Opfer von Handelsstreitigkeiten können auf Ersatz hoffen, F.A.Z. vom 15.10. 2003, S. 23

Bergeijk, Peter A. G. van: International Trade and the Environmental Challenge, 25 (6) JWT (1991) S. 105

Berkey, Judson Osterhoudt: The European Court of Justice and Direct Effect of the GATT: A Question worth Revisiting, 9 EJIL (1998), S. 627

Berrisch, Georg M./Kamann, Hans-Georg: WTO-Recht im Gemeinschaftsrecht - (k)eine Kehrtwende des EuGH, EWS 2000, S. 89

Beseler, Johannes F./Williams, A. N.: Anti-Dumping and Anti-Subsidy Law, London 1986

Beviglia Zampetti, Americo: The Uruguay Round Agreement on Subsidies A Forward-Looking Assessment, 29 JWT (1995), S. 5

Bleckmann, Albert: Begriff und Kriterien der innerstaatlichen Anwendbarkeit völkerrechtlicher Verträge, Berlin 1970

ders.: Subventionsrecht, Stuttgart Berlin Köln Mainz 1978

ders.: Self-Executing Treaty Provisions, in: Bernhardt, R.: Encyclopedia of Public International Law, Installment 7, Amsterdam u.a. 1984

ders.: Subventionsprobleme des GATT und der EG, 48 RabelsZ (1984), S. 419

ders.: Allgemeine Staats- und Völkerrechtslehre. Vom Kompetenz- zum Kooperationsvölkerrecht, Köln Berlin Bonn München 1995

Bogdandy, Armin v.: Legal Effects of World Trade Organization Decisions Within European Union Law: A Contribution to the Theory of the Legal Acts of International Organizations and the Action for Damages Under Article Art. 288 (2) EC, 39 (1) JWT (2005) S. 45

Bogdandy, Armin von: Law and Politics in the WTO - Strategies to Cope with a Deficient Relationship, 5 UNYB (2001), S. 609

Borchardt, Klaus Dieter: Der Grundsatz des Vertrauensschutzes im Europäischen Gemeinschaftsrecht, Kehl Straßburg Arlington 1988

ders.: Die Rückforderung zu Unrecht gewährter staatlicher Beihilfen beim Verkauf von Vermögenswerten des Beihilfenempfängers durch den Insolvenzverwalter, ZIP 2001, S. 1301

Börner, Bodo: Subventionen - unrichtiges Europarecht, in: Börner, B./Jahrreiß, H./Stern, K.: Einigkeit und Recht und Freiheit Festsschrift für Karl Carstens Bd. I, Köln, Berlin, Bonn, München 1984

Borries, Reimer von: Die Fortentwicklung der Europäischen Wirtschaftsgemeinschaft zur Wirtschafts- und Währungsunion, in: Rengeling, H.-W./Borries, R. v.: Aktuelle Entwicklungen in der Europäischen Gemeinschaft, Köln Berlin Bonn München 1992

Bourgeois, Jacques H.J.: The EC in the WTO and Advisory Opinion 1/94: An Echternach Procession, 32 CMLRev. (1995), S. 763

ders.: WTO Dispute Settelement in the Field of Anti-Dumping Law, 1 JIEL (1998), S. 259

ders.: State aids, taxation measures and specificity. Some thoughts, in: Bourgeois, J. H. J.: Melanges en hommage à Michel Waelbroeck, 1999

ders.: EU Rules on State Aids and WTO Provisions on Subsidies Compared: The Case of State-Owned Banks, in: Ehlermann, C.-D./Everson, M.: Selected issues in the field of state aids, Oxford 2001

Branton, J.: The EC Washes its Dirty Linen - Is the Saga Over Yet?, 8 ITL & Reg (2002), S. 64

Bronckers, Marco: Enforcing WTO law through the EC Trade Barriers Regulation, 3 ITL & Reg. (1997), S. 81

Bronckers, Marco/McNelis, Natalie: Rethinking the "Like Product" Definition in WTO Antidumping Law, 33 (3) JWT (1999) S. 73

Bronckers, Marco/Quick, Reinhard: What is a Countervailable Subsidy Under EEC Trade Law?, 23 (6) JWT (1989) S. 5

Bronckers, Marco/van den Broek, Naboth: Financial Compensation in the WTO Improving the Remedies of WTO Dispute Settlement, 8 (1) JIEL (2005) S. 101

Brown Weiss, Edith: Environment and Trade as Partners in Sustainable Development: A Commentary, 86 AJIL (1992), S. 728

Buchs, Gaby: Die unmittelbare Anwendbarkeit völkerrechtlicher Vertragsbestimmungen, Baden-Baden 1993

Cadsby/Woodside: Domestic Injury, procedural parallelism and the Future of Countervail, 30 JWT (1996), S. 177

Calliess, Christian/Ruffert, Matthias, Kommentar zu EU-Vertrag und EG-Vertrag, 2. Auflage Neuwied Kriftel 2002

Cameron, James/Campbell, Karen: Dispute Resolution in the World Trade Organisation, 1998

Cameron, James/Gray, Kevin R.: Principles of International Law in the WTO Dispute Settlement Body, 50 ICLQ (2001), S. 248

Carmichael, Candace: Foreign Sales Corporations - Subsidies, Sanctions, and Trade Wars, 35 Vand. J. Transnat'l L. (2002), S. 151

Carmody, Chi: Remedies And Conformity Under The WTO Agreement, 5 JIEL (2002) S. 307

Caspari, Manfred: Die Beihilfenregeln des EWG-Vertrages und ihre Anwendung, in: Mestmäcker, E.-J./Möller, H./Schwarz, H.-P.: Eine Ordnungspolitik für Europa Festschrift für Hans von der Groeben, Baden-Baden 1987

Chambovey, Didier: How the Expiry of the Peace Clause (Article 13 of the WTO Agreement on Agriculture) Might Alter Discipline on Agricultural Subsidies in the WTO Framework, 36 (2) JWT (2002) S. 305

Chang, Seung Wha: WTO Disciplines on Fisheries Subsidies: A Historic Step towards sustainability?, 6 (4) JIEL (2003) S. 879

Charnovitz, Steve: Rethinking WTO Trade Sanctions, 95 AJIL (2001), S. 792

Choi, Won-Mog: "Like Products" in international trade law towards a consistent GATT/WTO jurisprudence, Oxford 2003

Clark, Hunter R./Bogran, Amy /Hanson, Hayley: The WTO Ruling on Foreign Sales Corporations: Costliest Battle Yet in an Escalating Trade War Between the United States and the European Union?, 10 Minn. J. Global Trade (2001), S. 291

Clarke, Peggy A./Bourgeois, Jacques H.J./Horlick, Gary N.: WTO Dispute Settlement Pratice Relating to Subsidies and Countervailing Measures, in: Ortino, F./Petersmann, E.-U.: The WTO Dispute Settlement System 1995-2003, 2004

Coccia, M.: Comment zu Pappalardo, Public Undertakings - Equity Infusions, in: Bourgeois, J. H. J.: Subsidies and International Trade, Deventer 1991

Collie, David R.: A Rationale for the WTO Prohibition of Export Subsidies: Strategic Export Subsidies and World Welfare, 11 Open economies review (2000), S. 229

Collins-Williams, Terry/Salembier, Gerry: International Discipline on Subsidies - The GATT, the WTO and the Future Agenda, 30 (1) JWT (1996) S. 5

Commins, Ashley Redd: The World Trade Organization's Decision in United States - Tax Treatment for "Foreign Sales Corporations": Round Three in the Transatlantic Tax Dispute, 27 N.C.J. Int'l L. & Com. Reg. (2001), S. 363

Cone, Sydney M.: The Appellate Body, the Protection of Sea Turtles and the Technique of "Completing the Analysis", 33 (2) JWT (1999) S. 51

Cottier, Thomas: Die Durchsetzung der Prinzipien und Beschlüsse der WTO: Das Streitbeilegungsverfahren und seine Auswirkungen, in: FIW: Die Bedeutung der WTO für die Europäische Wirtschaft. Referate des XXX. FIW Symposiums, Köln Berlin Bonn München 1997

ders.: Dispute Settlement in the World Trade Organization: Characteristics and structural implications for the European Union, 35 CMLRev. (1998), 325

Cottier, Thomas/Germann, Christophe: The WTO and EU Distributive Policy: the Case of Regional promotion and Assistance, in: DeBurca, G./Scott, J.: The EU and the WTO Legal and Constitutional Issues, 2001

Cottier, Thomas/Schefer, Krista Nadakavukaren: The Relationship between World Trade Organization Law, National and Regional Law, 1 (1) JIEL (1998) S. 83

Cownie, Fiona: State Aids in the Eighties, 11 ELRev. (1986), S. 247

Craig, Paul/de Búrca, Grainne: EU Law, 3. Aufl., Oxford, New York 2003

Cremer, Wolfram: Forschungssubventionen im Lichte des EGV: Zugleich ein Beitrag zu den gemeinschaftsrechtlichen Rechtsschutzmöglichkeiten gegenüber Subventionen, Baden-Baden 1994 *ders.*: Mitgliedstaatliche Forschungsförderung und Gemeinschaftsrecht: Der neue Gemeinschaftsrahmen für staatliche Forschungs- und Entwicklungsbeihilfen, EWS 1996, S. 379

Croome, John: Guide to the Uruguay Round Agreements, The Hague, London, Boston 1999

Cunningham, Richard O.: Commentary on the First Five Years of the WTO Antidumping Agreement and Agreement on Subsidies and Countervailing Measures, 31 Law & Pol. Int'l Bus. (2000), S. 897

Curzon-Price, Victoria: Industrial and Trade Policy in a Period of Rapid Structural Change, 41 Aussenwirtschaft (1986), S. 201

D'Sa, Rose M.: When is aid not State aid? The implications of the English Partnerships decision for European competition law and policy?, 25 ELRev (2000), S. 139

Daly, Michael: The WTO and Direct Taxation, Genf 2005

Dauses, Manfred A., Handbuch des EU Wirtschaftsrechts (Loseblattsammlung, Stand: Mai 2004), München 2004

de Sépibus, Jöelle: Die Umweltschutzsubvention im Gemeinschaftsrecht: Eine umweltrechtliche Kritik der europäischen Beihilfekontrolle, Bern 2003

Delbrück, Jost: Structural Changes in the International System and its Legal Order: International Law in the Era of Globalization, SZIER 2001, S. 1

Depayre, Gérard: Subsidies and countervailing measures after the Uruguay Round: An overview, in: Bourgeois, J. H. J./Berrod, F./Gippini-Fournier, E.: The Uruguay Round results: a European lawyers' perspective, 1995

Depayre, Gérard/Petriccione, R.: Definition of a Subsidy, in: Bourgeois, J. H. J.: Subsidies and International Trade, Deventer Boston 1991

Deselaers, Wolfgang/Bennett, Louise: WTO Appellate Body upholds panel decision that US tax treatment of "Foreign Sales Corporations" constitutes illegal export subsidy, 6 Int'l TL & Reg (2000), S. 42

Desmedt, Axel: ECJ Restricts Effect of WTO Agreements in the EC Legal Order, 3 JIEL (2000), S. 191

Devroe, W.: Privatizations and Community Law: Neutrality versus Policy, 34 CMLR (1997), S. 306

Didier, Pierre: WTO Trade Instruments in EU Law. Commercial policy instruments: dumping, subsidies, safeguards, public procurement, London 1999

Dielmann, Heinz J.: Die Dumping-Gesetze der Vereinigten Staaten von Amerika und die GATT Vereinbarungen, AG 1982, S. 233

Doehring, Karl: Local Remedies, Exhaustion of, in: Bernhardt, R.: Encyclopedia of Public International Law Vol III, Amsterdam London New York Tokyo 2000

Drauz, Götz/Schroeder, Dirk: Praxis der europäischen Fusionskontrolle, 3. Auflage, 1995

Dreher, Meinrad: Die staatliche Eigenkapitalzufuhr an Gesellschaften als Beihilfe im Sinne des EG-Vertrages, in: Flume, W./Schön, W.: Gedächnisschrift für Brigitte Knobbe-Keuk, Köln 1997

Dunne, Julie: Delvedere und the WTO's British Steel Decision Foreshadow more Conflict where the WTO Subsidies Agreement, Privatization, and UNited States Countervailing Duty Law Intersect, 17 Am. U. Int'l L. Rev. (2001), S. 79

Eeckhout, Piet: The Domestic Legal Status of the WTO Agreement: Interconnecting Legal Systems, 34 CMLRev. (1997), S. 11

ders.: Judicial Enforcement of WTO law in the European Union - Some further reflections, 5 JIEL (2002), S. 91

Ehlermann, Claus-Dieter/Everson, Michelle: Selected issues in the field of state aids, Oxford 2001

Engelberger, Lukas: Die unmittelbare Anwendbarkeit des WTO Rechts in der Schweiz, Bern 2004

Epiney, Astrid: Zur Stellung des Völkerrechts in der EU, EuZW 1999, S. 5

ders.: Welthandel und Umwelt - Ein Beitrag zur Dogmatik der Art. III, IX, XX GATT, DVBl 2000, S. 77

Erhart, Michael: Förderungsverbot für Schilifte in China, ecolex 1999, S. 224

Evans, Andrew: European Community Law of State Aid, Oxford 1997

Falke, Dirk: Vertragskonkurrenz und Vertragskonflikt im Recht der WTO: Erste Erfahrungen der Rechtsprechung 1995-1999, ZEuS 2000, S. 307

Felke, Reinhard: European Environmental Regulations and International Competitiveness, Baden-Baden 1998

Fischer, Kristian: Erlaubt das WTO-Vergaberecht die Verfolgung politischer Ziele im öffentlichen Auftragwesen?, RIW 2003, S. 347

Frick, Karl Alois: Einkommenssteuerliche Vergünstigungen und Beihilfeverbot nach dem EG-Vertrag, Sinzheim 1994

Frowein, Jochen Abr.: Konstitutionalisierung des Völkerrechts, in: Dicke, K./Hummer, W./Girsberger, D., et al.: Berichte der deutschen Gesellschaft für Völkerrecht Völkerrecht und Internationales Privatrecht in einem sich globalisierenden internationalen System - Auswirkungen der Entstaatlichung transnationaler Rechtsbeziehungen, Heidelberg 2000

Fuchs, Andreas: Kartellrechtliche Grenzen der Forschungskooperation: Eine vergleichende Untersuchung nach US-amerikanischem, europäischen und deutschem Recht, Baden-Baden 1989

Geburtig, Lars-Jörn: Konkurrentenrechtsschutz aus Art. 87 Abs. 3 Satz 3 EGV am Beispiel von Steuervergünstigungen, Heidelberg New York 2004

Geiger, Rudolf: Grundgesetz und Völkerrecht, 3. Auflage, München 2002

Geiss, Marcus: Rechtsstaatliche Grundsätze im Beihilfenrecht der Europäischen Gemeinschaft, Baden-Baden 2001

Gellermann, Martin: Das Stromeinspeisungsgesetz auf dem Prüfstand des europäischen Gemeinschaftsrechts, DVBl 2000, S. 509

Gerken, Anika: Rechtsschutzmöglichkeiten europäischer Wirtschaftsteilnehmer gegen GATT-widrige Wirtschaftshemmnisse, Frankfurt/M. 2004

Gleason, Carolyn B./Walther, Pamela D.: The WTO Dispute Settlement Implemantation Procedure: A System in Need of Reform, 31 Law & Policy Int'l Bus. S. 709

Goh, Gavin/Ziegler, Andreas R.: Retrospective Remedies in the WTO after Automotive Leather, 6 (3) JIEL (2003) S. 545

Gornig, Gilbert/Trüe, Christiane: Die Rechtsprechung des EuGH und des EuG zum Europäischen Verwaltungsrecht - Teil 3, JZ 2000, S. 501

Göttsche, Götz J.: Die Anwendung von Rechtsprinzipien in der Spruchpraxis der WTO-Rechtsmittelinstanz, Berlin 2005

Götz, Volkmar: Das Recht der Wirtschaftssubventionen, München Berlin 1966

ders.: Steuervergünstigungen als Gegenstand der europäischen Beihilfenaufsicht, in: Kirchhof, P./Lehner, M./Raupach, A.: Staaten und Steuern Festschrift für Klaus Vogel zum 70. Geburtstag, Heidelberg 2000

ders.: Subventionsrecht, in: Dauses, M. A.: Handbuch des EU Wirtschaftsrechts H. III, München 2004

Grabitz, Eberhard: Gemeinsamer Markt und nationale Subventionen, in: Magiera, S.: Entwicklungsperspektiven der Europäischen Gemeinschaft, Berlin 1985

Grabitz, Eberhard/Bogdandy, Armin v./Nettesheim, Martin: Europäisches Aussenwirtschaftsrecht, München 1994

Grabitz, Eberhard/Hilf, Meinhard, Das Recht der Europäischen Union, Band III, München Stand März 2005

Gramlich, Ludwig: GATT und Umweltschutz - Konflikt oder Dialog? Ein Thema für die neunziger Jahre, AVR 1995, S. 131

ders.: Die Wirkung von Entscheidungen des Dispute Settlement Body der WTO: Völkerrecht, Europarecht, staatliches Recht, in: Geiger, R.: Völkerrechtlicher Vertrag und staatliches Recht vor dem Hintergrund zunehmender Verdichtung der internationalen Beziehungen, 2000

Grané, Patricio: Remedies Under WTO Law, 4 JIEL (2001) S. 755

Grave, Carsten: Der Begriff der Subvention im WTO Übereinkommen über Subventionen und Ausgleichsmaßnahmen, Berlin 2002

ders.: Anmerkung zu EuGH, Urt. v. 29.4.2004 - C-277/00, EuZW 2004, S. 374

Griller, S.: Judicial Enforceability of WTO law in the European Union. Annotation to Case C-149/96, Portugal v. Council, 3 JIEL (2000) S. 441

Groeben/Thiesing/Ehlermann, Claus-Dieter, Kommentar zum EG Vertrag, 1997

Hahn, Michael J.: Die Suspension von GATT-Verpflichtungen als Repressalie, Berlin Heidelberg New York 1996

ders.: Eine kulturelle Bereichsausnahme im Recht der WTO?, ZaöRV 1996, S. 315

ders.: Das neue Beihilfenregime in der WTO, in: Klein, M./Meng, W./Rode, R.: Die Neue Welthandelsordnung der WTO, Amsterdam 1998

Hancher, Leigh/Ottervanger, Tom/Slot, Piet Jan: E.C. State Aids, 2. Auflage, London 1999

Heidenhain, Martin: Anmerkung zu EuGH, Urt. vom 19.9.2000 - Rs. C-156/98, (Bundesrepublik Deutschland/Kommission der EG), EuZW 2000, S. 729

ders., Handbuch des Europäischen Beihilfenrechts, München 2003

Hermes, Christoph Julius: TRIPS im Gemeinschaftsrecht: Zu den innergemeinschaftlichen Wirkungen von WTO-Übereinkünften, Berlin 2002

Herrmann, Christoph W.: Grundzüge der Welthandelsordnung - Institutionen, Strukturen und Bezüge zum Europäischen Gemeinschaftsrecht, ZEuS 2001, S. 453

Heukels, Ton: Von richtlinienkonformer zur völkerrechtskonformen Auslegung im EG Recht: Internationale Dimensionen einer normhierhirarchiegerechten Interpretationsmaxime, ZEuS 1999, S. 313

Hilf, Meinhard: Negotiating and Implementing the Uruguay Round: The Role of EC Member States - The Case of Germany, in: Jackson, J. H./Sykes, A. O.: Implementing the Uruguay Round, New York 1997 *ders.*: New Frontiers in International Trade: The Role of National Courts in International Trade Relations, 18 Mich. J. Int'l L. (1997), S. 321

ders.: Freiheit des Welthandels contra Umweltschutz, NVwZ 2000, S. 481

ders.: Power, Rules And Principles - Which Orientation For WTO/GATT Law?, 4 JIEL (2001) S. 111

Hilf, Meinhard/Schorkopf, Frank: WTO und EG: Rechtskonflikte vor dem EuGH?, EuR 2000, S. 74

Hohmann, Harald: Der Konflikt zwischen freiem Handel und Umweltschutz in WTO und EG, RIW 2000, S. 88

ders.: Die WTO Streitbeilegung in den Jahren 1998-1999, EuZW 2000, S. 421

ders.: WTO-Streitbeilegung im Jahr 2001, RIW 2003, S. 352

Holmes, Simon: The Environmental Guidelines: Black Smoke or Sustainable Development?, 3 EStAL (2004), S. 17

Horlick, Gary N./Clarke, Peggy A.: The 1994 WTO Subsidies Agreement, 863 PLI/Corp (1994), S. 683

Horlick, Gary N./Mowry, Kristin Heim: The Treatment of Activities of State trading Enterprises under the WTO Subsidies Rules, in: Cottier, T./Mavroidis, P. C.: State Trading in the Twenty-First Century, 1998

Horlick, Gary N./Quick, Reinhard/Vermust, Edwin: Government Actions Against Domestic Subsidies, an Analysis of the International Rules and an Introduction to Unites States' Practice, 13 LIEI (1986), S. 1

Hörmann, Saskia/Göttsche, Götz J.: Bleiben europäische Unternehmen rechtsschutzlos bei Verstößen der EG gegen das Welthandelsrecht?, EuZW 2003, S. 449

ders.: Die Haftung der EG für WTO Rechtsverletzungen - Neue Tendenzen in der EuGH Rechtsprechung, RIW 2003, S. 689

Horovitz, A.: A Regulated Scope for EU Compliance with WTO Rulings, 7 ITL & Reg (2001), S. 153

Howse, Robert: The Turtles Panel Another Environmental Disaster in Geneva, 32 (5) JWT (1998) S. 73

Huber, Peter M.: Recht der Europäischen Integration, 2. Aufl., München 2002

Ipsen, Knut: Völkerrecht, München, 2004

Iwasawa, Yuji: Constitutional Problems involved in implementing the Uruguay Round in Japan, in: Jackson, J. H./Sykes, A. O.: Implementing the Uruguay Round, New York 1997

Jackson, John H.: The World Trading System. Law and Policy of International Economic Relations, Cambridge/London 1997

ders.: The WTO Dispute Settlement Understanding - Misunderstandings on the Nature of Legal Obligation, 91 AJIL (1997), S. 60

ders.: International Law Status of WTO Dispute Settlement Reports: Obligation to Comply to Option to "Buy Out"?, 98 AJIL (2004), S. 109

Jansen, Bernhard: Die Durchführung von Entscheidungen des Streitschlichtungsorgans der Welthandelsorganisation (WTO), EuZW 2000, S. 577

Jestaedt, Thomas/Schelling, Nicola: Regionalbeihilfen im Binnenmarkt, EWS 1999, S. 1

Kahl, Wolfgang: Das öffentliche Unternehmen im Gegenwind des europäischen Beihilfenregimes, NVwZ 1996, S.1082

Keßler: Zur Auslegung des Art. 92 Abs. 1 EWGV, DÖV 1977, S. 621

Kim, Hyung-Jin: Reflections on the Green Light Subsidy for Environmental Purposes, 33 (3) JWT (1999) S. 167

Kleinfeld, George/Kaye, David: Red Light, Green Light? The 1994 Agreement on Subsidies and Countervailing Measures, Research and Development Assistance, and U.S. Policy, 28 (6) JWT (1994) S. 43

Koenig, Christian: Fremd- und Eigenkapitalzufuhr an Unternehmen durch die öffentliche Hand auf dem Prüfstand des EG-Beihilfenrechts, ZIP 2000, S. 53

ders.: Bestimmung des passivlegitimierten Adressaten einer Beihilfenrückforderung nach der Veräußerung eines begünstigten "Unternehmens", EuZW 2001, S. 37

ders.: Weichenstellung im EG-Beihilfentatbestand: "Market Economy Investor"-Test und Marktabgrenzung, in: Koenig, C./Roth, W.-H./Schön, W.: Aktuelle Fragen des EG-Beihlfenrechts, Heidelberg 2001

Koenig, Christian/Bartosch, Andreas: E.C. State Aid Law reviewing Equity Injections and Loan Grants by the Public Sector: A Comparative Analysis, 21 (8) ECLR (2000) S. 377

Koenig, Christian/Braun, Jens-Daniel/Lekar, Eva Mareike: Erfüllen die Einstandspflichten des Bundes für die betriebliche Altersvorsorgungssysteme der privatisierten Bahn- und Postunternehmen den Beihilfentatbestand des Art. 92 EGV?, EuZW 1998, S. 5

Koenig, Christian/Braun, Jens-Daniel/Pfromm, Rene: Beihilfenrechtliche Probleme des EG - Emissionsrechtehandels, ZWeR 2003, S. 153

Koenig, Christian/Haratsch, Andreas: The Logic of Infrastructure Funding under EC State Aid Control, 3 EStAL (2004), S. 393

Koenig, Christian/Kühling, Jürgen: Reform des EG-Beihilfenrechts aus der Perspektive des mitgliedstaatlichen Systemwettbewerbs, EuZW 1999, S. 517

ders.: Beihilfen an kleine und mittlere Unternehmen (KMU) unter Berücksichtigung der geplanten EG-Verordnung für KMU, DVBl. 2000, S. 1025

ders.: Grundfragen des EG-Beihilfenrechts, NJW 2000, S. 1065

ders.: Infrastrukturförderung im Ausschreibungsverfahren, DÖV 2003, S. 289

Koenig, Christian/Kühling, Jürgen/Ritter, Nicolai: EG-Beihilfenrecht, 2002

Koenig, Christian/Sander, Claude: Die verbrauchervermittelte Unternehmensbegünstigung auf dem Prüfstand des EG-Beihilfenrechts, EuR 2000, S. 743

Koller, Arnold: Die unmittelbare Anwendbarkeit völkerrechtlicher Verträge, Bern 1971

Komuro, Norio: Kodak-Fuji Film Dispute and the WTO Panel Ruling, 32 (5) JWT (1998) S. 161

Komuro, Norio/Vermulst, Edwin: Antidumping disputes in the WTO: Navigating Dire Straits, JWT 1997, S. 5

Koopmann, Georg: Die Welthandelsordnung nach der Uruguay Runde - von der Liberalisierung zur Harmonisierung?, in: Kantzenbach, E./Mayer, O. G.: Von der internationalen Handels- zur Wettbewerbsordnung, Baden-Baden 1996

Koschyk, Mirko M.: Steuervergünstigungen als Beihilfen nach Artikel 92 EG-Vertrag, Baden-Baden 1999

Krajewski, Markus: Verfassungsperspektiven und Legitimation des Rechts der Welthandelsorganisation (WTO), Berlin 2000

ders.: Public Services And Trade Liberalisation: Mapping The Legal Framework, 6 JIEL (2003) S. 341

Krämer, Hans-R.: Formen und Methoden der internationalen wirtschaftlichen Integration - Versuch einer Systematisierung, Tübingen 1969

Krmpotic, Ivan: Brazil-Aircraft: Qualitative and Temporal Aspects of "Withdrawal" under SCM Article 4.7, 33 Law & Pol. Int'l Bus. (2002), S. 653

Kruse, Eberhard: Das Merkmal der "Staatlichkeit" der Beihilfe nach Art. 87 Abs. 1 EG, 165 ZHR (2001), S. 577

Kube, Hanno E.: Competence Conflicts and Solutions: National Tax Exemptions and Transnational Controls, Col. J. Eur. L. 2002, S. 79

Kühling, Jürgen: Von den Vergütungspflichten des Energieeinspeisungsgesetzes bis zur Deckungsvorsorge des Atomgesetzes: Die deutsche Energierechtsordnung im Koordinatensystem des Europäischen Beihilfenrechts, RdE 2001, S. 93

Kuijper: The new WTO Dispute Settlement System; The Impact on the Community, in: Bourgeois, J. H. J./Berrod, F./Gippini-Fournier, E.: The Uruguay Round results: a European lawyers' perspective, 1995

Kuilwijk, Kees Jan: World Trade Regulation Manual, Part I - WTO Commentary, London 2001

Kunig, Philip: Völkerrecht und staatliches Recht, in: Graf Vitzthum, W.: Völkerrecht, Berlin 2004

Kux, Stephan: WTO und Umwelt, in: Thürer, D./Kux, S.: GATT 94 und die Welthandelsorganisation - Herausforderung für die Schweiz und Europa, Zürich 1996

Kuyper, Pieter Jan: Booze and fast cars - tax discrimination under GATT and the EC, 23 LIEI (1996), S. 129

Langer, Stefan: Grundlagen einer internationalen Wirtschaftsverfassung. Strukturprinzipien, Typik und Perspektiven anhand von Europäischer Union und Welthandelsorganisation, München 1995

Lavranos, Nikolaos: Die Rechtswirkung von WTO panel reports im Europäischen Gemeinschaftsrecht sowie im deutschen Verfassungsrecht, EuR 1999, S. 289

ders.: Die EG darf WTO-Recht weiterhin ignorieren, EWS 2004, S. 293

Lee, Philip/Kennedy, Brian: The Potential Direct Effect of GATT 1994 in European Community Law, 30 (1) JWT (1996) S. 67

Leebron, David W.: Implementation of the Uruguay Round results in the USA, in: Jackson, J. H./Sykes, A. O.: Implementing the Uruguay Round, New York 1997

Lefèvre, Dieter: Staatliche Ausfuhrförderung und das Verbot wettbewerbsverfälschender Beihilfen im EG-Vertrag, Baden-Baden 1977

Lehmann, Christoph: Produktionssubventionen im Ausgleichszollrecht, Berlin 1990

Lennard, Michael: Navigating By The Stars: Interpreting The WTO Agreements, 5 JIEL (2002) S. 17

Lodefalk, Magnus/Storey, Mark: Climate Measures and WTO Rules on Subsidies, 39 (1) JWT (2005) S. 23

Lorenz, Moritz: Emission Trading - the State Aid Dimension, 3 EStAL (2004), S. 399

Low, Patrick: The Definition of "Export Subsidies" in GATT, 16 JWTL (1982) S. 375

ders.: The Treatment of Subsidies in the WTO Framework, in: Ehlermann, C.-D./Everson, M.: Selected issues in the field of state aids, Oxford 2001

Lowenfeld, Andreas F.: Fair or Unfair Trade: Does it matter?, 13 (2) Cornell Int'l L. J. (1980) S. 205

Lübbig, Thomas/Martín-Ehlers, Andrés: Beihilfenrecht der EU, München 2003

Luja, Raymond H.C.: WTO Agreements versus the EC Fiscal Aid Regime: Impact on Direct Taxation, 27 Intertax (1999), S. 207

ders.: Assessment and Recovery of Tax Incentives in the EC and the WTO, 2003

Lukas, Martin: Stand und Perspektiven des EG-Antisubventionsrechts, EWS 2000, S. 203

MacGovern, Edmond: International Trade Regulation,

MacLean, Robert M./Volpi, Bettina: EU Trade Barriers Regulation: Tackling Unfair Foreign Trade Practices, Bembridge 2000

Mavroidis, Petros C.: Government Procurement Agreement - The Trondheim Case: the Remedies Issue, 48 Aussenwirtschaft (1993), S. 77

ders.: Remedies in the WTO legal system: Between a Rock and a Hard Place, EJIL (2000), S. 763

ders.: Proposals for Reform of Article 22 of the DSU: Reconsidering the "Sequencing" Issue and Suspension of Concessions, in: Ortino, F./Petersmann, E.-U.: The WTO Dispute Settlement System 1995-2003, 2004

Mavroidis, Petros C./Zdouc: Legal Means to Protect Private Parties' Interests in the WTO - The Case of the EC New Trade Barriers Regulation, 1 JIEL (1998) S. 407

McDonald, Kevon M.: Die (Nicht-) Umsetzung von Panel-Beschlüssen der WTO im Recht der USA und der EU, ZEuS 1998, S. 249

McGuire, Steven: Between Pragmatism and Principle: Legalization, Political Economy, and the WTO´s Subsidy Agreement, 16 Int´l Trade J. (2002), S. 319

McLean: Success for private Complainants under the EU´s Trade Barriers Regulation, 2 JIEL (1999) S. 519

McNelis, Natalie: What Obligationa Are Created by World Trade Organization Dispute Settlement Reports?, 37 (3) JWT (2003) S. 647

Meagher, Niall P.: The Sound of Silence: Giving Meaning to Omissions in Provisions of World Trade Organization Agreements, 37 (2) JWT (2003) S. 417

Meng, Werner: Gedanken zur unmittelbaren Anwendbarkeit von WTO-Recht in der EG, in: Beyerlein, U.: Recht zwischen Umbruch und Bewahrung: Völkerrecht, Europarecht, Staatsrecht; Festschrift für Rudolf Bernhardt, Berlin 1995

ders.: WTO-Subventionsrecht - eine internationale Subventionsordnung mit juristischer Relevanz?, in: Stober, R./Vogel, H.: Subventionsrecht und Subventionspolitik auf dem Prüfstand, Köln Berlin Bonn München 1999

ders.: Verfahrensrechtliche Rechtsstellung der Individuen in Bezug auf das WTO Recht, in: Arndt, H.-W. u. a.: Völkerrecht und deutsches Recht : Festschrift für Walter Rudolf, München 2001

Mercurio, Bryan: Improving Dispute Settlement in the World Trade Organization: The Dispute Settlement Understanding Review - Making it Work?, 38 (5) JWT (2004) S. 795

Mestmäcker, Ernst- Joachim: Rechtsfragen einer Ordnung der Weltwirtschaft, in: Börner, B./Jahrreiß, H./Stern, K.: Einigkeit und Recht und Freiheit Festschrift für Karl Carstens Band 1, Köln Berlin Bonn München 1984

Minella, Nicholas J.: Motives ans consequences of the FSC dispute: recent salvo in a long standing trade war or fashioning a bargaining chip?, 27 Brooklyn J. Int'l L. (2002), S. 1065

Modlich, Joachim Johannes: Nationale Infrastrukturmaßnahmen und Artikel 92 Abs. 1 EGV, Köln Berlin Bonn 1996

Molsberger, Josef: Welthandelsordnung, Globalisierung und wirtschaftspolitische Autonomie, in: Classen, C. D./Dittmann, A./Fechner, F., et al.: "In einem vereinten Europa dem Frieden der Welt zu dienen..." Liber amicorum Thomas Oppermann, Berlin 2001

Monnier, Pierre: The Time to Comply with an Adverse WTO Ruling - Promptness with reason, 33 JWT (2001), S. 825

Möschel, Wernhard: Subventionspolitik - eine ökonomische Erinnerung, in: Classen, C. D./Dittmann, A./Fechner, F., et al.: "In einem vereinten Europa dem Frieden der Welt zu dienen..." Liber amicorum Thomas Oppermann, Berlin 2001

Moulis, Daniel/O'Donnell, Benjamin: Does "Withdraw the Subsidy" mean "Repay the Subsidy"? The Implication of the Howe Leather Case for Firms in Receipt of Government Subsidies, Int'l TL & Reg. 2000, S. 168

Mrozek, Marius: Europäisches Marktordnungsrecht, die WTO und die Osterweiterung Das Steuerungsintrumentarium des EU-Agrarrechts am Beispiel der Marktordnungen für Getreide und Zucker im Lichte der WTO. Zugleich eine rechtsvergleichende Analyse der Agrarordnung Polens in der Vorbeitrittsphase, Berlin 2003

Müller-Graff, Peter-Christian: Die Erscheinungsformen der Leistungssubventionstatbestände aus wirtschaftsrechtlicher Sicht, 152 ZHR (1988), S. 403

Müller-Ibold, Till: Ausfuhrförderung aus der Sicht der Europäischen Gemeinschaft, in: Ehlers/Wolffgang/Pünder: Rechtsfragen des Ausfuhrförderung, Heidelberg 2003

Nettesheim, Martin: Von der Verhandlungsdiplomatie zur internationalen Verfassungsordnung. Zur Entwicklung der Ordnungsformen des internationalen Wirtschaftsrechts, in: Classen, C. D./Dittmann, A./Fechner, F., et al.: "In einem vereinten Europa dem Frieden der Welt zu dienen..." Liber amicorum Thomas Oppermann, Berlin 2001

Nicolaysen, Gert: Subventionen für öffentliche Unternehmen und Wettbewerb im Gemeinsamen Markt, in: Börner, B./Neundörfer, K.: Recht und Praxis der Beihilfen im Gemeinsamen Markt, Köln Berlin Bonn München 1984

Norall, Christopher: Impact of the new rules on subsidies and countervailing measures, in: Bourgeois, J. H. J./Berrod, F./Gippini-Fournier, E.: The Uruguay Round results: a European lawyers' perspective, Brüssel

Ohlhoff, Stefan: Verbotene Beihilfen nach dem Subventionsabkommen der WTO im Lichte aktueller Rechtsprechung, EuZW 2000, S. 645

ders.: Entwicklung der Rechtsprechung zum WTO-Recht in den Jahren 2000 und 2001, EuZW 2002, S. 549

Ohlhoff, Stefan/Schloemann, Hannes: Durchsetzung internationaler Handelsregeln durch Unternehmen und Verbände, RIW 1999, S. 649

ders.: Transcending the National State? Private Parties and the Enforcement of International Trade Law, 5 UNYB (2001), S. 675

O'Leary, Brenda: The Continued Viability of Foreign Sales Corporations (FSCs): An Analysis of the WTO Decision Declaring FSCs Incompatible with GATT Trading Rules, 2 San Diego Int'l L.J. (2001), S. 149

Oppermann, Thomas/Cascante, José Christian: Dispute Settlement in the EC: Lessons for the GATT/WTO Dispute Settlement System, in: Petersmann, E.-U.: International Trade Law and the GATT/WTO Dispute Settlement System, London The Hague Boston 1997

Ott, Andrea: GATT und WTO im Gemeinschaftsrecht : Die Integration des Völkervertragsrechts in die Europäische Gemeinschaftsrechtsordnung am Beispiel des GATT-Vertrags und der WTO-Übereinkünfte, Köln Berlin Bonn München 1997

Pape, Hans-Christoph: Staatliche Kapitalbeteiligungen an Unternehmen and das Beihilfenverbot gem. Art. 92 EG, Frankfurt Berlin Bern 1996

Pappalardo, A.: Public Undertakings - Equity Infusions, in: Bourgeois, J. H. J.: Subsidies and International Trade, Deventer 1991

Park, Young Duk/Panizzon, Marion: WTO dispute settlement 1995-2001: A statistical analysis, 5 (1) JIEL (2002) S. 221

Patterson, Eliza: GATT and the Environment Rukes Changes to Minmize Adverse Trade and Environmental Effects, 26 (3) JWT (1992) S. 99

Pauwelyn, Joost: The Role of Public International Law in the WTO: How Far Can We Go?, 95 AJIL (2001), S. 535

Pechstein, Matthias: Das Flächenerwerbsprogramm verstößt gegen das EG-Beihilfenrecht, NJW 1999, S. 1429

Peers, Steve: Fundamental Rights or Political Whim? WTO Law and the European Court of Justice, in: de Burca, G./Scott, J.: The EU and the WTO - Legal and Constitutional Issues, Oxford 2001

Pescatore, Pierre: Opinion 1/94 On Conclusion of the WTO Agreement: Is there an Escape from a Programmed Disaster?, CMLRev. 1999, S. 387

Peters, Anne: The Position of International Law Within the European Community Legal Order, 40 GYIL (1997), S. 9

Petersmann, Ernst-Ulrich: GATT Dispute Settlement Proceedings in the Field of Antidumping Law, 28 CMLRev. (1991), S. 69

ders.: The Transformation of the World Trading System through the 1994 Agreement Establishing the WTO, 6 EJIL (1995), S. 161

ders.: International Trade Law and the GATT/WTO Dispute Settlement System, London The Hague Boston 1997

ders.: The WTO Constitution and Human Rights, 3 JIEL (2000), S. 19

ders.: Europäisches und weltweites Integrations-, Verfassungs- und Weltbürgerrecht, in: Classen, C. D./Dittmann, A./Fechner, F., et al.: "In einem vereinten Europa dem Frieden der Welt zu dienen..." Liber amicorum Thomas Oppermann, Berlin 2001

ders.: The 'Human Rights Approach' Advocated By The UN High Commissioner For Human Rights And By The International Labour Organisation: Is it relevant for WTO law and policy, 7 JIEL (2004) S. 605

Pitschas, Christian: Ausfuhrsubventionen nach dem WTO-Übereinkommen über die Landwirtschaft - gegenwärtiger Stand und zukünftige Perspektive, RIW 2001, S. 205

ders.: Anmerkung zum Urteil EuGH, Rs. C-93/02 P (Biret International in Liquidation), EuZW 2003, S. 761

Prévost, Denise: WTO Subsidies Agreement and Privatised Companies; Appellate Body Amicus Curiae Briefs, 27 (3) LIEI (2000) S. 279

Prieß, Hans-Joachim/Berrisch, Georg M.,: WTO-Handbuch, München 2003

Quick, Reinhard: Calculation of a Subsidy, in: Bourgeois, J. H. J.: Subsidies and International Trade A European Lawyers' Perspective, Deventer Boston 1991

Quick, Reinhard/Lau, Christian: Environmentally Motivated Tax Distinctions and WTO Law, 6 (2) JIEL (2003) S. 419

Qureshi, Asif H.: Extraterritorial Shrimps, NGOs and the WTO Appaellate Body, 48 ICLQ (1999), S. 199

Raaflaub, Patrick: Subventionsregeln der EG und des GATT für die Hochtechnologie - Theorie und Politik, Chur/Zürich 1994

Reich, Dietmar O./Helios, Marcus: Anmerkung zu EuGH, Rs. C 482/99, EuZW 2002, S. 474

Rengeling, Hans-Werner: Das Beihilferecht der Europäischen Gemeinschaften, in: Börner, B./Neundörfer, K.: Recht und Praxis der Beihilfen im Gemeinsamen Markt, Köln Berlin Bonn München 1984

Reszel, Peter C.: Die Feststellung der Schädigung im Antidumping- und Antisubventionsrecht der Europäischen Gemeinschaften, Köln Berlin Bonn München 1986

Reufels, Martin J.: Europäische Subventionskontrolle durch Private: Partizipation der Unternehmen an der EG-Wettbewerbsaufsicht über staatliche Beihilfen, Köln 1997

Reuter, Alexander: Außenwirtschafts- und Exportkontrollrecht Deutschland/Europäische Union, München 1995

Ricardo, David: Principles of Political Economy and Taxation, deutsche Ausgabe bearbeitet von Fritz Neumark: Grundsätze der politischen Ökonomie und der Besteuerung, Frankfurt/M. 1972

Riedel, Eibe H.: Damages, in: Bernhardt, R.: Encyplopedia of Public International Law Vol. I, Amsterdam London New York Tokyo 2000

Ritter, Nicolai: EG-Beihilfenrückforderung von Dritten, München 2004

Robra, Karoline: Welthandelsrechtliche Aspekte der internationalen Besteuerung aus europäischer Perspektive, in: Tietje, C./Kraft, G./Sethe, R.: Beiträge zum Transnationalen Wirtschaftsrecht, Halle (Saale) 2005

Rodi, Michael: Die Subventionsrechtsordnung, Tübingen 2000

Rosas, Allan: Annotation Case C-149/96, Portugal v. Council, CMLRev. 2000, S. 797

ders.: Implementation And Enforcement Of WTO Dispute Settlement Findings: An EU Perspective, 4 JIEL (2001) S. 131

Rosenberg, Marc: How a taxing problem has taken its toll: A common person's guide to an international taxation dispute, 20 B.U. Int'l L.J. (2002), S. 1

Rossi-Maccanico, Pierpaolo: State Aid Review of Member States'Measures Relating to Direct Business Taxation, EStAL 2004, S. 229

Royla, Pascal: WTO Recht - EG Recht: Kollision, Justiziabilität, Implementation, EuR 2001, S. 495

Ruge, Nicole: Die Zulässigkeit staatlicher Umweltschutzsubventionen nach dem EG-Vertrag nach dem GATT 1994 / WTO Regelwerk, Osnabrück 2002

Ruggiero, Renato: Whither the Trade System Next?, in: Bhagwati, J./Hirsch, M.: The Uruguay Round and Beyond. Essays in Honour of Arthur Dunkel, Berlin Heidelberg 1998

Sanchez Rydelski, Michael: EG und WTO Antisubventionsrecht, Baden-Baden 2001

ders.: State Aid or not State Aid? That is the Question, 7 (4) Int'l TL & Reg. (2001) S. 97

ders.: Umweltschutzbeihilfen, EuZW 2001, S. 458

ders.: Handbuch EU-Beihilferecht, Baden-Baden 2003

Sanchez Rydelski, Michael/Zonnekeyn, Geert A.: The EC Trade Barriers Regulation, JWT S. 147

Sander, Gerald G.: Wirkungen des Weltwirtschaftsrechts auf supranationale und nationale Rechtsordnungen, am Beispiel des GATT, in: Bauschke/Becker/Brauser-Jung/Eifert (et.alt.): Pluralität des Rechts - Regulierung im Spannungsfeld der Rechtsebenen / 42. Tagung der Wissenschaftlichen Mitarbeiterinnen und Mitarbeiter der Fachrichtung "Öffentliches Recht", Stuttgart 2003

Scheffler, Dietrich: Juristische Aspekte der Subventionsproblematik im GATT, RIW 1993, S. 401

Schernthanner, Martina: Das materielle Beihilfeaufsichtsrecht nach dem EWG-Vertrag, Wien New York 1993

Schoenbaum, Thomas: International Trade and Protection of the Environment - The Continuing Search for Reconciliation, 91 AJIL (1997), S. 268

Schohe, Gerrit/Arhold, Christoph: Die Rechtsprechung von EuGH und EuG zu staatlichen Beihilfen in den Jahren 1998-2002, EStAL 2002, S. 33

Schoißwohl, Birgit: Haftung der Gemeinschaft für WTO-Rechtsverletzungen ihrer Organe: Doktrin der "Nichtverantwortung"?, ZEuS 2001, S. 689

Schön, Wolfgang: Taxation and State Aid, 36 CMLRev. (1999), S. 911

ders.: Steuerliche Beihilfen, in: Koenig, C./Roth, W.-H./Schön, W.: Aktuelle Fragen des EG-Beihilfenrechts, Heidelberg 2001

ders.: WTO und Steuerrecht, RIW 2004, S. 50

Schroeder, Werner: Vernünftige Investition oder Beihilfe? Gemeinschaftsrechtliche Optionen zur Finanzierung öffentlicher Unternehmen, 161 ZHR (1997), S. 805

Schroeter, Helmuth/Jacob, Thinam/Mederer, Wolfgang, Kommentar zum EG Wettbewerbsrecht, Baden Baden 2003

Schwartz, Warren F./Harper, Eugene W.: The Regulation of Subsidies Affecting International Trade, 70 Mich. L. Rev. (1972), S. 831

Schwarze, Jürgen, EU-Kommentar, Baden-Baden 2000

Seidel, Holger: Die Auswirkungen des Europäischen Beihilferechts auf privatrechtliche Subventionsverträge, Baden-Baden 2003

Seidel, Martin: Das Beihilfenrecht der Europäischen Gemeinschaft, Saarbrücken 1984

ders.: Grundfragen des Beihilfenaufsichtsrechts der Europäischen Gemeinschaften, in: Börner, B./Neundörfer, K.: Recht und Praxis der Beihilfen im Gemeinsamen Markt, Köln Berlin Bonn München 1984

Seiner, John: Beating Them at Their Own Game: A Solution to the U.S. Foreign Sales Corporation Crisis, 11 Minn. J. Global Trade (2002), S. 395

Senti, Richard: Improving GATT Disciplines Relating to Subsidies, in: Oppermann, T./Molsberger, J.: A New GATT for the Ninties and Europe '92, Baden-Baden 1991

ders.: WTO System und Funktionsweise der Welthandelsordnung, 2000

Showalter, Michael J.: A Cruel Trilemma: The Flawed Political Economy of Remedies to WTO Subsidies Disputes, 37 Vand. J. Transnat'l L. (2004), S. 587

Siebold, Dagmar I.: Die Welthandelsorganisation und die Europäische Gemeinschaft, Berlin 2003

Sinnaeve, Adinda: Die Rückforderung gemeinschaftsrechtswidriger nationaler Beihilfen, Berlin 1997

ders.: Die ersten Gruppenfreistellungen: Dezentralisierung der Beihilfenkontrolle, EuZW 2001, S. 69

Siuves, Humberto N.: The Expiry of the Peace Clause on Agricultural Export Subsidies - The Outlook Post-Cancun, 31 LIEI (2004), S. 25

Skeen, Cecelia B.: Knick-Knack Paddy Whack Leave the FSC Alone: An Analysis of the WTO Panel Ruling That the U.S. Foreign Sales Corporation Program is an Illegal Export Subsidy Under GATT, 35 New Eng. L. Rev. (2000), S. 69

Slotboom, Marco M.: State Aid in Community Law: A Broad or Narrow Definition?, 20 ELRev (1995), S. 289

ders.: Subsidies in WTO and in EC Law Broad and Narrow Definitions, 36 JWT (2002), S. 517

Snyder, Francis: The Gatekeepers: The European courts and WTO law, 40 CMLRev. (2003), S. 313

Soltész, Ulrich: Die "Belastung des Staatshaushalts" als Tatbestandsmerkmal einer Beihilfe, EuZW 1998, S. 747

Soltész, Ulrich/Makowski, Gösta Christian: Die Nichtdurchsetzung von Forderungen der öffentlichen Hand als Staatliche Beihilfe i.S. von Art. 87 I EG, EuZW 2003, S. 73

Stehn, Jürgen: Subsidies, Countervailing Duties, and the WTO: Towards an open subsidy club. Institut für Weltwirtschaft an der Universität Kiel, Kieler Diskussionsbeiträge Nr. 276, Kiel 1996

Steinberg, Richard H./Josling, Timothy E.: When the Peace ends: The Vulnerability of EC and US Agricultural Subsidies to WTO Legal Challenge, 6 (2) JIEL (2003) S. 369

Stewart, Terence P.: The Uruguay Round A negotiating History (1986-1994) Volume I: Commentary, Deventer Boston 1993

ders.: The Uruguay Round A negotiating History (1986-1994) Volume IV: The End Game (Part I), The Hague London Boston 1993

ders.: Market Access - A European Community Instrument to break down barriers to trade, 4 ITR & Reg. (1996), S. 121

Stewart, Terence P./Dwyer, Amy S.: Handbook on WTO trade remedy disputes: the first six years (1995-2000), Ardsley, N.Y. 2001

Stoiber, Benedikt: Das Streitschlichtungsverfahren der Welthandelsorganisation, Frankfurt/M. 2004

Stoll, Peter-Tobias/Steinmann, Arthur: WTO Dispute Settlement: The Implementation Stage, 3 UNYB (1999), S. 407

Sykes, Alan O.: Countervailing Duty Law: an Economic Critique, 89 Col. L. Rev. (1989), S. 199

Szodruch, Alexander/Zoellner, Carl-Sebastian: Die Rechtsprechung des WTO Streitbeilegungsgremiums im Jahre 2003, 46 GYIL (2003), S. 675

Thomas, Kenneth P.: International control and discipline of subsidies. The EC and WTO surveillance exercises, 21 STI Rev. (1998), S. 25

Tietje, Christian: Normative Grundstrukturen der Behandlung nichttarifärer Handelshemmnisse in der WTO/GATT-Rechtsordnung, Berlin 1997

ders.: Die völkerrechtliche Kooperationspflicht im Spannungsverhältnis Welthandel/Umweltschutz und ihre Bedeutung für die europäische Umweltblume, EuR 2000, S. 285

ders.: Ausfuhrförderung aus der Sicht des WTO Rechts, in: Ehlers/Wolffgang/Pünder: Rechtsfragen der Ausfuhrförderung, Heidelberg 2003

ders.: Current Developments under the WTO Agreement on Subsidies and Countervailing Measures as an Example of the Functional Unity of Domestic and International Trade Law, in: Tietje, C./Kraft, G./Sethe, R.: Beiträge zum Transnationalen Wirtschaftsrecht, Heft 26, Halle (Saale) 2004

Tomuschat, Christian: Die staatsrechtliche Entscheidung für die internationale Offenheit, in: Kirchhof, P./Isensee, J.: Handbuch des deutschen Staatsrechts Band VII, Heidelberg 1992

Valle, Eva/van der Casteele, Koen: Revision of the Rescue and Restructuring Guidelines: A Crackdown?, 3 EStAL (2004), S. 9

van den Broek, Naboth: Legal Persuasion, Political Realism and Legitimacy: The European Court´s Recent Treatment of the Effect of WTO Agreements in the EC Legal Order, 4 JIEL (2001), S. 411

ders.: Power Paradoxes in Enforcement and Implementation of World Trade Organization Dispute Settlement Reports, 37 (1) JWT (2003) S. 127

Verdross, Alfred/Simma, Bruno: Universelles Völkerrecht, 3. Auflage, Berlin 1984

Verhoeven, Amaryllis: Privatisation and EC Law: Is the European Commission "neutral" with respect to public versus private ownership of companies?, 45 ICLQ (1996), S. 861

Vermulst, Edwin/Graafma, Folkert: WTO Disputes Anti-Dumping, Subsidies and Safeguards, London 2002

Vermust, Edwin/Graafma, Folkert: WTO Disputes Anti-Dumping, Subsidies and Safeguards, London 2002

Verse, Dirk A./Wurmnest, Wolfgang: Rückforderung EG-rechtswidriger Beihilfen und Unternehmerskauf, 167 ZHR (2003), S. 403

Waer, Paul/Vermust, Edwin: EC Anti-Subsidy Law and Practice After the Uruguay Round A Wolf in a Sheep's Clothing?, 33 JWT (1999), S. 19

Walther, R.: Comment on Alessandrini, Strategic Trade Policies and the GATT, in: Bourgeois, J. H. J.: Subsidies and International Trade, Deventer 1991

Weber, Albrecht/Moos, Fleming: Rechtswirkungen von WTO Streitbeilegungsentscheidungen im Gemeinschaftsrecht, EuZW 1999, S. 229

Weinrauch, Roland: Competition Law in the WTO, Wien Graz 2004

Weiß, Wolfgang: Kommunale Energieversorger und EG-Recht: Fordert das EG-Recht die Beseitigung der Beschränkungen für die kommunale Wirtschaft?, DVBl 2003, S. 564

Werner, Michael Jürgen/Quante, Peter: Altmark Trans: Wendepunkt im Beihilfenrecht der nationalen Daseinsvorsorge, ZEuS 2004, S. 83

Wetzel, Misti L.: United States' tax treatment for foreign sales corporations, 16 Temp. Int'l & Comp. L.J. (2002), S. 223

Wiers, Jochem: Trade and Environment in the EC and the WTO, Groningen 2002

ders.: One Day, You're Gonna Pay: The European Court of Justice in *Biret*, 31 LIEI (2004), S. 143

Wishlade, Fiona: Competition Policy or Cohesion Policy by the Backdoor? The Commission Guidelines on National Regional Aid, ECLR (1988), S. 343

ders.: Subsidies and State Aids: The Definition of Acceptable Measures under the European Union and the World Trade Organisation Rules, Regional and Industrial Research paper, no. 21, Glasgow 1996

Wolfram, Frank: Staatliche Exportkreditförderung Ein deutsch-amerikanischer Vergleich im Lichte des WTO-Subventionsübereinkommens, München 2004

Wolfrum, Rüdiger: Das internationale Recht für den Austausch von Waren und Dienstleistungen, in: Schmidt, R.: Öffentliches Wirtschaftsrecht, Besonderer Teil 2, Berlin, Heidelberg, New York 1996

Wössner, Barbara: Die Deutschlandklausel im EG-Beihilfenrecht (Art. 87 Abs. 2 lit. c EGV), Hamburg 2001

Wünschmann, Antje: Geltung und gerichtliche Geltendmachung völkerrechtlicher Verträge im Europäischen Gemeinschaftsrecht, Berlin 2002

Zarrilli, Simonetta: Domestic Taxation of Energy Products and Multilateral Trade Rules: Is this a Case of Unlawful Discrimination?, 37 (2) JWT (2002) S. 359

Zeiss, Christopher: Das vergaberechtliche Bestbieterprinzip - Einfallstor des EG-Beihilfenrechts in das Vergabeverfahren, EWS 2003, S. 114

Zippel, Wulfdiether: Die Implikationen der bisherigen und gegenwärtigen Beihilfenpraxis der EG-Kommission für die Zukunft des Gemeinsamen Marktes, in: Börner, B./Neundörfer, K.: Recht und Praxis der Beihilfen im Gemeinsamen Markt, Köln Berlin Bonn München 1984

Zonnekeyn, Geert A.: The legal status of WTO panel reports in the EC legal order: Some reflections on the Opinion of Advocate General Mischo in the Atlante case, 2 JIEL (1999), S. 713

ders.: The Status of WTO Law in the Community Legal Order: some comments in the light of the Portuguese Textiles Case, 25 ELRev. (2000), S. 293

ders.: The Latest on Indirect Effect of WTO Law in the EC Legal Order The Nakajima Case Law Misjudged, 3 JIEL (2001), S. 597

ders.: The *Bed Linen* Case and its Aftermath, 36 (5) JWT (2002) S. 993

ders.: The ECJ's *Petrotub* Judgment: towards a Rivival of the "*Nakajima* Doctrine"?, 30 (3) LIEI (2003) S. 249

Zuleeg, Manfred: Die innerstaatliche Anwendbarkeit völkerrechtlicher Verträge am Beispiel des GATT und der Europäischen Sozialcharta, 35 ZaöRV (1975), S. 341

Studien zum Internationalen, Europäischen und Öffentlichen Recht

Herausgegeben von Eibe Riedel

Band 1 Christian Jutzi: Das Brandwaffenprotokoll. Regelungen und Verbindlichkeit. 1997.

Band 2 Jutta Schumann: Faktische Gleichberechtigung. Die Grundgesetzerweiterung des Art. 3 II S. 2. 1997.

Band 3 Christian Keim: Der institutionelle Rahmen im Wettbewerbsrecht der Europäischen Union und mögliche Reformmodelle. Eine Darstellung des europäischen institutionellen Gefüges und eine Entwicklung eines neuen Modells durch Vergleich mit dem institutionellen Rahmen in den USA, Deutschland, Großbritannien und Frankreich. 1998.

Band 4 Andreas Torka: Nichtnavigatorische Wassernutzungen. Mechanismen der Internationalen Zusammenarbeit. Von der Konfrontation über die Kooperation zu koadministrativen Formen der Zusammenarbeit. 1999.

Band 5 Markus Reimann: Die nicht-navigatorische Nutzung internationaler Süßwasserressourcen im Umweltvölkerrecht. 1999.

Band 6 Felix William Stoecker: NGOs und die UNO. Die Einbindung von Nichtregierungsorganisationen (NGOs) in die Strukturen der Vereinten Nationen. 2000.

Band 7 Torsten Weigt: Die ökologische Aktion zur Vermeidung und Bekämpfung transnationaler Umweltkatastrophen. Ein Beitrag zu Möglichkeiten und Problemen der Durchsetzung umweltschützender Verpflichtungen im Völkerrecht. 2000.

Band 8 Markus Tjaden: Genanalyse als Verfassungsproblem. Zulässigkeit genanalytischer Anwendungen im Lichte von Menschenwürde und genetischem Selbstbestimmungsrecht. 2001.

Band 9 Thorsten Wagner: Funktion und praktische Auswirkungen der richterlichen Vorlagen an den Gerichtshof der Europäischen Gemeinschaften. Dargestellt an Beispielen aus der Rechtsprechung zur Anwendung und Auslegung der Richtlinie 77/187/EWG und deren Einfluss auf das deutsche Recht. 2001.

Band 10 Thomas F. Kremer: Die "wissenschaftliche Rechtsphilosophie" Carl Magnus Bergbohms. Versuch einer analytisch-kritischen Rekonstruktion. 2001.

Band 11 Hüseyin Özcan: Rundfunkfreiheit in Deutschland und in der Türkei. Unter Berücksichtigung der Staatsferne des Rundfunks. 2002.

Band 12 Valentin Aichele: Nationale Menschenrechtsinstitutionen. Ein Beitrag zur nationalen Implementierung von Menschenrechten. 2003.

Band 13 Seong-Woo Ji: Die Ausgestaltung der Rundfunkfreiheit im dualen System. Eine rechtsvergleichende Untersuchung zum deutschen und koreanischen Verfassungsrecht. 2004.

Band 14 Andreas Blüthner: Welthandel und Menschenrechte in der Arbeit. The Compatibility of Human Rights at Work with the WTO-System. 2004.

Band 15 Christoph Steiner: Das Recht auf soziale Gesundheitsversorgung. Unter besonderer Berücksichtigung des Artikel 9 ICESCR. 2004.

Band 16 Joachim Spalcke: Arzneimittelzulassungsverfahren in der Europäischen Union und den Vereinigten Staaten von Amerika. Entwicklung und Harmonisierung. 2004.

Band 17 Bernd Neumann: Zeugnisverweigerungsrechte und strafprozessuale Ermittlungsmaßnahmen. 2005.

Band 18 Randolf Straky: Das Privatleben Prominenter als Verfassungsproblem. Ein Rechtsvergleich mit Frankreich und England unter Einbezug von Internetpublikationen. 2006.

Band 19 Fabian Böhm: Strukturen internationalen Subventionsrechts. EG-Beihilfenrecht und WTO-Subventionsrecht aus rechtsvergleichender Perspektive. 2007.

www.peterlang.de

Peter Lang · Internationaler Verlag der Wissenschaften

Tobias K. Stricker

Die Vereinbarkeit von Regelungen des Internationalen Steuerrechts mit dem Subventionsrecht der Welthandelsorganisation

Frankfurt am Main, Berlin, Bern, Bruxelles, New York, Oxford, Wien, 2007.
XVIII, 221 S.
Europäische Hochschulschriften: Reihe 2, Rechtswissenschaft. Bd. 4510
ISBN 978-3-631-56282-6 · br. € 42.50*

Diese Untersuchung befasst sich mit den Überschneidungsbereichen von Internationalem Steuerrecht und dem WTO-Subventionsrecht. Hierzu werden zunächst die Tatbestandsmerkmale steuerlicher Subventionen im Sinne des WTO-Subventionsübereinkommens abgeleitet, um hieran verschiedene Vorschriften des Internationalen Steuerrechts auf ihre Vereinbarkeit mit dem WTO-Subventionsrecht zu prüfen. Um das Risiko unendlicher Fallkonstellationen mit rechtsdogmatisch geringer Aussagekraft zu vermeiden, werden keine steuerlichen „Spezialfälle", sondern Maßnahmen untersucht, die sich in vielen originär innerstaatlichen oder abkommensrechtlichen Vorschriften finden und deren potentiell subventiver Charakter sich mitunter nicht auf den ersten Blick offenbart. Hinsichtlich dieser Maßnahmen werden die Grenzen aufgezeigt, die dem Gesetzgeber bei der Ausgestaltung seines Steuersystems im Bereich des Internationalen Steuerrechts durch das Subventionsrecht der WTO gesetzt sind.

Aus dem Inhalt: Doppelbesteuerungsabkommen und WTO-Recht · Überschneidungen von Steuer- und WTO-Recht · Die Tatbestandsmerkmale steuerlicher Subventionen · Finanzielle Beihilfen im originär innerstaatlichen Recht · Subventionen im Abkommensrecht

Frankfurt am Main · Berlin · Bern · Bruxelles · New York · Oxford · Wien
Auslieferung: Verlag Peter Lang AG
Moosstr. 1, CH-2542 Pieterlen
Telefax 0041 (0)32/376 17 27

*inklusive der in Deutschland gültigen Mehrwertsteuer
Preisänderungen vorbehalten

Homepage http://www.peterlang.de

FSC
www.fsc.org
MIX
Papier | Fördert gute Waldnutzung
FSC® C083411

Kolibri 360 GmbH
Ferdinand-Jühlke-Straße 7
99095 Erfurt, Deutschland
produktsicherheit@kolibri360.de

Druck:
CPI Druckdienstleistungen GmbH
im Auftrag der
Kolibri 360 GmbH
Ferdinand-Jühlke-Str. 7
99095 Erfurt